Meine Erinnerungen an Ostafrika

Paul Emil von Lettow-Vorbeck

Writat

Diese Ausgabe erschien im Jahr 2024

ISBN: 9789361465185

Herausgegeben von
Writat
E-Mail: info@writat.com

Inhalt

VORWORT ....- 1 -

TEIL I EREIGNISSE VOR DER ANKUNFT DER
SÜDAFRIKANER ....- 4 -

KAPITEL I VOR DEM AUSBRUCH DES KRIEGES ....- 6 -

KAPITEL II DER BEGINN DES KRIEGES ....- 18 -

KAPITEL III DIE ERSTEN AKTIONEN ....- 25 -

KAPITEL IV DIE NOVEMBERAKTIONEN IN TANGA - 34 -

KAPITEL V ERWARTUNG WEITERER EREIGNISSE .- 46 -

KAPITEL VI WEITERE SCHWERE KÄMPFE IM
NORDOSTEN ....- 52 -

KAPITEL VII GUERILLAKRIEG UND WEITERE
VORBEREITUNGEN ....- 58 -

KAPITEL VIII ERWARTUNG DER GROSSEN OFFENSIVE.
ENERGISCHE NUTZUNG DER VERFÜGBAREN ZEIT .- 66
-

KAPITEL IX DIE NEBENKRIEGSTHEATER.
GUERILLAKRIEG AN LAND UND AUF SEE BIS ZUM
NEUJAHR 1916 ....- 73 -

TEIL II DER KONZENTRISCHE ANGRIFF ÜBERLEGENER
KRÄFTE ....- 90 -

KAPITEL I DER ANGRIFF DES FEINDES AUF DEN
OLDOROBO-BERG ....- 92 -

KAPITEL II WEITERES VORDRINGEN DES FEINDES
UND DIE AKTION BEI REATA ....- 97 -

KAPITEL III RÜCKZUG VOR ÜBERWÄLTIGENDEM
FEINDLICHEN DRUCK ....- 106 -

KAPITEL IV DER VORSPRUNG DES FEINDES IM GEBIET
DER NORDEISENBAHN ....- 116 -

KAPITEL V ZWISCHEN DEN NORDEN- UND ZENTRALEN EISENBAHN ....- 125 -

KAPITEL VI ANHALTENDE KÄMPFE IN DER NÄHE DES RUFIJI ....- 132 -

KAPITEL VII FEINDLICHE ANGRIFFE IM SÜDOSTEN DER KOLONIE ....- 140 -

KAPITEL VIII SORGEN UND HÄRTEN WÄHREND UNSERES AUFENTHALTS IM RUFIJI-LAND ....- 154 -

KAPITEL IX DAS ENDE DER GRENZVERTEIDIGUNG IN DEN NEBENGEGENSTÄNDEN ....- 161 -

KAPITEL X LINDI UND KILWA ....- 168 -

KAPITEL XI IN DER SÜDOSTECKE DER KOLONIE ....- 184 -

KAPITEL XII DIE LETZTEN WOCHEN AUF DEUTSCHEM GEBIET ....- 191 -

TEIL III KÄMPFE AUF FREMDEN BODEN ....- 202 -

KAPITEL I ÜBER DEN ROVUMA ....- 204 -

KAPITEL II ÖSTLICH DER LUDJENDA ....- 218 -

KAPITEL III IN DER REGION DER FLÜSSE LURIO UND LIKUNGO ....- 231 -

KAPITEL IV WEITER NACH SÜDEN ....- 240 -

KAPITEL V ZURÜCK NACH NORDEN ZUM NAMACURRA-FLUSS ....- 247 -

KAPITEL VI ZURÜCK ZUM FLUSS LURIO ....- 256 -

KAPITEL VII NOCHMALS AUF DEUTSCHEM BODEN .....- 269 -

KAPITEL VIII DER VORDRINGEN NACH BRITISCH-RHODESIEN ....- 274 -

KAPITEL IX DER WAFFENSTILLSTAND UND UNSERE RÜCKKEHR NACH HAUSE ....- 280 -

FUßNOTEN: ....- 290 -

VORWORT

In allen deutschen Kolonien, obwohl erst wenige Jahrzehnte alt, war ein Leben voller Hoffnung erkennbar. Wir begannen den nationalen Wert unserer kolonialen Besitztümer zu begreifen; Siedler und Kapital wagten sich hinein; Industrie und Fabriken begannen zu florieren. Verglichen mit anderen Nationen war der Kolonisierungsprozess Deutschlands friedlich und stetig vorangeschritten, und die Einwohner hatten Vertrauen in die Gerechtigkeit der deutschen Verwaltung. Diese Entwicklung hatte kaum begonnen, als sie durch den Weltkrieg zerstört wurde. Trotz aller handfesten Beweise des Gegenteils wird eine ungerechtfertigte Kampagne der Lüge geführt, um die Welt glauben zu machen, dass den Deutschen das Talent zur Kolonisierung fehlte und sie grausam gegenüber den Eingeborenen waren.

Dieser Entwicklung widersetzte sich eine kleine Truppe, die hauptsächlich aus eben diesen Eingeborenen bestand. Fast ohne äußere Zwangsmittel, ja sogar ohne sofortige Bezahlung, folgte diese Truppe mit ihren zahlreichen einheimischen Anhängern während des ganzen langwierigen Krieges treu ihren deutschen Führern gegen eine mehr als hundertfache Übermacht. Als der Waffenstillstand kam, war sie noch immer kampffähig und vom besten Soldatengeist erfüllt. Das ist eine Tatsache, die nicht zu bestreiten ist und an sich schon eine ausreichende Antwort auf die feindlichen Falschaussagen darstellt.

Es war mir nicht möglich, einen erschöpfenden Bericht über die Operationen der deutschen Ostafrika-Schutztruppe zu geben. Das vorhandene Material ist unzureichend, vieles ist verloren gegangen, und selbst heute kenne ich noch nicht viele Ereignisse, deren Akteure noch nicht nach Hause zurückgekehrt sind. Meine eigenen Aufzeichnungen sind größtenteils verloren gegangen, und ich hatte nicht die Muße, neben meinen anderen Aufgaben eine detaillierte Beschreibung des Feldzugs in Ostafrika anzufertigen. Mein Bericht ist daher notwendigerweise unvollständig. Im Wesentlichen muss ich mich auf mein Gedächtnis und meine persönlichen Erfahrungen verlassen. Fehler in den Details sind unvermeidlich.

Trotzdem ist der folgende Bericht vielleicht nicht ohne Wert, vielleicht sogar ohne Interesse, da er zeigt, wie sich das bis heute größte Drama unserer Kolonialgeschichte im Kopf dessen abspielte, der dazu bestimmt war, die militärische Seite zu leiten. Ich habe versucht, meine Erinnerungen an Ostafrika so wiederzugeben, wie sie tatsächlich sind, und so zumindest das darzustellen, was subjektiv richtig ist.

TEIL I
EREIGNISSE VOR DER ANKUNFT DER SÜDAFRIKANER

KAPITEL I
VOR DEM AUSBRUCH DES KRIEGES

Als ich im Januar 1914 in Daressalam landete, ahnte ich kaum, welche Aufgabe mich in ein paar Monaten erwarten würde. Aber in den letzten zehn Jahren schien der allgemeine Krieg mehr als einmal so unmittelbar bevorzustehen, dass ich ernsthaft darüber nachdenken musste, ob die unter meinem Kommando stehenden Truppen an diesem Konflikt teilnehmen würden und wenn ja, welche Aufgabe sie haben würden. Aufgrund der Lage der Kolonie und der Schwäche der vorhandenen Streitkräfte – die Friedenstruppe bestand nur aus wenig mehr als zweitausend Mann – konnten wir nur eine untergeordnete Rolle spielen. Ich wusste, dass das Schicksal der Kolonien wie aller anderen deutschen Besitztümer erst auf den Schlachtfeldern Europas entschieden werden würde. Zu dieser Entscheidung musste jeder Deutsche, egal wo er sich gerade aufhielt, seinen Beitrag leisten. Auch in der Kolonie war es im Falle eines allgemeinen Krieges unsere Pflicht, alles in unserer Macht Stehende für unser Land zu tun. Die Frage war, ob es uns in unserem Nebenkriegsschauplatz möglich war, Einfluss auf die große Entscheidung im eigenen Land auszuüben. Konnten wir mit unseren kleinen Kräften größere feindliche Truppenteile von Interventionen in Europa oder auf anderen wichtigeren Kriegsschauplätzen abhalten oder unseren Feinden nennenswerte Verluste an Menschenleben und Kriegsmaterial zufügen? Diese Frage habe ich damals bejaht. Allerdings gelang es mir nicht, alle Stellen so sehr für diesen Gedanken zu gewinnen, daß alle Vorbereitungen getroffen wurden, die ein Krieg dieser Art wünschenswert machte.

Man musste bedenken, dass feindliche Truppen sich nur dann aufhalten ließen, wenn wir den Feind an einem wirklich empfindlichen Punkt angriffen oder zumindest bedrohten. Man musste außerdem bedenken, dass der Schutz der Kolonie mit den verfügbaren Mitteln nicht einmal durch rein defensive Taktiken gewährleistet werden konnte, da die Gesamtlänge der Landgrenze und der Küstenlinie ungefähr der Deutschlands entsprach. Aus diesen Überlegungen folgte, dass es notwendig war, unsere wenigen verfügbaren Kräfte nicht in lokaler Verteidigung aufzuspalten, sondern im Gegenteil zusammenzuhalten, den Feind an die Gurgel zu packen und ihn zu zwingen, seine Kräfte zur Selbstverteidigung einzusetzen. Wenn diese Idee erfolgreich umgesetzt werden konnte, würden wir gleichzeitig unsere Küste und unsere unendlich lange Landgrenze auf die wirksamste Weise schützen.

Bei der Untersuchung der Frage, wo sich ein für den Feind so wichtiger Punkt finden ließe, dass er uns die Aussicht auf einen erfolgreichen Angriff oder zumindest die Drohung eines solchen Angriffs bot, dachte man sofort an die Grenze zwischen Deutsch- und Britisch-Ostafrika. Parallel dazu, in einer Entfernung von einigen Märschen, verläuft die Hauptverkehrsader des britischen Territoriums, die Uganda-Eisenbahn, ein Objekt, das mit einer Länge von fast 440 Meilen für den Feind äußerst schwer zu verteidigen war und daher, wenn es tatsächlich bedroht wäre, einen großen Teil seiner Truppen zu diesem Zweck erfordern würde.

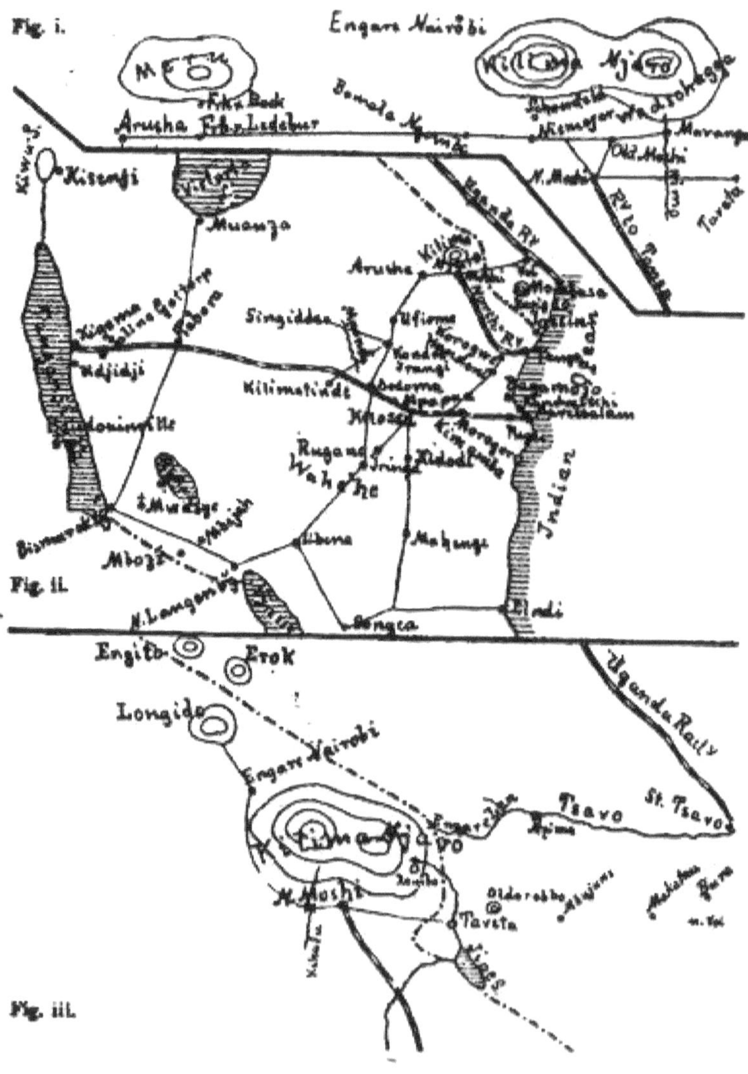

Abb. i. und iii. Kilima Njaro.
Abb. ii. Deutsch-Ostafrika. Die Zentralbahn.

Auf meiner ersten Erkundungs- und Inspektionsreise, die ich im Januar 1914 begann, reiste ich über das Meer von Daressalam nach Tanga, von dort nach Usambara und dann weiter in das Land um den Kilima Njaro und den Meru-Berg. In Usambara traf ich einen alten Freund, den ich seit unserer Kriegsschule gut kannte , Captain von Prince (im Ruhestand). Er war ein begeisterter Anhänger der Idee, dass wir Ostafrikaner im Falle eines Krieges mit England nicht untätige Zuschauer bleiben, sondern eingreifen sollten, wenn auch nur der Hauch einer Aussicht auf eine Entlastung des Drucks in Europa bestehen sollte. Gleichzeitig konnte er mir mitteilen, dass im Usambara-Land, rund um den Kilima Njaro und in der Nähe des Meru-Bergs, Freiwilligen-Schützenkorps gebildet wurden, die in kurzer Zeit wahrscheinlich alle waffenfähigen Deutschen in diesen nördlichen Gebieten umfassen würden. Angesichts der Dichte der Siedlungen in diesen Gegenden war dies eine Tatsache von großer Bedeutung. Der Hauptteil der dreitausend Europäer, die wir im Laufe des Krieges in die Schutztruppe aufnehmen konnten, stammte aus eben diesen an der Usambara-Eisenbahn liegenden Gebieten. Es war zwar schwierig, diese freiwilligen Verbände militärisch tragfähig zu organisieren und ihre große Hilfsbereitschaft wirksam zu nutzen. Dennoch gelang es im Großen und Ganzen, dafür zu sorgen, dass alle, auch diejenigen, die nicht gesetzlich dazu verpflichtet waren, im Kriegsfall bereit waren, unter dem Befehl der Schutztruppe zu handeln. Auch die Bezirkskommissare zeigten größtes Mitgefühl, äußerten aber auch die leider begründeten Zweifel, ob in einem allgemeinen Krieg, der uns sicherlich vollständig von der Heimat abschneiden und uns uns selbst überlassen könnte, solche freiwilligen Verbände den erforderlichen Zusammenhalt besitzen würden. Auch die Bewaffnung war in einem schlechten Zustand; obwohl fast jeder Europäer ein brauchbares Jagdgewehr besaß, war die Vielfalt der Modelle und die daraus resultierende Schwierigkeit der Munitionsversorgung noch nicht behoben. Die Vorschläge zur Bewaffnung dieser Schützenvereine mit einer einheitlichen militärischen Waffe standen noch aus und blieben bis Kriegsausbruch unentschieden.

In Wilhelmstal fand ich eine Abteilung einheimischer Polizei unter einem tüchtigen Sergeant Major, der aus Ditmarschen stammte. Während die eigentliche Schutztruppe dem Kommandanten unterstand, unterstanden die verschiedenen Polizeiabteilungen den Zivilbehörden, und so hatte jeder Bezirkskommissar eine Abteilung von einhundert bis zweihundert Mann unter seinem Befehl, um Steuern einzutreiben und seine Autorität zu unterstützen. Es herrschte eine ständige Tendenz, diese Polizeitruppe immer mehr zum Nachteil der Schutztruppe zu vergrößern. Auf diese Weise war neben dieser eine zweite Truppe von gleicher Stärke entstanden, die in ihrer Natur eine Travestie einer militärischen Organisation war und kaum besser sein konnte. Der Bezirkskommissar, ein Zivilbeamter, verstand oft wenig von militärischen Angelegenheiten und übergab die Ausbildung und das

Kommando seiner Polizei-Askari einem Polizei-Sergeant Major. Letzterer arbeitete oft eifrig und mit der üblichen Pflichterfüllung eines alten Unteroffiziers; aber er erhielt selten Anweisungen von einem militärischen Vorgesetzten, da der Polizeiinspektor, ein Offizier, jeden Bezirk nur von Zeit zu Zeit besuchen konnte. Daher wurden die Polizei-Askari oft nachlässig und es fehlte ihnen die strenge Disziplin, die nötig war, um sie für ihre Aufgaben tauglich zu halten, die Zuverlässigkeit erforderten. Dazu kam ein weiterer Mangel, der hätte vermieden werden sollen. Die Polizei wurde teilweise aus den einheimischen Unteroffizieren der Schutztruppe rekrutiert. Letztere wurden dadurch ihrer besten Elemente beraubt, die nach ihrem Eintritt in die Polizei ihre guten militärischen Qualitäten verloren. Dies war natürlich nicht in allen Fällen der Fall. Aber allgemein gesprochen war es so, dass die Qualität der Schutztruppe ständig verschlechtert wurde, um eine Polizei von geringerem militärischem Wert zu erhalten, die unter den gegebenen Umständen nie von wirklichem Nutzen sein konnte.

Von New Moshi, der Endstation der Usambara-Eisenbahn, reiste ich über Marangu, wo ein englischer Plantagenbesitzer lebte und wo ich den englischen Konsulkönig von Daressalam traf, in das Land des Kilima Njaro und von dort nach Arusha. Mehrere deutsche Plantagenbesitzer, darunter ehemalige Offiziere, die ich während des Marsches auf ihren Ländereien besuchte, versicherten mir, dass die deutschen Siedler in diesen Gegenden eine wertvolle militärische Machtquelle darstellten.

Damals lernte ich das reizende Anwesen von Commander Niemeyer (im Ruhestand) kennen, dessen Frau uns mit ausgezeichnetem Kaffee aus eigenem Anbau bewirtete. Später behinderte sie uns einmal ziemlich: Als ihr Mann während des Krieges im Engara-Nairobi Camp, nordwestlich des Kilima Njaro, war, hatten wir ihr vorübergehend ein Telefon geliehen, damit sie ihren Mann anrufen konnte. Unmittelbar danach fiel der gesamte Telefondienst aus, und nach langem, langem Suchen stellten wir schließlich fest, dass unsere freundliche ehemalige Gastgeberin ihr Gerät nicht ausgeschaltet hatte und auch nicht die Absicht zeigte, dies zu tun.

Ganz in der Nähe befand sich die Plantage von Oberleutnant Schoenfeld (im Ruhestand), der uns gastfreundlich ein Glas sehr guten Moselweins anbot, und zwar in einem militärischen Tonfall wie einem Kommandowort, der ihn schon damals als den energischen Führer kennzeichnete, der später die Mündung des Rufiji-Flusses mit solcher Hartnäckigkeit gegen einen überlegenen Feind verteidigen sollte. Kurz vor Arusha kamen wir zur Kaffeeplantage meines alten Kadettenbruders Freiherr von Ledebur, wo ich bei Tisch den charmanten alten pensionierten Oberstleutnant Freiherr von Bock kennenlernte. Wir sprachen über das Freiwillige Schützenkorps, das in der Nähe des Meru-Bergs aufgestellt wurde, und ich hätte nicht im Traum daran gedacht, dass dieser über sechzigjährige alte Herr einige Monate später einer unserer härtesten Patrouillenführer auf der Ostseite des Kilima Njaro sein würde und oft mit seinen wenigen Männern, die meist Rekruten waren, erfolgreich mehrere Kompanien des Feindes bekämpfen würde. Durch seine wahre Ritterlichkeit und väterliche Fürsorge gewann er bald die Herzen seiner schwarzen Kameraden, und zwar in einem solchen Ausmaß, dass er in ihren Augen der tapferste aller Deutschen war, und sie hingen ihm mit rührender Loyalität an.

In Arusha fand die erste Inspektion einer Askari-Kompanie statt. Der Geist und die Disziplin der schwarzen Einheit zeigten die bewundernswerte Ausbildung, die sie durch meinen Vorgänger, Oberst Freiherr von Schleuntz, erhalten hatte; doch gemäß den bis dahin akzeptierten Grundsätzen ihres Einsatzes war ihre Ausbildung für den Kampf gegen einen Feind mit moderner Bewaffnung weniger weit fortgeschritten. Wie die Mehrheit der Askari-Kompanien war diese Kompanie noch mit dem alten Gewehr vom Typ 1871 bewaffnet, das Rauchpulver verwendete. Es herrschte weithin die Meinung, dass dies für schwarze Truppen besser geeignet sei als ein modernes Gewehr mit rauchlosem Pulver, denn sie waren bisher nie gegen einen Gegner mit moderner Bewaffnung eingesetzt worden, sondern nur im Eingeborenenkrieg, wo das größere Kaliber ein Vorteil ist, während der Nachteil des Rauchs keine Rolle spielt. Nach Ausbruch des Krieges änderten die begeisterten Anhänger des Gewehrs von 1871 tatsächlich ihre Meinung. Gegen einen Feind, der mit moderner rauchfreier Ausrüstung ausgestattet war, war das rauchende Gewehr nicht nur auf den langen Distanzen, die man auf offener Ebene erreichte, sondern auch im Buschkampf, wo die Kämpfer oft nur wenige Schritte voneinander entfernt waren, entschieden unterlegen. Der Mann, der rauchfreies Pulver verwendete, blieb unsichtbar, während die Rauchwolke den Feind schnell und sicher verriet, nicht nur für das scharfe Auge des einheimischen Askari, sondern sogar für den an Büroarbeit gewöhnten Europäer. Daher war zu Beginn des Krieges die größte Belohnung, die ein Askari verdienen konnte, ein modernes erbeutetes Gewehr anstelle seines alten rauchenden Gewehrs.

Bei der Verteilung der Truppen in Kompanien im ganzen Land musste man den Nachteil in Kauf nehmen, dass es in vielen Fällen unmöglich war, sie in großen Formationen einzusetzen oder die höheren Offiziere in dieser Hinsicht auszubilden. Es war offensichtlich, dass im Krieg die Bewegung und Führung von Truppen, die größer als eine Kompanie waren, in der Schlacht mit großen Schwierigkeiten und Reibungen verbunden sein würde. Meiner Ansicht nach hatte die Truppe die doppelte Aufgabe, sich sowohl auf die Begegnung mit einem Feind von außen mit modernen Waffen als auch mit einem einheimischen Feind innerhalb unserer Grenzen vorzubereiten; ihre Ausbildung für den Kampf musste daher zwei unterschiedliche Bedingungen berücksichtigen. Die Übungen in einheimischer Kriegsführung boten ein Schauspiel, das sich stark von unseren europäischen Inspektionen unterschied. Bei dieser Gelegenheit marschierte die Kompanie in Arusha durch dichten Busch, das „Pori", und wurde auf dem Marsch nach einheimischer Art überrascht. Der Feind wurde durch Meru-Krieger vertreten, die in voller Kriegsmontur, mit Speeren und Kopfbedeckung aus Straußenfedern, verborgen blieben und dann aus nur wenigen Schritten Entfernung mit lautem Kriegsgeschrei über die Safari, die Marschkolonne, herfielen. Ein Kampf auf so engem Raum, wie der, in dem Zelewskis Expedition 1891 bei Iringa überwältigt wurde, wird auf kurze Distanz und in wenigen Minuten entschieden. Die Truppen sammeln sich schnell um ihre Anführer und stürmen auf den Feind zu. In Übereinstimmung mit diesem ganzen Charakter der einheimischen Kriegsführung war eine sorgfältige und gründliche Musketenausbildung im modernen Sinne bisher unnötig gewesen. Sie war in der Tat auf einem ziemlich niedrigen Niveau, und es könnte den Soldaten interessieren zu hören, dass in einigen Kompanien der Durchschnitt bei 200 Yards ohne Pause kaum Ring 3 erreichte und dass nur wenige Kompanien über Ring 5 hinauskamen. Auch die Art der einheimischen Kriegsführung bot keinen ausreichenden Anreiz für eine gründliche Ausbildung mit dem Maschinengewehr. Glücklicherweise entdeckte ich jedoch bald bei allen Europäern der Truppe ein vollständiges Verständnis für die Bedeutung dieser Waffe, insbesondere im modernen Kampf. Trotz dieses nicht besonders hohen Ausbildungsstandards waren die Ergebnisse beim Feldschießen, selbst auf große Entfernungen, nicht unbefriedigend, und hierbei profitierte der Askari in hohem Maße von seinem scharfen Sehvermögen, das es ihm ermöglichte, seinen Schuss zu beobachten und sein Ziel entsprechend zu korrigieren.

Die Reise ging weiter über die Ufiome-Mission, wo der hervorragende Pater Dürr untergebracht war, nach Kondoa-Irangi, Kilimatinde und zurück nach Daressalam. Diese erste Besichtigung hinterließ den Eindruck, dass aus militärischer Sicht noch viel zu tun war, wenn wir für den Fall eines Krieges der Engländer gegen uns gewappnet sein wollten. Leider gelang es mir nicht, bei den Behörden genügend Interesse für die Angelegenheit zu wecken. Es herrschte die Meinung vor, dass wir mit den Engländern auf außerordentlich gutem Fuß standen und ein Krieg, wenn es überhaupt dazu kommen sollte, noch in weiter Ferne liege. So kam es, dass wir unvorbereitet waren, als der Krieg einige Monate später tatsächlich ausbrach.

Für mich, einen Neuankömmling in Ostafrika, war die Reise nicht nur von militärischem Interesse gewesen. In Boma la Ngombe, einem Ort zwischen Moshi und Arusha, hatte der verstorbene Oberstleutnant Johannes eine Anzahl alter Askari angesiedelt, die hauptsächlich Viehhandel betrieben und zu Wohlstand gekommen waren. Die Nachricht von meiner Ankunft war mir vorausgegangen, und die Leute erschienen in voller Stärke, um mich bei meiner Ankunft zu begrüßen. Ich hatte den Eindruck, dass dies nicht nur ein bloßer Treuebeweis war; die Leute erzählten mir nicht nur begeistert von Deutschen, unter denen sie früher gedient hatten, sondern stellten uns nach Ausbruch des Krieges ungefragt und ohne den geringsten Druck eine große Summe Geld zur Verfügung, um der Truppe zu helfen. In diesem Gebiet sah ich auch die ersten Massai, die im Gegensatz zu den meisten ostafrikanischen Stämmen reine Hamiten sind und in einem besonderen Reservat leben. Es sei erwähnt, dass Merker, der beste Kenner der Massai, [1] sie für die ursprünglichen Juden hält. Sie besitzen in ausgeprägtem Maße die Merkmale des reinen Präriebewohners. Gelegentlich fungierte einer dieser großen, schlanken und sehr flinken Männer als mein Führer auf Jagdexpeditionen; ihr Weitblick und ihre Fähigkeiten als Fährtenleser sind erstaunlich. Außerdem ist der Massai intelligent und, jedenfalls gegenüber Fremden, ein außergewöhnlicher Lügner. Er lebt in geschlossenen Dörfern aus Lehmhütten und wandert wie alle Nomaden mit seinen Herden über die Prärie. Er tritt selten in die Armee ein. In der Landwirtschaft betreiben die Massai kaum etwas, während dies bei den anderen Stämmen die Hauptbeschäftigung darstellt und eine notwendige Voraussetzung für eine dichte Besiedlung ist. So ernähren die Bananenbezirke an den Osthängen des Kilima Njaro eine einheimische Wajagga-Bevölkerung von etwa 25.000 Seelen , und diese Zahl könnte leicht erhöht werden. Der große Viehreichtum in der Umgebung von Arusha, auf der Massai-Prärie und bei Kondoa-Irangi zeigte mir, dass die Tset-Tse-Fliege, der Hauptfeind des afrikanischen Viehs, in diesen Gegenden verhältnismäßig selten ist. Zum Vergleich kann ich anführen, dass das Vieh im einzelnen Distrikt von Arusha schätzungsweise zahlreicher ist als im gesamten Südwestafrika. In Kondoa-Irangi und Singida waren die Menschen von weit her gekommen und hatten sich an der Straße aufgereiht, um mich zu begrüßen. Kein Reisender, der diese Länder besucht, kann übersehen, dass im fruchtbaren, hochgelegenen Landesinneren Platz für die Ansiedlung von Hunderttausenden von Europäern ist. Hier möchte ich einen Eindruck festhalten, den ich erst später, während des Krieges, gewann. Zeitweise kamen wir durch fruchtbare Gebiete, die von den Einwohnern völlig verlassen waren, von denen man aber wusste, dass sie auch im Vorjahr nicht bewohnt worden waren. Sie waren einfach weggezogen, hatten sich anderswo in dem reichlich vorhandenen, leeren und fruchtbaren Land niedergelassen und dort begonnen, frische Felder zu bestellen. Wenn das kultivierbare Land voll ausgeschöpft würde, wäre es wahrscheinlich möglich, in Deutsch-Ostafrika, das bisher nur von etwa acht Millionen Menschen bewohnt ist, eine Bevölkerung zu ernähren, die kaum kleiner ist als die Deutschlands. Ein während des Krieges in Mahenge gefangen genommener Engländer bemerkte, es sei möglich, Ostafrika in ein zweites Indien zu verwandeln, und ich glaube, er hatte recht. Meine Erfahrungen im Krieg haben meine Meinung bestätigt, dass es viele Möglichkeiten der wirtschaftlichen Entwicklung gibt, von denen wir vor dem Krieg kaum eine Ahnung hatten.

In Singida sah ich eines der Gestüte des Landes. Zur Zucht gab es zwei Hengste, keine Stuten, einige Maskat-Eselhengste und hauptsächlich landgezüchtete Eselstuten. Von den angestrebten Zielen konnte ich mir keine klare Vorstellung machen; jedenfalls hatte die Kreuzung von Hengsten und Eselstuten keine Ergebnisse gebracht. Aber das Gebiet ist außerordentlich geeignet für die Pferdezucht, und der dort stationierte Regierungsveterinär Hiffmeister war sehr geneigt, sich als Privatbauer und Pferdezüchter im Land niederzulassen. Ähnliche Gestüte gab es in Kilimatinde, Iringa und Ubena. Von Singida nach Kilimatinde folgte ich dem Mpondi-Fluss; für den Jäger wird es interessant sein zu erfahren, dass dies das Gebiet ist, in dem die besten Büffel Ostafrikas zu finden sein sollen. Einige Tage zuvor hatte ich erfolgreich Büffel gejagt, aber es war mir nicht gelungen, einen kräftigen Bullen zu erlegen, und so machte ich mich, soweit es die Zeit erlaubte, auf Büffeljagd. Außer einem einheimischen Jungen hatte ich als Fährtenleser zwei ausgezeichnete Askari der Konda-Kompanie. Sobald ich am Ende eines Marsches im Lager ankam und von meinem Maultier abstieg, fragte ich Kadunda, einen dieser Askari, der den Marsch zu Fuß zurückgelegt hatte, ob er zur Jagd bereit sei. Er stimmte immer mit größter Begeisterung zu, und los ging es durch den Busch, der manchmal so dicht war, dass man unter den Zweigen hindurchkriechen musste, um überhaupt durchzukommen. Für den Europäer, der noch nicht an das afrikanische Klima gewöhnt ist, ist es außerordentlich ermüdend, stundenlang in der sengenden Sonne einer Spur durch dichten Busch und über den Kopf ragendes hohes Gras zu folgen. Der verwundete Büffel gilt als das gefährlichste Wild Ostafrikas; er greift oft sofort mit großer Entschlossenheit an. In Mpondi hatte kurz zuvor ein verwundeter Büffel einen Jäger so plötzlich angegriffen, dass dieser sich zwar auf seinem Nacken wiederfand, aber kaum mit dem Leben davongekommen wäre, wenn ihm nicht im entscheidenden Moment sein Sonnenhelm abgefallen wäre. Das Tier griff daraufhin den Helm an, und der Mann schaffte es, ihm ins Herz zu schießen. Aus dieser und ähnlichen Geschichten wird deutlich, dass die Erregung zunimmt und die Sinne geschärft werden, je wärmer die Spur wird. Aber obwohl ich den Büffel oft nur wenige Schritte von mir entfernt atmen hörte, war das Buschwerk so dicht, dass ich keinen Schuss abgeben konnte. Ich hatte bereits alle Hoffnung auf Erfolg aufgegeben und war mit meiner Karawane endgültig losmarschiert, als wir um sieben Uhr morgens eine völlig frische Büffelspur kreuzten. An dieser Stelle war der Wald lichter, und die Führer schienen den Spuren unbedingt folgen zu wollen. Also ließen wir die Karawane weiterziehen, und nach vier Stunden anstrengender Spurensuche bekamen wir den Büffel zu Gesicht. Auf einer Lichtung, hundert Meter entfernt, hob ich mein Gewehr, aber Kadunda ließ es nicht zu und bestand darauf, dass wir uns bis auf dreißig Meter an das Wild heranpirschen, das in völlig offenem Wald ohne Unterholz an uns vorbeizog. Glücklicherweise durchtrennte die Kugel die Hauptschlagader; der Büffel fiel sofort, und so wurde jeder weitere mögliche Verlauf des Vorfalls verhindert. Wie so oft entdeckten wir im Körper des Tieres eine Kugel aus einem einheimischen Gewehr. Außer diesem Büffel hatte ich eine große Anzahl Antilopen und Gazellen verschiedener Arten erlegt; Löwen hörten wir oft, bekamen sie aber nie zu Gesicht.

Auf diesem Marsch durch das „Pori" erfuhr ich zu meinem Erstaunen, dass es selbst im Innern Afrikas nicht leicht ist, spurlos zu verschwinden. Ich war losmarschiert, ohne zu hinterlassen, welchen Weg ich einschlagen wollte. Plötzlich begegnete uns auf dem Marsch mitten im Busch ein Eingeborener, der mir die Überseepost überreichte. Tatsächlich erzählen sich die Einwohner im Informationsaustausch gegenseitig alles, was in ihrer Umgebung geschieht. Rufe, Feuersignale und die Signaltrommeln dienen dem Austausch und der schnellen Verbreitung aller Nachrichten. Die unglaubliche Art und Weise, in der sich die unzähligen Gerüchte im Ausland verbreiteten, die ich später kennenlernte, ist hauptsächlich dieser Mitteilungsfreudigkeit zu verdanken.

Nach meiner Rückkehr nach Daressalam von meiner ersten Inspektionsreise traf ich sofort Vorkehrungen für die Neubewaffnung von drei weiteren Kompanien. Bislang waren nur drei Kompanien mit modernen Gewehren ausgerüstet worden. Später wurde es zu einem Faktor von größter Bedeutung, dass diese Waffen mit der nötigen Munition die Kolonie gerade rechtzeitig vor Ausbruch des Krieges erreichten.

Während einer Inspektionstour im April nach Lindi, wo ich die Dritte Feldkompanie sah, fiel ich in ein Felsloch und bekam Wasser ins Knie, so dass ich meine nächste lange Reise erst Ende Mai antreten konnte. Obwohl die Zentralbahn nur bis Tabora für den öffentlichen Verkehr geöffnet war, war der Bau so weit fortgeschritten, dass ich Kigoma (am Tanganjikasee) mit der Bahn erreichen konnte und so bereits eine oberflächliche Kenntnis dieses wichtigen Kommunikationsmittels erwerben konnte, das unsere Küste direkt mit dem See und den reichen angrenzenden Ländern und indirekt mit dem Kongobecken verband. In Kigoma wurde der Dampfer *Coetzen* noch gebaut, und um Bismarckburg zu erreichen, benutzte ich den kleinen Dampfer *Hedwig von Wissman* . In Baudouinville im Kongogebiet stattete ich dem Bischof der Weißen Väter einen kurzen Besuch ab, ohne zu ahnen, wie bald wir mit diesem Land im Krieg sein würden. Die wunderbare Kirche würde eine Zierde für jede unserer Städte sein. Sie war von den Vätern selbst erbaut worden und das Innere war mit reichen Schnitzereien verziert. Um die

Station herum liegen ausgedehnte, prächtige Obstgärten. Die Löwenplage muss allerdings sehr groß sein; die Patres erzählten mir, dass kurz zuvor ein Löwe eines Nachts über die Mauer in den Hof gesprungen sei und einen Ochsen getötet habe.

Wir wurden sehr freundlich empfangen und mit einem Glas guten algerischen Weines begrüßt. Auch auf der Missionsstation Mwasyl auf deutschem Gebiet, wo sich ebenfalls Weiße Väter, meist Belgier, befanden, wurden wir gut aufgenommen. Während des Krieges erbeuteten wir jedoch Korrespondenz, die bewies, dass die französischen Missionare, die auch auf Stationen im Tanganjikaland lebten, sich keineswegs auf die Verbreitung des Christentums beschränkten, sondern bewusst auch eine nationale Propaganda betrieben. In einem Brief eines Missionars wird der Unterschied zwischen einem *missionnaire catholique* und einem *missionnaire français definiert*, wobei darauf hingewiesen wird, dass letzterer neben der Verbreitung des christlichen Glaubens auch französische Nationalpropaganda betreiben müsse. Es ist bekannt, dass diese Nationalpropaganda eine Arbeit ist, von der die deutschen Missionare im Allgemeinen Abstand nahmen.

Diese Missionen, die sich natürlicherweise in den dicht bevölkerten und kultivierten Ländern befinden, üben einen bemerkenswerten Einfluss auf die Bildung der Eingeborenen aus. Der Missionar ist meist der einzige dauerhaft ansässige Weiße; er lernt Land und Leute gut kennen und gewinnt ihr Vertrauen. Die Missionen haben sich um die Einführung europäischen Handwerks außerordentlich verdient gemacht; allerorts findet man Tischlereien, Schuhmacherwerkstätten und Ziegeleien.

Meine späteren Reisen ergaben, dass das äußerst fruchtbare Land um Langenburg und Ssonga, wo es viele Weizenfelder gibt (die Bevölkerungsdichte ist sogar auf der Karte durch die zahlreichen Missionsstationen angegeben), nur von einer einzigen Kompanie bewacht wurde, die nicht einmal durch eine direkte Leitung verbunden war. Ein Telegramm konnte Langenburg von Daressalam aus nur über die englische Linie durch Südafrika erreichen. Die Kommunikation per Heliograph von Iringa nach Langenburg war zu unzuverlässig, um als wirksamer Ersatz in Betracht gezogen zu werden. Es sei erwähnt, dass die Eingeborenen in diesem Land nicht nur von den Missionen und der deutschen Verwaltung in der Landwirtschaft ausgebildet wurden, sondern dass dort seit langer Zeit beträchtliche einheimische Industrien ansässig sind. Wo Eisen vorkommt, findet man zahlreiche Schmieden, deren Blasebälge auf primitive Weise aus Häuten und durchbohrten Ästen hergestellt werden. Sehr schön sind die Produkte der einheimischen Weber; Korbflechterei wird auch hier wie fast überall sonst in der Kolonie betrieben, und die Arbeit zeugt nicht nur von gutem Geschmack, sondern ist so nah dran, dass die Eingeborenen Korbbecher zum Trinken verwenden. Für die großen Herden einiger europäischer Bauern war es aufgrund der schlecht ausgebauten Verkehrswege schwierig, einen Markt zu erreichen. Dies trifft insbesondere auf die Mbeya-Farm zwischen dem Nyassasee und dem Tanganjikasee zu.

Ich kampierte in der Mbosi-Mission, und der örtliche Missionar Bachmann, der das Land und die Menschen seit vielen Jahren sehr gut kannte, erzählte mir, dass sich die Ansichten der Einheimischen auffallend veränderten. Ausländische Araber und Swahili kamen ins Land und erzählten den Menschen, dass die Deutschen bald gehen würden und die Engländer das Land in Besitz nehmen würden; das war im Juni 1914.

Die Fortsetzung meiner Reise nach Iringa brachte mich an die Orte, an denen der große Häuptling Kwawa in früheren Tagen den Deutschen getrotzt hatte, und in Rugeno konnten mir einige der zahlreich versammelten Eingeborenen erzählen, was sie von der Vernichtung von Zelewskis Expedition vor Ort miterlebt hatten.

In der kurzen Zeit der Friedensarbeit, die mir gewährt wurde, konnten meine Bemühungen, alle meine Aufgaben in Ostafrika gründlich zu meistern, nicht genügend Ergebnisse erzielen, um mir unter den langjährigen Afrikanern große persönliche Autorität zu sichern. Ich galt immer noch als Anfänger. Trotzdem hatte mich meine Karriere im Militär bis zu einem gewissen Grad auf die Arbeit vorbereitet, die das Schicksal für mich bereithielt.

Wahrscheinlich wurden dem deutschen Vaterland etwa zu der Zeit von Bismarck die ersten Kolonien geschenkt, als ich als Kadett, der in jungen Jahren aus meiner Heimat Pommern verpflanzt worden war, Cäsars Gallischen Krieg studierte. In den Jahren 1899-1900, als ich im Generalstab beschäftigt war, studierte ich unsere eigenen Kolonien sowie viele ausländische. Während der Unruhen in China (1900-1901) lernte ich offiziell und privat alle mit uns in Ostasien operierenden Kontingente kennen, insbesondere die Engländer. Der Aufstand der Herero und Hottentotten in Südwestafrika (1904 1906) machte mich mit den Besonderheiten des Buschkriegs vertraut. Damals sammelte ich im Stab von General von Botha und als unabhängiger Kompanie- und Abteilungskommandeur reichlich persönliche Erfahrungen, nicht nur mit Eingeborenen, sondern auch mit Buren. Die hervorragenden Eigenschaften dieser niederdeutschen Rasse, die seit Generationen auf dem afrikanischen Steppengebiet beheimatet war , flößten mir Respekt ein. Dass die Buren später eine entscheidende – und in gewissem Sinne tragische – Rolle bei der Anglisierung des deutschen Teils Afrikas spielen würden, hätte ich mir nie träumen lassen.

1906 wurde ich in Südwestafrika verwundet. Dies führte mich nach Kapstadt, so dass ich auch die Kapkolonie oberflächlich kennenlernte. Auf der Rückreise berührte ich auch erstmals den späteren Schauplatz meiner Arbeit, Deutsch-Ostafrika.

Später gewährte mir meine Stellung als Kommandeur des Marinebataillons in Wilhelmshaven Einblick in das Innenleben unserer blühenden und wachsenden Marine, die so eng mit der deutschen Arbeit in Übersee verbunden war. Ich nahm an Übungen und Kreuzfahrten auf großen und kleinen Schiffen, an Marinemanövern und an einem Besuch der Flotte in Norwegen teil, bei dem sich mir ständig neue Einblicke in das allgemeine und militärische Leben boten.

Auch nach meiner Rückkehr zur Armee bot mir der Wechsel zwischen Regiments- und Stabsdienst viele Anreize und Vergleichsmöglichkeiten. Auf diese Weise hatte meine Entwicklung mich befähigt, mich rasch an neue Verhältnisse anzupassen. So dankbar ich für jede Horizonterweiterung war, so verdanke ich doch das Beste der Armee in der Heimat, in der ich unter der Leitung bewundernswerter Kommandeure den damals richtig verstandenen Geist des Soldatenlebens und der wahren Disziplin kennenlernen durfte.

KAPITEL II
DER BEGINN DES KRIEGES

Anfang August 1914, als ich über die Heliographenstation Kidodi nach Kilossa unterwegs war, brachte mir ein Sonderbote ein Telegramm des Gouverneurs, in dem er mir mitteilte, ich solle sofort nach Daressalam zurückkehren. Am nächsten Tag erhielt ich die Nachricht, dass Seine Majestät die Mobilmachung angeordnet hatte, der Kriegszustand sich jedoch nicht auf die überseeischen Besitzungen erstreckte. In einem Telegramm des Staatssekretärs des Imperial Colonial Office wurden wir aufgefordert, die Siedler zu beruhigen.

Im Gegensatz dazu wurde in einer Funknachricht des Admiralitätsstabs auch England unter unseren wahrscheinlichen Feinden erwähnt.

In Kilossa gelang es mir, einen Güterzug zu erreichen, und so kam ich am 3. August in Daressalam an. Hier war jedermann beschäftigt: Die Kriegserklärung war mitten in die Vorbereitungen für eine große Ausstellung eingetroffen, zu deren Programm auch die feierliche Eröffnung der Tanganjika-Eisenbahn gehörte; zahlreiche Deutsche waren zu Besuch nach Daressalam gekommen und konnten nun nicht mehr weg. Um bei den Vorbereitungen für die Ausstellung zu helfen, war auch Hauptmann von Hammerstein, Kommandeur der 6. Feldkompanie in Ujiru, dort eingetroffen, und es war ein großes Glück, dass ich diesen tatkräftigen Offizier, der nicht nur meine Ansichten teilte, sondern dem ich auch herzlich verbunden war, sofort für die Mobilisierungsarbeit einsetzen konnte.

Die Frage, die sich uns sofort aufdrängte, war, ob die Kolonie in dem nun offensichtlich bevorstehenden allgemeinen Krieg, in den England mit ziemlicher Sicherheit eintreten würde, neutral bleiben würde oder nicht. Wie ich bereits erklärt habe, betrachtete ich es als unser militärisches Ziel, feindliche, d. h. englische Streitkräfte, aufzuhalten, wenn dies auf irgendeine Weise erreicht werden könnte. Dies war jedoch unmöglich, wenn wir neutral blieben. In diesem Fall wäre die Situation so, dass wir, die wir nicht die Seeherrschaft hatten, untätig bleiben müssten, mit einer Streitmacht, die zwar im Moment klein war, aber hinter der sich eine loyale, sehr leistungsfähige Bevölkerung von acht Millionen befand, die für den Militärdienst geeignet war. England hingegen hätte keinen einzigen Mann für uns in Ostafrika einsetzen müssen; es könnte den allerletzten tauglichen Askari, nachdem es für die innere Sicherheit gesorgt hatte, für den Einsatz in anderen, wichtigeren Kriegsschauplätzen als Ostafrika abziehen. Es wäre daher offensichtlich ein Vorteil für England gewesen, wenn es ein Abkommen gegeben hätte, das uns zur Neutralität verurteilte. Dies war jedoch nicht der Fall: Der Kongoakt, der sich mit den Äquatorialgebieten befasst, besagt lediglich, dass im Falle eines Konflikts zwischen zwei der beteiligten Mächte eine dritte Macht ihre guten Dienste als Vermittler anbieten kann. Aber soweit ich weiß, wurde dieser Schritt von keiner Macht unternommen. Wir waren daher nicht verpflichtet, unsere Operationen aus Rücksicht auf irgendeine Vereinbarung einzuschränken. Aus militärischer Sicht war es ein Nachteil, nicht für uns, sondern für England, wenn es in Ostafrika zum Krieg kam. Die Tatsache, dass wir nicht zur Neutralität verpflichtet waren, ermöglichte es uns, unsere günstige Küste als Basis und Zufluchtsort für die deutschen Kreuzeroperationen im Indischen Ozean zu nutzen. Vor allem aber waren wir in der Lage, mit unseren wenigen tausend Mann während der gesamten Dauer des Krieges eine enorm überlegene Streitmacht des Feindes in Schach zu halten.

Bei Kriegsausbruch bestand die Schutztruppe aus 216 Europäern (von denen ein Teil als Urlauber abgezogen werden muss) und 2.540 Askari; in der Polizeitruppe befanden sich außerdem 45 Europäer und 2.154 Askari; diese wurden später durch die Schiffsbesatzung der *Königsberg* (die in See gestochen war) mit 322 Mann und der *Möve* mit 102 Mann verstärkt. Die Gesamtzahl der während des Krieges in die Truppe eingeschriebenen Soldaten betrug etwa 3.000 Europäer und 11.000 Askari.

Diese Zahlen umfassen alle Nichtkombattanten, wie etwa Polizisten, Sanitäter, Versorgungs- und Wartungspersonal usw. Wie viele Milliarden der Versuch, unsere winzige Streitmacht zu vernichten, gekostet hat, werden uns vermutlich eines Tages die Engländer selbst sagen. Wir hingegen hätten den Krieg wahrscheinlich noch jahrelang fortsetzen können.

Über die feindlichen Truppenstärken liegen mir keine verlässlichen Zahlen vor; ich zitiere aus den Angaben englischer Offiziere und aus Presseberichten, für die sie die Verantwortung tragen müssen. Danach zogen über 130 Generäle gegen uns ins Feld, die Gesamtstärke der feindlichen Truppen betrug etwa 300.000, die Verluste an europäischen und indianischen Toten beliefen sich auf 20.000, an Pferden und Maultieren auf 140.000. Diese Zahlen, insbesondere die der Generaloffiziere, scheinen mir selbst ziemlich übertrieben; ich kann daher nur wiederholen, dass sie englischen Quellen entnommen sind. In jedem Fall waren ihre Verluste jedoch sehr beträchtlich; und wenn man bedenkt, dass die Zahl der getöteten oder verstorbenen schwarzen Soldaten nicht angegeben ist, kann die Gesamtzahl der feindlichen Toten kaum unter 60.000 liegen.

Wenn ein Kreuzer in unseren Häfen Schutz gesucht hätte, wären wir aufgrund unserer Neutralität gezwungen gewesen, ihm die Aufnahme zu verweigern, während die günstige Lage und Küstenentwicklung Ostafrikas es zum natürlichen Versteck im Kreuzerkrieg im Indischen Ozean machte. Was die im Kongo-Gesetz festgelegten Vereinbarungen betrifft, sollte man bedenken, was es für unsere Marine bedeutet hätte, wenn unsere Kolonien für neutral erklärt worden wären.

In Daressalam war es in diesen spannungsgeladenen Tagen sehr interessant, die Aktivitäten des englischen Konsuls King zu beobachten. Er war überall zu sehen, sei es im Offiziersclub bei einer Partie Bridge oder auf dem Postamt, wo unsere Telegramme abgegeben wurden. Die ständigen Befehle der englischen Expeditionstruppe, die später in Tanga erbeutet wurden und die größtenteils auf Kings Berichten beruhten, zeigten, wie aktiv dieser Mann in der Zeit vor dem Krieg gewesen war und wie hervorragend er über die internen Verhältnisse in unserer Kolonie informiert war. Sein Urteil über relevante Angelegenheiten ging so weit, dass er sogar den relativen Kampfwert der Europäer in verschiedenen Bezirken verglich und denen in Daressalam wenig „Kampflust" zusprach. Ehrlich gesagt muss man zugeben, dass es bei einem großen Teil der dortigen Deutschen (und sogar der örtlichen Regierungsbehörden) tatsächlich einige Zeit dauerte, bis sie von jenem kriegerischen Geist durchdrungen waren, ohne den die Erfüllung unserer Aufgabe einfach unmöglich war.

Sehr schwierig war die Lage der Küstenstädte, die von zahlreichen Europäern (darunter vielen Frauen und Kindern) bewohnt waren und natürlich jederzeit einem Bombardement durch englische Kriegsschiffe ausgesetzt waren. Der Gouverneur war der Ansicht, dass ein solches Bombardement unter allen Umständen vermieden werden müsse. Gemäß einer Verordnung, die sicherlich nicht den Fall eines ausländischen Krieges berücksichtigte, lag die höchste militärische Macht in der Kolonie in den Händen des Gouverneurs, und da die Kommunikation mit der Heimat unterbrochen war, war es ohnehin physisch unmöglich, dies zu ändern. Ich war also gezwungen, das Beste aus dieser aus militärischer Sicht sehr ernsten Schwierigkeit zu machen und mit der Möglichkeit zu rechnen, dass, wenn die Anweisungen des Gouverneurs gewissenhaft ausgeführt würden, beispielsweise Daressalam und Tanga, die Endstationen unserer Eisenbahnen und offensichtlichen Stützpunkte für feindliche Operationen von der Küste ins Landesinnere, kampflos in die Hände des Feindes fallen würden.

Meiner Ansicht nach würden wir unsere Kolonie am besten schützen, wenn wir den Feind auf seinem eigenen Gebiet bedrohten. Wir konnten ihn sehr wirksam an einem empfindlichen Punkt, der Ugandabahn, angreifen, und man könnte fast sagen, die zahlreichen deutschen Siedler in dem von unserer Nordbahn (Tanga-Moshi) durchquerten Lande waren bereits zu diesem Zweck eingesetzt. Der Gouverneur war jedoch nicht mit dem Vorschlag einverstanden, den ich bereits früher für den Kriegsfall gemacht hatte, nämlich unsere Kräfte im Norden in der Nähe des Kilima Njaro zu konzentrieren. Um aber überhaupt handeln zu können, war es offensichtlich notwendig, unsere im ganzen Land verstreuten Truppen zu sammeln. Da dies nicht, wie von mir gewünscht, im Kilima Njaro-Lande geschehen konnte, fand die Konzentration auf den Höhen von Pugu statt, einen Tagesmarsch westlich von Daressalam. An diesem Ort traf die Daressalam-Kompanie auf diejenigen aus Kilimatinde, Tabora, Ujiji, Usambara und Kissendji, die teils auf Marschrouten, teils mit der Bahn kamen. Die Polizei, die nach den bereits getroffenen dürftigen Vorbereitungen sofort der Schutztruppe beitreten sollte, wurde mir zumindest teilweise zur Verfügung gestellt, eine Anzahl alter Askari wurden einberufen und auf diese Weise wurden sofort vier neue Kompanien (Nr. 15 bis 18) gebildet. Die deutschen Reservisten wurden nach Bedarf mobilisiert und jede Kompanie wurde auf eine Stärke von etwa 16 Europäern, 160 Askari und 2 Maschinengewehren gebracht.

In einigen Fällen ergaben sich Schwierigkeiten bei der Einberufung der Europäer. Aus Versehen wurde den Besatzungen einiger im Hafen von Daressalam liegender Schiffe der East African Line auf ihre Bitte hin vom Kommandeur des Bahnhofs mitgeteilt, es sei kein Platz für sie in der Schutztruppe frei. Daraufhin wurde ihnen auf Anregung des Gouverneursvertreters eine Erklärung vorgelegt, wonach sie sich schriftlich verpflichten sollten, während des Krieges neutral zu bleiben. Später sahen die Männer ein, dass dies einen Verstoß gegen das Dienstpflichtgesetz darstellte, und ihr eigenes gesundes Gefühl sprach dagegen. Sie wandten sich unter Darlegung der Umstände an mich; ich hatte von diesen Vorgängen keine Ahnung gehabt, und glücklicherweise konnte die beabsichtigte Entscheidung aufgeschoben werden, da die Erklärung noch nicht in die Hände des Feindes gefallen war.

Die Zahl der Träger, die jeder Kompanie zugeteilt wurden, variierte und dürfte im Durchschnitt etwa 250 betragen haben. Die Vorräte an Waffen, Munition und anderem Kriegsmaterial, die ungeschützt im Hafen von Daressalam lagen, wurden auf verschiedene Stellen im Landesinneren entlang der Eisenbahn verteilt, wo Depots angelegt wurden. Die Ausbildung der Truppen wurde sofort energisch vorangetrieben, und schon damals erkannten wir den Wert, unsere Kopfbedeckung mit Gras und Blättern unkenntlich zu machen, eine Maßnahme, die ein praktischer Kompaniechef, Captain Tafel, vorgeschlagen hatte. Die Frage war natürlich, ob wir mit unseren Askari in der Lage wären, gegen moderne Truppen zu kämpfen; das wurde von vielen erfahrenen Leuten verneint. Aber nach dem, was ich während des Aufstands in Südwestafrika von 1904 bis 1906 gesehen hatte, glaubte ich, dass auch in den ostafrikanischen Eingeborenen, die derselben großen Familie, den Bantu, angehören wie die Herero, Mut und militärische Effizienz geweckt werden könnten. Das war sicherlich ein Beweis; aber die

Sache wurde durch die Tatsache, dass es keine mögliche Alternative gab, erheblich vereinfacht.

Alle Organisationsfragen, die in Friedenszeiten normalerweise sorgfältig vorbereitet und erwogen werden, mussten nun spontan behandelt und entschieden werden. Eine davon war die außerordentlich wichtige Frage, einen Verpflegungsdienst und ein komplettes Versorgungssystem aus dem Hinterland aufzubauen. Der wichtigste Punkt war, zunächst die Hauptstraßen zu erwägen, die auch in militärischer Hinsicht wichtig waren. Welche Straßen könnten das sein? Es stellte sich sofort heraus, wie nachteilig das Fehlen einer Eisenbahnverbindung zwischen der Zentral- und der Usambara-Eisenbahn war. In Friedenszeiten war die Verbindung zwischen Daressalam und Tanga über das Meer hergestellt worden; dies war nun unmöglich. Offensichtlich hatte man nicht an die Bedeutung einer militärischen Nutzung der Linien gedacht. Als Ersatz mussten wir eine Straße zwischen Morogoro und Korogwe an der Nordbahn bauen. Die zweite Straße führte an der Westseite des Masai-Reservats vorbei, von Dodoma über Kondoa-Irangi und Ufiome nach Arusha, und die dritte vom reichen Distrikt Tabora, der Hauptstadt des Wanyamwesi-Landes, nach Muansa am Viktoriasee in das Land der Wassukume, die selbst vom Konsulkönig als der wichtigste unserer Stämme anerkannt wurden. Diese Straße war auch deshalb wertvoll, weil wir über sie sowohl von den Reisernten des Viktoriasees als auch von den reichlichen Viehbeständen profitieren konnten. Andere Straßen verbanden Kilossa mit dem reichen Gebiet von Mahenge, Iringa und sogar Langenburg, das uns zuletzt einen großen Teil unseres Bedarfs an Weizenmehl lieferte.

Da die vorläufige Organisation des Versorgungssystems in groben Zügen festgelegt war, war es nicht möglich, die Einzelheiten seiner Entwicklung im Hauptquartier auszuarbeiten. Es musste jemand gefunden werden, der aufgrund seiner militärischen Laufbahn in der Lage war, das System nicht nur vom administrativen Standpunkt aus zu handhaben, sondern auch im Einklang mit den manchmal sehr dringenden militärischen Erfordernissen zu gestalten und es an diese anzupassen. Generalmajor Wahle, ein pensionierter Offizier, der zufällig am 2. August zu einem Besuch bei seinem Sohn und zur Besichtigung der Ausstellung in Daressalam eingetroffen war, stellte sich sofort der Truppe zur Verfügung und übernahm auf meine Bitte hin die Leitung der Kommunikationslinien. Seine Aufgabe war besonders schwierig, da dort, wo es keine Eisenbahnen gab, der Großteil der Arbeit von einheimischen Fuhrwerken ausgeführt werden musste. Mir liegen keine Zahlen vor, die die Gesamtzahl der für den Dienst der Truppen eingesetzten Fuhrwerke zeigen, und es ist sehr schwierig, sie überhaupt mit Sicherheit zu ermitteln. Darunter befanden sich auch Männer, die lediglich die Lasten von einem Ort zum anderen transportierten, bevor sie von den ständigen Trägern übernommen wurden. Ich übertreibe jedoch sicher nicht, wenn ich sage, dass insgesamt Hunderttausende von Trägern für die Truppen arbeiteten. Und alle mussten verpflegt und medizinisch betreut werden.

Von unseren vielen anderen Schwierigkeiten sei hier eine besonderer Art erwähnt. Das Leben der Europäer in den tropischen Kolonien in Friedenszeiten hatte sie, selbst aus gesundheitlichen Gründen, an einen gewissen Grad an Komfort gewöhnt. Auf *Safaris* (Reisen) in Ostafrika ist es im Allgemeinen unmöglich, europäische Lebensmittel zu kaufen; aber nur wenige Europäer hatten gelernt, von den pflanzlichen Produkten zu leben, die ihnen die Eingeborenen oder die Natur lieferten. Schutz ist selten zu finden. Gegen Mücken muss man sich jedoch unbedingt schützen. So reiste der weiße Beamte oder Soldat selten mit weniger als elf Trägern, die neben Zelt, Feldbett und Kleidung auch eine beträchtliche Menge an Lebensmitteln mit sich führten. Für eine Truppe, die mobil sein sollte, waren jedoch so viele Träger unmöglich. Eine weitere Schwierigkeit bestand darin, dass fast jeder Askari einen Jungen hatte. Bei diesen einfachen Leuten, deren Vorliebe für ihre alten Traditionen und Bräuche durch den Islam noch weiter bestätigt wird und die außerdem sehr stolz und eitel sind, ist es besonders schwierig, in solche Dusturis (Bräuche) einzugreifen. Im Einzelfall war es für einen Kompaniechef nicht immer leicht, die richtige Mitte zu finden.

In den tropischen Kriegen, die vor uns lagen, ist die medizinische Versorgung einer der wichtigsten Faktoren. Im Allgemeinen ist der Eingeborene weitgehend immun gegen Malaria, und es kommt nicht oft vor, dass ein Askari wirklich daran erkrankt; einige Stämme jedoch, wie die Wajagga am Kilima Njaro, die in erhöhten, malariafreien Gebieten leben und daher nicht von früher Jugend an immun sind, erkranken schwer an Malaria, sobald sie in die Ebenen kommen. Vom Abend bis in den Morgen hinein war für jeden Europäer ein mechanischer Schutz gegen die Malariamücke (Anopheles) mittels eines Moskitonetzes streng vorgeschrieben. Viele Monate lang schlief ich auf dem Boden, und selbst dann bot mir das Moskitonetz einen hohen Schutz; trotzdem hatte ich zehnmal Malaria, denn im Feld ist es nicht immer möglich, vorbeugende Maßnahmen in dem aus hygienischer Sicht wünschenswerten Umfang anzuwenden. Bei unserem Bestreben, jeder Kompanie einen Sanitätsoffizier zuzuteilen, erhielten wir eine äußerst willkommene Unterstützung durch die Tatsache, dass sich am Tanganjikasee und in den südlichen Gebieten am Rovuma eine beträchtliche Anzahl solcher Offiziere befand, die gekommen waren, um die Schlafkrankheit zu erforschen und zu bekämpfen.

Die Arbeit, die diese ganze Mobilisierungsarbeit mit sich brachte, hielt nicht nur uns Tag und Nacht auf Trab, sondern auch den einheimischen Telefonisten in Pugu, und es war außergewöhnlich zu sehen, mit welcher Geschicklichkeit der Schwarze sein Instrument bediente, sowohl dort als auch anderswo. Sein großes technisches Talent erwies sich für uns als äußerst wertvoll. Natürlich gab es unendlich viele Schwierigkeiten. In den ersten Tagen kam es vor, dass Rinder, die aus dem Land nördlich von Tabora für die Zivilbevölkerung in Daressalam kamen, auf andere Rinder trafen, die in die entgegengesetzte Richtung fuhren, um die Truppen zu versorgen. Bis heute empfinde ich einen körperlichen Schock, wenn ich an eine Kollision in Pugu denke, zwischen einem Zug, der mit den schönsten Schaurindern beladen war und mit voller Geschwindigkeit fuhr, und einem anderen, der beinahe zu einer erheblichen Verringerung des für die Ausarbeitung unseres Mobilisierungsplans erforderlichen Personals geführt hätte.

Unser Sammelplatz in Pugu liegt etwa zwölf Meilen landeinwärts von Daressalam. Unser Lager lag an den Hängen der Pugu-Berge. Der Wald ist extrem dicht und das Land dicht mit Plantagen von Eingeborenen und Europäern bedeckt. Trotz seiner etwas erhöhten Lage liegt Pugu ganz in der heißen Küstengegend, und obwohl wir im August noch in der kalten Jahreszeit waren, waren die Temperaturen immer noch das, was wir als „tropisch" bezeichnen; es ist diese drückende, etwas feuchte Hitze, die lange Märsche für Europäer so anstrengend macht. Damals hatten wir Zelte für die Europäer und ein Feldbett mit dem unvermeidlichen Moskitonetz für jeden, so dass es in dieser Hinsicht keine Schwierigkeiten gab. Für den Fall einer Krankheit hatten wir in den benachbarten Wichmann-Plantagen ein provisorisches Feldlazarett eingerichtet. Unsere Pferde litten nicht übermäßig. Aber eines nach dem anderen erkrankten alle unsere Tiere an Tsetes. Im Lager war es nicht möglich, ihnen, wie in Daressalam, tsetsesichere Ställe mit Drahtgeflecht ähnlich fliegensicheren Fenstern zur Verfügung zu stellen.

KAPITEL III
DIE ERSTEN AKTIONEN

Auf diese Weise waren wir im Lager von Pugu voll beschäftigt, als wir am Morgen des 8. August schweres Artilleriefeuer aus der Richtung von Daressalam hörten. Nach Berichten, die uns bald erreichten, kam es von zwei englischen Leichten Kreuzern, *Astræa* und *Pegasus* , die auf den Funkturm zielten. Dieser Turm war an dieser exponierten Stelle errichtet worden, weil er an der Küste weiter ins Meer hinausreichen konnte; er war für uns von Bedeutung, weil die Hochleistungsstation in Tabora noch nicht fertiggestellt war und die beiden kleineren in Muansa und Bukoba nur lokalen Nutzen hatten. Der Turm wurde nicht von den Engländern getroffen, sondern von uns gesprengt, aus ziemlich übertriebener Angst, er könne dem Feind in die Hände fallen. Kurze Zeit später meldete ein Beobachtungsoffizier, dass der Feind offenbar eine Landung in Konduchi vorbereitete, einen Tagesmarsch nördlich von Daressalam. Die Küstenform machte dies nicht unwahrscheinlich. Ich befahl daher sofort den sieben verfügbaren Kompanien Askari [2] abzumarschieren, um die günstige Gelegenheit zu nutzen, den Feind bei der Landung zu überraschen.

Vor ihrem Abmarsch unterhielt ich mich auf der Station Pugu mit dem Gouverneur, Dr. Schnee, der mit dem Zug nach Morogoro durchreiste. Er schien von den englischen Feindseligkeiten ziemlich überrascht und stimmte meinem Vorschlag, sie bei Konduchi anzugreifen, vollkommen zu. Auf dem Weg dorthin traf ich zwei Herren von der Regierung in Daressalam, die mir ein Dokument zeigten, das von Verhandlungen über die Übergabe Daressalams an die Engländer handelte. Da der Gouverneur mir nichts davon gesagt hatte und ich außerdem ziemlich in Eile war, warf ich nur einen flüchtigen Blick darauf. Es kam mir nicht in den Sinn, dass es sich dabei um eine Art von Abkommen handeln könnte, das mit Zustimmung des Gouverneurs geschlossen worden war. Als die Truppe jedoch im Laufe der Nacht einen Berg zehn Meilen nördlich von Daressalam erreicht hatte und wir am nächsten Morgen den Hafen und die vor ihm liegenden englischen Kreuzer sahen, wurde klar, dass die Meldung einer versuchten Landung bei Konduchi ein Irrtum war. Wir konnten feststellen, daß die englischen Schiffe mit der Küste in Verbindung gestanden hatten, und nun schien es mir tatsächlich wahrscheinlich, daß Verhandlungen mit dem Feind stattgefunden hatten. Ich rückte nun auf die Stadt vor, und da ich nicht umhin konnte zu befürchten, daß in der Verwirrung des Augenblicks in Daressalam ein nachteiliges Abkommen geschlossen werden könnte, schickte ich Kapitän Tafel voraus. Er sollte ankündigen, daß ich die Exekutivgewalt übernehme und die Verhandlungen mit dem Feind allein durch mich geführt werden müßten. Erst von Kapitän Tafel erfuhr ich, daß auf Befehl des Gouverneurs tatsächlich Verhandlungen über die Kapitulation stattgefunden hatten. Mein Eingreifen wurde vom Gouverneur nicht gebilligt, in dessen Hände nach einer für ganz andere Bedingungen bestimmten Schutztruppenverordnung tatsächlich die oberste Militärgewalt gelegt war. Praktische Folgen hatte dies zunächst nicht. Nur einige englische Marinesoldaten waren gelandet und bereits wieder an Bord gegangen. Doch für einen Soldaten war es keine große Ermutigung, festzustellen, dass hier, direkt vor den Augen tausender guter Soldaten, ein Abkommen geschlossen worden war, das uns verbot, in Daressalam feindliche Handlungen vorzunehmen, solange der Feind nicht daran gebunden war, und dass wir von einem Schritt von so großer militärischer Bedeutung keine Kenntnis erhalten hatten.

Die *Königsberg* war bereits einige Tage zuvor von Daressalam aus in See gestochen, und das im Hafen liegende Vermessungsschiff *Möve war am 9. August von uns in die Luft gesprengt worden. Dies brachte den Landstreitkräften eine wertvolle militärische Verstärkung, da der Kapitän der Möve* , Korvettenkapitän Zimmer, nun meinem Befehl unterstand. Leutnant Horn begab sich sofort mit einigen Matrosen nach Kigoma, wo er den kleinen Dampfer *Hedwig von Wissmann bemannte und bewaffnete* . Auf dem Tanganjikasee verfolgte er den belgischen Dampfer *Delcommune* , den er nach einigen Tagen überraschte und in Stücke schoss, wodurch er uns die äußerst wichtige Befehlsgewalt über den See sicherte. Die Möglichkeit, Truppen schnell von der Central Railway nach Bismarckburg oder Usambara zu verlegen, hing ganz und gar vom ungehinderten Transport auf dem Tanganjikasee ab und spielte im späteren Verlauf der Operationen eine Rolle.

Im Norden der Kolonie war die 1. Kompanie in Arusha durch die 13. Kompanie verstärkt worden, die in Eilmärschen aus Kondoa kam, sowie durch eine weitere Kompanie, die in Moshi aus Police Askari gebildet worden war. Außerdem hatte sich ein großer Teil der Europäer der nördlichen Bezirke zu einem Detachement unter Hauptmann von Prince zusammengeschlossen. Die meisten dieser Truppen befanden sich in der Nähe von Moshi. Taveta, das östlich auf englischem Gebiet liegt, wurde vom Feind gehalten, der sich damit einen wertvollen Ausfallhafen gegen unsere europäischen Siedlungen im Norden sicherte; es war daher für uns eine dringende Angelegenheit, diesen wichtigen Punkt unverzüglich einzunehmen. Es dauerte beträchtliche Zeit, bis wir die Truppen zu diesem Zweck in Bewegung setzen konnten. Viele Leute glaubten, dass wir aufgrund des Kongogesetzes verpflichtet seien, neutral zu bleiben, und hatten natürlich wenig Vertrauen in die Anweisungen, die sie vom neuen Kommandanten erhielten. Erst am 15. August wurde der schwach gehaltene Platz eingenommen. Der Verlauf des Kampfes zeigte, dass die Truppe noch viel mehr Training benötigte, um sie für gemeinsame Operationen im dichten Buschwerk tauglich zu machen. In diesem Gebiet übernahm Major Kraut das Kommando, der sich zufällig im nordöstlichen Grenzgebiet befand, um die Grenze zu verlegen. In den nächsten Tagen gelang es, den Inhaber der obersten Militärmacht davon zu überzeugen, der Verlegung des Großteils unserer Truppen zur Nordbahn zuzustimmen. So einfach diese Verlegung an sich auch war, unter den damaligen Bedingungen erforderte sie erhebliche Vorbereitungen. Es gab nur wenige Deutsche, die das ganze Land zwischen Daressalam und Morogoro auf der einen Seite und Tanga und Mombo auf der anderen Seite so gut kannten, dass sie zuverlässige Informationen über Straßen und Lebenshaltungsbedingungen geben konnten. Es war notwendig, Aufklärungsoffiziere auszusenden, um die Straßen zu ermitteln, auf denen eine ausreichende Menge an Vorräten zu finden war. Aber wir konnten es uns nicht leisten, die Ergebnisse all dieser Aufklärungen abzuwarten; die Märsche mussten begonnen werden. Nach europäischen Vorstellungen war das Land dünn besiedelt; und auf den vorhandenen Karten zeigten die einzigen Angaben zu Wasser und Lebensmitteln, ob die verfügbaren Vorräte für Truppen von einer Stärke von höchstens einer Kompanie ausreichten. Ohne Vorbereitung konnte man daher kaum mehr als eine Kompanie auf jede Straße schicken, ohne sie in die Tiefe zu verteilen; die Ausbildung und die Fähigkeiten in der Beschaffung von Vorräten, die die Truppe bis Kriegsende erworben hatte, waren damals noch nicht vorhanden. Alles in allem kam man zu dem Schluss, dass der Marsch und die Versorgung einer einzelnen Kompanie unter den dort herrschenden Bedingungen ungefähr die gleiche Aufmerksamkeit erforderten wie eine Division in Deutschland. Bei diesem Vorgehen musste auch das Risiko berücksichtigt werden, das sich aus der Tatsache ergab, dass Kompanien für längere Zeit nicht erreichbar waren. Die einzige telegrafische Verbindung zwischen der Central Railway und dem Norden verlief dicht an der Küste entlang und konnte daher unterbrochen werden, wann immer der Feind dies beabsichtigte.

Der Direktor des Postdienstes, Rothe, und Sekretär Krüger zeigten jedoch eine solche Anpassungsfähigkeit bei der Erfüllung der Wünsche der Truppen und eine solche Energie bei der Aufnahme der Arbeiten an der neuen Linie Morogoro-Handeni-Korogwe und überwanden unter dem Druck der Umstände vorübergehend die in den Tropen übliche Erstarrung mit solchem Erfolg, dass die Linie in nur wenigen Wochen fertiggestellt wurde. Aufgrund der Zerstörungskraft der Termiten (weiße Ameisen) ist es in Friedenszeiten die Regel, eiserne Telegrafenmasten zu verwenden, die aufgrund der in diesem speziellen Gebiet vorherrschenden Giraffen sehr hoch sein und sehr schwere Leiter tragen müssen. Zunächst musste die Konstruktion in diesem Fall jedoch provisorischer Natur sein, und dies und die Verwendung von Kabeln führten zu ständigen Störungen und Reparaturen.

Inzwischen erhielt ich Meldungen über den Vormarsch kleiner feindlicher Abteilungen bei Jassini, zwei Marschstrecken nördlich von Tanga, und dies bestätigte meine Annahme, dass der Feind beabsichtigte, in diesem Gebiet zu landen und dann entlang der Nordbahn schnell ins Landesinnere vorzudringen. Folglich waren die verschiedenen Kompanien von verschiedenen Punkten auf der Linie Daressalam-Mpapua losmarschiert und näherten sich größtenteils Handeni, während einige zu anderen Punkten auf der Linie Tanga-Korogwe gelenkt wurden, als ich am Nachmittag des 23. August in Pugu telefonisch von Leutnant von Chappuis angerufen wurde, der mit der 17. Feldkompanie in Bagamoyo lagerte. Er meldete, dass ein englischer Leichter Kreuzer vor Bagamoyo liege, und hatte den örtlichen Zivilverwalter aufgefordert, die Telegrafenstation zu zerstören, wobei er drohte, den Ort im Falle einer Weigerung zu bombardieren. Ich befahl ihm, die Leitung zu übernehmen und eine feindliche Landung mit Waffengewalt zu verhindern. Ein Boot des Kriegsschiffes, das unter weißer Flagge an Land gehen wollte, wurde daher zurückgeschickt und der Ort daraufhin bombardiert, was die Besatzung und die einheimische Bevölkerung sehr amüsierte, da der Feind praktisch keine Treffer erzielte.

Ende August verlegte das Hauptquartier per Bahn nach Kirnamba bei Morogoro. Unterwegs wünschte mir General von Wahle, der den Dienst auf den Verbindungslinien von Morogoro aus leitete, viel Glück für die entscheidenden Gefechte, die wir in der Nähe von Handeni erwarteten und zu denen auch sein Sohn unterwegs war. Von dort reiste das Hauptquartier in zwei requirierten Kraftwagen weiter nach Handeni. Nach etwa dreißig Kilometern mussten wir es verlassen, da die Verbesserung dieser Straße bis hierhin noch nicht abgeschlossen war. Hauptmann von Hammerstein und ich fuhren auf Fahrrädern weiter und holten die marschierenden Kompanien allmählich ein. Die erwartete Landung des Feindes blieb aus und Anfang September erreichten wir Korogwe. Inzwischen war ein englischer Kreuzer bei Tanga aufgetaucht und hatte einige dort liegende Leichter abgeschleppt.

Unsere nächste Aufgabe war die Organisation des Nachschubs und des Transports im Norden. Hauptmann Schmid, der sie bis dahin als Feldintendant geleitet hatte, war erkrankt, und es war schwierig, einen geeigneten Nachfolger zu finden. Glücklicherweise fanden wir einen solchen in Hauptmann Feilke von der Landwehr, der viele Jahre lang die Prinz-Albrecht-Plantagen in Usambara geleitet hatte, einem Mann mit großer Erfahrung. Er befand sich damals in der Nähe von Tanga und hatte sich der Truppe zur Verfügung gestellt. Er war früher Adjutant des 8. Jägerbataillons gewesen, war 52 Jahre alt, ein Mann mit großer Weltkenntnis und ein geschickter Offizier; er vereinigte also auf die glücklichste Weise die militärischen Kenntnisse und das kaufmännische Talent, die für den schwierigen Posten des Intendanten erforderlich waren. Er kam sofort, und wir fuhren zusammen nach New Moshi. Dort traf ich Hauptmann Kraut. Am Kilima Njaro waren Vorbereitungen für den Guerillakrieg getroffen worden, indem Versorgungslager angelegt wurden, unsere Patrouillen drangen über Taveta hinaus in Richtung der britischen Uganda-Eisenbahn vor, und zahlreiche kleinere Gefechte hatten bereits stattgefunden. Zu diesem Zeitpunkt fehlte der Truppe jedoch die nötige Erfahrung, um Fernpatrouillen durchzuführen, wie sie später so erfolgreich zu Unterbrechungen der Linie führten. Die ersten Patrouillen waren halb verhungert an der Ugandabahn angekommen und gefangen genommen worden. Von New Moshi ging ich zum Himo Camp, wo Captain von Prince eine befestigte Stellung hielt. Er begleitete mich nach Taveta, das von einem vorgeschobenen Posten unter einem Offizier besetzt war. Jetzt konnten wir vor Ort das Problem der Verlegung des Hauptteils der Nordstreitkräfte nach Taveta besprechen. Die einheimische Bevölkerung war sehr zahlreich und setzte volles Vertrauen in die von der Truppe ernannten europäischen Verwalter: Sie verkauften ihre Produkte weiterhin auf dem Markt, und unsere gegenseitigen Beziehungen waren völlig zufriedenstellend.

Unmittelbar nach Ausbruch des Krieges wurde vielerorts die Angst vor einem Aufstand der Eingeborenen geäußert. Entlang der Central Railway kursierten wilde Gerüchte über einen Aufstand der Wahehe – des kriegerischen Stammes, der sich im Land der Iringa so lange der deutschen Herrschaft widersetzt hatte – und rund um Kilima Njaro befürchtete man einen Aufstand der Wajagga. Die Behörden hielten die große Zahl schwarzer Arbeiter in den europäischen Siedlungen im Norden aufgrund ihrer Existenzschwierigkeiten auch für unzuverlässig. Doch keine dieser Befürchtungen erwies sich als berechtigt. Später sagte mir ein sehr intelligenter, gefangen genommener belgischer Askari unverblümt: „Sie wissen ganz genau, dass die Eingeborenen immer auf der Seite der stärkeren Partei stehen", und ein englischer Massai gab freimütig zu: „Es ist uns egal, ob die Engländer oder die Deutschen unsere Herren sind."

Übersichtskarte des Feldzugs in Ostafrika.
——— Spur der deutschen Hauptstreitmacht. 1916-1918.

Die Gefallenen.
(Nach einer Zeichnung des Adjutanten des Generals von Lettow-Vorbeck.)

Erst später, nachdem der Feind ins Land eingedrungen war, wurden die Eingeborenen zu einer wirklichen Gefahr für uns: und zwar zu einer sehr großen. Die Eingeborenen haben ein feines Gespür für die Übertragung wirklicher Macht von einer Hand in die andere.

Nach einer kurzen Rückkehr nach Korogwe wurde das Hauptquartier nach New Moshi und kurz darauf nach Taveta verlegt. Drei Kompanien, die von der Central Railway zur Northern Railway gelangt waren, wurden in Tanga konzentriert, die restlichen fünf wurden in das Kilima Njaro-Gebiet verlegt.

In Daressalam blieb vorerst nur Captain von Kornatzki mit der neu gegründeten 18. Feldkompanie.

In der folgenden Zeit wurden mehrere Unternehmungen von fliegenden Kolonnen von je einer Kompanie durchgeführt, mit der Absicht, die feindlichen Abteilungen, die angeblich die Wasserstellen im angrenzenden englischen Gebiet bewachten, zu vertreiben, ihnen Verluste zuzufügen und so unseren Patrouillen den Weg zu ebnen, gegen die Uganda- und Magad-Eisenbahn vorzugehen. So war Hauptmann Schulz Ende September mit seiner Kompanie vom Kilima Njaro den Tsavo-Fluss hinunter zur Uganda-Eisenbahn marschiert, wo er auf eine feindliche Abteilung von mehreren Kompanien traf, die wahrscheinlich über die Eisenbahn zusammengezogen worden war. Nördlich des Kilima Njaro hatte Hauptmann Tafel mit seiner Kompanie und einer Abteilung von fünfzig Europäern eine Kolonne englischer Reiter verfolgt, war dann aber von dieser in seinem Lager im dichten Busch auf dem Engito-Berg angegriffen worden. Dies war das erste ernsthafte Gefecht, das unsere Askari im Norden ausfochten. Obwohl der Feind aus englischen und burischen Bauern bestand und daher gute Reiter und Schützen waren, griffen unsere Askari sie mit solcher Wucht mit dem Bajonett an, dass von einer Streitmacht von achtzig Europäern etwa zwanzig Tote zurückblieben und ihre Gesamtverluste daher auf die Hälfte geschätzt werden können.

In gleicher Weise führten die Expeditionen von Captain Baumstark, der die drei Kompanien in Tanga befehligte, zu Kämpfen in den Grenzgebieten zwischen Jassini und Mombasa. Ein ebenso wichtiges Ziel all dieser Unternehmungen war es, die unentbehrlichsten Informationen über dieses Kriegsgebiet zu erhalten, da es in Friedenszeiten nicht erkundet worden war und uns die Wasserversorgungs- und Anbaubedingungen unbekannt waren. Auf diese Weise bekamen wir nach und nach ein klares Bild von dem Land und seinen Bewohnern. Entlang der Küste war das englische Grenzgebiet gut besiedelt und stark kultiviert. Weiter im Landesinneren ist es eine trockene Wüste, die mit Dornbusch und teilweise mit dichtem Buschwerk bedeckt ist. Aus der Wüste erheben sich mehrere Gebirgszüge, die oft den Charakter steiler Felsmassive annehmen. Die Truppen waren in mehreren befestigten Lagern östlich des Kilima Njaro untergebracht, aber aufgrund der schwierigen Kommunikation von Taveta aus wurde das Hauptquartier nach Moshi zurückverlegt. Als der Leiter des Feldpostdienstes später eintraf und ich ihn fragte, was er von der Strecke zwischen Moshi und Taveta halte, konnte er sie nur als „hübsch" beschreiben. Die Isolatoren bestanden aus abgeschlagenen Flaschenhälsen, die an Masten oder Ästen befestigt waren, der Draht stammte von den Zäunen der Plantagen. Aber die Pannen waren tatsächlich so häufig, dass die große Menge an Berichten und Informationen im Zusammenhang mit der Arbeit des Hauptquartiers nicht über einen längeren Zeitraum auf dieser Strecke hätte transportiert werden können.

Seit Ausbruch des Krieges war unsere Verbindung mit der Außenwelt praktisch unterbrochen. Zunächst empfingen wir tatsächlich Funknachrichten aus Kamina (Togo) und dann gelegentlich bei günstigen Wetterbedingungen aus Nauen (Deutschland). Ansonsten waren wir für aktuelle Nachrichten jedoch darauf angewiesen, feindliche Funknachrichten aufzufangen oder in den Besitz feindlicher Post oder anderer Papiere zu gelangen.

KAPITEL IV
DIE NOVEMBERAKTIONEN IN TANGA

GEFANGENE englische Zeitungen berichteten, dass es für Deutschland besonders schmerzlich wäre, seine geliebten Kolonien, seine „kleinen Küken", zu verlieren, und dass Deutsch-Ostafrika der wertvollste Bissen sei. Gefangengenommene Briefe sprachen von einem bevorstehenden Angriff eines indischen Expeditionskorps von 10.000 Mann, und da ich aus allgemeinen Erwägungen heraus immer mit einem feindlichen Angriff großen Ausmaßes in der Umgebung von Tanga gerechnet hatte, begab ich mich Ende Oktober dorthin, fuhr mit einem mitgebrachten Wagen durch das ganze Land und besprach die Angelegenheit vor Ort mit Hauptmann Adler, dem Kommandeur der 17. Kompanie, und mit Bezirkskommissar Auracher. Zu meiner Freude war dieser meiner Meinung, dass im Falle einer ernsthaften Bedrohung Tangas vor allem Einheitlichkeit des Vorgehens erforderlich sei, und ich versicherte ihm, dass ich selbstverständlich die Verantwortung für alle sich daraus ergebenden Folgen übernehmen würde. Dies war besonders wichtig, da gemäß den Anweisungen des Gouverneurs ein Bombardement Tangas unter allen Umständen vermieden werden sollte. Daher können die Meinungen darüber, was im Einzelfall getan oder unterlassen werden sollte, sehr weit auseinandergehen.

Am 2. November, wenige Tage nach meiner Rückkehr nach Neu-Moshi, erfuhr ich durch ein Telegramm aus Tanga, dass vor der Stadt 14 feindliche Transportschiffe und zwei Kreuzer erschienen waren. Sie forderten die bedingungslose Übergabe der Stadt; die Verhandlungen zogen sich in die Länge, da der an Bord gegangene Distriktkommissar Auracher darauf hinwies, dass er besondere Anweisungen einholen müsse, und den angedrohten Beschuss mit dem Hinweis verhinderte, dass Tanga ein offenes und unverteidigtes Gebiet sei. Kapitän Baumstark, der sich mit zwei Kompanien im Grenzgebiet nördlich von Tanga befand, wurde sofort nach Tanga abkommandiert. Ebenso wurden die beiden Kompanien Europäer und die Askari-Kompanien in Eilmärschen aus der Nähe von Taveta und Kilima Njaro nach Neu-Moshi abkommandiert. Zwei Lastwagen, die für Versorgungsarbeiten zwischen Neu-Moshi und Taveta eingesetzt waren, leisteten bei diesem Umzug wertvolle Dienste. Meine Absicht, möglichst schnell alle verfügbaren Truppen zu sammeln, um der offensichtlich bevorstehenden Landung in Tanga entgegenzukommen, konnte trotz der langen Märsche, die den Truppen zugemutet wurden, nur verwirklicht werden, wenn die Nordbahn ihre Kapazitäten bis zum Äußersten ausschöpfte, und das war mit nur acht Lokomotiven eine große Herausforderung. Die Bahn ist eine Schmalspurbahn von 190 Meilen, auf der in einem voll beladenen Zug von 24 bis 32 Achsen nur eine Kompanie mit vollem Gepäck oder zwei Kompanien ohne Gepäck oder Träger befördert werden konnten. Dass der Truppentransport überhaupt durchgeführt werden konnte, ist ganz und gar der Bereitschaft aller damit Betrauten zu verdanken – ich nenne hier insbesondere den als Leutnant zur Truppe einberufenen Bahnkommissar Kröber und den Verkehrsdirektor Kühlwein –, die in Tanga die Züge unter Beschuss auf das eigentliche Schlachtfeld führten. Schon am 2. November wurden die Truppen, die sich tatsächlich in New Moshi befanden , eineinhalb Kompanien, mit dem Zug abgeschoben, am Morgen des 3. folgten das Hauptquartier und eine weitere Kompanie. Drei weitere Kompanien folgten später. Ebenso wurden alle kleineren Abteilungen, die zum Schutz der Eisenbahn eingesetzt waren, nach Tanga verlegt. Die Stimmung der abziehenden Truppen war großartig, aber das lag vielleicht nicht so sehr daran, dass der Askari den Ernst der Lage klar erkannte, sondern daran, dass eine Fahrt mit der Eisenbahn für ihn immer ein großes Vergnügen ist.

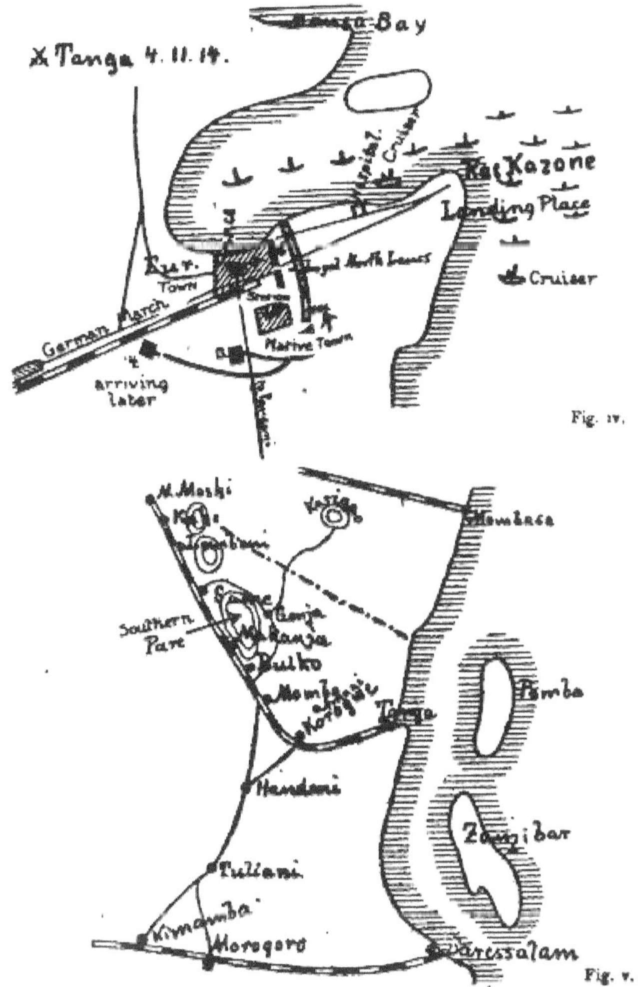

Abb. iv. Schlacht von Tanga. Abb. v. Die Nordbahn.

Das Hauptquartier erreichte Korogwe am Abend des 3. November . Ich ging in das dort eingerichtete Krankenhaus und sprach mit den Verwundeten, die am 3. von der Schlacht bei Tanga eingetroffen waren. Einer von ihnen, Leutnant Merensky von der Landwehr, berichtete mir, dass es am 2. November bei Ras-Kasone zu Vorposten- und Patrouillengefechten gekommen war und dass am 3. der offenbar mehrere tausend Mann starke Feind, der bei Ras-Kasone gelandet war, die 17. Kompanie östlich von Tanga angegriffen hatte. Letztere, verstärkt durch die Europäer und Polizei-Askari aus Tanga unter Leutnant Auracher, hatte dem Angriff standgehalten, bis die ersten anderthalb Kompanien aus New Moshi hinzukamen, sofort auf die linke Flanke des Feindes zustürmten und ihn zurückdrängten. Leutnant Merensky hatte den Eindruck, dass der Feind vollständig besiegt war und dass eine Wiederholung des Angriffs unwahrscheinlich war. Die während der Bahnfahrt stückweise eingehenden Telegramme hatten mir keinen klaren Überblick über die Lage verschafft, als am 4. November um 3 Uhr morgens das Hauptquartier vier Meilen westlich von Tanga die Bahn verließ, wo wir Captain Baumstark trafen. Er hatte sich eine andere Einschätzung der Lage gebildet und glaubte, dass Tanga aufgrund der großen Überlegenheit des Feindes gegen einen weiteren Angriff nicht zu halten sei. Er hatte daher am Abend des 3. November seine eigenen zwei Kompanien, die aus dem Norden kamen, und die Truppen, die an diesem Tag bei Tanga im Einsatz waren, an einem Punkt vier Meilen westlich der Stadt zusammengezogen und nur Patrouillen im Ort selbst zurückgelassen.

Ob Tanga vom Feind gehalten wurde oder nicht, war nicht sicher. Starke Offizierspatrouillen wurden sofort über Tanga hinaus nach Ras-Kasone vorgeschoben. Glücklicherweise hatte das Hauptquartier ein paar Fahrräder mitgebracht, und so konnte ich, um mich durch persönliche Beobachtung schnell zu überzeugen, sofort mit Hauptmann von Hammerstein und dem Freiwilligen Dr. Dessel zum Bahnhof von Tanga aufbrechen, wo ich einen vorgeschobenen Posten der 6. Feldkompanie fand. Sie konnten jedoch keine genauen Informationen über den Feind geben, und so fuhr ich weiter durch die leeren Straßen der Stadt. Sie war völlig verlassen, und die weißen Häuser der Europäer reflektierten die hellen Strahlen des Mondes in die Straßen, die wir durchquerten. So erreichten wir den Hafen am anderen Ende der Stadt. Tanga war also frei vom Feind. Eine Viertelmeile entfernt lagen die Transporter, ein Lichtermeer und voller Lärm: Es bestand kein Zweifel, dass die Landung sofort beginnen würde. Ich bedauerte sehr, dass unsere Artillerie – wir hatten zwei Kanonen vom Typ 1873 – noch nicht aufgestellt war. Hier, im hellen Mondlicht, auf so kurze Distanz, wäre ihre Wirkung vernichtend gewesen, den feindlichen Kreuzern zum Trotz.

Wir fuhren dann weiter Richtung Ras-Kasone, ließen unsere Fahrräder im deutschen Regierungskrankenhaus zurück und gingen zu Fuß zum Strand, in dessen Nähe, direkt vor uns, ein englischer Kreuzer lag. Auf dem Rückweg wurden wir im Krankenhaus anscheinend von einem indischen Posten angehalten – wir verstanden die Sprache nicht – sahen aber nichts. Wir stiegen wieder auf unsere Räder und fuhren zurück. Der Tag begann anzubrechen, und zu unserer Linken hörten wir die ersten Schüsse. Es war die Offizierspatrouille unter Leutnant Bergmann von der 6. Feldkompanie, die westlich von Ras-Kasone auf feindliche Patrouillen gestoßen war. Einer meiner Radfahrer überbrachte nun Hauptmann Baumstark den Befehl, sofort mit allen Truppen nach Tanga Station vorzurücken. Für die Art und Weise, wie ich das nun mit Sicherheit zu erwartende Gefecht führen wollte, war die Beschaffenheit des Landes einer der entscheidenden Faktoren. Im Norden boten die Häuser der europäischen Stadt am Hafen Schutz vor Blicken und damit auch vor dem Feuer der nahen Kreuzer. Die Stadt war von ausgedehnten Kokosnuss- und Kautschukplantagen umgeben, die sich fast bis nach Ras-Kasone erstreckten und in denen neben der einheimischen Stadt auch einige einheimische Anbauflächen verstreut waren. An einigen Stellen gab es Unterholz und der Boden war absolut eben. Es war wahrscheinlich, dass der Feind, ob er nun nur in Ras-Kasone oder gleichzeitig an mehreren Stellen, wie zum Beispiel Mwambani, landete, auf unseren südlichen oder rechten Flügel Druck ausüben würde. Hier, südlich von Tanga, bot uns das Gelände auch die Aussicht auf größere Manövrierfähigkeit. Ich beschloss, dem Angriff, den ich mit Sicherheit erwartete, am östlichen Rand von Tanga entgegenzutreten und starke Reserven hinter unserem rechten Flügel für einen Gegenangriff auf die Flanke des Feindes zu staffeln.

Bei der Zuteilung der verschiedenen Aufgaben war es notwendig, die Eigenheiten der verschiedenen Einheiten zu berücksichtigen. Zu dieser Zeit hatte jede Kompanie je nach ihrer Zusammensetzung und ihrem Ausbildungsstand unterschiedliche Merkmale. Die gute 6. Feldkompanie, die in Friedenszeiten in Ujiji eine sorgfältige Ausbildung mit Gewehr und Maschinengewehr erhalten hatte, erhielt den Auftrag, den östlichen Rand von Tanga auf breiter Front zu halten. Auf ihrer rechten Rückseite, außerhalb von Tanga, war Baumstarks Bataillon gestaffelt, bestehend aus der 16. und 17. Kompanie, gebildet aus der Polizei, und mehreren kleinen Einheiten, die zu einer Kompanie zusammengefasst waren. Wiederum rechts hinten, an der Telegraphenstraße Tanga-Pangani, hatte ich drei gute Kompanien zu meiner eigenen Verfügung, die 7. und 8. Schützenkompanie mit drei Maschinengewehren, bestehend aus Europäern, und die 13. Feldkompanie mit ihren vier Maschinengewehren. Das Hauptquartier blieb vorerst an der Straße Tanga-Pangani und war dort an die Telegraphenlinie angeschlossen. Die 4. und 9. Feldkompanie und die beiden Feldgeschütze (Batterie Hauptmann Hering) waren noch unterwegs, und die Zeit ihrer Ankunft war ungewiss. So blieb die Lage im Wesentlichen bis zum Nachmittag. In der heißen Sonne der Küstengegend litten wir nicht wenig unter Durst, löschten ihn aber mit der Milch der jungen Kokosnüsse. Auch andere Getränke gab es damals in Tanga, wir hatten noch Wein und Sodawasser. Metzgermeister Grabow brachte der Truppe sogar heiße Würste.

Die Vorgänge an Bord der feindlichen Schiffe wurden ständig genau beobachtet. Wir sahen jedes Boot, das sie verließ, und seine Ladung. Ich schätzte die Gesamtzahl der bis zum Mittag an Land gegangenen Truppen auf 6.000. Aber selbst bei dieser zu niedrigen Schätzung musste ich mich fragen, ob ich es wagen sollte, mit meinen Tausenden und Gewehren ein entscheidendes Gefecht zu riskieren. Aus verschiedenen Gründen entschied ich, dass ich es tun würde. Es war zu wichtig, den Feind daran zu hindern, in Tanga festen Fuß zu fassen. Andernfalls würden wir ihm die beste Basis für Operationen gegen die Nordgebiete überlassen; bei seinem Vormarsch würde ihm die Nordbahn eine bewundernswerte Kommunikationslinie bieten, und er würde uns ständig überraschen können, indem er frische Truppen und Vorräte heranführte und vorrückte. Dann war es sicher, dass wir die Nordbahn nicht länger halten konnten und gezwungen waren, unsere bisher so erfolgreiche Kriegsführungsmethode aufzugeben. Gegen diese äußerst wichtigen praktischen Gründe konnten begrenzte Erwägungen wie der Befehl des Gouverneurs, eine Bombardierung Tangas unter allen Umständen zu vermeiden, nicht bestehen.

Es gab einige Umstände, die uns zugute kamen. Zum einen kannte ich aus eigener Erfahrung in Ostasien die Schwerfälligkeit, mit der englische Truppen in die Schlacht geführt und bewegt wurden, und es war sicher, dass diese Schwierigkeiten in dem sehr nahen und völlig unbekannten Land, in dem sich der Feind unmittelbar nach seiner Landung befinden würde, ins Unendliche wachsen würden. Die geringste Unordnung musste weitreichende Folgen haben. Mit meinen Truppen, von denen die Europäer das Land um Tanga gut kannten, während die Askari im Busch zu Hause waren, hatte ich eine vernünftige Aussicht, die Schwachstellen des Feindes durch geschickte und schnelle Manöver auszunutzen.

Wenn die Sache dagegen schiefging, war das eine schlimme Sache. Meine Methode, aktiv Krieg zu führen, war bereits auf Missbilligung gestoßen. Wenn wir dann noch eine schwere Niederlage erlitten, war das Vertrauen der Truppen wahrscheinlich dahin, und meine Vorgesetzten würden mir mit Sicherheit unüberwindliche Schwierigkeiten bei der Ausübung meines Kommandos in den Weg legen. Meine Entscheidung fiel mir nicht leicht, und als ob die militärische Situation allein sie nicht schon schwierig genug machte, wurde sie noch dadurch unnötig erschwert, dass die Vorschriften dem verantwortlichen Kommandeur nicht genügend Freiheit ließen. Aber es half nichts: Um alles zu gewinnen, mussten wir alles riskieren.

Am selben Morgen befahl ich persönlich Hauptmann von Prince, mit seinen beiden Kompanien Europäer in Tanga einzurücken, damit er im Falle eines Angriffs auf die Askari-Kompanie, die den östlichen Rand des Ortes hielt, ohne Befehl schnell eingreifen konnte. Ich hatte bereits am 4. November begonnen zu zweifeln, ob der Feind überhaupt angreifen würde, als mir um 15 Uhr ein Askari in seiner einfachen, pfiffigen Art meldete: „Adui tayari." (Der Feind ist bereit.) Diese beiden kurzen Worte werde ich nie vergessen. Im nächsten Moment begann das Gewehrfeuer an der gesamten Front, und man konnte die rasche Entwicklung und das Auf und Ab der Aktion nur aus der Richtung des Feuers beurteilen. Man hörte das Feuer vom östlichen Rand der Stadt in die Mitte ziehen: Die 6. Kompanie war also an dieser Stelle zurückgedrängt worden. Der Feind war mit einer Übermacht von zwanzig zu eins bis nahe an den Bahnhof und in die Stadt vorgedrungen. Hauptmann von Prince hatte sofort seine beiden Kompanien Europäer herangeschickt und den tapferen Askari sofort dazu gebracht, stehen zu bleiben und dann erneut vorzurücken. Das britische North Lancashire Regiment, das nur aus langjährigen Europäern bestand und 800 Mann stark war, wurde unter schweren Verlusten zurückgedrängt, und die von der indischen Brigade (Kashmir Rifles), die zwischen diesem Regiment und dem Strand vorrückte, eroberten Häuser wurden in hartnäckigen Straßenkämpfen zurückerobert. Aber auch auf der Südseite von Tanga hatte Captain Baumstark seine Kompanien an der Front in Aktion gebracht, und nach etwa einer Stunde Kampf beobachtete ich, wie sich die Askari an dieser Stelle durch die Palmen auf die Straße Tanga-Pangani zurückzogen. Die europäischen Mitglieder des Hauptquartiers rannten sofort dorthin und hielten sie auf. Noch heute sehe ich den feurigen und entschlossenen Captain von Hammerstein, wie er voller Wut eine leere Flasche an die Spitze eines zurückweichenden Askari wirft. Schließlich waren es zum größten Teil junge, gerade erst gebildete Kompanien, die an dieser Stelle kämpften, und sie waren von der Intensität des feindlichen Feuers erschüttert worden. Aber als wir Europäer vor sie kamen und sie auslachten, fingen sie sich schnell wieder und sahen, dass nicht jede Kugel traf. Aber insgesamt war der Druck an unserer Front so stark, dass ich dachte, ich könne die Entscheidung nicht länger hinauszögern und müsse zum Gegenschlag ansetzen. Dazu stand mir jetzt nur noch eine Kompanie zur Verfügung, aber es war die brave 13. Feldkompanie. Die 4. Kompanie, deren Ankunft ich jede Minute mit größter Spannung erwartete, war noch nicht eingetroffen.

Der bisherige Verlauf der Gefechte hatte gezeigt, dass die feindliche Front, deren Flanke ungeschützt war, nicht weiter nach Süden reichte als bis zum rechten Flügel unseres eigenen. Hier musste also der Gegenschlag vernichtend sein, und kein Zeuge wird den Augenblick vergessen, als die Maschinengewehre der 13. Kompanie an dieser Stelle ein Dauerfeuer eröffneten und die Lage völlig umkehrten. Die ganze Front sprang auf und stürmte unter begeistertem Jubel vorwärts. Inzwischen war die 4. Kompanie eingetroffen; obwohl sie infolge eines Missverständnisses nicht die äußere Flanke der 13. verlängerte, sondern sich zwischen diese und unsere Front schob, beteiligte sie sich doch noch vor Einbruch der Dunkelheit wirksam am Gefecht. In wilder Unordnung floh der Feind in dichten Massen, und unsere Maschinengewehre, die von vorne und von den Flanken auf ihn zukamen, mähten ganze Kompanien bis auf den letzten Mann nieder. Mehrere Askari kamen freudestrahlend mit mehreren erbeuteten englischen

Gewehren auf dem Rücken und einem indischen Gefangenen in jeder Hand herein. Die Handschellen, die wir in ihrem Besitz fanden und die für den Einsatz mit deutschen Gefangenen bestimmt waren, wurden jedoch von keinem von uns bei ihnen angelegt.

Zu dieser Zeit waren im dichten Wald alle Einheiten und in vielen Fällen Freund und Feind durcheinander, alle schrien gleichzeitig in allen möglichen Sprachen, die Dunkelheit brach rasch herein; man muss sich diese Szene nur in Gedanken vorstellen, um zu verstehen, wie es dazu kam, dass die Verfolgung, die ich eingeleitet hatte, völlig scheiterte. Ich war auf dem rechten Flügel stationiert und hatte schnell die Einheiten, die im Moment in Reichweite waren, losgeschickt, um energisch nach Ras-Kasone vorzustoßen. Dann war ich zum linken Flügel gegangen. Dort fand ich kaum jemanden von unseren Leuten; erst einige Zeit später, in der Nacht, hörte ich das Geräusch der genagelten Stiefel einer Gruppe Askari. Ich war froh, endlich eine Streitmacht in der Hand zu haben, war aber etwas enttäuscht, als ich feststellte, dass es sich um eine Abteilung des rechten Flügels unter Leutnant Langen handelte, die den Weg nach Ras-Kasone verpasst hatte und so auf unseren linken Flügel gelangt war. Aber selbst diese Schwierigkeiten waren nicht alles. Auf unerklärliche Weise glaubten die Truppen, es sei ein Befehl des Hauptquartiers ergangen, sie sollten in ihr altes Lager westlich von Tanga zurückkehren. Erst im Laufe der Nacht wurde mir am Bahnhof von Tanga klar, dass fast alle Kompanien dorthin abgemarschiert waren. Natürlich wurde ihnen befohlen, sofort zurückzukehren. Aber leider verursachte dies so große Verzögerungen, dass es unmöglich war, die später eingetroffene Batterie Hering im Mondschein gegen die Schiffe einzusetzen.

Die Truppen, deren große Erschöpfung durchaus verständlich war, kehrten erst am Morgen des 5. November nach Tanga zurück und nahmen im Wesentlichen dieselbe Position ein wie am Tag zuvor. Es war jetzt nicht ratsam, mit allen Kräften gegen den Feind vorzugehen, der in Ras-Kasone wieder einschiffte, da das Land dort völlig offen war und von den in unmittelbarer Nähe liegenden Kreuzern beherrscht wurde. Trotzdem gelang es den starken Patrouillen und einzelnen Kompanien, die in Richtung Ras-Kasone vorrückten, um den Feind zu belästigen, ihn durch Maschinengewehrfeuer zu überraschen, das auf verschiedene Abteilungen, einige Boote und sogar auf die Decks des in der Nähe des Krankenhauses liegenden Kreuzers gerichtet war. Im Laufe des Tages wurde der Eindruck, dass der Feind eine gewaltige Niederlage erlitten hatte, immer stärker. Das volle Ausmaß seiner Verluste wurde uns zwar nicht auf einmal bekannt, aber die vielen Orte, an denen Hunderte und Hunderte von Toten auf Haufen aufgetürmt waren, und der Verwesungsgeruch, den die tropische Sonne über das ganze Gebiet brachte, gaben uns einen gewissen Hinweis. Sehr vorsichtig schätzten wir die Zahl der Toten auf etwa 800, aber ich glaube, diese Zahl ist viel zu niedrig. Ein hochrangiger englischer Offizier, der die Einzelheiten genau kannte, erzählte mir später anlässlich einer Schlacht, bei der er die englischen Verluste mit 1.500 angegeben hatte, dass die Verluste bei Tanga erheblich höher gewesen seien. Ich glaube heute, dass sogar 2.000 eine zu niedrige Schätzung sind. Noch höher war der Verlust an *Moral beim Feind*. Er begann fast an Geister und Gespenster zu glauben; Jahre später wurde ich von englischen Offizieren gefragt, ob wir bei Tanga dressierte Bienen eingesetzt hätten, aber ich darf jetzt vielleicht verraten, dass im entscheidenden Moment alle Maschinengewehre einer unserer Kompanien von eben diesen „dressierten Bienen" außer Gefecht gesetzt wurden, so dass wir unter dieser neuen „Ausbildung" genauso zu leiden hatten wie die Engländer.

Der Feind fühlte sich völlig besiegt, und das war er auch. Seine Truppen waren in wilder Verwirrung geflohen und hatten sich Hals über Kopf in die Leichter geworfen. Die Möglichkeit eines erneuten Angriffs wurde nicht einmal in Betracht gezogen. Aus Aussagen von Gefangenen und erbeuteten offiziellen englischen Dokumenten ging hervor, dass das gesamte Anglo-Indische Expeditionskorps von 8.000 Mann von unserer kaum mehr als 1.000 Mann starken Truppe entscheidend geschlagen worden war. Erst am Abend wurde uns das Ausmaß dieses Sieges bewusst, als ein englischer Offizier, Captain Meinertshagen, unter einer weißen Flagge kam, um mit Captain von Hammerstein, meinem Vertreter, über die Übergabe der Verwundeten zu verhandeln. Captain von Hammerstein begab sich in das Krankenhaus, das voller schwer verwundeter englischer Offiziere war, und stimmte in meinem Namen ihrer Abschiebung durch die Engländer zu, wenn sie ihr Ehrenwort gaben, in diesem Krieg nicht mehr gegen uns zu kämpfen.

Die Waffenbeute ermöglichte es uns, mehr als drei Kompanien mit modernen Waffen auszurüsten, wobei die sechzehn Maschinengewehre besonders willkommen waren. Die *Moral* der Truppe und ihr Vertrauen in ihre Führer hatten enorm zugenommen, und mit einem Schlag war ich von einem Großteil der Schwierigkeiten befreit, die die Durchführung der Operationen so sehr behinderten. Das ständige Feuer der Schiffskanonen, das aufgrund der Enge des Landes wirkungslos geworden war, hatte für unsere tapferen Schwarzen seinen Schrecken verloren. Die Menge der erbeuteten Vorräte war ebenfalls beträchtlich; neben 600.000 Schuss Munition für Handfeuerwaffen hatte der Feind seine gesamte Telefonausrüstung und solche Mengen an Kleidung und Ausrüstung zurückgelassen, dass wir unseren Bedarf, insbesondere an warmen Mänteln und Decken, für mindestens ein Jahr decken konnten. Unsere eigenen Verluste, so schmerzlich sie auch waren, waren zahlenmäßig unbedeutend. Ungefähr fünfzehn (?) Europäer, darunter der großartige Kapitän von

Prince, und vierundfünfzig (?) Askari- und Maschinengewehrträger waren gefallen. Die Europäer wurden in einem würdigen Kriegergrab im Schatten eines schönen Buyu-Baumes beerdigt, wo eine einfache Gedenktafel mit ihren Namen eingraviert ist. Die Arbeit, das Schlachtfeld aufzuräumen und die Toten zu begraben, bedeutete mehrere Tage äußerst anstrengender Arbeit für die gesamte Truppe, da die Straßen buchstäblich mit Toten und Schwerverletzten übersät waren. In unbekannten Sprachen flehten sie um Hilfe, die ihnen beim besten Willen nicht immer sofort gewährt werden konnte.

In unserem Hauptverbandsplatz in Tanga selbst hatten unsere männlichen und weiblichen Pfleger selbst unter dem Feuer der schweren Schiffsgeschütze Freund und Feind gewissenhaft versorgt. Noch am Abend des 4. November hatte ich die Verwundeten besucht. Ich hätte nicht gedacht, dass Leutnant Schottstaedt, der dort mit einer schweren Brustwunde auf einem Stuhl saß, nur noch wenige Minuten zu leben hatte. Der englische Leutnant Cook vom 101. Indischen Grenadier lag mit einer schlimmen Schusswunde am Bein dort. Dieser aufgeweckte junge Offizier, der uns im heißesten Teil des Kampfes auf dem linken indischen Flügel in die Hände gefallen war, behielt trotz seiner Verletzung seine Fröhlichkeit. Wie der Großteil der anderen Verwundeten wurde er neun Monate lang im Feldlazarett in Korogwe von unserem besten Chirurgen, *Stabsarzt Dr. Müller* , behandelt . Er konnte bereits wieder herumlaufen, als ein unglücklicher Sturz auf der Treppe seinen Tod verursachte.

Die Kämpfe bei Tanga waren das erste Mal, dass unsere Vorkehrungen zur Versorgung der Verwundeten stark beansprucht wurden. Zu diesem Zweck waren in Korogwe und an verschiedenen anderen Punkten der Nordbahn Krankenhäuser eingerichtet worden, zu denen die Kranken mit der Bahn gebracht werden konnten, ohne von einem Transportmittel auf ein anderes umsteigen zu müssen. Es waren keine speziellen Krankenhausvorkehrungen dauerhafter Art für den Transport getroffen worden, aber wir hatten nie Schwierigkeiten, das Nötige zu improvisieren.

Trotz ihrer unzweifelhaften Niederlage bei Tanga war es wahrscheinlich, dass die britische Entschlossenheit diese Entscheidung nicht als endgültig akzeptieren würde. Selbst nach seiner Niederlage war der Feind noch um ein Vielfaches stärker als wir und würde nicht unwahrscheinlicherweise anderswo eine weitere Landung versuchen. Aber eine Radtour am 6. November nach Mansa Bay im Norden überzeugte mich davon, dass die feindlichen Schiffe dort nur eingelaufen waren, um ihre Verwundeten zu versorgen und ihre Toten zu begraben, und nicht die Absicht hatten, zu landen. Und tatsächlich dampften die Schiffe bald darauf in Richtung Sansibar ab. Zu dieser Zeit war es für mich interessant, unser Regierungskrankenhaus in der Nähe von Ras-Kasone zu besuchen, das inzwischen von den auf Ehrenwort entlassenen englischen Verwundeten evakuiert worden war. Unter anderem sah ich hier zwei deutsche Offiziere, die am 3. November bei Tanga verwundet worden waren, und andere, die bei einer früheren Aktion verwundet worden waren; vom Krankenhaus aus hatten sie am 4. November, dem Tag, an dem die Hauptkämpfe stattfanden, die Ereignisse hinter der englischen Front beobachten können. Mit größter Spannung hatten sie die Landung bei Ras-Kasone und den Vormarsch auf Tanga verfolgt; am Nachmittag hatten sie gehört, wie unser entscheidendes Maschinengewehrfeuer begann und das Bombardement durch die Schiffskanonen, und waren dann Zeuge der wilden Flucht des Feindes in der Nähe des Krankenhauses geworden. Die zahlreichen Granaten, die in der Nähe des Krankenhauses eingeschlagen waren, hatten glücklicherweise keinen Schaden angerichtet. Ganz früh am 5. November hatten sie plötzlich wieder Kanonenfeuer gehört, diesmal aus der Richtung von Tanga; ihnen wurde klar, dass es deutsche Kanonen sein mussten. Tatsächlich waren es unsere beiden Feldkanonen vom Typ 1873, die zwar zu spät kamen, um im Mondschein mit den englischen Transportern fertig zu werden, es aber nach Tagesanbruch immerhin geschafft hatten, einige Treffer zu landen. Ein längeres Feuer mit Wirkung war jetzt leider unmöglich, da der Rauch die Stellungen der Kanonen sofort verriet und das Feuer der Schiffe auf sich zog.

Inzwischen war klar geworden, dass der Angriff auf Tanga kein isoliertes Unternehmen war, sondern Teil einer gleichzeitigen Operation großen Ausmaßes sein sollte. Plötzlich erschienen im Morgennebel des 3. November englische Truppen nordwestlich des Kilima Njaro am Berg Longido, der von Captain Kraut mit drei Kompanien Askari und einer berittenen Kompanie Europäer gehalten wurde . Gerade als per Heliograph der Befehl den Berg Longido erreichte, Captain Kraut nach Moshi aufzubrechen, traf die erste Granate ein. Der Feind, etwa 1.000 Mann stark, war an mehreren Stellen den großen Berg hinaufgestiegen, der allein in der offenen Ebene liegt, geführt von Masai, der den Außenposten zurief: „Wir gehören zu Captain Krauts Männern." Aber unsere drei Feldkompanien entfalteten sich rasch und es gelang ihnen, die feindliche Abteilung im felsigen Gelände zu umzingeln und sie schnell zurückzuschlagen. Eine feindliche Abteilung berittener Europäer, die in der Ebene am Fuße des Berges sichtbar wurde und offenbar beabsichtigte, den Berg von Süden her zu erklimmen oder unsere Kommunikationsverbindungen zu stören, wurde erfolgreich beschossen und schnell vertrieben.

Wahrscheinlich im Zusammenhang mit diesen Ereignissen auf der Nordbahn fanden feindliche Unternehmungen auf dem Viktoriasee statt. Ende Oktober waren zahlreiche Waganda-Krieger von Norden her in den Bukoba-Bezirk eingedrungen. Um dieser Bedrohung zu begegnen, verließ am 31. Oktober eine Streitmacht von 570 Gewehren, 4 Maschinengewehren und 2 Kanonen Muanza an Bord des kleinen Dampfers *Muanza* mit 2 Schleppern und 10 Dhaus (Booten). Bald nach der Landung wurden diese Transporter von englischen Dampfern angegriffen, kehrten aber ohne Schaden nach Muanza zurück. Ein englischer Versuch, in Kayense, nördlich von Muanza, zu landen, scheiterte unter dem Feuer unseres dort stationierten Detachments.

So sahen wir uns Anfang November einem in großem Maßstab geplanten konzentrischen Angriff auf unsere Kolonie gegenüber. Sein Scheitern ließ alle erwarten, dass wir uns so lange halten könnten, wie das Heimatland dazu in der Lage war. Aber die spärlichen Informationen, die wir von dort erhielten, gaben uns Zuversicht. Zum Zeitpunkt der Aktion in Tanga hatten wir zwar noch nichts von Hindenburg gehört, andererseits wussten wir nichts von unserer Niederlage an der Marne und waren noch immer bestärkt durch den Eindruck, den unsere siegreiche Invasion in Frankreich hinterlassen hatte.

KAPITEL V ERWARTUNG
WEITERER EREIGNISSE

Die Gefahr, die dem Land des Kilima Njaro drohte, schien mir an sich schon ein ausreichender Grund zu sein, die Truppen nach dem entscheidenden Erfolg von Tanga, der ohnehin nicht weiter ausgenutzt werden konnte, rasch in die Nähe von New Moshi zurückzuziehen. Die Freude der Siedler aus dem Norden, die, wie man wohl wissen sollte, den Großteil der Europäer gestellt hatten, die in Tanga kämpften, war unbeschreiblich. Der erste Zug, der die europäische Kompanie beförderte, kehrte mit Blumen geschmückt nach New Moshi zurück. Ich selbst hatte in Tanga noch genug zu tun und folgte den Truppen mehrere Tage lang nicht nach New Moshi, wo das Hauptquartier wieder eröffnet wurde. Personalmangel verhinderte, dass wir für jede Aufgabe getrennte Leute hatten. Offiziere des Hauptquartiers mussten manchmal im Notfall als Schützen oder Radfahrer fungieren, der Intendant übernahm gelegentlich den Dienst als Ordonnanz, der Schreiber ging mit einem Gewehr in Aktion und fungierte im Gefecht als Ordonnanz. Die Arbeit wurde erheblich dadurch erleichtert, dass der nach europäischem Vorbild gebaute Bahnhof uns eine Unterkunft bot, die uns trotz ihrer geringen Größe ermöglichte, die meisten Angelegenheiten, die das Personal betrafen, nur mündlich zu regeln. Wir verfügten über gute Telefon- und Telegrafenanlagen und waren zentral gelegen, ebenso wie die Telefon- und Straßensysteme, die wir entweder selbst gebaut oder perfektioniert hatten und die in beide Richtungen nach Tanga, Taveta, Ost-Kilima Njaro, West-Kilima Njaro und Longido sowie nach Arusha führten. Manchmal ging die Arbeit eine Woche lang fast wie in Frieden weiter, obwohl das Arbeitsvolumen größer war. Aber obwohl kaum jemand im Hauptquartier für seine Aufgaben ausgebildet oder vorbereitet war, war eine harmonische und erfolgreiche Zusammenarbeit gewährleistet. Sie basierte auf bestem Geist, Hingabe an die Sache und der Unterstützung durch gute Kameradschaft.

Ich selbst fuhr mit dem Auto – denn wir hatten eine Autostraße bis zum Longido Mountain gebaut – zum Engare-Nairobi (kalten Fluss), einem kleinen Bach, der an den Nordhängen des Kilima Njaro entspringt und zwischen diesem und Longido in nordwestlicher Richtung durch die Prärie fließt. In diesem Land hatten sich zahlreiche Burenfamilien auf Farmen niedergelassen. Krauts Abteilung hatte ihr Lager dorthin verlegt, da ihre Vorräte, wenn sie auf dem Longido Mountain geblieben wären, einen zweitägigen Marsch über die Prärie hätten machen müssen, wo sie nicht geschützt und daher zu unsicher gewesen wären. Ich überzeugte mich davon, dass es zu dieser Zeit keine Gelegenheit für irgendwelche Unternehmungen nördlich des Kilima Njaro gab, und kehrte nach New Moshi zurück. Die

Entfernung von New Moshi, wo wir einen großen Teil der Vorräte abholten, die aus Usambara und dem weiter südlich gelegenen Land mit der Bahn nach Taveta kamen, beträgt 30 Meilen. Obwohl wir nur wenige Fahrzeuge zur Verfügung hatten, nämlich insgesamt drei Autos und drei Lastwagen, waren sie unter den gegebenen Umständen eine erhebliche Hilfe. Da die Straße gut ausgebaut war, konnten die Drei-Tonnen-Lastwagen die Hin- und Rückfahrt bei trockenem Wetter an einem Tag bewältigen. Da die Fuhrwerke für dieselbe Strecke mindestens vier Tage brauchten, ergab eine Berechnung, dass ein Lastwagen die Arbeit von sechshundert Fuhrwerken erledigen konnte, die zusätzlich noch Verpflegung benötigten. Das später von den Engländern beibehaltene Prinzip, Fuhrwerke und Lasttiere durch mechanische Transportmittel zu ersetzen, wird noch dadurch unterstützt, dass Menschen und Tiere schwer unter Tropenkrankheiten litten, während Moskitos gegen Autos machtlos sind. Wir konnten diesen Vorteil jedoch nicht voll ausnutzen, da wir so wenige Motoren hatten. Selbst in dieser Zeit, die, soweit es den Transport betraf, eine Zeit der Ruhe und Regelmäßigkeit war, mussten wir ständig auf Fuhrwerke zurückgreifen. Noch heute erinnere ich mich an die Freude des Intendanten, als eine Kolonne von sechshundert Wassukuma-Fuhrwerken aus der Gegend von Muanza in New Moshi ankam; sie brachten dringend benötigten Reis vom Viktoriasee über Kondoa-Irangi nach Kilima Njaro. Wenn man bedenkt, dass dieser Marsch mindestens dreißig Tage dauerte, dass der Träger ein Kilogramm Nahrung pro Tag benötigte und dass seine maximale Ladung fünfundzwanzig Kilogramm betrug, ist klar, dass diese Märsche mit großer Sorgfalt geplant und durch dicht besiedelte und fruchtbare Gegenden geführt werden mussten, wenn diese Transportmethode irgendeinen Nutzen bringen soll. Wenn trotz dieser Nachteile in großem Umfang auf Trägertransporte zurückgegriffen werden musste, zeigt dies nur die Versorgungsschwierigkeiten, mit denen wir zu kämpfen hatten. Der Intendant, Hauptmann Feilke, war jedoch ein Meister darin, die Männer zu führen und sich um sie zu kümmern. Die Träger fühlten sich gut aufgehoben, und das Wort „Kommando", das einige von ihnen als persönlichen Namen annahmen, wurde recht geläufig. Ich selbst konnte mit Hilfe der Motoren viele Erkundungen und Inspektionen der Truppen durchführen. Ich konnte Taveta, wohin einige der Truppen aus Tanga zurückkehrten, in zwei Stunden von New Moshi aus erreichen; sonst hätte ich dafür vier Tage gebraucht; später fuhr ich an einem Tag von New Moshi nach Engare-Nairobi, um die Westseite des gesamten Meru-Bergs herum und wieder zurück nach New Moshi, eine Strecke, die mit Trägern kaum in weniger als zehn Tagen zu bewältigen gewesen wäre.

Der Erfolg bei Tanga weckte in der gesamten Kolonie die Entschlossenheit zum Widerstand und ließ sie neu beleben.

In Morogoro gelang es dem Inspekteur der Kommunikationslinien, Generalmajor Wahle, am 26. November, die Zustimmung des Gouverneurs zur Verteidigung von Daressalam im Falle eines Angriffs zu erhalten. Wie es der Zufall wollte, wurde diese Zustimmung gerade noch rechtzeitig erteilt. Am 28. erschienen vor Daressalam zwei Kriegsschiffe, ein Transporter und ein Schlepper, und verlangten, unsere im Hafen liegenden Schiffe zu inspizieren. Unter anderem befand sich die *Tabora* der German East African Line, die zu einem Hospitalschiff umgebaut worden war. Da die Engländer bei einer früheren Gelegenheit erklärt hatten, dass sie sich an keine Vereinbarung über Daressalam gebunden fühlten, wären jedes Mal neue Verhandlungen erforderlich gewesen, wenn wir einem drohenden Bombardement entgehen wollten . So entstand eine endlose Spirale. Ich telegrafierte nun, dass die von den Engländern geforderte Einfahrt einer Pinasse in den Hafen mit Waffengewalt verhindert werden sollte . Leider hatte die deutsche Zivilbehörde dies jedoch entgegen meiner Meinung zugestanden, und der in Daressalam anwesende ranghöchste Offizier fühlte sich gebunden. Die Engländer kamen jedoch nicht mit der einen Pinasse, wie vereinbart, sondern mit mehreren kleinen Schiffen, und begannen dann mit der Zerstörung der *Tabora* und nahmen sogar einige ihrer Besatzungsmitglieder gefangen. Dies machte selbst denen, die bisher skeptisch gewesen waren, nur allzu deutlich, wie unangebracht unsere bisherige Zustimmung gewesen war. Kapitän von Kornatzky kam gerade noch rechtzeitig, um wirksames Maschinengewehrfeuer auf die kleinen englischen Schiffe zu eröffnen, als sie durch die schmale englische Hafeneinfahrt fuhren. Leider wurde bei dieser Gelegenheit auch einer der deutschen Gefangenen getroffen. Die notwendigen Verteidigungsmaßnahmen waren einfach nicht rechtzeitig ergriffen worden. Dies ist ein kleines Beispiel für die Gefahren und Nachteile, die entstehen, wenn im Kriegsfall der Militärbefehlshaber ständig in seinen Entscheidungen und der Durchführung von Operationen, die von Natur aus unvermeidlich sind, behindert wird.

Und auch der darauf folgende Bombardement von Daressalam richtete keinen nennenswerten Schaden an, denn die Schäden an einigen wenigen Häusern können kaum als gravierend bezeichnet werden.

Während der Zeit der verhältnismäßig sesshaften Kriegsführung in New Moshi war auch die materielle Seite des Lebens angenehm. Die Europäer, die größtenteils zur Siedlergemeinschaft der nördlichen Gebiete gehörten, sorgten größtenteils selbst für ihren Lebensunterhalt; reichliche Mengen an Reis, Weizenmehl, Bananen, Ananas, europäischem Obst, Kaffee und Kartoffeln kamen von den Plantagen. Zucker wurde von den zahlreichen Fabriken geliefert, und unsere Hauptversorgung mit Salz kam von den Gottorp-Salzwerken an der Zentralbahn zwischen Tabora und dem

Tanganjikasee. Viele Plantagen widmeten sich ausschließlich der Versorgung der Truppen, und dank der reichlich vorhandenen Arbeitskräfte verursachte diese Produktionsänderung keine Schwierigkeiten. Aber auch das Transportsystem musste auf Hochtouren arbeiten. Die große Straße, die von Kimamba nach Mombo und Korogwe an der Nordbahn führte, wurde ständig verbessert, um den Transport der Produkte aus dem Gebiet der Tanganjikabahn und weiter südlich in den Norden zu ermöglichen. Allein auf dieser Linie waren mindestens 8.000 Fuhrleute ständig beschäftigt. Es erwies sich bald als praktisch, die Träger nicht die gesamte Strecke von 190 Meilen zurücklegen zu lassen, sondern sie auf verschiedene Etappen zu verteilen. Dadurch war es möglich, sie dauernd einzuquartieren und für ihre Gesundheit zu sorgen. Hygienefachleute reisten die Straße auf und ab und taten, was menschenmöglich war, für die Gesundheit der Träger, insbesondere gegen Ruhr und Typhus. Auf diese Weise errichteten wir entlang dieser vielbefahrenen Route im Abstand von einem Tagesmarsch dauernde Trägerlager, in denen die Männer zunächst in improvisierten Hütten untergebracht waren, die später ordnungsgemäß fertiggestellt wurden. Die Lagerdisziplin war streng geregelt. Um auch die vielen durchreisenden Europäer zu versorgen, wurden kleine Häuser mit Betonböden errichtet; und die einzelnen konnten von den Vorräten der Verbindungslinie leben, ohne sich mit Proviant für längere Zeit belasten zu müssen, wie dies auf Reisen in Afrika üblich ist. Die Arbeit an dieser Versorgungslinie war Gegenstand ständiger Aufmerksamkeit. Sowohl die Europäer als auch die Einheimischen mussten noch lernen, wie sie die Zusammenarbeit solcher Menschenmassen sicherstellen konnten, und verstehen, wie wichtig Ordnung und Disziplin bei der Durchführung des Transports für die Gesundheit aller Beteiligten waren.

Am Bahnhof New Moshi waren Telefon und Telegraf Tag und Nacht in Betrieb. Da die ganze Organisation improvisiert werden musste, waren Reibereien nicht ganz unvermeidbar. Alle Mitglieder des Hauptquartiers arbeiteten außerordentlich hart. Aber wir hatten auch schöne Momente während der anstrengenden Arbeit. Wir im Hauptquartier teilten die Fülle an Annehmlichkeiten, die die Europäer im Norden genossen. Wir wurden buchstäblich verwöhnt durch die Zahl der Geschenke, die uns Privatpersonen schickten. Wenn einer von uns mit der Nordbahn reiste, auf der es in Friedenszeiten schwierig war, für Geld und gute Worte ein wenig Nahrung zu bekommen, wurde er jetzt an fast jedem Bahnhof von jemandem versorgt. Ich erinnere mich, als Leutnant Freiherr von Schroetter sehr ausgehungert nach New Moshi zurückkehrte, nachdem er einige sehr anstrengende Patrouillen im Land nördlich des Erok-Berges durchgeführt hatte. Nachdem er, wie man es normalerweise erwartet, von sieben bis elf Uhr gründlich gefüttert worden war, fragte er schüchtern, ob er etwas zu Abend essen könne. Am nächsten Morgen nahm er vierzehn Tage Urlaub auf seiner Plantage in Usambara, um sich zu erholen und seinen Geschäften nachzugehen. Nach dem Frühstück gaben wir ihm Kaffee, Brot, Butter und Fleisch zum Mitnehmen in den Zug und hatten die verschiedenen Bahnhöfe gewarnt, sich um diesen völlig ausgehungerten Streifenpolizisten zu kümmern. So bot ihm der Bahnhofswärter in Kahe nach einer halben Stunde ein weiteres Frühstück an, in Lembeni hatte ihm die charmante Frau des Bahnhofskommandanten einen Kuchen gebacken, und in Lame kümmerte sich der Kommandant des örtlichen Rekrutierungsdepots, Sergeant Major Reinhardt, um ihn. In Makanya brachte ihm der Wachmann, Planter Baroy, der vom Land stammte, selbstgemachte Schokolade und Ochsenherzen – eine Frucht von der Größe einer Melone –, und in Buiko hatte ihm der gastfreundliche Verkehrsleiter der Nordbahn, Kühlwein, der uns so oft auf der Durchreise bewirtet hatte, eine delikate Mahlzeit zubereitet. In Mombo, wo die Vorräte aus den Usambara-Bergen gesammelt wurden und wo wir die meisten unserer Werkstätten eingerichtet hatten, wurde unser Schützling von Warrant Officer Meyer von der Marine mit einem stärkenden Abendessen empfangen. Doch dann erhielten wir ein Telegramm: „Bitte bestellen Sie nichts mehr, ich kann nicht mehr essen."

Obwohl diese andauernde Fütterung einen Geist des mitfühlenden Spreuvergießens auf Kosten der hungernden Subalternen zeigt, beweist sie auch besser als jede theoretische Abhandlung, wie eng alle Bevölkerungsklassen der nördlichen Bezirke mit den Truppen zusammenarbeiteten und wie sie versuchten, uns jeden Wunsch von vornherein zu erfüllen. Diese Zusammenarbeit dauerte an, solange die Truppen im Norden blieben .

Wann immer die Pflicht uns Gelegenheit gab, sorgten wir für Abwechslung und Erholung. Sonntags gingen wir oft zusammen in die Nähe von New Moshi, um einen lustigen Jagdtag zu verbringen. Sowohl Träger als auch Askari nahmen bald ihre Arbeit als Treiber wieder auf und trieben das Wild in mustergültiger Ordnung unter lautem „Huyu, huyu" – „Da ist er!" – Rufen auf uns zu. An Wildarten bot das Land mehr, als man in Europa finden würde: Hasen, verschiedene Zwergantilopen, Perlhühner, mehrere Verwandte des Rebhuhns, Enten, Buschböcke, Wasserböcke, Luchse, mehrere Wildschweinarten, kleine Kudus, Schakale und viele andere Arten von Wild gab es im Überfluss. Einmal, so erinnere ich mich, tauchte zu meinem Erstaunen ein Löwe lautlos fünfzehn Schritte vor mir auf. Leider hatte ich mein Gewehr in der Hand, und bevor ich mein Gewehr, das auf meinen Knien lag, weglegen konnte, war er ebenso lautlos verschwunden. Im wimmelnden Kilima Njaro-Gebiet und noch weiter östlich von Taveta sorgten unsere Jagdexpeditionen für eine willkommene Ergänzung unseres Fleischvorrats. Doch im Wesentlichen war dieser von den Rindern abhängig,

die uns die Massai aus dem Kilima Njaro- und Meru-Gebiet brachten, die
aber auch von weit her, aus der Nähe des Viktoriasees, kamen.

KAPITEL VI
WEITERE SCHWERE KÄMPFE IM NORDOSTEN

Als wir Weihnachten in der Missionskirche in New Moshi und später in unserer Kantine im Bahnhof feierten, war die militärische Lage nördlich von Tanga so zugespitzt, dass man davon ausgehen konnte, dass in diesem Viertel entscheidende Ereignisse bevorstanden. In den letzten Dezembertagen wurden unsere Patrouillen, die sich in diesem Gebiet auf britischem Territorium befanden, allmählich zurückgedrängt und konzentrierten sich südlich von Jassini auf deutschem Territorium. Die vereinte Streitmacht bestand aus zwei Kompanien und einem Korps von etwa zweihundert Arabern. Der Feind war offensichtlich verstärkt worden und besetzte die Gebäude der deutschen Plantage von Jassini. Es sah so aus, als wolle er allmählich entlang der Küste nach Tanga vordringen und das besetzte Land durch ein System von Blockhäusern sichern. Um die Lage vor Ort zu untersuchen, reiste ich Anfang Januar mit Kapitän von Hammerstein nach Tanga und von dort mit dem Auto zu Kapitän Adlers Lager in Mwurnoni, wobei ich die neu fertiggestellte Küstenstraße nach Norden benutzte, eine Entfernung von 38 Meilen. Leutnant. Bleeck aus der Reserve, der aufgrund seiner zahlreichen erfolgreichen Patrouillen in diesem Land besonders für diesen Zweck geeignet war, begleitete mich auf meiner Erkundungstour, aus der ich erfuhr, dass das Land meilenweit um Jassini hauptsächlich aus einer Kokosnussplantage der Deutsch-Ostafrikanischen Kompanie bestand, die auch mit Sisal bepflanzt war, einer Agavenart mit scharfen Dornen. Dieser Sisal, der ein dichtes Unterholz zwischen den Palmen bildete, war an vielen Stellen so verflochten, dass man sich nur durchkämpfen konnte, wenn man eine Menge sehr unangenehmer Stiche ertragen musste. Es ist natürlich immer schwierig, in einem Land, das einem so völlig unbekannt ist, ohne Hilfe einer Karte und nur auf der Grundlage der Berichte der Patrouillen Pläne für eine Aktion zu schmieden. In diesem Fall überwanden wir die Schwierigkeit, da Leutnant Schaefer aus der Reserve, der zu den Fahnen einberufen worden war, jahrelang den Posten des Assistenten auf dieser Plantage innegehabt hatte und daher genaue Informationen liefern konnte. Es wurde eine einigermaßen genaue Skizze angefertigt und die den verschiedenen Orten zugewiesenen Schlachtnamen darauf eingetragen. Die allgemeine Lage schien so zu sein, dass Jassini ein vorgeschobener Posten war und dass sich die Hauptmacht des Feindes in befestigten Lagern weiter nördlich befand. Es war anzunehmen, dass ein Angriff auf den vorgeschobenen Posten von Jassini die Hauptmacht dazu verleiten würde, ihre Lager zu verlassen und im offenen Feld zu kämpfen (sic!). Mein Plan war, diese Möglichkeit auszunutzen. Um den Feind unter günstigen taktischen Bedingungen anzugreifen, während er von seinen Sammelplätzen zur Unterstützung des vorgeschobenen Postens eilte, beabsichtigte ich, meine Truppen auf seinen wahrscheinlichen Vormarschlinien so in Bereitschaft zu bringen, dass er auf sie stoßen müsste.

In diesem dicht besiedelten Land bereitete die Versorgung keine Schwierigkeiten, und die notwendigen Träger konnten von den zahlreichen europäischen Plantagen bereitgestellt werden. So mussten die per Telegraf aus New Moshi herbeibeorderten Kompanien nur von ihren Maschinengewehr- und Munitionsträgern begleitet werden, was bei der Organisation ihrer Bahnreise einen erheblichen Vorteil darstellte. Dies ging dank der bewährten Fähigkeiten des Linienkommandanten, Leutnant Kroeber a. D. von der Landwehr, und des Verständnisses und des brennenden Eifers, mit dem das gesamte Eisenbahnpersonal die unvermeidliche Belastung ohne Murren ertrug, schnell und reibungslos vonstatten.

Am 16. Januar waren die Kompanien aus New Moshi einige Meilen westlich von Tanga ausgestiegen und sofort in Richtung Jassini marschiert, ebenso wie die Truppen aus Tanga, zu deren unmittelbarem Schutz nur eine Kompanie zurückgelassen wurde. Am Abend des 17. Januar war die Truppe aus neun Kompanien mit zwei Kanonen auf der Totohown-Plantage versammelt, sieben Meilen südlich von Jassini, und es wurde Angriffsbefehl für den nächsten Morgen ausgegeben. Major Kepler wurde mit zwei Kompanien angewiesen, das Dorf Jassini anzugreifen und dabei die rechte Seite zu umgehen, und Captain Adler hatte mit zwei weiteren Kompanien eine ähnliche Aufgabe auf der linken Seite. Im Nordwesten, auf der Straße von Semanya, war das arabische Korps postiert. Captain Otto rückte mit der 9. Kompanie frontal auf der Hauptstraße nach Jassini vor, unmittelbar gefolgt vom Hauptquartier und der Hauptstreitmacht, bestehend aus der europäischen Kompanie, drei Askari-Kompanien und zwei Kanonen. Die Märsche waren so eingeteilt, daß die Angriffe auf Jassini bei Tagesanbruch gleichzeitig erfolgen sollten und alle Kolonnen sich gegenseitig durch energisches Vorrücken unterstützen sollten. Schon vor Tagesanbruch fielen die ersten Schüsse in der Nähe von Keplers Kolonne, wenige Minuten später begann vor uns bei Ottos Kolonne das Feuer, das dann allgemein wurde. Es war unmöglich, sich in dem endlosen dichten Palmenwald auch nur annähernd ein Bild von dem zu machen, was wirklich vor sich ging. Wir waren jedoch schon so nahe an der feindlichen Stellung bei Jassini, daß der Feind trotz seiner ausgezeichneten Nachrichtendienste überrascht zu sein schien. Diese Vermutung wurde später zumindest teilweise bestätigt. Von unserer raschen Konzentration südlich von Jassini und unserem sofortigen Angriff mit so starken Kräften hatte der Feind tatsächlich keine Ahnung gehabt.

Ottos Kolonne drängte einen verschanzten Posten vor ihr rasch zurück, und das Hauptquartier machte nun einen Bogen nach links durch den Wald, wo zuerst eine, dann zwei weitere Kompanien eingesetzt wurden, um Jassini zu umgehen. Merkwürdigerweise gerieten wir bei diesem Vorstoß auf kurze Distanz, vielleicht nicht mehr als 200 Yards, unter sehr gezieltes Feuer; und erst viel später erfuhren wir, dass der Feind in Jassini nicht nur einen schwachen Posten hatte, sondern dass dort auch vier Kompanien Indianer in einem stark gebauten und hervorragend versteckten Fort stationiert waren. Plötzlich brach Hauptmann von Hammerstein, der hinter mir ging, zusammen; er war in den Unterleib geschossen worden. So tief mich das auch traf, ich musste meinen schwer verwundeten Kameraden in diesem Moment in die Hände des Arztes geben. Wenige Tage später riss der Tod dieses hervorragenden Offiziers eine Lücke in die Reihen unseres Stabes, die schwer zu schließen war.

Die Kämpfe waren sehr hitzig geworden. Zwei Kompanien, deren Kommandeure, Leutnant Gerlich und Spalding, gefallen waren, hatten die befestigten Gebäude von Jassini durch einen glänzenden Angriff schnell eingenommen und sich nun dicht vor der feindlichen Stellung verschanzt. Bald machte sich das Eingreifen der Hauptstreitmacht des Feindes bemerkbar. Aus Richtung Wanga im Nordosten trafen starke feindliche Kolonnen ein und erschienen plötzlich dicht vor unseren Kompanien, dicht vor den Befestigungen von Jassini. Der Feind führte an dieser Stelle drei starke Angriffe durch und wurde jedes Mal zurückgeschlagen. Feindliche Kolonnen trafen auch aus dem Norden und Nordwesten ein. Gegen die aus dem Westen hatten die arabischen Korps schlecht abgeschnitten; am Tag zuvor hatten viele von ihnen dringend ihre Entlassung gefordert. Jetzt, als sie auf der Vormarschstraße des Feindes im Hinterhalt liegen sollten, wurde die Spannung für sie zu groß. Anstatt den Feind durch ein vernichtendes Feuer zu überraschen, feuerten sie blind in die Luft und rannten dann los. Doch glücklicherweise stießen diese feindlichen Kolonnen dann auf die beiden Kompanien von Kapitän Adler und wurden mit einem Blutbad zurückgeschlagen. Bis dahin hatte die ganze Aktion den Charakter eines energischen Angriffs gehabt; selbst die letzte Reserve, die Europäische Kompanie, war auf ihre dringende Bitte hin in Aktion geschickt worden. Gegen Mittag waren die Kämpfe vor den starken Verteidigungen des Feindes überall zum Stillstand gekommen. Wir hatten tatsächlich keine Möglichkeit, einen ausreichenden Eindruck auf sie zu machen, und selbst unsere Feldgeschütze, die wir in 200 Yards Entfernung in Stellung brachten, erzielten keine entscheidende Wirkung. Die Hitze war unerträglich, und wie in Tanga löschte jeder seinen Durst mit jungen Kokosnüssen. Ich selbst ging mit Leutnant Bleeck zum rechten Flügel, um herauszufinden, wie es mit Major Keplers Kolonne stand. Zu diesem Zeitpunkt hatte ich mir noch keine klare Vorstellung von den Verteidigungen des Feindes gemacht, und so gerieten wir auf dem Sand eines klaren und offenen Baches, der damals trocken war, erneut unter sehr gezieltes Feuer. Aus einer Entfernung von 500

Metern schlugen die Kugeln dicht neben uns ein, und die aufgewirbelten Sandschwaden machten eine Korrektur leicht. Der Sand war so tief und die Hitze so groß, dass man nur ein paar Schritte laufen oder sogar schnell gehen konnte. Die meiste Zeit mussten wir langsam über das offene Feld gehen und das unangenehme Feuer so gut wie möglich ertragen. Glücklicherweise richtete es keinen ernsthaften Schaden an, obwohl eine Kugel durch meinen Hut und eine andere durch meinen Arm zeigten, dass es gut gemeint war. Auf dem Rückweg vom rechten Flügel waren unser Durst und unsere Erschöpfung so groß, dass mehrere Herren, die normalerweise keineswegs schlecht miteinander auskamen, ernsthafte Meinungsverschiedenheiten über eine Kokosnuss hatten, obwohl es nicht schwer gewesen wäre, mehr von den zahllosen Bäumen um uns herum zu bekommen.

Das Hauptquartier war inzwischen auf die Straße Totohown-Jassini zurückgekehrt. Entlang dieser Straße verlief eine Feldbahn für die Arbeit auf der Plantage, deren Wagen wir nun ständig damit beschäftigt sind, Verwundete nach Totohown zurückzubringen, wo in den europäischen Gebäuden ein Krankenhaus eingerichtet worden war. Die Munition – von der die Askari etwa 150 Schuss mit sich führte – begann knapp zu werden, und von der Schusslinie kamen immer häufiger Meldungen, dass sie nicht länger durchhalten konnten. Leicht Verwundete, die gefesselt worden waren, und eine Masse von Nachzüglern, die im Hauptquartier gesammelt worden waren, ganze Züge hatten sich vollständig verloren oder aus anderen Gründen die ihnen zugewiesenen Plätze verlassen. Alle diese Männer wurden gesammelt und neu organisiert, und so wurde eine frische Reserve verfügbar. Die Munition in den Maschinengewehrgurten war größtenteils aufgebraucht, und frische Vorräte kamen mit der Feldbahn aus Totohown. Die Gurtfüllmaschinen wurden an den Palmen befestigt und unaufhörlich in Betrieb gehalten. Es war offensichtlich, dass wir bereits erhebliche Verluste erlitten hatten. Einige wollten die Aktion abbrechen, da es keine Aussicht zu geben schien, die feindlichen Verteidigungsanlagen einzunehmen. Aber der Gedanke an die unangenehme Lage des Feindes, der in seinen Stellungen eingeschlossen war, ohne Wasser und alle täglichen Beschäftigungen auf engstem Raum, in der brennenden Sonne und unter feindlichem Feuer verrichten musste, ließ es so aussehen, als könnten wir doch noch Erfolg haben, wenn wir nur entschlossen durchhielten. Der Nachmittag und die Nacht vergingen in unaufhörlichen Kämpfen; wie immer in solchen kritischen Situationen kamen alle möglichen Gerüchte auf. Es hieß, die Garnison der feindlichen Stellungen bestehe aus südafrikanischen Europäern, die ausgezeichnete Schützen seien; einige Leute erklärten sogar, sie hätten ihre Sprache perfekt verstanden. Es war tatsächlich immer noch sehr schwierig, sich ein klares Bild zu machen. Mein Ordonnanzoffizier, Ombasha (Lance-Corporal) Rayabu, meldete sich sofort freiwillig, um eine genaue Aufklärung durchzuführen, kroch dicht an die feindliche Linie heran und wurde dort getötet. Der Eingeborene, der ohnehin leicht erregbar ist, war in dieser kritischen nächtlichen Situation doppelt so erregbar, und ich musste die Männer häufig streng tadeln, weil sie blind in die Luft schossen.

Am frühen Morgen des 19. Januar brach das Feuer erneut mit größter Intensität aus. Der Feind, der von allen Seiten umzingelt war, machte einen Ausfall, der fehlschlug, und hisste bald darauf die weiße Flagge. Vier indische Kompanien mit europäischen Offizieren und Unteroffizieren fielen in unsere Hände. Wir alle bemerkten den kriegerischen Stolz, mit dem unser Askari den Feind betrachtete; ich hätte nie gedacht, dass unsere schwarzen Kameraden so vornehm aussehen könnten.

Freund und Feind befanden sich in einer unangenehmen Lage und waren am Ende ihrer Nerven. Das ist bei jedem Soldaten der Fall, der seine Pflicht ernst nimmt. Doch der Askari lernte nun, dass man seine eigenen Gefühle überwinden muss, um die moralische Überlegenheit zu erlangen, die für den Sieg notwendig ist.

Ich schätzte die Verluste des Feindes auf mindestens 700 Mann; die erbeuteten Dokumente gaben einen klaren Hinweis auf seine Stärke, die mehr als doppelt so groß war wie unsere eigene. Ihnen zufolge hatte General Tighe, der Befehlshaber der Truppen in Britisch-Ostafrika, der kurz zuvor in Wanga gelandet war, mehr als zwanzig Kompanien in und bei Jassini versammelt, von denen die meisten auf Marschrouten entlang der Küste aus Richtung Mombasa gekommen waren. Sie sollten in Richtung Tanga vorrücken.

Mit Hilfe der mechanischen Transportmittel und der Rikschas, die zwischen dem Feldlazarett in Totohown und Tanga verkehrten, konnten die Verwundeten ganz problemlos in wenigen Tagen von Jassini zu den Krankenhäusern an der Nordbahn transportiert werden. Diese Rikschas, kleine gefederte Karren (ähnlich wie Dogcarts), die von einem Mann gezogen werden und in Tanga die Droschken ersetzen, waren vom leitenden Sanitätsoffizier zum Transport der Verwundeten beschlagnahmt worden. Der Feind hatte sich in seine befestigten Lager nördlich der Grenze zurückgezogen, und ein erneuter Angriff auf ihn schien mir nicht sehr erfolgversprechend. Wir begannen sofort mit Patrouillenoperationen, zu deren Unterstützung wir eine Abteilung von einigen Kompanien in Jassini zurückließen; der Großteil der Truppen wurde erneut in das Land des Kilima Njaro abgezogen. Auf dem Marsch zur Verladestation der Nordbahn kamen die Truppen durch die Amboni-Plantage. Dort hatten die Einwohner von Tanga freiwillig Nahrung und Erfrischungen bereitgestellt; und nach den ungeheuren Anstrengungen, die die Expedition nach Jassini mit ihren ständigen Gewaltmärschen, der erschöpfenden Hitze und den ununterbrochenen Kämpfen bei Tag und Nacht mit sich brachte, war der schwefelhaltige Sigi-Fluss bald voller weißer und schwarzer Badender. All unsere Mühen waren vergessen, und unsere Stimmung stieg aufs Höchste, als wir in diesem Moment nach einer ziemlich langen Pause wieder eine Funknachricht von zu Hause erhielten. Sie ließ darauf schließen, dass Nachrichten über die Kämpfe bei Tanga wahrscheinlich gerade Deutschland erreicht hatten, und enthielt die Anerkennung Seiner Majestät für die Erfolge, die wir dort erzielt hatten.

Kapitel VII:
Guerillakrieg und weitere Vorbereitungen

Dokumente, die wir später erbeuteten, bewiesen anhand von Zahlen, dass der Feind Truppen vom Viktoriasee in Richtung Kilima Njaro verlegte. Die Schlacht entlastete also tatsächlich andere, weit entfernte Kriegsschauplätze. Diese Beobachtung bestätigte die ursprüngliche Behauptung, dass der beste Schutz des gesamten Territoriums darin bestand, den Feind an einem Punkt festzuhalten. Ob der Rest der Kolonie auch lokal energisch geschützt wurde, war nicht so wichtig. Trotzdem war ich hocherfreut, als der Gouverneur im Februar 1915 dazu überredet wurde, den Befehl zu erlassen, die Küstenstädte bei feindlicher Bedrohung zu verteidigen. Die bis dahin erzielten Erfolge hatten gezeigt, dass diese lokale Verteidigung auch gegen das Feuer von Schiffskanonen nicht hoffnungslos war.

Obwohl der Angriff bei Jassini mit neun Kompanien völlig erfolgreich war, zeigte er doch, dass so schwere Verluste, wie wir sie auch erlitten hatten, nur in Ausnahmefällen zu verkraften waren. Wir mussten unsere Kräfte schonen, um einen langen Krieg durchzuhalten. Von den Berufsoffizieren waren Major Kepler, die Leutnants Spalding und Gerlich, die Leutnants Kaufmann und Erdmann gefallen; Hauptmann von Hammerstein war seiner Verwundung erlegen. Der Verlust dieser Berufssoldaten – etwa ein Siebtel der anwesenden Berufsoffiziere – konnte nicht ersetzt werden.

Der Einsatz von 200.000 Schuss bewies auch, dass ich mit den mir zur Verfügung stehenden Mitteln höchstens noch drei weitere Aktionen dieser Art durchführen konnte. Die Notwendigkeit, nur in Ausnahmefällen große Schläge auszuführen und mich hauptsächlich auf den Guerillakrieg zu beschränken, war offensichtlich zwingend.

Der Leitsatz, ständig gegen die Ugandabahn zu operieren, konnte jedoch wieder aufgenommen werden, da es hier ohnehin unmöglich war, mit größeren Truppenteilen vorzugehen. Denn es waren mehrtägige Märsche durch die große, wasserlose und dünn besiedelte Wüste notwendig, die außer gelegentlichem Wild kaum Nahrung bot. Nicht nur Nahrung, sondern auch Wasser musste mitgeführt werden. Dies allein beschränkte die Größe der einzusetzenden Truppen. Solche Expeditionen durch Gebiete, die weder Wasser noch Nahrung boten, erforderten einen Grad an Erfahrung seitens der Truppen, der in diesem Stadium des Krieges unmöglich vorhanden sein konnte. Selbst eine Kompanie war eine zu große Truppe, um sie durch diese Wüste zu schicken, und wenn sie nach mehrtägigem Marsch wirklich einen Punkt an der Eisenbahn erreicht hätte, hätte sie wieder umkehren müssen, da sie nicht versorgt werden konnte. Diese Bedingungen verbesserten sich jedoch, als die Truppen besser ausgebildet wurden und unsere Kenntnisse über das Land, das zunächst hauptsächlich *terra incognita war*, zunahmen.

So blieb uns nichts anderes übrig, als unser Ziel durch kleine Detachements oder Patrouillen zu erreichen. Diesen Patrouillen legten wir später die größte Bedeutung bei. Von der Engare-Nairobi aus ritten kleine Detachements von acht bis zehn Mann, Europäer und Askaris, hinter die bis zum Longido vorgerückten Lager des Feindes und griffen dessen Verbindungen an. Sie bedienten sich der Telefone, die wir bei Tanga erbeutet hatten, und zapften die englischen Telefonleitungen an; dann warteten sie, bis größere oder kleinere feindliche Detachements oder Ochsenkarrenkolonnen vorbeikamen. Aus dem Hinterhalt eröffneten sie das Feuer auf den Feind auf dreißig Meter Entfernung, nahmen Gefangene und Beute und verschwanden dann wieder in der grenzenlosen Wüste. So erbeuteten wir damals Gewehre, Munition und Kriegsmaterial aller Art. Eine dieser Patrouillen hatte in der Nähe des Erok-Berges beobachtet, dass der Feind seine Reitpferde zu einer bestimmten Zeit zum Wasser schickte. Zehn unserer Reiter brachen sofort auf und schlugen nach einem zweitägigen Ritt durch die Wüste ihr Lager in der Nähe des Feindes auf. Sechs Männer kehrten mit den Pferden zurück; die vier anderen nahmen je einen Sattel und krochen in einem Abstand von einigen Schritten an den feindlichen Wachen vorbei bis zur Wasserstelle, die hinter dem Lager lag. Ein englischer Soldat trieb die Pferde, als ihm plötzlich zwei Männer unserer Patrouille aus dem Busch entgegentraten und ihm mit ihren Gewehren Deckung gaben und befahlen: „Hände hoch!" Vor Überraschung ließ er seine Tonpfeife aus dem Mund fallen. Sofort wurde er gefragt: „Wo sind die vier fehlenden Pferde?", denn unsere gewissenhafte Patrouille hatte bemerkt, dass es nur siebenundfünfzig waren, während sie am Tag zuvor einundsechzig gezählt hatten! Diese vier brauchten nur leichte Behandlung und wurden im Lager zurückgelassen. Das Leitpferd und einige andere wurden schnell gesattelt, bestiegen und los ging es im Galopp um das feindliche Lager herum auf die deutschen Linien zu. Sogar bei dem gefangenen Engländer, der diese *Safari ohne viel Komfort auf einem nackten Pferd* absolvieren musste , kam der angeborene Sportstinkt seines Volkes zum Vorschein. Mit viel Humor rief er: „Ich möchte jetzt einfach das Gesicht meines Captains sehen!" und als die Tiere sicher im deutschen Lager angekommen waren, bemerkte er: „Das war ein verdammt gutes Stück Arbeit."

Diese Beute, vermehrt durch eine Anzahl anderer Pferde und Maultiere, die wir mitgenommen hatten, ermöglichte es uns, eine zweite berittene Kompanie zu bilden. Wir hatten jetzt zwei berittene Kompanien, gemischt aus Askari und Europäern, eine Organisation, die sich als erfolgreich erwies. Sie gaben uns die Möglichkeit, die ausgedehnte Wüste nördlich des Kilima Njaro mit starken Patrouillen zu durchkämmen, die jeweils mehrere Tage unterwegs waren; sie drangen sogar bis zu den Uganda- und Magad-Eisenbahnen vor, zerstörten Brücken, überraschten die an den Eisenbahnen postierten Wachen, verminten die Gleise und führten Überfälle aller Art auf die Landverbindungen zwischen den Eisenbahnen und den Lagern des Feindes durch. Bei diesen Unternehmungen kamen unsere eigenen Leute nicht ungeschoren davon. Eine Patrouille hatte zwei Kompanien Indianer durch Gewehrfeuer glänzend überrascht, dann aber ihre Pferde, die sie im Versteck zurückgelassen hatten, durch das Feuer des Feindes verloren; sie mussten zu Fuß durch die Wüste zurückgehen, was vier Tage dauerte, und sie hatten keine Nahrung. Glücklicherweise fanden sie Milch und Vieh in einem Masai-Kraal und retteten sich später vor dem Verhungern, indem sie einen Elefanten töteten. Doch der Erfolg weckte den Abenteuergeist und die Anfragen, zu Fuß oder beritten auf Patrouille geschickt zu werden, nahmen zu.

Die Patrouillen, die vom Kilima Njaro in östlichere Richtung auszogen, waren von anderer Art. Sie mussten sich tagelang zu Fuß durch das dichte Buschwerk arbeiten. Die Patrouillen, die zur Zerstörung der Eisenbahn ausgesandt wurden, waren meist schwach: ein oder zwei Europäer, zwei bis vier Askari und fünf bis sieben Träger. Sie mussten sich durch die Posten des Feindes schlängeln und wurden oft von einheimischen Spähern verraten. Trotzdem erreichten sie meist ihr Ziel und waren manchmal länger als vierzehn Tage unterwegs. Für eine so kleine Gruppe bot ein bisschen Wild oder eine kleine Menge Beute eine beträchtliche Reserve an Verpflegung. Aber die Müdigkeit und der Durst in der brennenden Sonne waren so groß, dass mehrere Männer verdursteten und sogar Europäer Urin tranken. Es war eine schlimme Sache, wenn jemand krank wurde oder verwundet wurde, es war beim besten Willen oft unmöglich, ihn mitzunehmen. Einen Schwerverletzten von der Ugandabahn quer durch die Wüste in die deutschen Lager zu bringen, wie es gelegentlich geschah, ist eine enorme Leistung. Sogar die Schwarzen verstanden das, und es kam vor, dass ein verwundeter Askari, der wusste, dass er hoffnungslos verloren und den zahlreichen Löwen zum Opfer fiel, sich nicht beschwerte, als er im Busch zurückgelassen werden musste, sondern von sich aus seinen Kameraden Gewehr und Munition überließ, damit wenigstens sie gerettet werden konnten.

Die Arbeit dieser Patrouillen wurde immer perfekter. Die Kenntnisse der Wüste verbesserten sich, und zusätzlich zu den Patrouillen für Zerstörungs- und Aufklärungsarbeit entwickelten wir ein System von Kampfpatrouillen. Diese bestanden aus zwanzig bis dreißig Askari oder sogar mehr und waren manchmal mit einem oder zwei Maschinengewehren ausgerüstet. Sie gingen hinaus, um den Feind zu suchen und ihm Verluste zuzufügen. Im dichten

Busch trafen die Kämpfer so nah und so unerwartet aufeinander, dass unsere Askari manchmal buchstäblich über ihre liegenden Gegner sprangen und so wieder hinter sie kamen. Der Einfluss dieser Expeditionen auf das Selbstvertrauen und den Unternehmungsgeist sowohl der Europäer als auch der Eingeborenen war so groß, dass es schwierig sein würde, eine Truppe mit einem besseren Geist zu finden. Einige Nachteile waren jedoch unvermeidlich. Insbesondere ermöglichte uns unser geringer Munitionsvorrat nicht, ein solches Maß an Treffsicherheit zu erreichen, dass wir den Feind, wenn wir ihn in eine ungünstige Lage brachten, vollständig vernichten konnten. Auch in technischen Angelegenheiten waren wir beschäftigt. Erfahrene Handwerker und Waffenschmiede waren ständig mit den Fabrikingenieuren beschäftigt, um geeignete Geräte zum Sprengen der Eisenbahnen herzustellen. Einige dieser Geräte zündeten je nach Einstellung entweder sofort oder nachdem eine bestimmte Anzahl Räder über sie hinweggefahren war. Mit letzterer Vorrichtung hofften wir, die Lokomotiven zerstören zu können, selbst wenn die Engländer versuchten, sie zu schützen, indem sie ein oder zwei mit Sand gefüllte Lastwagen vor sich herschoben. Auf den Plantagen gab es reichlich Dynamit, aber die in Tanga erbeuteten Sprengladungen waren viel wirksamer.

Wir bekamen gelegentlich deutsche Zeitungen, aber private Post hatten wir schon lange nicht mehr erhalten. Am 12. Februar 1915 saß ich beim Abendessen im Bahnhof von New Moshi, als ich einen Brief aus Deutschland bekam. Er war von meiner Schwester, die mir schrieb, sie habe mich bereits mehrfach über den Tod meines Bruders informiert, der am 22. August 1914 an der Westfront in Libramont gefallen war.

Im April 1915 wurden wir von der Ankunft eines Versorgungsschiffs überrascht. Als es in die Mansa Bay nördlich von Tanga einlief, wurde es von einem englischen Kreuzer verfolgt und beschossen, und sein Kapitän musste es auf Grund laufen lassen. Obwohl wir in den folgenden Wochen fast die gesamte wertvolle Ladung bergen konnten, stellten wir leider fest, dass die Patronen durch das Seewasser schwer beschädigt worden waren. Das Pulver und die Zündhütchen zersetzten sich immer mehr, und so nahm die Zahl der Fehlzündungen zu. Es blieb uns nichts anderes übrig, als die gesamte Munition zu zerlegen, das Pulver zu reinigen und einige Zündhütchen durch neue zu ersetzen. Glücklicherweise gab es in der Kolonie Zündhütchen, wenn auch von einem anderen Typ; aber monatelang waren alle Askari und Träger, die wir finden konnten, von morgens bis abends in Moshi damit beschäftigt, Munition herzustellen. Die brauchbaren Patronen, die uns noch geblieben waren, wurden ausschließlich für die Maschinengewehre aufbewahrt; von der neu hergestellten Munition lieferte die Munition etwa 20 %. von Fehlzündungen wurde für die Aktion aufbewahrt, während die mit einem höheren Prozentsatz für die Übung verwendet wurde.

Die Ankunft des Versorgungsschiffs löste enorme Begeisterung aus, da sie bewies, dass die Verbindung zwischen uns und der Heimat noch immer bestand. Wir alle hörten gespannt den Geschichten des Kapitäns, Leutnant Christiansen, zu, als er nach der Heilung seiner Wunde in meinem Hauptquartier in New Moshi ankam. Die schrecklichen Kämpfe in der Heimat, der Opfergeist und der grenzenlose Unternehmungsgeist, der die Taten der deutschen Truppen inspirierte, weckten in unseren Herzen eine Resonanz. Viele, die mutlos gewesen waren, fassten nun wieder Mut, da sie erfuhren, dass scheinbar Unmögliches erreicht werden kann, wenn die Anstrengung durch Entschlossenheit aufrechterhalten wird.

Ein weiteres Mittel, den Geist der Truppe zu heben, waren Beförderungen. Beförderungen konnte ich im Allgemeinen nur zu Unteroffizieren und innerhalb der Offiziersränge vornehmen; die Erteilung eines Offizierspostens, der in vielen Fällen wohlverdient gewesen wäre, lag jedoch außerhalb meiner Macht. Jeder Fall wurde sehr sorgfältig geprüft, um festzustellen, ob wirklich gute Arbeit geleistet worden war. Auf diese Weise wurden unverdiente Beförderungen, die den Geist der Truppe ruinierten, vermieden. Im Großen und Ganzen mussten wir jedoch die moralischen Faktoren weniger durch Belohnungen als durch andere Mittel kultivieren. Auszeichnungen für den Kriegsdienst waren bei uns praktisch unbekannt. Es war nicht der persönliche Ehrgeiz, an den wir appellierten; wir versuchten, ein echtes, vom Patriotismus diktiertes Pflichtgefühl und ein immer stärker werdendes Gefühl der Kameradschaft zu wecken und aufrechtzuerhalten. Vielleicht war es gerade die Tatsache, dass dieses dauerhafte und reine Motiv durch keinen anderen Zweck befleckt blieb, die die Europäer und Askari mit jener Ausdauer und Energie beseelte, die die Schutztruppe bis zum Ende zeigte.

Im Land des Kilima Njaro waren die Engländer nicht untätig. Vom Berg Oldorobo, siebeneinhalb Meilen östlich von Taveta, der von einem deutschen Sonderposten unter einem Offizier gehalten wurde, wurde eines Morgens telefonisch ein Angriff zweier indischer Kompanien gemeldet. Daraufhin marschierten Hauptmann Koehl und der österreichische Leutnant Freiherr von Unterrichter sofort von Taveta ab; die beiden Kompanien waren an den steilen Hängen des Berges festgesessen, und unsere Leute griffen sie von beiden Flanken mit solcher Heftigkeit an, dass sie flohen und etwa zwanzig Tote zurückließen, während ein Maschinengewehr und 70.000 Schuss in unsere Hände fielen. Andere feindliche Expeditionen wurden entlang des Tsavo-Flusses zur Nordostseite des Kilima Njaro unternommen; sie hatten ihre Basis im Mzima-Camp am Tsavo, das stark befestigt war und von mehreren Kompanien gehalten wurde. Die Patrouillengefechte, die nordöstlich des Kilima Njaro stattfanden, endeten alle zu unseren Gunsten; selbst die jungen Askari des Rombo-Detachments, das 60 Mann stark war und nach der Mission am östlichen Kilima Njaro benannt wurde, hatten grenzenloses Vertrauen in ihren über 60-jährigen Kommandeur, Oberstleutnant von Bock. Ich erinnere mich an einen Verwundeten, der von ihm mit einem Bericht für mich nach New Moshi kam und sich weigerte, sich behandeln zu lassen, um keine Zeit zu verlieren und zu seinem Kommandeur zurückzukehren. In mehreren Gefechten, bei denen der Feind bisweilen zwei Kompanien umfasste, siegten diese jungen Truppen, und es ist bezeichnend, dass unter den Engländern allerlei Geschichten über diese Aktionen im Umlauf waren. Der britische Oberbefehlshaber schickte mir eine schriftliche Beschwerde, in der er sagte, eine deutsche Frau sei an diesen Gefechten beteiligt und habe unmenschliche Grausamkeiten begangen, eine Vorstellung, die natürlich jeder Grundlage entbehrte und nur zeigte, wie nervös die feindlichen Behörden inzwischen waren.

Trotz der großen Beute, die in Tanga gemacht wurde, war es offensichtlich, dass die Vorräte in der Kolonie erschöpft sein würden, da der Krieg sich wahrscheinlich in die Länge ziehen würde. Die Eingeborenen in New Moshi begannen plötzlich, Seide zu tragen: Dies war keineswegs ein Zeichen besonderer Extravaganz: Die Vorräte an Baumwollkleidung in den indischen Läden neigten sich einfach dem Ende zu. Wir mussten ernsthaft darüber nachdenken, selbst Manufakturen zu gründen, um den reichlich vorhandenen Rohstoff in Fertigprodukte umzuwandeln. Nun entwickelte sich eine merkwürdige Existenz, die an die Industrie der Schweizer Familie Robinson erinnerte. Baumwollfelder gab es in Hülle und Fülle. Man suchte nach populären Büchern, die Informationen über die vergessenen Künste des Handspinnens und Webens enthielten; weiße und schwarze Frauen begannen mit dem Spinnen von Hand; in den Missionen und in privaten Werkstätten wurden Spinnräder und Webstühle gebaut. Auf diese Weise wurde in kurzer Zeit das erste brauchbare Stück Baumwollstoff hergestellt. Nach verschiedenen Versuchen wurde der am besten geeignete Farbstoff aus der Wurzel eines Baumes namens Ndaa gewonnen, der eine bräunlich-gelbe Farbe verlieh, die sowohl im Gras als auch im Busch sehr unauffällig war und sich daher besonders für Uniformen eignete. Der von den Plantagenbesitzern gesammelte Kautschuk wurde mit Schwefel vulkanisiert, und es gelang uns, leistungsfähige Reifen für Motoren und Fahrräder herzustellen. In Morogoro stellten einige Plantagenbesitzer erfolgreich einen Motorkraftstoff aus Kokosnüssen her, bekannt als Trebol, der Benzol ähnelte und in den Automobilen verwendet wurde. Wie in früheren Zeiten wurden Kerzen aus Talg und Wachs hergestellt, sowohl von Privatpersonen als auch von den Truppen, sowie Seife. Andererseits wurden die zahlreichen Fabriken auf den Plantagen in den nördlichen Gebieten und an der Tanganjika-Bahn angepasst, um verschiedene Lebensmittel herzustellen.

Besonders wichtig war die Versorgung mit Schuhen. Das Rohmaterial wurde aus den reichlich vorhandenen Häuten von Rindern und Wild gewonnen, Gerbstoffe aus den Mangroven an der Küste. Schon in Friedenszeiten hatten die Missionen gute Stiefel hergestellt; ihre Tätigkeit wurde jetzt weiter entwickelt, während die Truppen auch Gerbereien und Schuhmacherwerkstätten in größerem Maßstab errichteten. Es verging allerdings einige Zeit, bis die Behörden den dringenden und unvermeidlichen Forderungen der Truppen in angemessener Weise nachkamen und insbesondere die zur Herstellung von Sohlenleder erforderlichen Büffelhäute zur Verfügung stellten. So flammte der alte historische Kampf um das Kuhfell in Ostafrika *mutatis mutandis wieder* auf. Die ersten in nennenswerter Menge hergestellten Stiefel wurden in Tanga hergestellt. Obwohl ihre Form zunächst noch zu verbessern war, schützten sie jedenfalls die Füße unserer weißen und schwarzen Truppen beim Marschieren und Patrouillieren im Dornbusch des Pori. Denn die Dornen, die zu Boden fielen, bohrten sich immer wieder in die Füße. Alle kleinen Anfänge der Nahrungsmittelproduktion, die es bereits in Friedenszeiten auf den Plantagen gegeben hatte, wurden durch den Krieg und die Notwendigkeit, große Massen zu ernähren, zu umfangreicherer Aktivität angeregt. Auf mehreren Farmen im Kilima Njaro-Gebiet wurden Butter und ausgezeichneter Käse in großen Mengen produziert, und die Schlachthöfe rund um Wilhelmstal konnten mit der Nachfrage nach Wurst und anderem geräuchertem Fleisch kaum Schritt halten.

Es war abzusehen, dass das für die Gesundheit der Europäer so wichtige Chinin bald erschöpft sein würde und unser Bedarf allein durch den Fang nicht gedeckt werden konnte. Daher war es von großer Bedeutung, dass es uns gelang, im Amani Biological Institute in Usambara aus im Norden gewonnener Rinde gute Chinintabletten herzustellen.

Um eine angemessene Verbindung für Ochsenkarren und Motoren zu gewährleisten, mussten feste Brücken gebaut werden. Ingenieur Rentell, der zu den Fahnen einberufen worden war, baute eine Bogenbrücke aus Stein und Beton mit einem schweren Pfeiler über den Kikafu-Wildbach westlich von New Moshi. Während der Regenzeit, insbesondere im April, hätte keine Holzkonstruktion den Wassermassen standgehalten, die das steile Flussbett hinunterstürzten, das fast 70 Fuß tief war.

Diese Beispiele genügen, um den belebenden Einfluss des Krieges und seiner Anforderungen auf das Wirtschaftsleben der Kolonie zu zeigen.

Auch die Organisation der Truppe wurde ständig verbessert. Durch die Versetzung von Europäern aus den Schützenkompanien, als diese noch zahlreich waren, zu den Askari-Kompanien wurden die Verluste an Europäern in den letzteren ausgeglichen; Askari wurden in die europäischen

Kompanien aufgenommen. Auf diese Weise wurden die Feld- und Schützenkompanien in ihrer Zusammensetzung ähnlicher, die im Laufe des Jahres 1915 identisch wurde. In Muansa, Kigoma, Bismarckburg, Lindi, Langenburg und anderswo wurden kleine Truppenteile unter verschiedenen Bezeichnungen gebildet, von deren Existenz das Hauptquartier in den meisten Fällen erst nach geraumer Zeit Kenntnis erhielt. Auch diese Einheiten wurden allmählich zu Kompanien ausgebaut; so stieg im Laufe des Jahres 1915 die Zahl der Feldkompanien allmählich auf 30, die der Schützenkompanien auf 10 und die der übrigen Einheiten in Kompaniestärke auf etwa 20. Die maximale Gesamtzahl betrug somit etwa 60 Kompanien. Aufgrund der begrenzten Zahl geeigneter Europäer und zuverlässiger Askari-Unteroffiziere war es nicht ratsam, die Zahl der Kompanien noch weiter zu erhöhen: Dies hätte nur die Schaffung von Einheiten ohne Zusammenhalt bedeutet. Um jedoch die Zahl der Kämpfer zu erhöhen, wurde die Stärke der Kompanien von 160 auf 200 erhöht, und es wurde den Kompanien gestattet, überzählige Askari anzuwerben. Bis zu einem gewissen Grad bildeten die Kompanien ihre eigenen Rekruten aus; der Großteil der Askari-Verstärkungen kam jedoch aus den Rekrutierungsdepots, die in den bevölkerungsreichen Bezirken Tabora, Muansa und der Nordbahn eingerichtet wurden und auch für die örtliche Sicherheit und Ordnung sorgten. Aufgrund der großen Zahl neu aufgestellter Kompanien konnten die Depots jedoch nicht genügend Männer bereitstellen, um sie alle auf ihre Stärke von 200 Mann aufzustocken. Die bis Ende 1915 erreichte Maximalstärke betrug 2.998 Europäer und 11.300 Askari, einschließlich Marinepersonal, Verwaltungspersonal, Krankenhäusern und Feldpostdienst.

Wie notwendig all diese militärischen Vorbereitungen waren, bewies die Nachricht, die Ende Juni 1915 eintraf, dass General Botha mit 15.000 Buren aus Südafrika in den ostafrikanischen Kriegsschauplatz eintraf. Dass diese Information höchstwahrscheinlich zutraf, musste von Anfang an angenommen werden. Die spärlichen Funksprüche und sonstigen Nachrichten über die Ereignisse in der Außenwelt reichten jedoch aus, um darauf hinzuweisen, dass unsere Lage in Südwestafrika schlecht stand und dass die dort eingesetzten britischen Truppen in naher Zukunft wahrscheinlich für andere Zwecke zur Verfügung stehen würden.

KAPITEL VIII
ERWARTUNG DER GROSSEN OFFENSIVE. ENERGISCHE NUTZUNG DER VERFÜGBAREN ZEIT

Zunächst allerdings schien die erwartete Intervention der Südafrikaner nicht stattzufinden; die Engländer versuchten offensichtlich, uns mit ihren eigenen Kräften, ohne ihre Hilfe, zu unterwerfen. Im Juli 1915 griffen sie die Kolonie an mehreren Stellen an. Östlich des Viktoriasees drangen große, von Engländern organisierte und geführte Massai-Truppen, von denen es heißt, sie seien mehrere Tausend Mann stark, in das viehreiche Land der deutschen Wassukuma ein. In Sachen Viehdiebstahl machten die Wassukuma jedoch keine Scherze; sie unterstützten unsere schwachen Abteilungen nach Kräften, besiegten die Massai, eroberten das gestohlene Vieh zurück und legten zum Beweis, dass sie „die Wahrheit gesagt" hatten, die Köpfe von 96 Massai vor unserer Polizeistation nieder.

Gegen den Hauptteil unserer Truppen im Kilima Njaro-Gebiet rückte der Feind in beträchtlicher Stärke vor. Um einerseits die Usambara-Eisenbahn und die reichen Plantagen, durch die sie führt, wirksam zu schützen und andererseits die Entfernung der Patrouillen zur Uganda-Eisenbahn zu verkürzen, war ein Detachement von drei Kompanien von Taveta nach Mbuyuni abgeschoben worden, einen langen Tagesmarsch östlich von Taveta. Einen weiteren Tagesmarsch östlich lag das gut befestigte und stark gehaltene englische Lager Makatan an der Hauptstraße, die von Moshi über Taveta, Mbuyuni, Makatan und Bura nach Voi an der Uganda-Eisenbahn führt. Vage Gerüchte hatten uns vermuten lassen, dass von etwa Voi aus ein Angriff größeren Ausmaßes in Richtung Kilima Njaro zu erwarten sei. Am 14. Juli erschien eine feindliche Brigade unter General Malleson in der Wüste von Makatan, die normalerweise mit ziemlich offenem Dornbusch bewachsen ist. Das Feuer einer Feldbatterie, das auf die Schützengräben unseres Askaris eröffnet wurde, war ziemlich wirkungslos, aber die Überlegenheit des Feindes von sieben zu eins war so beträchtlich, dass unsere Stellung kritisch wurde. Feindliche europäische Reiter umgingen unseren linken Flügel; unsere Linie wurde jedoch von der 10. Feldkompanie gehalten, die sich in den Kämpfen in der Nähe des Longido-Berges unter Leutnant Steinhäuser von der Landwehr ausgezeichnet hatte, und es ist ein Verdienst dieses Offiziers, der später leider getötet wurde, dass er durchhielt, obwohl unsere berittenen Truppen hinter seine Flanke zurückfielen. Gerade im kritischen Moment marschierte Leutnant von Lewinsky, der später ebenfalls getötet wurde, sofort zum Schauplatz des Geschehens, traf mit einer Patrouille ein und nahm diesen gefährlichen Flankenangriff von hinten auf. Die englischen Truppen, bestehend aus Eingeborenen, gemischt mit Europäern und Indianern, hatten unsere Front sehr tapfer angegriffen, und zwar über ein Gelände, das nur sehr wenig Deckung bot. Das Scheitern des englischen Flankenangriffs besiegelte jedoch ihre Niederlage. Auf der Station New Moshi wurde ich über den Fortgang der Aktion genau informiert und so nahm ich, wenn auch nur fern, an allen Aufregungen teil, von der ungünstigen Anfangsphase bis zum sicheren Erfolg.

Dieser Erfolg und die beträchtliche Beute steigerten den Abenteuergeist sowohl der Europäer als auch der Askari noch weiter. Die inzwischen erworbene Erfahrung und Geschicklichkeit ermöglichten es uns von nun an, unseren Plan, eine kontinuierliche Abfolge von Kampf- und Zerstörungspatrouillen auszusenden, weiter zu verfolgen. Ich glaube nicht, dass ich übertreibe, wenn ich annehme, dass mindestens zwanzig englische Eisenbahnzüge zerstört oder zumindest erheblich beschädigt wurden. Aufgesammelte Fotos und unsere eigene Beobachtung bestätigten die Annahme, dass tatsächlich eine Eisenbahn von Voi nach Makatan gebaut wurde, das für uns so leicht zugänglich und so wichtig war, dass es ein ruhmreiches Ziel für unsere Patrouillen darstellte. Der Bau dieser Militärlinie bewies, dass ein Angriff mit großen Streitkräften vorbereitet wurde und dass er auf diesen bestimmten Teil des Kilima Njaro-Landes gerichtet sein sollte. Die erwartete Intervention der Südafrikaner stand daher unmittelbar bevor. Es war wichtig, den Feind in dieser Absicht zu bestärken, damit die Südafrikaner wirklich kamen und zwar in der größtmöglichen Stärke, und so von anderen und wichtigeren Kriegsschauplätzen abgelenkt wurden. Mit aller Energie setzten wir daher unsere Unternehmungen gegen die Uganda-Eisenbahn fort, die aufgrund der Umstände noch immer größtenteils durch Patrouillen durchgeführt werden mussten und nur ausnahmsweise von einer so großen Truppe wie einer Kompanie durchgeführt werden konnten.

Eine genauere Kenntnis des Wüstenlandes zwischen der Ugandabahn und der deutsch-englischen Grenze hatte gezeigt, dass der Kasigao-Berg von den verschiedenen abrupt aus der Ebene aufragenden Berggruppen gut bewässert und mäßig bevölkert war. Da er nur zwölf bis zwanzig Meilen von der Ugandabahn entfernt war, bot der Kasigao-Berg zwangsläufig einen günstig gelegenen Ausgangspunkt für Patrouillenarbeit. Die Patrouille von Leutnant Freiherr Grote hatte bereits einen Überraschungsangriff auf das kleine anglo-indische Lager auf halber Höhe seiner Hänge durchgeführt. Die Schützen von Grotes Patrouille hatten das von einer Steinmauer umgebene Lager umgangen und vom dominierenden Teil des Berges aus wirkungsvoll darauf geschossen. Sehr bald erschien die weiße Fahne und ein englischer Offizier und etwa dreißig Indianer ergaben sich. Einem Teil des Feindes war es gelungen, auf den Berg zu entkommen und auf die abmarschierende Patrouille zu schießen. Dabei erlitten wir unsere einzigen Verluste, darunter einige Verwundete, unter denen sich ein deutscher Korporal des

Sanitätskorps befand. Einmal hatten wir auch einen feindlichen Posten auf dem Berg Kasigao mit dem Feuer einer 2,4-Zoll-Kanone überrascht.

Gegen Ende des Jahres 1915, als der Feind inzwischen sein Lager auf den Kasigao-Berg verlegt hatte, griffen wir ihn erneut an. Während der Nacht hatte eine deutsche Kampfpatrouille unter Leutnant von Ruckteschell den Berg in neun Stunden bestiegen und war ziemlich erschöpft in der Nähe der feindlichen Stellung angekommen. Eine zweite Patrouille unter Leutnant Freiherr Grote, die mit Ruckteschells zusammenarbeitete, war durch die Krankheit und Erschöpfung ihres Kommandanten etwas aufgehalten worden. Leutnant von Ruckteschell schickte einen zuverlässigen alten farbigen Unteroffizier zum Feind, um die Kapitulation zu fordern. Er bemerkte, dass unser Askari vom Feind herzlich willkommen geheißen wurde; er hatte unter den englischen Askari eine Reihe guter Freunde gefunden. Aber trotz aller Freundlichkeit weigerte sich der Feind, sich zu ergeben. Unsere Lage war aufgrund von Erschöpfung und Nahrungsmangel kritisch. Wenn überhaupt etwas getan werden sollte, musste es sofort getan werden. Glücklicherweise hielten die Feinde in ihren Verschanzungen unserem Maschinengewehrfeuer und dem unmittelbar darauf folgenden Angriff nicht stand; sie wurden vernichtet, und viele von ihnen kamen auf der Flucht ums Leben, als sie von den steilen Klippen stürzten. Die Beute umfasste reichlich Vorräte, aber auch Kleidung und wertvolle Lagerausrüstung.

Das durch die zahlreichen gemeinsam unternommenen Expeditionen enorm entwickelte Kameradschaftsgefühl unseres Askaris gegenüber uns Deutschen führte bei dieser Gelegenheit zu einem kuriosen Zwischenfall. Als wir bei Nacht zwischen Felsen und Dornbüschen den Berg Kasigao erklommen, bemerkte ein Askari, dass Leutnant von Ruckteschell aus einer Schramme im Gesicht blutete. Er nahm sofort seinen Strumpf, den er wohl seit sechs Tagen nicht mehr gewechselt hatte, und wischte dem „Bwana-Leutnant" damit das Gesicht ab, wobei er der etwas erstaunten Frage zuvorkam und bemerkte: „Das ist Kriegsbrauch, das tut man nur seinen Freunden an."

Um die Lage vor Ort zu studieren und die Angriffe auf Kasigao voranzutreiben, war ich mit der Bahn nach Same gefahren, von dort mit dem Auto zur Sonya Mission und dann entweder mit dem Fahrrad oder zu Fuß in Richtung des Berges zur deutschen Grenze, wo eine Kompanie an einem Wasserloch lagerte. Von dort hatten wir per Heliograph gute Verbindungen nach Kasigao und konnten so den Erfolg, den wir dort erzielt hatten, ausbauen. Sofort wurden Truppen nach oben geschickt, so dass der Berg bis zur Ankunft der Südafrikaner von mehreren Kompanien gehalten wurde. Es war tatsächlich ausgesprochen schwierig, sie zu versorgen; denn obwohl das deutsche Grenzgebiet westlich von Kasigao fruchtbar war, konnte es eine

Streitmacht, die mit Trägern etwa tausend Mann zählte, nicht dauerhaft ernähren.

Ich fuhr dann mit dem Auto um die South Pare Mountains herum, auf einer Straße, die in Friedenszeiten gebaut worden war. Der Bau dieser Straße war aus Kostengründen eingestellt worden, und jahrelang lagen die Metallhaufen ungenutzt am Straßenrand. Die Durchlässe – bestehend aus Rohren, die unter der Straße verlaufen – waren größtenteils in gutem Zustand. Es waren jedoch nur wenige Arbeiten erforderlich, um diese Straße für die Versorgung per Lastwagen geeignet zu machen. Die Lieferungen wurden aus der Nähe von Buiko mit der Northern Railway per Lastwagen nach Sonya und von dort mit Spediteuren nach Kasigao geschickt. Die Telefonleitung war bereits bis zur Grenze im Bau und wurde in wenigen Tagen fertiggestellt. Von da an hatten Patrouillen, die von Kasigao aus vorrückten, mehrere Begegnungen mit Abteilungen des Feindes und richteten einige Schäden an der Uganda-Eisenbahn an. Aber die Rauheit des Landes und das dichte Dornbuschgebüsch erschwerten die Bewegung so sehr, dass wir bis zur Ankunft der Südafrikaner noch nicht den vollen Nutzen aus Kasigao als Patrouillenbasis gezogen hatten. Die ständige Bedrohung der Eisenbahn hatte den Feind jedoch gezwungen, umfangreiche Maßnahmen zu ihrem Schutz zu ergreifen. Entlang der Eisenbahnlinie waren große Lichtungen angelegt worden, deren äußere Ränder mit dichten Zarebas (Dornenbäumen) abgeriegelt waren. Alle paar Meilen gab es starke Blockhäuser oder Verschanzungen mit Hindernissen, von denen aus die Strecke ständig patrouilliert wurde. Mobile Verstärkungen in der Stärke einer Kompanie oder mehr wurden in Bereitschaft gehalten, so dass sie, wenn die Eisenbahnlinie in Gefahr war, sofort mit einem Sonderzug losfahren konnten. Darüber hinaus wurden Schutzabteilungen in unsere Richtung geschickt, die versuchten, unsere Patrouillen auf dem Rückweg abzuschneiden, wenn sie Berichte von Spionen oder von Beobachtungsposten auf den Anhöhen erhielten. Wir entdeckten auch englische Lager auf den Anhöhen südöstlich von Kasigao bis hin zur Küste und auch in dem besiedelten Land entlang der Küste. Sie wurden auch von unseren Patrouillen und Angreifern bewacht. Unser ständiges Bestreben war, den Feind zu schädigen, ihn zu Schutzmaßnahmen zu zwingen und so seine Kräfte hier im Gebiet der Uganda-Eisenbahn einzudämmen.

Während wir so Unterstützungspunkte für unsere Kampfpatrouillen von der Küste bis nach Mbuyuni (auf der Straße Taveta-Voi) errichteten, arbeiteten wir im gleichen Sinne weiter nördlich. Das feindliche Lager in Mzima am oberen Tsavo-Fluss und seine Verbindungen, die diesem Fluss folgten, waren häufig das Ziel unserer Expeditionen, selbst von ziemlich großen Abteilungen. Einmal wurde Captain Augar mit der 13. Kompanie südwestlich des Mzima-Lagers im dichten Busch von drei europäischen

Kompanien des neu eingetroffenen 2. Rhodesischen Regiments überrascht. Der Feind griff aus mehreren Richtungen an, aber da er noch keine Erfahrung im Buschkampf hatte, gelang es ihm nicht, ein konzertiertes Vorgehen durchzuführen. So gelang es unserer Askari-Kompanie zunächst, einen Teil der feindlichen Streitkräfte niederzuschlagen und dann durch Schnelligkeit und Entschlossenheit den anderen, der dahinter aufgetaucht war, zu besiegen.

Auch weiter nördlich kam es zu einigen Buschkämpfen, die zu unseren Gunsten ausfielen; wir kämpften mit ganzen Kompanien und fügten dem oft überlegenen Feind schmerzliche Verluste zu. Nördlich des Engare Len arbeitete die 3. Feldkompanie aus Lindi mit besonderer Energie und schickte ihre Kampfpatrouillen bis zur Ugandabahn. Allein die Tatsache, dass wir jetzt mit Kräften von einer Kompanie und mehr mitten in einer Wüste ohne Vorräte und an vielen Stellen ohne Wasser Raubzüge durchführen konnten, zeigt die enormen Fortschritte, die die Truppe in dieser Art von Guerillakrieg gemacht hatte. Der Europäer hatte gelernt, dass man auf viele Dinge, die bei Reisen in den Tropen sehr wünschenswert sind, bei Patrouillen im Krieg einfach verzichten muss und dass man zur Not eine Zeit lang mit nur einer einzigen Trägerladung auskommt. Die Patrouillen mussten auch vermeiden, sich so zu verraten, dass sie lagerten, und wenn möglich, fertig zubereitete Lebensmittel mitführen. Wenn aber Lebensmittel gekocht werden mussten, war dies abends oder morgens besonders gefährlich ; Der Anführer musste einen versteckten Ort auswählen und sein Lager immer nach dem Kochen und vor dem Schlafengehen wechseln. Vollständiger Hygieneschutz war mit den Bedingungen des Patrouillendienstes unvereinbar. Nach der Rückkehr einer Patrouille traten unter den Mitgliedern dieser Patrouille regelmäßig mehrere Malariafälle auf. Da der Patrouillendienst jedoch trotz der fortwährenden Schäden, die dem Feind zugefügt wurden, nur verhältnismäßig wenige Männer erforderte, musste nur ein Teil der Kompanien an vorderster Front bleiben. Nach einigen Wochen wurde jede Kompanie in Ruhelager in gesunden Regionen zurückgezogen, Europäer und Askari konnten sich von ihren enormen Anstrengungen erholen und ihre Ausbildung und Disziplin konnten wiederhergestellt werden.

Gegen Ende des Jahres 1915 war der Wassermangel im Lager Mbuyuni so ernst und die Versorgung so schwierig geworden, dass dort nur noch ein Posten übrig blieb; die Abteilung selbst wurde nach Westen in die Nähe des Berges Oldorobo zurückgezogen. In der Zwischenzeit wurde das Lager des Feindes in Makatan immer größer. Es wurde eine regelmäßige Zugverbindung dorthin aufrechterhalten, und man konnte deutlich sehen, wie im Westen eine große Lichtung für die Verlängerung der Eisenbahnlinie geschaffen wurde. Unsere Kampfpatrouillen hatten tatsächlich viele

Gelegenheiten, dem Feind bei der Arbeit Verluste zuzufügen oder seine Arbeitstrupps zu schützen, aber die Linie schritt weiter nach Westen voran.

Man musste die Möglichkeit in Betracht ziehen, dass das Land, durch das die Nordbahn führte, bald in die Hände des Feindes fallen könnte. Daher mussten Maßnahmen ergriffen werden, um die militärischen Vorräte in diesem Gebiet rechtzeitig zu sichern. Wo Eisenbahnen vorhanden waren, war dies natürlich nicht schwierig; aber der weitere Transport über Land erforderte viel Vorbereitung. Der Großteil unserer Munitions-, Bekleidungs- und Medikamentenvorräte befand sich in New Moshi und Mombo. Es war offensichtlich, dass wir die Fabriken oder Teile davon nicht über Land wegschaffen konnten; sie mussten daher genutzt und so lange wie möglich dort in Betrieb gehalten werden, wo sie waren. Angenommen, der Feind würde von Norden her angreifen, würde unsere Evakuierung offensichtlich nach Süden erfolgen, und nicht nur die Vorbereitungen, sondern auch die Bewegung selbst musste ohne Zeitverlust begonnen werden – das heißt schon im August 1915.

Der Kommandant der Linie, Leutnant Kroeber, zog sich daher geschickt zurück, sammelte Material für die Feldbahn von den Plantagen und baute eine Linie von Mombo nach Handeni mit einer Geschwindigkeit von etwa zwei Kilometern (eineinhalb Meilen) pro Tag. Die Lastwagen wurden ebenfalls von den Plantagen gebracht, und nach reiflicher Überlegung entschied man sich für Zugmaschinen statt Lokomotiven. So wurden unsere Vorräte vollständig und rechtzeitig aus dem Norden per Bahn nach Handeni transportiert. Von dort nach Kimamba auf der Central Railway verwendeten wir bis auf einige wenige Wagen hauptsächlich Träger. Schließlich war es notwendig, die Bewegung nicht übermäßig zu beschleunigen, denn trotz aller sichtbaren Vorbereitungen für einen feindlichen Angriff auf das Land des Kilima Njaro hielt ich es immer noch für möglich, dass die Hauptmacht des Feindes oder zumindest ein beträchtlicher Teil davon nicht dort, sondern im Gebiet Bagamoyo-Dar-es-Salaam operieren würde.

Ende 1915 drängte der Feind seine Eisenbahnlinie immer weiter nach Westen, und Major Kraut, der ihm gegenüberstand, verstärkte seine Stellung auf dem Oldorobo-Berg mit drei Kompanien und zwei leichten Geschützen. Dieser Berg erhebt sich aus der flachen Dornwüste nahe der Hauptstraße, siebeneinhalb Meilen östlich von Taveta, und beherrscht das Land in weiter Entfernung. Es waren Schanzen und zahlreiche Scheinwerke angelegt worden, von denen einige in den Fels gehauen waren, und bildeten eine fast uneinnehmbare Festung. Der Nachteil der Stellung war der völlige Mangel an Wasser. Ein Plantagenbesitzer, der zur Fahne einberufen worden war, Leutnant Matuschka von der Reserve, war ein erfahrener Wassersucher; in Taveta hatte er ausgezeichnete Brunnen entdeckt; aber auf Oldorobo wurde kein Wasser gefunden, obwohl wir an den von ihm angegebenen Stellen mehr als dreißig Meter tief gegraben hatten. Wasser musste daher von Taveta auf kleinen Eselskarren nach Oldorobo gebracht werden, wo es in Fässern gesammelt wurde. Dieser Wassertransport war eine außerordentliche Belastung für unseren Transport. Merkwürdigerweise kam der Feind nicht auf die Idee, einzugreifen und damit den Oldorobo-Berg unhaltbar zu machen. Stattdessen rückte er, auf seiner Eisenbahnlinie stehend, bis auf etwa drei Meilen an den Berg heran und errichtete dort stark befestigte Lager. Wir hatten dies nicht verhindern können, da größere Truppen wegen Wasser- und Transportschwierigkeiten nur für kurze Zeit von Taveta wegziehen konnten. Der Feind bezog seine Wasserversorgung durch eine lange Rohrleitung, die von den Quellen im Bura-Gebirge kam. Die Zerstörung des feindlichen Reservoirs durch Patrouillen unter Leutnant von S'Antenecai von der Reserve bereitete ihm nur vorübergehende Unannehmlichkeiten.

Zu dieser Zeit erschienen auch die ersten feindlichen Flugzeuge und bombardierten unsere Stellungen auf dem Oldorobo-Berg und in Taveta und später sogar in New Moshi. Am 27. Januar wurde einer dieser Flieger auf seinem Rückweg von Oldorobo erfolgreich von unserer vorgeschobenen Infanterie beschossen und abgeschossen. Die Engländer hatten den Eingeborenen erzählt, dieses Flugzeug sei ein neuer „Munga" (Gott); aber nun, da dieser neue Munga abgeschossen und von uns erobert worden war, steigerte er unser Ansehen eher als sonst.

KAPITEL IX
DIE NEBENKRIEGSTHEATER.
GUERILLAKRIEG AN LAND UND AUF SEE BIS
ZUM NEUJAHR 1916

Während wir den Großteil der Schutztruppe in den Regionen an der Nordbahn einsetzten, konnten wir es uns nicht leisten, den Rest der Kolonie völlig zu entblößen. Im Landesinneren war es unerlässlich, die unangefochtene Herrschaft über die Eingeborenen zu behalten, um, falls nötig, den wachsenden Bedarf an Transportmitteln, Landwirtschaft, Vorräten und allen Arten von Arbeit zu decken. Dementsprechend blieb die 12. Kompanie in Mahenge und die 2. in Iringa. Zusätzlich zu ihren anderen Aufgaben fungierten beide als große Depots, dienten dazu, freie Stellen an der Front zu füllen und die Maschinen für die Aufstellung neuer Einheiten bereitzustellen.

Die Kommandeure der Abteilungen an den Grenzen, die weit vom Hauptquartier entfernt und außerhalb der Reichweite des Telegraphen waren, versuchten mit Recht, dem Feind zuvorzukommen und ihn auf seinem eigenen Gebiet anzugreifen. Aufgrund der mangelnden Kommunikation auf unserer Seite gliederten sich diese Kämpfe in eine Reihe lokaler Operationen auf, die völlig unabhängig voneinander waren. Anders war es beim Feind, der offensichtlich versuchte, eine angemessene Beziehung zwischen seinen Hauptoperationen und den Nebenoperationen an anderen Punkten der Grenze herzustellen.

Im Oktober 1914, vor den Kämpfen bei Tanga, meldete Captain Zimmer aus Kigoma, dass sich an der belgischen Grenze etwa 2.000 Mann befanden; und Captain Braunschweig schickte aus Muansa die Nachricht, dass sich auch in Kisumu am Viktoriasee starke feindliche Kräfte befanden, etwa zwei Kompanien in Kisii und weitere Truppen in Karungu. Unabhängigen Berichten der Einheimischen zufolge landeten indische Truppen im Oktober in Mombasa und wurden dann nach Voi transportiert. Im Bukoba-Distrikt überquerten englische Truppen den Kagera, und die Unterstation in Umbulu meldete, dass der Feind in das Land der Ssonyo eindrang. Offensichtlich waren diese Bewegungen Vorbereitungen für die Operationen, die mit dem großen Angriff auf Tanga im November 1914 koordiniert werden sollten.

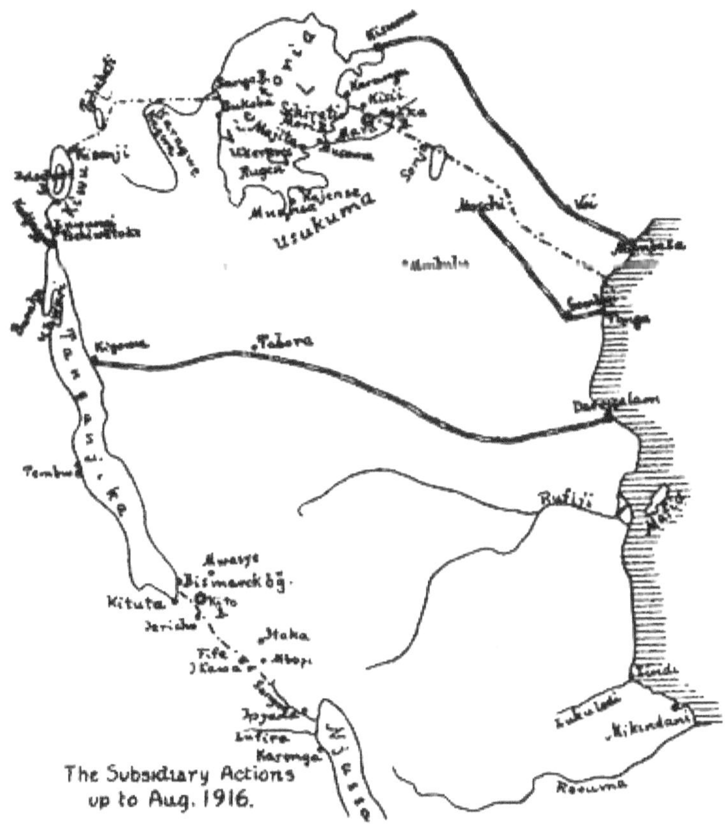

Abb. vi. Nebenmaßnahmen bis August 1916.

Die Kommunikationsmittel in der Kolonie waren nicht ausreichend entwickelt, um unsere Hauptstreitkräfte schnell konzentrieren zu können, zuerst gegen eine und dann gegen eine andere dieser feindlichen Abteilungen, die sich entlang der Grenze aufstellten. Wir mussten daher an der Grundidee unseres Plans festhalten, den uns gegenüberstehenden Feind im Bereich der Nordbahn und der Ugandabahn energisch anzugreifen und so die anderen Punkte, an denen Operationen im Gange waren, indirekt zu entlasten. Diese Nebenpunkte mussten jedoch notwendigerweise gelegentlich verstärkt werden. So waren im September 1914 die Hauptleute Falkenstein und Aumann mit Teilen der 2. Kompanie von Iringa und Ubena in den Bezirk Langenburg vorgerückt. Im März 1915 wurde die 26. Feldkompanie von Daressalam über Tabora nach Muansa vorgeschoben. Im April 1915 kostete uns die Konzentration feindlicher Truppen im Mara-Dreieck (östlich des Viktoriasees) und in Bismarckburg viel Zeit bei der Truppenverlegung von

Daressalam über Muansa ins Mara- Dreieck und über Kigoma nach Bismarckburg. Letztere Verlegung verzögerte sich besonders auf dem Tanganjikasee, da der Bau des Dampfers *Götzen* in Kigoma nur langsam vorankam .

Die Angriffe des Feindes richteten sich zunächst vor allem gegen die Küste.

Zu Beginn des Krieges hatte unser leichter Kreuzer *Königsberg* den Hafen von Daressalam verlassen und am 29. September den englischen Kreuzer *Pegasus* in Sansibar überrascht und zerstört. Dann trafen mehrere große feindliche Kreuzer ein und suchten eifrig nach der *Königsberg* . Am 19. Oktober fuhr in Lindi eine Pinasse auf den Dampfer *Präsident* der East African Line zu, der im Lukuledi-Fluss versteckt lag. Die in Lindi aufgestellten örtlichen Verteidigungstruppen und die Verstärkungskompanie befanden sich zu diesem Zeitpunkt unter Kapitän Augar abwesend, um eine in Mikindani erwartete Landung abzuwehren, so dass nichts gegen die Pinasse unternommen werden konnte.

Erst am 29. Juli 1915 fuhren mehrere Walfänger den Lukuledi hinauf und sprengten den *Präsidenten* .

Nach erfolgreichen Fahrten im Indischen Ozean hatte sich die *Königsberg* im Rufiji-Fluss versteckt, aber ihr Aufenthaltsort war dem Feind bekannt geworden. Die Mündung des Flusses bildet ein verschlungenes Delta, wobei die Sicht durch das dichte Buschwerk, mit dem die Inseln bewachsen sind, versperrt ist. Die verschiedenen Flussmündungen wurden von der Abteilung „Delta" unter Lieutenant Commander Schoenfeld verteidigt; diese Abteilung bestand aus Marinesoldaten, europäischen Reservisten und Askari und hatte etwa 150 Gewehre, einige leichte Geschütze und einige Maschinengewehre. Der Feind unternahm viele Versuche, mit leichten Fahrzeugen in die Flussmündungen einzudringen, wurde jedoch ausnahmslos unter schweren Verlusten zurückgeschlagen. Die *Adjutant* , ein kleiner Dampfer, den die Engländer als lohnende Beute genommen und bewaffnet hatten, wurde einmal zurückerobert und von da an von uns als Hilfsschiff auf dem Tanganjikasee eingesetzt. Einige englische Flugzeuge waren ebenfalls im Rufiji-Delta zu Schaden gekommen. Ein Blockschiff, das die Engländer an der nördlichsten Flussmündung versenkt hatten, sperrte die Fahrrinne nicht. Den häufigen Bombardierungen durch Schiffskanonen, denen er nichts entgegensetzen konnte, konnte Lieut.-Commander Schoenfeld durch geschickte Planung und rechtzeitige Verlegung seiner Stellungen abwehren. Anfang Juli 1915 hatten die Engländer zwei flachgehende, mit schweren Kanonen bewaffnete Kanonenboote nach Rufiji gebracht. Am 6. Juli starteten sie den ersten Angriff mit vier Kreuzern und anderen bewaffneten Schiffen sowie zwei Flusskanonenbooten. Der Feind beschoss die *Königsberg* , die im Fluss vor Anker lag, und beobachtete sie aus Flugzeugen. Der Angriff wurde abgewehrt, aber als er am 11. Juli wiederholt wurde, wurde die *Königsberg* schwer beschädigt. Die Geschützabteilungen wurden außer Gefecht gesetzt. Der schwer verwundete Kapitän ließ die Verschlussblöcke über Bord werfen und das Schiff in die Luft sprengen. Der Verlust der *Königsberg* war zwar an sich traurig, hatte aber für den Feldzug an Land zumindest den Vorteil, dass die gesamte Besatzung und die wertvollen Vorräte nun der Schutztruppe zur Verfügung standen.

Lieutenant Commander Schoenfeld, der an Land das Kommando im Rufiji-Delta innehatte, machte sich sofort mit großer Umsicht daran, die über Bord geworfenen Teile der Geschütze zu bergen. Unter seiner Aufsicht wurden die zehn Geschütze der *Königsberg* vollständig geborgen und wieder einsatzbereit gemacht; fünf wurden in Daressalam aufgestellt, je zwei in Tanga und Kigoma und eines in Muansa. Für ihren Transport verwendete er mehrere Schwerlastfahrzeuge, die er auf einer benachbarten Plantage fand. In ihren verborgenen Stellungen an Land leisteten diese Geschütze ausgezeichnete Dienste, und meines Wissens wurde bei diesem Einsatz kein einziges von ihnen beschädigt, obwohl sie oft von feindlichen Schiffen bombardiert wurden.

Wami nachts den Rufiji-Pass in Richtung Daressalam.

Ende August kamen mehrere Boote aus Mosambik mit Männern des Dampfers *Ziethen nach Lindi* , um sich der Truppe anzuschließen.

Am 10. Januar 1915 landeten etwa 300 indische und schwarze Soldaten mit Maschinengewehren auf der Insel Mafia. Unser Polizeidetachment, drei Europäer, fünfzehn Askari und elf Rekruten, leistete ihnen sechs Stunden lang tapferen Widerstand, ergab sich aber, als ihr Kommandant, Leutnant Schiller von der Reserve, schwer verwundet wurde, der von einem Mangobaum aus gezielt auf den Feind geschossen hatte. Die Engländer hielten Mafia mit einigen hundert Mann und errichteten auch auf den kleineren Inseln in der Nähe Beobachtungsposten.

Offensichtlich wurde von hier aus die Arbeit unternommen, die Eingeborenen gegen uns aufzuwiegeln. In der Nacht vom 29. auf den 30. Juli 1915 kaperten wir in Kisija ein Dau mit Propagandapapieren.

Die Ereignisse in Daressalam, wo sich der Kapitän eines englischen Kreuzers am 22. Oktober weigerte, an irgendeine Vereinbarung gebunden zu sein, wurden bereits besprochen.

Bei Ausbruch der Feindseligkeiten wurde ein Flugzeug in Betrieb genommen, das für die Ausstellung nach Daressalam geschickt worden war. Es wurde jedoch am 15. November bei einem Unfall in Daressalam zerstört, wobei Leutnant Henneberger ums Leben kam.

In Tanga war es seit der großen Schlacht im November 1914 ruhig. Am 13. März 1915 strandete ein Schiff auf einem Riff, kam aber bei Springflut wieder frei. Wir begannen sofort mit der Bergung von 200 Tonnen Kohle, die über Bord geworfen worden waren.

vor Ort hergestellter und vom Ufer aus abfeuerbarer Minen erwiesen sich als wirkungslos und waren, wie sich später herausstellte, nicht mehr brauchbar.

Am 15. August 1915 tauchten die *Hyacinth* und vier Wachboote vor Tanga auf. Unsere beiden 2,4-Zoll-Kanonen wurden rasch von ihrem Ruhelager in Gombezi nach Tanga verlegt und leisteten zusammen mit einem leichten Geschütz aus Tanga am 19. August einen erfolgreichen Einsatz, als die *Hyacinth* mit zwei Kanonenbooten und sechs Walfängern wieder auftauchte, den Dampfer *Markgraf zerstörte* und Tanga bombardierte. Ein Kanonenboot wurde zweimal getroffen, die Walfänger, von denen einer mit Schlagseite davondampfte, [3] viermal.

Die Küstenstädte wurden ständig bombardiert. Am 20. März bombardierte ein Kriegsschiff Lindi, als dessen Forderung nach der Kapitulation der dort stationierten Truppen abgelehnt wurde. Ebenso wurde das Land südlich von Pangani am 1. April bombardiert, die Insel Kwale am 12. und das Rufiji-Delta in der Nacht vom 23. auf den 24. April.

Seit einigen Monaten besuchten feindliche Patrouillen das Land der Ssonyo zwischen Kilima Njaro und dem Viktoriasee, und die Eingeborenen schienen aufmüpfig zu werden. Als Folge ihres Verrats geriet Sergeant Major Bast, der mit einer Patrouille dorthin geschickt worden war, am 17. November 1914 in einen Hinterhalt und verlor zusammen mit fünf Askari sein Leben. Der einberufene Distriktkommissar von Arusha, Leutnant Kaempfe von der Reserve, unternahm eine Strafexpedition, die das Volk der Ssonyo zur Unterwerfung zwang.

Erst im Juli 1915 kam es in diesem Land zu weiteren Patrouillengefechten; bei einem davon wurden 22 feindliche bewaffnete Eingeborene getötet. Ende September und Anfang Oktober 1915 verbrachte die berittene Patrouille von Leutnant Büchsel mehrere Wochen in Ssonyo und auf englischem Gebiet, ohne auf den Feind zu treffen, da ein englischer Posten, der offensichtlich gewarnt worden war, sich davongemacht hatte.

Auf dem Viktoriasee konnten die 7. Kompanie in Bukoba und die 14. Kompanie in Muansa drahtlos miteinander kommunizieren. Die Befehlsgewalt über den See lag unbestritten in den Händen der Engländer, die dort mindestens sieben große Dampfer stationiert hatten. Trotzdem konnten unser kleiner Dampfer *Muansa* und andere kleinere Schiffe eine große Bewegungsfreiheit bewahren. Während der Resident in Bukoba, Major von Stuemer, mit seiner Polizei und von befreundeten Sultanen gestellten

Hilfstruppen die Grenze schützte, war Hauptmann Bock von Wülfingen mit dem Hauptteil der 7. Kompanie von Bukoba nach Muansa marschiert. Von hier marschierte er Anfang September 1914 mit einem Detachement, bestehend aus Teilen der 7. und 14. Kompanie, Wassakuma-Rekruten und Hilfstruppen, am Ostufer des Viktoriasees entlang nach Norden in Richtung der Ugandabahn. Am 12. September trieb er bei Kisii ein feindliches Detachment über die Grenze zurück, zog sich aber, als er vom Herannahen weiterer feindlicher Kräfte hörte, wieder nach Süden zurück. Danach wurde die Grenze östlich des Viktoriasees nur noch von schwachen Detachments verteidigt.

Die Kriegsführung am Viktoriasee war für uns sehr schwierig; es bestand immer die Gefahr, dass der Feind in Muansa oder an einem anderen Ort am Südufer landete, Usukuma einnahm und Tabora, die historische Hauptstadt des Landes, bedrohte. Wenn unsere Truppen jedoch in der Nähe von Muansa blieben, war das Land um Bukoba und damit auch Ruanda in Gefahr. Die besten Ergebnisse in diesem Gebiet waren von aktiven Operationen unter einem einheitlichen Kommando zu erwarten. Aber auch die Durchführung dieser Idee war nicht ganz einfach, denn Major von Stuemer, der am ehesten damit betraut werden konnte, war durch seine Arbeit als Resident an den Distrikt Bukoba gebunden, während der von Muansa der wichtigere von beiden war.

Ende Oktober 1914 war ein Versuch, einen Teil der Truppen in Booten von Muansa nach Bukoba zurückzubringen, durch das Auftauchen bewaffneter englischer Schiffe an erster Stelle vereitelt worden. Offenbar hatte der Feind unsere Funksprüche entziffert und entsprechende Schritte eingeleitet. Am 31. Oktober verließ eine Truppe von 570 Gewehren, 2 Kanonen und 4 Maschinengewehren Muansa an Bord des Dampfers Muansa , 2 Schleppern und 10 Dhaus zur Entsetzung von Bukoba, wurde jedoch noch am selben Morgen von plötzlich auftauchenden feindlichen Dampfern zerstreut; sie wurde jedoch bald darauf ohne Verluste in Muansa wieder eingesammelt. Am selben Tag versuchten die Engländer, in Kayense, nördlich von Muansa, zu landen, wurden jedoch daran gehindert; einige Tage später wurde der englische Dampfer *Sybil* an Land in Mayita gefunden und zerstört.

Am 20. November schlug Stuemers Abteilung in einem zwölfstündigen Gefecht die englischen Truppen zurück, die nördlich von Bukoba in deutsches Gebiet eingedrungen waren, und besiegte sie am 7. Dezember bei Kifumbiro erneut, nachdem sie den Kagera-Fluss überschritten hatten. Am 5. Dezember bombardierten die Engländer erfolglos Shirarti vom See aus und am 6. Bukoba.

Östlich und westlich des Viktoriasees kam es immer wieder zu kleineren Zusammenstößen zwischen Patrouillen. Am 8. Januar versuchte der Feind eine ehrgeizigere Operation; er bombardierte Shirarti vom See aus mit sechs Kanonen und Maschinengewehren und landete zwei Kompanien Inder sowie eine beträchtliche Anzahl berittener Europäer. Leutnant von Haxthausen, der nur 22 Gewehre hatte, wich dieser überlegenen Streitmacht nach 3 1/2 Stunden Kampf. Die Stärke des Feindes wuchs in den nächsten Tagen auf 300 Europäer und 700 Inder. Am 17. Januar besiegte von Haxthausen mit 2 Maschinengewehren an der Grenze 70 Europäer und 150 Askari, und am 30. Januar verließ der Feind Shirarti und schiffte sich nach Karungu ein. Ich glaube, dieser Rückzug war eine Folge der schweren Niederlage, die der Feind am 18. bei Jassini erlitten hatte. Er hielt es für wünschenswert, seine Truppen näher an der Uganda-Eisenbahn zu konzentrieren, wo sie leichter verfügbar wären.

Auf der Westseite des Sees überraschte Kapitän von Bock einen feindlichen Posten von 40 Mann nördlich von Kifumbiro und vertrieb ihn mit einem Verlust von 17 Toten.

Am 6. März 1915 hatten englische Schiffe den Dampfer *Muansa* in der Rugesi-Passage angegriffen. *Muansa* hatte ein Leck und lief in Küstennähe auf Grund. Der Feind versuchte, ihn abzuschleppen, wurde jedoch durch unser Feuer daran gehindert, so dass wir am nächsten Tag den Dampfer bergen und nach Muansa bringen konnten, wo er repariert wurde. Die Schwierigkeiten beim Truppentransport auf dem Wasserweg zwischen Muansa und Bukoba machten die Beibehaltung des Einzelkommandos unmöglich; die Kommandeure der beiden Distrikte wurden daher direkt dem Hauptquartier unterstellt.

Die Engländer versuchten am 4. März in der Mori-Bucht, am 7. in Ukerewe und am 9. in Musoma zu landen; alle diese Versuche wurden von unseren Posten vereitelt. Gleichzeitig kam es in der Nähe von Shirarti zu mehreren Patrouillengefechten, bei denen der Kommandant, Leutnant Recke, getötet und unsere Patrouillen zerstreut wurden. Am 9. März besiegte Leutnant von Haxthausen mit 100 Europäern und Askari einen ihm um ein Vielfaches überlegenen Feind am Maika-Berg; der Feind zog sich zurück, nachdem er 17 Weiße und eine beträchtliche Zahl Askari getötet hatte. Auf unserer Seite wurden ein Europäer und 10 Askari getötet, 2 Europäer und 25 Askari verwundet, während ein verwundeter Europäer gefangen genommen wurde. Neben der bereits erwähnten 26. Feldkompanie wurde Muansa durch 100 Askari aus dem Distrikt Bukoba verstärkt, die am 6. April eintrafen.

Anfang April wurden einige Orte am Ostufer erneut vom See aus bombardiert; gleichzeitig drangen einige Massai östlich des Sees ein, töteten einen Missionar und mehrere Eingeborene und plünderten Vieh. Mitte April verließ Kapitän Braunschweig Muansa mit 110 Europäern, 430 Askari, 2

Maschinengewehren und 2 Gewehren in Richtung Mara-Dreieck und verstärkte Leutnant von Haxthausen. Über 500 Gewehre blieben in Muansa.

Am 4. Mai wurde ein englischer Dampfer in der Mara-Bucht dreimal von einem Feldgeschütz des Typs 73 getroffen, was offenbar eine Landung verhinderte. Am 12. Mai landeten 300 Mann in Mayita, dampften jedoch am 18. Juni wieder ab und schleppten das Wrack der *Sybil* mit sich. Bis zum 20. Mai hatte der Feind, der dort 900 Mann stationiert hatte, auch das Mara-Dreieck geräumt und sich auf mehreren Bergen jenseits der Grenze verschanzt. Zu dieser Zeit kam es häufig zu Bombardierungen der Küste.

Seit Anfang Dezember 1914 hielt Major von Stuemer eine sehr ausgedehnte Stellung am Kagera. Allmählich wurde der Feind, dessen Stärke auf etwa 300 Mann geschätzt wurde, aktiver. Er schien Material für die Überquerung des Kagera zu sammeln, und seine Schiffe tauchten immer häufiger in der Sango-Bucht auf.

In der Nacht vom 4. auf den 5. Juni wurde Beckers Posten mit 10 Mann an der Grenze zu Shirarti von 10 Europäern und 50 Indern des 98. Regiments umzingelt. Auch ein bewaffneter Dampfer war beteiligt. Aber der Feind wurde geschlagen, wobei 2 Europäer und 5 Askari getötet wurden.

Ich möchte hier erwähnen, dass die bewaffneten Späher des Feindes auch an der Grenze zu Shirarti vergiftete Pfeile einsetzten.

Am 21. Juni griffen die Engländer mit einer Streitmacht von 800 Europäern, 400 Askari, 300 Indern, 3 Kanonen und 8 Maschinengewehren, unterstützt durch das Feuer der bewaffneten Dampfer, Bukoba an. Unsere Garnison von etwas mehr als 200 Schützen räumte den Ort nach zweitägigen Kämpfen. Der Feind plünderte ihn, zerstörte den Funkturm und zog am 24. wieder in Richtung Kissumu ab. Er hatte schwere Verluste erlitten und räumte 10 getötete und 22 verwundete Europäer ein. Die Deutschen hatten jedoch beobachtet, dass ein Dampfer mit etwa 150 Toten und Verwundeten an Bord abgefahren war. Auf unserer Seite waren 2 Europäer, 5 Askari und 7 Hilfstruppen getötet, 4 Europäer und 30 Farbige verwundet worden, und wir verloren auch das Geschütz.

Zu den Ereignissen der darauffolgenden Zeit sei bemerkt, dass Bukoba am 18. Juli erfolglos bombardiert wurde. In Mpororo lief ein großer Häuptling zu den Engländern über.

Am 12. September traf eines der Vier-Zoll-Geschütze der *Königsberg* in Muansa ein, wo wir im Laufe der Zeit unter dem Volk der Wassukuma fünf neue Kompanien aufgestellt hatten.

Es schien, als ob der Feind sich in Bukoba eher zurückhielt und Truppen von dort nach Kissenyi verlegte. Am 29. Oktober griffen die Engländer mit etwa hundert Gewehren, Maschinengewehren, einer Kanone und einem Grabenmörser an, wurden aber offenbar unter schweren Verlusten zurückgeschlagen. Feindliche Angriffe am unteren Kagera am 4. und 5. Dezember blieben ebenfalls erfolglos. Mehrere Abteilungen des Feindes drangen in das Karagwe-Gebiet ein. Das Kommando in Bukoba übernahm Captain Gudovius, bisher Distriktkommissar in Tangarei, der am 21. Dezember von Tabora abmarschierte und von der neu aufgestellten 7. Reservekompanie als Verstärkung für Bukoba gefolgt wurde.

In Ruanda zeigten die energischen Maßnahmen des Präsidenten, Kapitän Wintgens, gute Ergebnisse. Am 24. September überraschte er die Insel Ijvi im Kivusee und eroberte den dort stationierten belgischen Posten und sein Stahlboot. Ein weiteres Stahlboot war von Leutnant Wunderlich von der Marine erbeutet worden, der mit einigen Männern der *Moewe zum Kivusee gefahren war* , wo er ein Motorboot requiriert hatte. Am 4. Oktober trieb Wintgens mit seiner Polizei-Askari, einigen Hilfstruppen und einigen Männern der *Moewe* mehrere Kompanien Belgier nördlich von Kissenyi zurück und fügte ihnen schwere Verluste zu. Nach einigen kleineren Gefechten fügte Kapitän Wintgens dann der überlegenen belgischen Streitmacht von 1700 Mann und sechs Kanonen nördlich von Kissenyi am 20. und 30. November und erneut am 2. Dezember 1914 eine teilweise Niederlage zu. In der Nähe des Tshahafi-Sees vertrieb er einen englischen Posten. Ein Engländer und zwanzig Askari wurden getötet; wir hatten zwei getötete Askari und einen schwer verwundeten Europäer zu beklagen.

Danach kam es im Februar 1915 zu mehreren kleineren Gefechten in der Nähe von Kissenyi und an der Grenze. Am 28. Mai schlug Leutnant Lang, der Kommandeur der kleinen Garnison von Kissenyi, die Belgier zurück, die über 700 Mann und zwei Maschinengewehre verfügten. Der Feind erlitt schwere Verluste; wir hatten einen Europäer getötet.

Im Juni 1915 hieß es, über zweitausend belgische Askari mit neun Kanonen und fünfhundert englische Askari seien in der Nähe des Kivusees konzentriert gewesen; die Tatsache, dass der belgische Oberbefehlshaber Tombeur zum Kivusee ging, lässt diese Angaben wahrscheinlich erscheinen. Am 21. Juni griffen die Belgier Kissenyi mit neunhundert Mann, zwei Maschinengewehren und zwei Kanonen an, wurden jedoch zurückgeschlagen. Am 5. Juli griffen sie den Ort nachts erneut mit vierhundert Mann an und erlitten schwere Verluste. Am 3. August wurde Kissenyi wirkungslos mit Artillerie und Maschinengewehren bombardiert. Infolge der erdrückenden Überlegenheit des Feindes wurde die 26. Feldkompanie von Muansa nach Kissenyi verlegt.

Unmittelbar nach der Ankunft dieser Kompanie in Kissenyi am 31. August besiegte Kapitän Wintgens die belgischen Außenposten, von denen zehn

Askari getötet wurden. Am 2. September eroberte er mit drei Gewehren und einem Maschinengewehr eine von einhundertfünfzig Askari gehaltene Stellung im Sturm. In den nächsten Wochen kam es jeden Tag zu kleineren Gefechten. Am 3. Oktober wurde ein Angriff auf Kissenyi von zweihundertfünfzig Askari mit einem Maschinengewehr zurückgeschlagen, und es wurden vierzehn Verluste beim Feind festgestellt. Danach entdeckte man, möglicherweise infolge der Aktion in Luwungi am 27. September, dass beträchtliche Kräfte des Feindes nach Süden marschiert waren.

Am 22. Oktober wurde ein weiterer belgischer Sonderposten mit dreihundert Askari, zwei Kanonen und zwei Maschinengewehren überrascht, als der Feind zehn Askari getötet hatte. Am 26. November vertrieb das Ruanda-Detachment mit einem Zug der 7. Kompanie, der aus Bukoba eingetroffen war, insgesamt dreihundertzwanzig Gewehre, vier Maschinengewehre und ein 1,45-Zoll-Geschütz, den zweihundert Mann starken Feind aus einer befestigten Stellung, wobei er zwei Europäer und siebzig Askari verlor, fünf Askari gefangen nahm und viele verwundete. Wir hatten einen Europäer und drei Askari getötet, vier Europäer, fünf Askari und einen Hilfstruppen verwundet. Am 21. Dezember griff der Feind Kissenyi erneut mit eintausend Askari, zwei Maschinengewehren und acht Kanonen an, darunter vier moderne 2,75-Zoll-Haubitzen. Er hinterließ einundzwanzig tote Askari, drei wurden gefangen genommen und verwundet, und viele Verwundete wurden weggebracht. Unsere Truppe aus 350 Gewehren, vier Maschinengewehren und zwei Pistolen hatte drei Askari getötet und einen Europäer und einen Askari schwer verwundet.

Am 12. Januar 1916 überraschte Hauptmann Wintgens eine belgische Kolonne nördlich von Kissenyi und tötete dabei elf belgische Askari. Am 27. Januar wehrte Hauptmann Klinghardt mit drei Kompanien einen Angriff von zweitausend belgischen Askari auf die Stellung in Kissenyi mit Handgranaten und zwölf Kanonen ab und fügte ihnen schwere Verluste zu.

Auch im Russissi-Gebiet kam es zu zahlreichen Gefechten. Erfolgreiche kleinere Gefechte zwischen deutschen Patrouillen und Kongo-Truppen fanden am 10. und 13. Oktober 1914 bei Changugu, am 21. und 22. bei Chiwitoke und am 24. bei Kajagga statt.

Am 12. Januar 1915 griff Captain Schimmer ein belgisches Lager in Luwungi an, doch der geplante Überraschungsangriff war erfolglos. Captain Zimmer und drei Askari wurden getötet und fünf verwundet.

Dann fanden am 16., 17. und 20. März kleine Patrouillengefechte statt, und am 20. Mai wurde ein belgischer Posten überrascht. Es kam also zu unaufhörlichen Kämpfen, die im Juni und Juli anhielten. Im August schien der Feind seine Kräfte in dieser Region zu verstärken. Das Kommando auf der Russissi wurde nun von Hauptmann Schulz übernommen; unsere Kräfte dort bestanden nun aus vier Feldkompanien, einem Teil der Besatzung der *Moewe* und dem Urundi-Detachment, das etwa einer Kompanie entsprach. Es gab auch zwei leichte Geschütze dort. Am 27. September griff Hauptmann Schulz Luwungi an, wo wir feststellen konnten, dass der Feind 54 getötete Askari verlor, und wir zählten auch 71 getroffene Askari. Die Verluste des Feindes beliefen sich also auf etwa 200, wie durch später eintreffende Berichte der Einheimischen bestätigt wurde. Wir hatten vier Europäer und zwanzig Askari getötet, neun Europäer und 34 Askari verwundet.

Aufgrund der Beschaffenheit des Landes und der relativen Kräfteverhältnisse konnten wir an der Russissi keinen entscheidenden Erfolg erzielen. Daher blieben nur das Urundi-Detachment und eine Feldkompanie dort; zwei Kompanien reisten am 18. und 19. Dezember 1915 ab, um sich Hauptmann Wintgens in Ruanda anzuschließen; drei weitere zogen zur Zentralbahn.

Am 19. Oktober traf der Feind auf die 14. Reservekompanie und verlor trotz einer Überlegenheit von zwei zu eins zwanzig Askari, während wir drei Askari getötet und zwölf verwundet hatten. Obwohl das belgische Hauptlager, von dem zuverlässige Einheimische berichteten, dass es zweitausend Askari enthielt, so nahe war, gelang es, die Truppen auf dem Russissi zugunsten anderer Gebiete zu reduzieren, da auf beiden Seiten die Bedingungen für eine Offensive ungünstig schienen. Das Urundi-Detachement und die 14. Reservekompanie blieben unter Major von Langenn auf dem Russissi.

Auf dem Tanganjikasee hatte Hauptmann Zimmer zu Beginn des Krieges etwa hundert Mann der *Möwe* und in Usambara etwa hundert Askari zusammengezogen, dazu einige Europäer, die in Kigoma einberufen worden waren, außerdem etwa hundert Askari der Stützpunkte in Urundi und aus Ruanda (Wintgens), insgesamt etwa vierhundert Gewehre.

Am 22. August 1914 kämpfte Leutnant Horn von der *Moewe*, der den kleinen bewaffneten Dampfer *Hedwig von Wissmann befehligte*, erfolgreich gegen den belgischen Dampfer *Delcommune* . Der Kapitän der *Moewe* , Lieutenant Commander Zimmer, war mit seiner Mannschaft nach Kigoma gefahren, nachdem er sein im August 1914 in die Luft gesprengtes Schiff zerstört hatte. Der Dampfer *Kingani* , der ebenfalls mit der Bahn von Daressalam an denselben Ort transportiert worden war, und mehrere kleinere Schiffe auf dem Tanganjikasee wurden dann von Lieutenant Commander Zimmer bewaffnet und in Dienst gestellt. Er montierte außerdem ein 3,5-Zoll-Schiffsgeschütz auf einem Floß und bombardierte mehrere belgische Stationen an der Küste. Er befestigte Kigoma selbst stark und baute es zu einer Basis für die Seekriegsführung auf dem Tanganjikasee aus.

Am 20. November 1914 vertrieb das Bismarckburg Detachment (halbe Kompanie) in Zusammenarbeit mit den kleinen bewaffneten Dampfern *Hedwig von Wissmann* und *Kingani* eine belgische Kompanie in der Bucht westlich von Bismarckburg, erbeutete vier 43-Zoll-Maschinengewehre und über 90 Meilen Telegrafenkabel, das zur Fortsetzung der Linie Kilossa-Iringa bis nach New Langenburg verwendet wurde, eine Arbeit, die aus militärischer Sicht äußerst dringlich war.

Anfang Oktober wurden Versuche unternommen, den belgischen Dampfer *Delcommune* , der in Baraka an der Küste des Kongo lag, vollständig zu zerstören, jedoch ohne Erfolg. Nach einem weiteren Bombardement am 23. Oktober betrachtete Kapitän Zimmer ihn als endgültig außer Gefecht. Am 27. Februar 1915 überraschte die Besatzung der *Hedwig von Wissmann* einen belgischen Posten in Tombwe und erbeutete dessen Maschinengewehr. Ein belgischer Offizier und zehn Askari wurden getötet, ein schwer verwundeter belgischer Offizier und ein Engländer wurden gefangen genommen. Ein Askari wurde getötet, ein Europäer tödlich verwundet und ein Askari schwer verwundet.

Im März 1915 führten die Belgier in Ubwari, dessen Einwohner sich uns gegenüber freundlich gezeigt hatten, massenhafte Verhaftungen durch und hängten eine Reihe von Menschen.

Laut Funkmeldungen , die wir erhielten, wurden im Juni auf dem Tanganjikasee mehrere belgische Walfangboote fertig gemacht und an einem neuen belgischen Dampfer, der *Baron Dhanis, gearbeitet* . Auf unserer Seite wurde der Dampfer *Goetzen* am 9. Juni 1915 fertiggestellt und von der Armee übernommen. Er leistete gute Dienste bei der Durchführung von Truppenbewegungen auf dem Tanganjikasee.

Die Polizei in Bismarckburg unter Leutnant Haun von der Reserve, dem fähigen Verwalter der Baziots, hatte sich der Schutztruppe angeschlossen. Es kam zu mehreren Gefechten in feindlichem Gebiet, und auch in diesem Gebiet gelang es im Großen und Ganzen, den Feind auf Distanz zu halten.

Erst Anfang Februar 1915 drangen mehrere hundert feindliche Askari in Abercorn ein, und einige von ihnen drangen bis in die Nähe der Mwasge-Mission vor, zogen sich dann aber zurück.

Dann, Mitte März, wurde Leutnant Hauns Truppe im Lager am Mount Kito von einer anglo-belgischen Abteilung überrascht. Der Kommandant wurde schwer verwundet und gefangen genommen, und mehrere Askari wurden getötet. Leutnant Aumann wurde mit einer Truppe, die später zu einer Kompanie formiert wurde, von Hauptmann Falkenstein abkommandiert und deckte die deutsche Grenze in der Nähe von Mbozi, wo im Februar 1915 mehrere hundert Mann starke Abteilungen häufig in deutsches Gebiet eingedrungen waren; Ende März wurde eine unbekannte Zahl Europäer in Karonga gemeldet, während sich in Fife und anderen Orten an der Grenze etwa 800 Mann befanden. Der Feind schien sich also auf einen Angriff vorzubereiten. Er patrouillierte bis in das Land nahe Itaka, und Anfang April wurde gemeldet, dass Kituta am südlichen Ende des Tanganjikasees von den Belgiern verschanzt worden war. Major von Langenn, der nach seiner schweren Verwundung – er hatte ein Auge verloren – am Russissi-Fluss arbeitete, wurde mit der Leitung von Operationen in der bekannten Gegend von Bismarckburg-Langenburg betraut. Außer der 5. Feldkompanie, die er früher kommandiert hatte und die in Ipyana und in der Gegend von Mbozi stationiert war, erhielt er auch das Bismarckburg-Detachement mit einer Stärke von etwa einer Kompanie und drei Kompanien, die aus Daressalam und Kigoma herbeigeführt wurden. Auf ihrer Überfahrt nach Bismarckburg am See führten unsere Patrouillen östlich davon erfolgreiche Gefechte gegen feindliche Stoßtrupps von 50 bis 250 Mann.

Eingeborene bringen Lebensmittel.
(Nach einer Zeichnung des Adjutanten von General von Lettow-Vorbeck.)

Bis zum 7. Mai 1915 hatte Major von Langenn vier Kompanien in Mwasge versammelt; ein vor ihm stationiertes belgisches Detachment zog sich zurück. Am 23. Mai vertrieb Leutnant von Delschitz' Patrouille eine belgische Kompanie, wobei zwei Europäer und sechs Askari getötet wurden. Am 24. wurde Langenn befohlen, mit drei Kompanien nach New Langenburg vorzurücken, um dem dortigen Angriff entgegenzutreten, der dort angeblich bevorstand. General Wahle übernahm das Kommando im Raum Bismarckburg. Letzterer traf am 6. Juni in Kigoma ein und sammelte in Bismarckburg das inzwischen als 29. Feldkompanie neu formierte

Bismarckburg-Detachment sowie die 24. Feldkompanie und eine halbe Kompanie Europäer ein, die aus Daressalam herbeigeholt worden waren.

Am 28. Juni griff General Wahle mit zweieinhalb Kompanien Jericho Farm an, brach das Gefecht jedoch ab, als er erkannte, dass diese befestigte Stellung ohne Artillerie nicht eingenommen werden konnte. Wir hatten drei Europäer und vier Askari getötet, zwei Europäer und zweiundzwanzig Askari verwundet. General Wahle wurde durch zwei Kompanien aus Langenburg verstärkt.

Seit dem 25. Juli 1915 belagerte General Wahle den Feind, der in Jericho stark verschanzt war, mit vier Kompanien und zwei Kanonen des Typs 1873. Hilfsexpeditionen aus Abercorn wurden vereitelt, aber die Belagerung wurde am 2. August aufgehoben, da mit den verfügbaren Kanonen kein Erfolg erzielt werden konnte. General Wahle kehrte mit drei Kompanien nach Daressalam zurück. Die 29. Kompanie blieb in Jericho, die beiden Kanonen in Kigoma.

Am 19. Juni schleppte die *Goetzen den* vor Kituta auf dem Strand liegenden Dampfer *Cecil Rhodes ab und versenkte ihn.*

Im September und Oktober kam es an der Grenze bei Bismarckburg immer wieder zu Scharmützeln zwischen Patrouillen; belgische Verstärkungen drangen erneut in das Land um Abercorn ein. Am 3. Dezember wurde festgestellt, dass die Verteidigungsanlagen von Jericho aufgegeben und abgebaut worden waren. Ein neues Fort nordöstlich von Abercorn wurde am 6. Dezember von Leutnant Franken mit einhundert Gewehren und einem Maschinengewehr bombardiert; der Feind erlitt offenbar einige Verluste.

Die englische Marineexpedition, deren Annäherung über Bukoma und Elizabethville seit langem beobachtet wurde, hatte am 22. Oktober 1919 die Lukuga-Eisenbahn erreicht. Wir nahmen Flugblätter mit, auf denen stand, dass auf dem Tanganjikasee eine Überraschung für die Deutschen vorbereitet wurde; das ließ mich glauben, dass wir es jetzt mit speziell gebauten kleinen Booten zu tun haben könnten, die möglicherweise mit Torpedos ausgerüstet sein könnten. Wir hatten es daher mit einer sehr ernsten Bedrohung unserer Kontrolle über den Tanganjikasee zu tun, die sich für unseren gesamten Feldzug als entscheidend erweisen könnte. Die gleichzeitige Verlegung feindlicher Truppen in Richtung Kiwusee und Abercorn zeigte, dass eine Offensive über Land mit der Expedition koordiniert werden musste. Um den Feind möglichst noch während seiner Konzentration zu besiegen, griff Kapitän Schulz am 27. September die Belgier bei Luwungi an und fügte ihnen schwere Verluste zu.

In der Nacht des 28. Oktober überraschte der Dampfer *Kingani* eine belgische Arbeitsgruppe, die eine Telegrafenleitung baute, und erbeutete einige Vorräte. An der Mündung des Lukuga wurde ein fahrender Eisenbahnzug beobachtet. Schließlich kehrte die *Kingani* von einer Erkundungsfahrt an die Mündung des Lukuga nicht zurück und war laut einer belgischen Funknachricht vom 31. Dezember verloren gegangen. Vier Europäer und acht Eingeborene sollen getötet worden sein, der Rest soll gefangen genommen worden sein. Offensichtlich war die günstige Gelegenheit, die Vorbereitungen des Feindes zur Eroberung des Sees zu stören, verstrichen.

Dann, am 9. Februar 1916, wurde ein weiterer unserer bewaffneten Dampfer vom Feind gekapert.

Auf dem Njassasee wurde der deutsche Dampfer *Hermann von Wissmann* , dessen Kapitän nichts vom Kriegsausbruch wusste, am 13. August 1914 vom englischen Regierungsdampfer *Gwendolen überrascht und gekapert.*

Am 9. September 1914 hatte Hauptmann von Langenn mit seiner 5. Feldkompanie, die in Massoko bei New Langenburg stationiert war, die englische Station Karongo angegriffen. Bei dem Gefecht mit den Engländern, die eine befestigte Stellung hielten, wurde Hauptmann von Langenn selbst schwer verwundet. Auch die beiden Kompanieoffiziere wurden schwer verwundet und gefangen genommen. Die deutschen Unteroffiziere und die Askari kämpften sehr tapfer, mussten jedoch erkennen, dass sie gegen die Verschanzungen des Feindes nichts ausrichten konnten, und brachen daher das aussichtslose Gefecht ab. Über zwanzig Askari waren getötet worden, mehrere Maschinengewehre und leichte Geschütze waren verloren gegangen. Sofort trafen Verstärkungen der 2. Kompanie aus Iringa und Ubena ein, und mehrere hundert Wahehe-Hilfssoldaten wurden aufgestellt. Allmählich stellte sich heraus, dass auch der Feind schwere Verluste erlitten hatte. Er vermied größere Feldzüge gegen den Langenburger Kreis, und so blieb dieses für uns als Versorgungsquelle so wichtige fruchtbare Land achtzehn Monate lang in unserem Besitz.

Später verlegte unsere Kompanie in Langenburg ihren Hauptteil näher an die Grenze zur Ipyana-Mission. Am 2. November kam es auf dem Lufira-Fluss zu einem Angriff auf die Außenposten, und der Dampfer *Gwendolen* auf dem Nyassa-See wurde mehrmals von unserer Artillerie getroffen.

Anfang Dezember 1914 kam es nördlich von Karongo am Ssongwe-Fluss zu einigen Kämpfen zwischen Patrouillen. Leutnant Dr. Gothein vom Sanitätskorps, der im Mai 1915 aus der englischen Gefangenschaft zu uns zurückgebracht worden war, erzählte uns, dass der Feind bei der ersten Schlacht bei Karongo am 9. September 1914 sechs Europäer und fünfzig Askari getötet und sieben Europäer und mehr als fünfzig Askari schwer verwundet hatte. Die englischen Spione waren sehr aktiv, insbesondere durch die Vermittlung des „Vali", des einheimischen Verwaltungsbeamten am Ssongwe.

Im Mai 1915 gelang es uns, an der Grenze mehrere Überraschungsangriffe erfolgreich durchzuführen. Die Regenfälle setzten erst spät ein, so dass wir den südlichen Teil des Langenburgischen Kreises bis Ende Juni als sicher vor Angriffen betrachten konnten.

Im Juni 1915, als Major von Langenn mit seinen Verstärkungen eintraf, kam es entgegen unseren Erwartungen zu keinen nennenswerten Gefechten. Wir nutzten die Zeit, um auf englischem Gebiet eine Telegraphenleitung abzubauen und auf unserem, Richtung Ubena, wieder aufzubauen. Im August wurden die Gerüchte über einen beabsichtigten Angriff des Feindes wieder widerlegt. Erst am 8. Oktober trafen erhebliche feindliche Kräfte europäischer und Askari bei Fife ein. Auch an dieser Grenze kam es zu zahlreichen kleineren Gefechten. Gegen Ende des Jahres konnte auch die Ankunft frischer Verstärkungen bei Ikawa festgestellt werden. In dieser Gegend schlug Hauptmann Aumann am 23. Dezember 1915 eine Truppe von etwa 60 Europäern mit 2 Maschinengewehren zurück, die einen Überraschungsangriff versuchten.

An den Ufern des Nyassasees kam es nur zu unbedeutenden Begegnungen.

Am 30. Mai landeten die Engländer 30 Europäer, 200 Askari, 2 Gewehre und 2 Maschinengewehre in Sphinx Harbour. Wir hatten dort 13 Gewehre und ein Maschinengewehr, die ihnen anscheinend über 20 Verluste zufügten, woraufhin sie sich nach der Zerstörung des Wracks der Hermann *von Wissmann* zurückzogen.

TEIL II
DER KONZENTRISCHE ANGRIFF
ÜBERLEGENER KRÄFTE

(Von der Ankunft der südafrikanischen Truppen bis zum
Verlust der Kolonie)

KAPITEL I
DER ANGRIFF DES FEINDES AUF DEN OLDOROBO-BERG

ÖSTLICH von Oldorobo zeigte der Feind nun häufig beträchtliche Truppeneinheiten, die sich auf 1.000 oder mehr Mann beliefen, die sich in großer Entfernung in Richtung des Berges aufstellten, sich ihm jedoch nicht näherten. Diese Bewegungen waren daher Übungen, mit denen die jungen europäischen Truppen aus Südafrika für das Bewegen und Kämpfen im Busch ausgebildet werden sollten.

Anfang Februar rückte der Feind mit mehreren Regimentern von Osten her gegen Oldorobo vor. Für uns war es wünschenswert, dass er sich dort so festsetzte, dass er nicht mehr entkommen konnte, damit wir ihn durch einen Gegenangriff mit dem in Taveta lagernden Detachement von Captain Schulz besiegen konnten. Weitere deutsche Detachements mit jeweils mehreren Kompanien waren westlich von Taveta an der Straße nach New Moshi und auf dieser nach Kaho in der New Steglitz Plantation stationiert.

Am 12. Februar rückten europäische Truppen, schätzungsweise mehrere Regimenter, erneut bis auf 300 Yards an Oldorobo heran. Das Hauptquartier in New Moshi, das in ständiger telefonischer Verbindung mit Major Kraut stand, war der Ansicht, dass sich nun eine günstige Gelegenheit ergeben hatte, und befahl, das Feuer zu eröffnen. Die Wirkung unserer Maschinengewehre und unserer beiden leichten Geschütze war als gut gemeldet worden, als das Hauptquartier New Moshi mit dem Wagen in Richtung Schlachtfeld verließ. Schulz' Abteilung wurde befohlen, von Taveta aus hinter Krauts Abteilung entlang zu marschieren, geschützt vor dem Feuer der schweren Artillerie des Feindes, und einen entscheidenden Angriff auf den rechten oder nördlichen Flügel des Feindes zu starten. Die Truppen in New Steglitz ruckten nach Taveta vor, wo einige fantastische Berichte uber feindliche Panzerwagen eintrafen, die angeblich durch die Dornbuschwüste fuhren. Die Fantasie der Eingeborenen, für die diese Panzerwagen etwas völlig Neues und Überraschendes waren, hatte sie Gespenster sehen lassen. Bei der Ankunft auf Oldorobo wurde das Hauptquartier telefonisch darüber informiert, dass der Feind, der unsere stark verschanzte Front angegriffen hatte, unter schweren Verlusten zurückgeschlagen worden war und dass Schulz' Abteilung voll aufgestellt war und gegen seine rechte Flanke vorrückte. Die zahlreichen englischen Haubitzengranaten, die in unsere Stellung auf Oldorobo fielen, richteten kaum Schaden an, obwohl sie sehr gut platziert waren. Im Gegensatz zum großen Munitionsverbrauch der feindlichen Artillerie mussten sich unsere leichten Geschütze darauf beschränken, besonders günstige Ziele auszunutzen, nicht nur weil Munition knapp war, sondern auch weil wir keine Granatsplitter hatten. Der Feind zog sich ungeordnet durch das Buschland zurück. Wir begruben mehr als 60

Europäer. Laut Aussagen von Gefangenen und erbeuteten Papieren waren drei Regimenter der 2. südafrikanischen Infanteriebrigade im Einsatz. Den Dokumenten zufolge schien bei der Rekrutierung der Männer die Aussicht auf den Erwerb von Farmen und Plantagen als Köder verwendet worden zu sein . Die plötzliche Erkrankung des britischen Generals Smith-Dorrien, der bereits auf dem Weg war, um das Kommando in Ostafrika zu übernehmen, war für die Engländer wahrscheinlich nicht ganz ungelegen. Die Übergabe des Kommandos an einen Südafrikaner, General Smuts, wirkte sich günstig auf die Rekrutierung in Südafrika aus. Die Ausbildung dieser neu aufgestellten Formationen war dürftig, und das Verhalten der Europäer, von denen viele sehr jung waren, bewies, dass viele noch nie an einer ernsthaften Aktion teilgenommen hatten. Nach der Aktion von Oldorobo beobachteten wir jedoch, dass der Feind sehr gründlich versuchte, die Mängel in seiner Ausbildung auszugleichen.

Trotz der Verfolgung durch Schulz' Abteilung und des wiederholten Feuers auf feindliche Truppenansammlungen gelang es dem Feind aufgrund der schwierigen und engen Verhältnisse in dem Gebiet, in seine befestigten Lager zu entkommen.

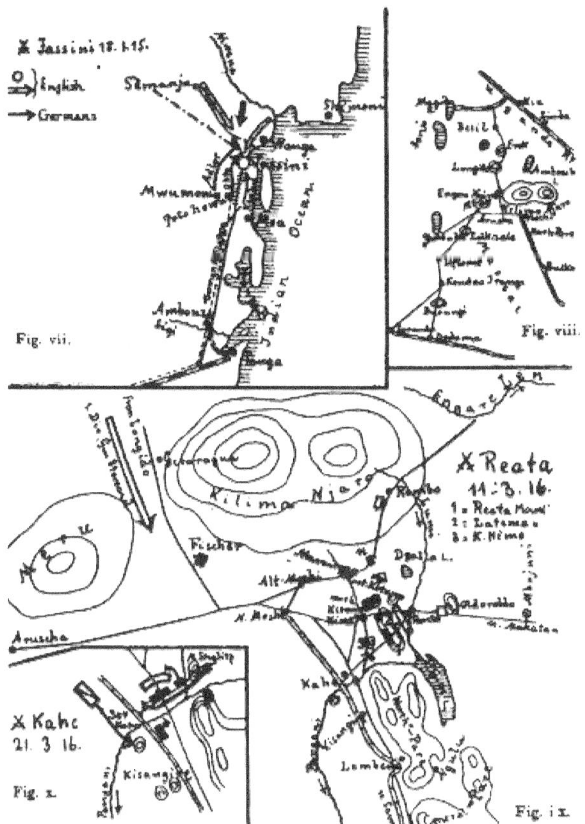

Abb. vii. Schlacht von Yasin (Jassini). Abb. viii. Kilima Njaro und Masai-Wüste.
Abb. ix. Schlacht von Reata. Abb. x. Schlacht von Kahe.

Interessanterweise fanden wir in mehreren Tagebüchern, die wir aufgelesen hatten, Notizen, denen zufolge strikte Befehle erteilt worden waren, keine Gefangenen zu machen. Tatsächlich hatte der Feind keine gemacht, aber es schien trotzdem ratsam, eine Anfrage an den britischen Kommandanten zu richten, damit wir unser Verhalten gegenüber den englischen Gefangenen entsprechend regeln konnten. Es gibt keinen Grund, an Brigadier-General Mallesons Aussage zu zweifeln, dass kein solcher Befehl erteilt worden sei; aber dieser Fall und mehrere spätere Fälle zeigen, wie viel Unsinn in privaten Tagebüchern zu finden ist. Es war völlig falsch von Seiten des Feindes, wenn er die deutschen Notizen, die ihm in die Hände fielen, ohne detaillierte Untersuchung als wahr hinnahm.

Zu dieser Zeit waren auch die feindlichen Truppen auf dem Longido-Berg beträchtlich verstärkt worden. Dieser Berg war vom Feind geräumt worden, wahrscheinlich wegen Versorgungsschwierigkeiten, aber später wieder besetzt worden. Der Felsen ist mit dichter Vegetation bedeckt, und unsere Patrouillen waren mehrmals hinaufgestiegen und hatten die Lager des Feindes aus nächster Nähe untersucht. Es ist immer schwierig, die Stärke der Truppen richtig einzuschätzen, aber im Buschland, wo nie mehr als ein paar Männer gleichzeitig zu sehen sind und wo sich die Aussicht ständig ändert, ist dies unmöglich. Die Berichte der Eingeborenen waren zu ungenau. Im Großen und Ganzen konnten wir jedoch aus der allgemeinen Lage und aus der zunehmenden Menge an Vorräten, die ohne Unterbrechung mit Ochsenkarren aus dem Norden nach Longido gebracht wurden, nur schließen, dass der Feind beträchtlich verstärkt wurde.

Seine Angriffe in das Land des Kilima Njaro wurden mit einem Blutbad zurückgeschlagen. Als eine Schwadron indischer Lanzenreiter nach Süden zwischen Kilima Njaro und dem Meru-Berg vorrückte, wurde sie sofort von einer unserer berittenen Patrouillen unter Leutnant Freiherr von Lyncker heftig angegriffen. Unser Askari hatte den großen Wert der Reitpferde bei unseren Operationen erkannt und griff den berittenen Feind mit dem Ruf „Wahindi, kameta frasi!" („Das sind Indianer, fangt die Pferde!") an. Die Indianer waren von der Schnelligkeit unserer Leute so überrascht, dass sie in Verwirrung flohen und einige ihrer Pferde zurückließen. Unter anderem war der tapfere europäische Kommandant tot auf dem Schlachtfeld zurückgeblieben; er hatte nicht verhindern können, dass seine Männer ihre Köpfe verloren.

Ich möchte allgemein anmerken, dass sich die britischen regulären Offiziere während dieser ersten Kriegsperiode durchweg ritterlich verhielten und dass der Respekt, den sie uns entgegenbrachten, voll erwidert wurde. Aber auch unsere Askari verdienten sich durch ihre Tapferkeit im Einsatz und ihr menschliches Verhalten den Respekt des Feindes. Am 10. März wurde der englische Leutnant Barrett schwer verwundet und fiel uns in die Hände; aufgrund falscher Berichte glaubte er, sein letzter Augenblick sei gekommen, und war überrascht, als unsere Askari, die keinen Europäer bei sich hatten, ihn so gut es ging fesselten und zu einem Arzt trugen. In seinem Erstaunen bemerkte er: „Aber Ihre Askari sind Gentlemen." Wie sehr die englischen Soldaten getäuscht worden waren, erfuhr ich am 12. Februar von einem jungen Südafrikaner, der auf Oldorobo gefangen genommen wurde und fragte, ob er erschossen werden würde. Natürlich lachten wir ihn aus. Zweifellos kommt es in einem langen Krieg zu Fällen von Brutalität und Unmenschlichkeit. Aber das ist auf beiden Seiten der Fall, und man sollte

nicht aus Einzelfällen Verallgemeinerungen ziehen und sie für unwürdige
Agitationszwecke ausnutzen, wie dies beispielsweise in der englischen Presse
geschieht.

KAPITEL II
WEITERER VORWÄRTSGANG DES FEINDES UND DIE AKTION BEI REATA

Zu dieser Zeit bemerkten wir die ersten Trupps feindlicher Spione und nahmen einige von ihnen gefangen. Es waren „Shensi" (unschuldig aussehende Eingeborene), die als Beweis dafür, dass sie das Ziel ihrer Mission wirklich erreicht hatten, bestimmte Gegenstände mitbringen mussten, wie zum Beispiel Teile des Gleises der Usambara-Eisenbahn. Der allgemeine Überblick über die Lage zeigte, dass der Feind die Usambara-Eisenbahn und die Zugänge zu ihr eingehend erkundete. Ein Blick auf die Karte zeigt, dass ein gleichzeitiger Vormarsch des Feindes von Oldorobo und Longido nach New Moshi den Verlust des für uns unterhaltswichtigen Landes Kilima Njaro mit sich bringen würde. Wenn wir uns jedoch vor einem überlegenen Feind auf unserer Hauptverbindungslinie zurückziehen wollten, wären wir gezwungen, unsere Hauptstreitkräfte entlang der Usambara-Eisenbahn zu bewegen und damit fast einen spitzen Winkel mit der Richtung eines Angriffs aus Oldorobo zu bilden. Die Gefahr, vom Feind von dieser unserer Hauptverbindungslinie abgeschnitten zu werden, war für uns sehr groß. Sollte der Feind nördlich des Jipe-Sees vorrücken, würde er durch den Kilima Njaro und die steile Gruppe der Nordpare-Berge eingeengt werden. Es ist offensichtlich, dass in diesem Fall sein Vormarsch direkt auf Kahe für uns am ungünstigsten wäre und, falls er erfolgreich wäre, die Usambara-Eisenbahn, unsere Kommunikationslinie, unterbrechen würde. Aber es wäre für uns noch ernster, wenn der Feind südlich des Jipe-Sees vorrücken und durch das Tal zwischen Nord- und Mittelpare zur Nordbahn südlich von Lembeni vordringen würde. Schließlich könnte er die Eisenbahn über das Tal bei Same zwischen Mittel- und Südpare erreichen. Bei seinem Vormarsch auf Lembeni und Same könnte der Feind schnell und stellenweise ohne Vorbereitung eine für den Autoverkehr geeignete Straße über die offene Ebene bauen und seine Operationen darauf stützen.

Die geringen Kräfte, die wir im Kilima Njaro-Gebiet hatten – etwa 4.000 Gewehre – machten es unmöglich, sie aufzuteilen, um uns gegen all diese Möglichkeiten abzusichern. Selbst aus rein defensiven Gründen mussten wir unsere Kräfte konzentriert halten und engen Kontakt mit dem Feind halten, um ihn dort festzuhalten, wo wir waren, und so seine Bewegungen unter Beobachtung zu halten. Es war von Anfang an sehr zweifelhaft, ob wir die beiden wichtigsten feindlichen Gruppen, deren Vormarsch in Richtung Kilima Njaro-Gebiet von Longido und Makatau aus zu erwarten war und die beide erheblich stärker waren als wir, nacheinander besiegen könnten. Es bestand keine Aussicht darauf, wenn unsere Truppen nicht blitzschnell bewegt werden konnten, zuerst gegen eine der feindlichen Streitkräfte und dann ebenso schnell gegen die andere. Die notwendigen Vorbereitungen wurden getroffen, und nach persönlicher Erkundung wurden eine Reihe von Querfeldeinwegen in dem zerklüfteten Waldland nördlich der großen Straße, die von New Moshi nach Westen führt, ausgewählt. Tatsächlich wurden diese Wege jedoch nicht nennenswert genutzt. Man sollte keine Angst davor haben, etwas neunundneunzig Mal zu versuchen, wenn man beim hundertsten Mal die Chance hat, erfolgreich zu sein. Mit diesem Grundsatz haben wir nichts falsch gemacht.

Die Aktivität des Feindes nahm zu, und er bewies in zahlreichen kleineren Gefechten seine gute Ausbildung. Er hatte auch eine Anzahl neuer Askari-Formationen aufgestellt, die größtenteils aus den intelligenten Stämmen des Wyassa-Landes rekrutiert worden waren. Das Wüstenland nordwestlich des Kilima Njaro ist nur spärlich mit Buschland bedeckt und daher sehr offen. Es begünstigte daher keine plötzlichen Angriffsoperationen unsererseits; zu diesem Zweck war das dichte Buschland zwischen dem Kilima Njaro und dem Berg Meru aussichtsreicher, das der Feind, von Longido kommend, wahrscheinlich durchqueren musste. Hier konzentrierten wir eine Abteilung von etwa 1.000 Gewehren, die aus fünf ausgewählten Askari-Kompanien bestand. Aber wegen der eingeschränkten Sichtweite gelang es dieser Abteilung nicht, einer der zahlreichen feindlichen Kolonnen, die Anfang März nach Süden vorrückten, ein entscheidendes Gefecht zu erzwingen. Auch der Feind hatte große Schwierigkeiten, seinen Weg zu finden; und wir erfuhren nur von einem indischen Meldereiter, der uns statt seinen eigenen Leuten einen Bericht überbrachte, dass sich die 1. Ostafrikanische Division unter General Stewart in diesem Gebiet befand. Da diese Gefechte in der Nähe von Gararagua und südwestlich davon stattfanden, war es für unsere Reserven in New Steglitz und Himo zu weit weg, um einzugreifen. (Von Gararagua nach New Moshi sind es etwa zwei Märsche.) Bevor sich die Gelegenheit dazu ergab, rückte der Feind auch von Osten her vor. Die Richtung, die die feindlichen Flieger einschlugen, zeigte sein offensichtliches Interesse an dem Land ein oder zwei Stunden nördlich von Taveta. Man musste zwangsläufig auf die Idee kommen, dass der östlich von Oldorobo lagernde Feind nicht beabsichtigte, sich auf diesem Berg ein zweites Mal den Kopf einschlagen zu lassen, sondern die Stellung von Norden her umgehen und so den Lumi-Fluss erreichen wollte, eine Stunde nördlich von Taveta. Am 8. März bemerkten Beobachter auf Oldorobo riesige Staubwolken, die vom feindlichen Lager in diese Richtung zogen. Auch zahlreiche Kraftfahrzeuge wurden gesichtet. Von Ost-Kitovo, einem Berg vier Meilen westlich von Taveta, beobachtete das Hauptquartier diese Bewegungen ebenfalls. Unsere Kampfpatrouillen, die wirksam auf die feindlichen Kolonnen schießen und einige Gefangene machen konnten, stellten mit Sicherheit fest, dass sich die Hauptmacht des Feindes an diesem Punkt näherte und dass General Smuts anwesend war.

Am Nachmittag des 8. März beobachtete das Hauptquartier starke feindliche Kolonnen in der Nähe des Dsalla-Sees, die von dort in einer weit ausgedehnten Plänklerlinie ein Stück weit in Richtung Ost-Kitovo vorrückten. Bei dieser und vielen anderen Gelegenheiten zwang uns unser Mangel an Artillerie, ruhig zuzusehen, wie der Feind in geringer Entfernung von unserer Front ungeschickte Bewegungen ausführte. Aber es war offensichtlich, dass diese Einkesselungsbewegung des Feindes die Oldorobo-Position, der wir im Verlauf des Krieges viele erfolgreiche Gefechte verdankten, unhaltbar machte. Ich beschloss daher, die Truppen für einen neuen Stand in den Bergen einzusetzen, die die Lücke zwischen den Nordpare-Bergen und dem Kilima Njaro westlich von Taveta schließen. Krauts Abteilung wurde telefonisch angewiesen, eine Position in den Resta-Latema-Bergen an der Straße von Taveta nach Neu-Steglitz einzunehmen. Nordwestlich des Latema-Berges, auf der Straße von Taveta nach Himo, besetzte Schulz' Abteilung die Berge von Nord-Kitovo und deckte die Bewegung von Krauts Abteilung. Diese Bewegungen wurden nachts ausgeführt, ohne vom Feind behindert zu werden. Auf unserem äußersten linken Flügel, an den südöstlichen Hängen des Kilima Njaro, blockierte Captain Stemmermanns Kompanie die Straße, die von Rombo Mission nach Himo und New Moshi führte. Rombo Mission wurde vom Feind besetzt. Einige der Eingeborenen machten keinen Versuch, die Tatsache zu verbergen, dass sie jetzt zu den Engländern hielten. Dies stützt die Annahme, dass in diesem Gebiet seit langem englische Spionage und Propaganda unter den Eingeborenen betrieben wurde und dass die Lichtsignale, die oft an den Osthängen des Kilima Njaro gesehen wurden, damit in Verbindung standen.

Die von uns eingenommene Bergstellung war geländemäßig sehr günstig, hatte aber den großen Nachteil, daß unsere paar tausend Askari viel zu wenig waren, um die etwa 20 km lange Front wirklich zu füllen. Nur wenige Punkte der Frontlinie konnten besetzt werden; der Großteil der Truppen wurde mir in Himo zur Verfügung gestellt, um je nach Entwicklung der Lage eingesetzt zu werden. Es war eine Zeit großer Spannung. Vor uns der weit überlegene Feind, hinter uns, von Londigo nach Süden vorrückend, ein anderer überlegener Gegner, während unsere Verbindungen, die zugleich unsere Rückzugslinie bildeten, vom Feind in der bereits beschriebenen sehr unangenehmen Weise bedroht wurden. Aber angesichts des uns bekannten Geländes und der anscheinend nicht allzu geschickten taktischen Führung des Feindes hielt ich es nicht für unmöglich, wenigstens einem seiner Detachements eine gründliche Niederlage beizubringen. Die Stellungen an der Linie Reata-Nord-Kitovo waren daher auf eine hartnäckige Verteidigung vorzubereiten. Von Tanga aus wurde eines der dort aufgestellten Geschütze *der Königsberg* per Bahn herangebracht. Der Leser wird sich zu Recht fragen, warum dies nicht schon viel früher geschehen ist. Aber das Geschütz hatte keine Räder und feuerte von einem festen Drehpunkt aus, sodass es sehr unbeweglich war. Es ist daher verständlich, dass wir mit dem Einsatz warteten, bis kein Zweifel mehr darüber bestand, wo genau es gebraucht werden würde.

Die Situation entwickelte sich nun so schnell, dass die Waffe nicht gegen Taveta eingesetzt werden konnte. Sie wurde daher in der Nähe der Eisenbahn in Kahe am Südufer des Pangani-Flusses aufgestellt, von wo aus sie später bei den Gefechten in Kahe hervorragende Dienste leistete.

Am 10. März erkundete der Feind unsere gesamte Front. Berittene Abteilungen von etwa 50 Mann ritten heran, stiegen ab und rückten dann in einer weit ausgedehnten Linie mit Pferden vor, bis sie unter Feuer genommen wurden. Dies war ihr Ziel. Das Feuer enthüllte unsere Stellungen, wenn auch nicht perfekt. Diese Aufklärungsmethode gab uns die Gelegenheit, lokale Erfolge zu erzielen, die den Feind eine gewisse Anzahl von Männern kosteten und uns einige zwanzig Pferde einbrachten. Vom Nord-Kitovo-Gebirge aus konnten wir deutlich sehen, wie Teile unserer Feuerlinie günstige Situationen ausnutzten, schnell vorrückten und aus mehreren Richtungen auf die Aufklärungstrupps des Feindes feuerten. Mir schien die vom Feind bei diesen Unternehmungen eingesetzte Streitmacht zu groß, um sie mit bloßer Aufklärungsabsicht zu erklären; sie sahen für mich eher wie ernsthafte, aber etwas fehlgeschlagene Angriffe aus. Es war noch nicht möglich, sich eine klare Vorstellung davon zu machen, aus welcher Richtung der Hauptangriff des Feindes kommen würde. Die taktischen Schwierigkeiten, unseren linken (nördlichen) Flügel einzuschließen, waren weitaus geringer, aber diese Operation würde ihn daran hindern, wirksamen Druck auf unsere Kommunikation auszuüben. Die Richtung von Taveta über Reata nach Kahe wäre für uns die schlechteste, bedeutete aber für den Feind einen schwierigen Frontalangriff auf die befestigten Höhen von Reata und Latema, der selbst bei weit überlegener Stärke nur wenig Erfolg versprach. Ich hielt es daher für ratsam, Captain Koehl mit zwei Kompanien so dicht hinter Major Krauts Abteilung zu verlegen, die sich auf der Anhöhe zwischen Reata und Latema befand, dass wir schnell eingreifen konnten, ohne auf Befehle warten zu müssen. Im Moment war die telefonische Kommunikation mit unseren Abteilungen gesichert. Aber es war zu erwarten, dass sie zumindest sehr schwierig werden würde, sobald sich eine Abteilung von den bestehenden Linien entfernte. Es war kein Material verfügbar, um schnell ein Kabel zu verlegen, das den sich bewegenden Truppen folgen konnte. Es fehlte uns auch an leichten Funkgeräten, mit denen die Engländer später die Bewegungen ihrer Kolonnen im Busch erfolgreich kontrollierten.

Am 11. März tauchte ein weiteres Flugzeug über New Moshi auf und warf ein paar Bomben ab. Ich sprach gerade mit einem alten Buren über den Kampf vom 12. Februar und sagte, dass die Engländer eine schwere

Verantwortung auf sich nähmen, indem sie so viele junge Männer, die sich in den Tropen überhaupt nicht auskannten, rücksichtslos den Gefahren unseres Klimas und der tropischen Kriegsführung aussetzten. Major Kraut meldete aus Reata, dass starke feindliche Kräfte aus Richtung Taveta auf seine Stellungen zumarschierten. Bald darauf wurde ein heftiger Angriff von mehreren tausend Mann auf die drei Kompanien gestartet, die unsere Stellung hielten. Unsere drei leichten Geschütze konnten sich natürlich nicht mit der schweren Artillerie messen und mussten sich, wie in Oldorobo, darauf beschränken, ihre wenigen Granaten in günstigen Momenten gegen die dichteren Massen des Feindes einzusetzen. Da ich die Schwierigkeiten des Geländes kannte, dachte ich, dass der Angriff wenig Aussicht auf Erfolg hatte, aber die beiden Kompanien von Captain Koehl, die hinter Major Krauts Abteilung in Bereitschaft gehalten wurden, wurden dennoch zum Angriff geschickt. Hauptmann Koehl, der ursprünglich vorgehabt hatte, den Feind von der Seite anzugreifen, was der Situation angemessen und entscheidend gewesen wäre, musste erkennen, dass dies in dem unbekannten und dichten Busch unmöglich war. Zeit und Ort und damit die Wirksamkeit dieses Angriffs wären reine Zufallssache geworden. Er marschierte daher ganz richtig zur unmittelbaren Unterstützung von Major Kraut. Nach dem, was ich selbst von Nord-Kitovo aus beobachten konnte, und nach den eingehenden Berichten schien es, als wolle der Feind uns von Reata bis Kitovo vorn beschäftigen, während seine entscheidende Bewegung um unseren linken Flügel herum erfolgte. Zunächst bewegten sich große Reiterverbände in diese Richtung, die zwischen den Höhen und Schluchten der Südosthänge des Kilima Njaro auftauchten und wieder verschwanden. Die 11. Kompanie unter Hauptmann Stemmermann, die sich an den Hängen über diesen Reitern befand, hinderte sie daran, den Gipfel zu erreichen. Im Laufe des Nachmittags hatten sich die führenden Reiter durch die dichten Bananenplantagen bis in die Nähe von Marangu vorgearbeitet. Sie schienen sehr erschöpft zu sein. Einige von ihnen wurden dabei beobachtet, wie sie unreife Bananen aßen.

Im Laufe des Nachmittags wurde deutlich, dass der Feind einen starken Frontalangriff auf Krauts Abteilung auf Reata und Latema Mountain startete. Doch die telefonischen Berichte waren günstig: Der Feind erlitt offensichtlich schwere Verluste; Hunderte von Tragen wurden eingesetzt, um die Verwundeten wegzubringen. Bis zum Abend waren alle Angriffe des Feindes an unserer Front mit schweren Verlusten zurückgeschlagen worden. In der Dunkelheit hatten Captain Koehls zwei Kompanien energisch nachgesetzt und das Maschinengewehrfeuer auf den Feind eröffnet, als er versuchte, Widerstand zu leisten. Am Abend war ich nach Himo gegangen und gegen 23 Uhr damit beschäftigt, Befehle für einen Angriff auf die feindlichen Reiter zu erteilen, deren Präsenz in Marangu festgestellt worden war und der am frühen 12. erfolgen sollte. Gerade dann rief Leutnant

Sternheim, der die Geschütze bei Krauts Abteilung befehligte, an, dass der Feind in der Nacht erneut angegriffen und mit großer Kraft in die Reata-Stellung eingedrungen sei. Diese Meldung ließ es wahrscheinlich erscheinen, dass diese starke feindliche Streitmacht nun von Reata in Richtung Kahe vordringen und uns von unseren Verbindungen abschneiden würde. Dieses Risiko einzugehen und dennoch den Angriff auf den Feind in Marangu durchzuführen, erschien mir zu gefährlich. Ich befahl daher den Truppen in Kitovo und Himo, sich während der Nacht auf die Straße Reata-Kahe zurückzuziehen. Als Deckungstruppe sollte Stemmermanns Kompanie vorerst in Himo bleiben. Dieser Marsch musste die unangenehme Folge haben, dass im besten Fall alle Verbindungen zwischen dem Hauptquartier und den verschiedenen Einheiten abbrachen. Jeder, der diese Nachtmärsche erlebt hat, weiß auch, wie leicht einige Teile der Truppe völlig abgetrennt werden können und für immer und ewig nicht erreichbar sind. Glücklicherweise hatte ich zumindest einige Kenntnisse über das Gelände, als wir querfeldein zur neuen Straße zogen, während wir auf den Bergen Reata und Latema ununterbrochen schweres Feuer hörten. Ein paar Nachzügler, die sich im Busch verirrt hatten, kamen auf uns zu; als wir sagten, wir seien Deutsche, glaubten sie uns nicht und verschwanden wieder. Auf der neuen Straße fanden wir den Verbandsplatz. Auch hier waren die Berichte über die zahlreichen Verwundeten so widersprüchlich und unklar, dass man nur den Eindruck von sehr schweren Kämpfen im Busch auf engstem Raum gewinnen konnte, aber nichts über deren verschiedene Phasen oder Ergebnisse erfuhr. Nach und nach erreichten wir telefonisch Major Kraut, der sich mit einem Teil seiner Abteilung auf der Straße Kahe-Taveta am Südwesthang des Reata-Berges befand. Auf den Höhen war das Feuer allmählich erloschen, und seine Patrouillen hatten auf dem Reata-Berge keine Spur des Feindes mehr gefunden. Am frühen Morgen des 12. fand Major Kraut einen Teil seiner Abteilung wieder in ihren alten Stellungen auf den Hügeln: Der Feind war nach Taveta zurückgefallen.

Als ich um sechs Uhr morgens am Reata-Berg ankam, wurde gerade die große Menge Beute eingesammelt. Im Nahkampf in der Nacht war großes Durcheinander entstanden. Engländer, die weit hinter der Front von Krauts Abteilung im Busch lagen, bewiesen, dass bestimmte Abteilungen des Feindes hinter unsere Linie gelangt waren. Einzelne Scharfschützen, die zwischen den Felsen versteckt waren, hielten ihr gezieltes Feuer aufrecht und konnten nicht vertrieben werden. Es war jedoch klar, dass der Feind mit schweren Verlusten zurückgeschlagen worden war. Sowohl unsere eigenen Verwundeten als auch die des Feindes wurden ohne Probleme entkommen, ebenso die Gefangenen. Mit den Abteilungen, die aus der Umgebung von Himo durch den dichten Busch zur Kahe-Reata-Straße zogen, hatten wir keine Verbindung und konnten davon ausgehen, dass dies noch mehrere Stunden so bleiben würde.

In dieser Situation war es bedauerlich, dass ich den Truppen unseres linken Flügels, die zwischen Kitovo und Himo postiert waren, befohlen hatte, sich auf die Kahe-Reata-Straße zurückzuziehen. Nach dem Aufgeben der Höhenlage unseres linken Flügels würde die Reata-Stellung mit der Zeit unhaltbar werden, zumal sie keine Wasserversorgung hatte, die von einem eine Marschstunde weiter hinten liegenden Ort heraufgebracht werden musste. Es war unmöglich, die Einheiten des linken Flügels zurückzuschlagen, um das Himo-Kitovo-Gebiet wieder zu besetzen, da wir im Moment völlig außer Kontakt mit ihnen waren und, wie bereits erwähnt, keine Aussicht bestand, es in den nächsten Stunden zurückzuerobern. Ich beschloss, die Reata-Stellung zu räumen, und nachdem das Schlachtfeld geräumt war, kehrte ich mit der Linie, die dem Feind am nächsten war, zum Wasser südwestlich des Reata-Berges zurück. Im Laufe des Tages erreichten die anderen Abteilungen an verschiedenen Stellen weiter hinten die Kahe-Reata-Straße und schlugen ihr Lager auf.

Das Hauptquartier wurde nach New Steglitz Plantation verlegt. Die Gebäude liegen auf halbem Weg zwischen Kahe und Reata, auf einer leichten Anhöhe, die einen weiten Blick über den Wald bietet, der entlang der Straße Kahe-Reata besonders dicht ist. Unterwegs traf ich Captain Schoenfeld, der berichtete, dass er sein 4-Zoll-Geschütz aus dem *Königsberg* in der Nähe des Dorfes Kahe am Südufer des Pangani montiert hatte. Nach unserem Rückzug besetzte der Feind den Berg Reata und feuerte eine Zeit lang mit leichten Geschützen und Gewehren ins Blaue.

Während der nächsten Tage beobachteten wir den Vormarsch starker feindlicher Kräfte aus Richtung Taveta nach Himo und die Errichtung großer Lager an diesem Ort. Gegen den Little Himo, einen Berg vor unserer Linie, den wir nicht hielten, entwickelte der Feind einen mächtigen Angriff von Osten über eine völlig offene Ebene, der nach einem langen und schweren Bombardement des leeren Hügels mit seiner Einnahme endete. Leider waren wir nicht in der Lage, unsere Truppen schnell genug zu bewegen, um diesen Angriff aus dem dichten Busch heraus zu unterstützen. Vom Little Himo aus bombardierte der Feind das Plantation-Gebäude von New Steglitz häufig mit leichter Artillerie. Einige Wochen zuvor hatte ich nach einer erfolgreichen Büffeljagd eine gastfreundliche Stunde in den wenigen Räumen dieses Gebäudes genossen. Der Eingeborene, der uns damals geführt hatte, war zu den Engländern übergelaufen. Jetzt bot es ausgesprochen beengte Unterbringungsmöglichkeiten für das Hauptquartier und die Telefonzentrale. Ich selbst hatte das Glück, auf dem Sofa, ohne Tischdecke, ein ziemlich bequemes Plätzchen zu finden. Telefonnachrichten und Berichte gingen Tag und Nacht ohne Unterlass ein; aber sie hinderten uns nicht daran, die materielle Seite unseres Lebens einigermaßen komfortabel zu gestalten. Wir hatten ein Dach über dem Kopf und konnten eine nach europäischem Stil eingerichtete Küche benutzen und führten unsere gemeinsame Kantine wie zuvor in New Moshi weiter. Die besonderen Umstände Ostafrikas machen es für die Europäer notwendig, eine Anzahl von Bediensteten zu unterhalten, die für häusliche Vorstellungen übertrieben erscheint. Sogar jetzt, im aktiven Dienst, hatte fast jeder zwei „Boys", die sich um die Kochutensilien und Vorräte kümmerten, die wir mit uns führten, ausgezeichnet kochten, Brot backten, wuschen und uns im Busch im Allgemeinen mit einem guten Teil der Annehmlichkeiten versorgten, die in Europa nur in Wohnhäusern zu finden sind. Selbst im Herzen des Busches schränkte ich diese Erleichterungen so wenig wie möglich ein, aus Rücksicht auf die Kraft, Gesundheit und den Geist der Europäer. Wenn das Hauptquartier trotzdem oft vorzog, Gebäude zu belegen, geschah dies weniger aus Bequemlichkeitsgründen als um die unvermeidliche Arbeit des Schreibens und Zeichnens zu erleichtern.

Während wir in Neu-Steglitz waren, erhielten wir die überraschende Nachricht, dass ein zweites Versorgungsschiff die Kolonie mit Waffen, Munition – darunter mehrere tausend Schuss für die 4-Zoll- *Königsberg*-Kanonen, die jetzt an Land eingesetzt wurden – und anderen Kriegsvorräten erreicht hatte. Das Schiff war in die Ssudi-Bucht im äußersten Süden unserer Küste eingelaufen und hatte sofort mit dem Löschen seiner Ladung begonnen. Trotz der großen Entfernung und der ausschließlichen Verwendung von Trägerschiffen wurde die gesamte Ladung den Truppen zur Verfügung gestellt. Diese Leistung war in der Tat überraschend angesichts der großen Zahl feindlicher Schiffe, die unsere Küste blockierten und absuchten und von der Ankunft des Versorgungsschiffs wussten. Aber es überraschte wahrscheinlich auch die Engländer, denn nachdem es seine Ladung gelöscht hatte, stach es wieder in See und verschwand, sehr zum Erstaunen des Feindes. Streit zwischen der Marine und dem Heer ist selbst in England nicht unbekannt, und wenn man letzterem vorwirft, uns nicht den Garaus machen zu können, kann ersterem mit der berechtigten Erwiderung, dass es uns nicht hätte erlauben dürfen, so große Mengen an Waffen und Munition zu beschaffen, zum Schweigen gebracht werden. Der Großteil der Vorräte wurde auf dem Landweg zur Central Railway transportiert und dort oder in deren Nähe zur Verfügung des Hauptquartiers gelagert. Aufgrund unseres Mangels an geeigneter Artillerie war es besonders vorteilhaft, dass wir die vier Feldhaubitzen und zwei Gebirgskanonen, die mit dem Schiff gekommen waren, schnell heraufbringen konnten.

Das Versorgungsschiff hatte auch Auszeichnungen für den Kriegsdienst mitgebracht: ein Eisernes Kreuz erster Klasse für den Kapitän der *Königsberg* und genug zweiter Klasse, damit jede Hälfte ihrer Kompanie eins hatte. Für die Schutztruppe gab es ein Eisernes Kreuz erster Klasse und eines zweiter Klasse, die für mich bestimmt waren, und eine Anzahl Auszeichnungen für die Askari. Was die Europäer betraf, erfuhren wir erst im September 1916 per Funk, dass die vom Hauptquartier empfohlenen Auszeichnungen genehmigt worden waren.

KAPITEL III
RÜCKZUG VOR ÜBERWÄLTIGENDEM FEINDLICHEN DRUCK

In unserem Rücken war Major Fischer, der mit fünf Kompanien zwischen Kilima Njaro und Meru eingesetzt war, den überlegenen Kräften des Feindes durch Vorrücken auf New Moshi ausgewichen und nach Kahe beordert worden. Captain Rothert, der unter seinem Befehl mit seiner Kompanie und dem Arusha-Detachment (Stärke etwa eine Kompanie) handelte, war vom Feind energisch verfolgt worden und hatte sich über Arusha in Richtung Kondoa-Irangi bewegt. Wir konnten nur erwarten, durch das von Dodome über Kondoa-Irangi nach Umbulu verlegte Drahtkabel mit ihm in Verbindung zu treten, und das auch erst nach geraumer Zeit. Indem wir New Moshi aufgaben, ließen wir notgedrungen die Straße Taveta-New Moshi-Arusha für den Feind offen. Letzterer war dadurch auch in der Lage, mit seinen Truppen von Taveta über Arusha und Kondoa-Irangi ins Innere der Kolonie vorzudringen und dort an einem äußerst gefährlichen Punkt gegen unsere Kommunikation vorzugehen. Von unseren in der Gegend von Kahe und Neu-Steglitz konzentrierten Truppen hatte er während dieser Operation nicht viel zu befürchten. Obwohl wir alle unsere Kompanien aus Tanga heraufgeholt hatten und nur die für die Sicherheit absolut unentbehrlichen Truppen dort zurückließen, konnten wir mit unseren viertausend Gewehren nur den Feind auf geeignetem Gelände auf uns zukommen lassen und möglicherweise durch geschicktes und schnelles Handeln seine Fehler ausnutzen; aber da unsere Chancen sieben zu eins standen, konnten wir es nicht weiter versuchen. Von einem Angriff auf einen Feind, der nicht nur zahlenmäßig, sondern auch ausrüstungsmäßig überlegen war und noch dazu befestigte Stellungen hielt, konnte ich unmöglich auf Erfolg hoffen. Ich konnte daher den Bitten meiner Kompaniechefs, anzugreifen, nicht nachgeben, aber dieser Ausdruck eines kühnen Soldatengeistes gab mir Kraft und Hoffnung in der ernsten Lage, in der wir uns befanden. Kleinere Unternehmungen, die von Patrouillen und kleinen Abteilungen gegen die Lager des Feindes unternommen wurden, brachten keine nennenswerten Ergebnisse; aber sie könnten dazu beigetragen haben, dass die Hauptmacht des Feindes uns bemerkte, anstatt einfach an uns vorbeizumarschieren. Er drang tatsächlich von Himo aus nach Westen vor, und man sah schwere Staubwolken nach New Moshi und weiter nach Westen ziehen. Aber ein großer Teil des Feindes, der von Himo kam, wandte sich in unsere Richtung. Für den Kommandanten sind solche Situationen außerordentlich anstrengend; er ist nicht Herr der Lage und muss notgedrungen auf die Initiative verzichten. Nur die sorgfältigste Aufklärung kann vielleicht eine Schwäche des Gegners aufdecken, und um diese Schwäche auszunutzen und die Initiative zurückzugewinnen, darf kein Moment verloren werden.

Glücklicherweise hat der Feind jedoch Schwachstellen aufgedeckt, die wir zumindest teilweise ausnutzen konnten.

Aufgrund des dichten Busches und des hohen Waldes, in dem unsere Lager versteckt waren, kann die Luftaufklärung dem Feind kaum von Nutzen gewesen sein. Die vom Feind abgeworfenen Bomben verursachten in Kahe nur wenige Verluste und behinderten uns nicht dabei, unsere Vorräte durch diesen Ort zu schaffen. Um unser Feuer auf uns zu ziehen, erschienen die bekannten englischen Reiter erneut nordwestlich von Neu-Steglitz in einer weit ausgedehnten Schützenlinie. Vor ihnen, im Busch versteckt, befanden sich unsere Kompanien, bereit, sofort Stellung zu beziehen, wenn größere Truppen auftauchen sollten. Ein Gegenangriff dieser Art wurde am späten Nachmittag des 15. März mit ziemlichem Erfolg durchgeführt. Um das Gelände gründlich kennenzulernen, waren europäische Patrouillen ständig unterwegs, und auch ich nutzte jede verfügbare Minute. Durch den Busch schnitten und markierten wir Spuren. Auf diese Weise konnten wir jeden Punkt deutlich anzeigen, zu dem eine Abteilung gehen musste.

Auch auf der Hauptstraße von Himo nach Kahe war eine starke feindliche Streitmacht aufgetaucht und dicht an die Front von Stemmermanns Abteilung herangekommen, die eine befestigte Stellung an dieser Straße bei Kahe in Richtung Norden innehatte. Mit beträchtlichem Geschick arbeiteten Patrouillen dicht an der Abteilung und verbargen so die Bewegungen des Feindes. Als ich am Nachmittag des 20. März dort ankam, war überhaupt nicht klar, was an der Front wirklich vor sich ging. Es war durchaus möglich, dass der Feind nur eine Demonstration abhielt, um an einer anderen, gefährlicheren Stelle anzugreifen. Ein solches Manöver wäre für uns sehr bedrohlich gewesen, da wir es aufgrund der Enge des Buschlandes erst sehr spät, wahrscheinlich zu spät, entdecken konnten. Ich beschloss, den feindlichen Schirm auf seine eigentliche Stellung zurückzudrängen. Früher am Tag war bekannt gegeben worden, dass die Kompanien um 1 Uhr morgens in ihre früheren Stellungen zurückkehren sollten; die Maschinengewehre blieben in unseren Verschanzungen, um sie nicht zu verlieren und als Schutzmaßnahme. Es war heller Mondschein, als die führende Kompanie beschossen wurde, offenbar von einem feindlichen Vorposten oder einer Patrouille, die abzog. Danach begegneten uns mehrere Patrouillen, dann aber, etwa drei Meilen nördlich unserer eigenen Schützengräben, einem stärkeren Gegner mit Maschinengewehren. Die sehr heftigen Gefechte, die sich nun entwickelten, bewiesen, dass wir an die Hauptposition des Feindes gestoßen waren; ein Angriff schien aussichtslos. Ich ließ Patrouillen aus und zog mich Schritt für Schritt zurück. Unsere Verluste waren nicht unerheblich und umfassten leider drei Kompaniechefs, die schwer zu ersetzen waren; von den dreien erlagen Leutnant von Stosch und Freiherr Grote einige Tage später ihren Verletzungen, während

Hauptmann Augar erst nach langer Zeit und mit einem künstlichen Fuß wieder diensttauglich wurde.

Unser Rückzug, den der Feind wahrscheinlich als unfreiwillig ansah, ließ ihn offenbar glauben, er könne uns am nächsten Tag durch einen heftigen Angriff in die Flucht schlagen. Die Angriffe starker feindlicher Kräfte an der Front von Stemmermanns Detachment bei Kahe am 21. März waren erfolglos; der Feind, der hauptsächlich aus südafrikanischer Infanterie bestand, wurde unter schweren Verlusten zurückgeschlagen. Unsere vier Zoll große *Königsberg-* Kanone, die von erhöhten, gut überschaubaren Positionen aus gerichtet war, feuerte auf den sich nähernden Feind, anscheinend mit gutem Erfolg. Es ist anzunehmen, dass ein Teil ihrer schweren Verluste, die sich nach Angaben der Engländer an diesem Tag allein unter den südafrikanischen Europäern auf mehrere Hundert beliefen, durch diese Kanone verursacht wurden. Der Feind erkannte, dass er über das 500 Meter breite Schussfeld vor unseren Schützengräben nicht mit Aussicht auf Erfolg vorrücken konnte, und versuchte, unsere rechte Flanke einzuschließen. Da wir aber vorher aufgeklärt und Spuren bestimmt hatten, waren wir auch für einen Gegenangriff gut gerüstet, und am Nachmittag schlug Schulz' Abteilung erfolgreich in die Flanke des Feindes ein. Der letzte Teil von Schulz' Vormarsch war aufgrund des dichten Buschwerks allerdings sehr beschwerlich gewesen. Die Askari konnten sich nur Schritt für Schritt durcharbeiten, als sie plötzlich nur wenige Schritte vor ihnen die Maschinengewehre des Feindes im Einsatz hörten.

Leider konnte dieser Gegenangriff jedoch aufgrund der Ereignisse, die sich in der Zwischenzeit auf unserer linken Seite zugetragen hatten, nicht vollendet werden. Die Aktivität der Patrouillen in den vorangegangenen Tagen und die Staubwolken hatten gezeigt, dass starke Abteilungen der feindlichen Kavallerie, die aus der Nähe von New Moshi kamen und sich westlich der Eisenbahnlinie Kahe-New Moshi hielten, versuchten, unsere nach Norden gerichtete Front zu umgehen, deren linker Flügel sich am Bahnhof Kahe befand. Die Fortsetzung dieser Bewegung hätte sie auf die Eisenbahnlinie in unserem Rücken gebracht und uns von unseren Verbindungen abgeschnitten, während wir mit unserer Front im Norden gegen einen überlegenen Gegner kämpften. Ich hatte daher eine starke Reserve von acht Kompanien in Bereitschaft am Bahnhof Kahe postiert. Da ich es jedoch für notwendig hielt, während des Gefechts im Dorf Kahe in der Nähe von Stemmermanns Abteilung zu bleiben, war ich nicht in der Lage, die Reserven in Kahe schnell und direkt unter Kontrolle zu halten. Die dichte Vegetation verhinderte jede Beobachtung aus der Ferne. Die Kontrolle der Reserve in Kahe musste der Initiative des Kommandanten vor Ort und seiner Untergebenen überlassen werden. Letzterer hatte beobachtet, dass feindliche Truppen durch den Busch vorgerückt waren und einen Hügel südwestlich des Kahe-Bahnhofs besetzt hatten. Eine Kompanie hatte diese Truppe aus eigenem Antrieb angegriffen, doch der Vormarsch war unter Granatsplitterfeuer zusammengebrochen. Daraufhin eröffnete unser Vier-Zoll-Geschütz das Feuer auf diese leichten Geschütze und vertrieb sie.

Am späten Nachmittag erhielt ich eine dringende Nachricht, dass starke feindliche Kräfte in unserem Rücken auf die Eisenbahnlinie bei Kissangire vorrückten und dass das von uns befürchtete Ereignis tatsächlich eingetreten war. Ich war daher gezwungen, den Befehl zum sofortigen Rückzug nach Kissangire zu erteilen. Der Feind konnte noch nicht in voller Stärke dort angekommen sein, und ich hoffte, ihn dort zu besiegen, indem ich schnell alle meine Kräfte gegen ihn einsetzte. So kam es, dass Captain Schulz' wohlgeleiteter Gegenangriff nicht durchgeführt werden konnte oder seine volle Wirkung entfalten konnte. Der nächtliche Transfer unserer Truppen über den Pangani, der dicht hinter uns lag und über den wir zuvor eine Reihe von Brücken und Übergängen gebaut hatten, verlief reibungslos und ohne Störungen. Sogar am nächsten Tag fanden die Patrouillen, die wir zurückgelassen hatten, das Nordufer frei vom Feind. Unser gutes Vier-Zoll-Geschütz, das wir aufgrund seiner mangelnden Beweglichkeit nicht mitnehmen konnten, wurde in die Luft gesprengt. Nach Mitternacht, also ziemlich früh am 22. März, kam ich auf der Kissangire-Station an und entdeckte zu meinem größten Erstaunen, dass alle Berichte über starke feindliche Kräfte, die sich dort bewegten, falsch waren und dass unser Rückzug daher unnötig gewesen war. Dieser Vorfall lieferte mir einen bemerkenswert eindringlichen Beweis dafür, wie außerordentlich schwierig es ist, die Bewegungen von Truppen im dichten Busch zu beobachten, und wie sehr jeder Kommandant bei der Einschätzung des Wertes solcher Berichte vorsichtig sein muss. Aber er zeigt auch, wie schwierig es für jeden Kommandanten ist, seine eigene Urteilskraft und sein Urteil über die Situation mit den ständig widersprüchlichen Berichten sowohl der Askari als auch der Europäer zu kombinieren, um seine Entscheidung auf eine Grundlage zu stützen, die der Realität auch nur annähernd ähnelt. Im afrikanischen Busch ist es besonders wichtig, die Berichte, die man erhält, wenn möglich durch persönliche Beobachtung zu ergänzen.

Unser Rückzug konnte jedoch jetzt nicht mehr geändert werden, und das Wichtigste war, unsere Kräfte neu zu gruppieren. Bei dieser Operation war die Wasserversorgung der entscheidende Faktor. Dies und die Notwendigkeit einer Verteilung in der Tiefe veranlassten mich, nur ein Detachment von einigen Kompanien auf der Anhöhe bei Kissangire zurückzulassen, von wo aus es die siebeneinhalb Meilen wasserlose Dornwüste überblickte, die sich bis zum Pangani erstreckte. Östlich dieses Detachments bei Kissangire befand sich unter Major von Boehmken Ottos Detachment, das in die Nordpare-Berge vorgeschoben worden war, um die darüber führenden Pässe zu schließen. Major Kraut nahm eine Position am Ngulu-Pass zwischen den Nordpare- und Mittelpare-Bergen ein. Der Hauptteil der Truppe ließ sich in mehreren befestigten Lagern im fruchtbaren Lembeni-Land nieder.

Trotz der verschiedenen Rückzüge, die wir in letzter Zeit durchgeführt hatten, war die Stimmung der Truppen gut, und die Askaris waren von berechtigtem Stolz auf ihre Erfolge gegen einen so weit überlegenen Feind erfüllt. Nur sehr wenige Menschen desertierten, und es handelte sich fast ausnahmslos um Männer, deren Vieh sich in dem jetzt vom Feind besetzten Gebiet befand und die deshalb Angst hatten, ihr Eigentum zu verlieren.

Fast die gesamte deutsche Zivilbevölkerung hatte das Land des Kilima Njaro verlassen; die meisten von ihnen waren nach Usambara in den Bezirk Wilhelmstal gezogen. Das Land Arusha war ebenfalls evakuiert worden, und die Bauern waren mit Ochsenkarren über Kondoa-Irangi nach Dodoma gezogen. Die zahlreichen Griechen waren größtenteils auf ihren Kaffeeplantagen am Kilima Njaro geblieben, und die Buren britischer Nationalität waren auf ihren Viehfarmen geblieben, die sich von den Nordwesthängen des Kilima Njaro nach Norden um den Berg Meru und entlang der Westhänge des letzteren bis in die Nähe von Arusha erstreckten. In Lembeni war der normale Lebensablauf nicht unterbrochen; Versorgungszüge rollten direkt zum Bahnhof; die Kompanien, die nicht an der Front waren, arbeiteten fleißig an ihrer Ausbildung, und das Hauptquartier setzte seine Arbeit in den Bahnhofsgebäuden von Lembeni fort, genau wie es dies zuvor in Moshi getan hatte. Flieger erschienen und warfen Bomben ab, genau wie zuvor.

Das Land wurde sorgfältig auf die verschiedenen möglichen Gefechtsbedingungen vorbereitet, es wurden Durchgänge durch den dichten Nashornbusch gebahnt und, wo nötig, ein Schussfeld freigemacht. Persönliche Erkundungen nahmen einen großen Teil meiner Zeit in Anspruch und führten mich oft zu den im dichten Busch und auf den dominierenden Höhen lagernden Kompanien. Die Anpassungsfähigkeit der Truppen und die Kunst, sich das Leben materiell so angenehm wie möglich zu machen, waren bereits zu einem leidlichen Grad entwickelt. Ich erinnere mich mit Freude an die Gelegenheiten, bei denen mir in einer bequem eingerichteten Grashütte eine Tasse Kaffee mit herrlich gehaltvoller Milch angeboten wurde, die aus dem gemahlenen Kern einer reifen Kokosnuss zubereitet wurde. Auch die North Pare Mountains waren häufig das Ziel meiner Expeditionen. Dort oben fand ich ein üppiges und gut bewässertes Gebiet mit Urwald, das man abseits der Straßen kaum durchdringen konnte. Die Wasserversorgung des Landes erwies sich als weit reichlicher, als wir aufgrund der Ergebnisse früherer Erkundungen erwartet hatten; auch in dieser Hinsicht wurde gezeigt, wie die Notwendigkeiten des Krieges dazu führen, dass die Ressourcen eines Landes erschlossen und in einem Ausmaß genutzt werden, das frühere Schätzungen bei weitem übersteigt. Die Eingeborenen von Nordpare sind, wie die von Kilima Njaro, Meister in der Kunst, ihre Felder mit dem von den Bergen herabfließenden Wasser zu bewässern.

Am 4. April führte mich eine meiner Erkundungen zu Ottos Abteilung im Pare-Gebirge. Von der Nordwestecke aus hatte man einen klaren Blick auf das feindliche Lager, das unten an der Kahe-Station lag. Die naheliegende Idee, es mit einem unserer Langstreckengeschütze zu beschießen - wir hatten inzwischen ein 4-Zoll- *Königsberg-* Geschütz auf Rädern und ein 3,5-Zoll-Geschütz auf einer Lafette des Modells 73 nach Lembeni gebracht - konnte leider nicht ausgeführt werden. Mit etwas zu viel Eifer hatten die Truppen den festen Weg der Linie zwischen Lembeni und Kahe gründlich zerstört. Mit den uns zur Verfügung stehenden Mitteln konnte er nicht ausreichend befahrbar gemacht werden, um uns zu ermöglichen, eines unserer Geschütze schnell auf und ab zu bewegen. Alle unsere Beobachtungen und Berichte stimmten darin überein, dass der Feind, der früher oft Patrouillen und sogar stärkere Kräfte südlich des Jipe-Sees geschickt hatte, kein Interesse mehr an diesem Gebiet zeigte. Er hatte seine Hauptstreitkräfte auf jeden Fall in Richtung Kahe und auch über New Moshi hinaus nach Westen in Richtung Arusha verlegt.

Nachdem ich eine kalte Nacht auf der feuchten Höhe von Nordpare verbracht hatte, stieg ich am 5. April nach Lembeni hinab. Hier fand ich einen Bericht, dass Captain Rothert, der mit der 28. Kompanie neben dem Lolkisale, einem hohen Berg in der Masai-Wüste, zwei Tagesmärsche südwestlich von Arusha, lagerte, am Vortag von überlegenen Kräften angegriffen worden war. Die Heliographenkommunikation mit Lolkisale aus dem Südwesten war dann unterbrochen worden. Erst später wurden die folgenden Tatsachen bekannt. Mehrere berittene Kompanien des Feindes, die von Arusha aus durch die Wüste kamen, hatten die 28. Kompanie, die auf dem Berg in Stellung war, aus mehreren Richtungen angegriffen. Da unsere Leute im Besitz des Wassers waren, konnten sie den Kampf gegen den Feind, der keines hatte, gut aushalten. Am zweiten Tag der Aktion wurde die Situation für den Feind wegen eben dieses Wassermangels kritisch. Leider wurde dieser Umstand jedoch von unserer Seite nicht richtig eingeschätzt, nachdem Captain Rothert schwer verwundet worden war. Die Lage wurde als so hoffnungslos angesehen, dass die Kompanie mit ihren Maschinengewehren und Munition kapitulierte. Bei dieser Gelegenheit bewiesen auch einige der Askari ihre solide militärische Ausbildung, indem sie sich weigerten, sich der Kapitulation anzuschließen. Sie schlossen sich zusammen mit den Verwundeten unseren Truppen in der Nähe von Ufiome an, ohne vom Feind behindert zu werden. Dort trafen sie auf eine neue

Schützenkompanie und das Arusha-Detachement, von denen die erstere von der Zentralbahn, die letztere aus Richtung Arusha eingetroffen war.

Die Straße nach Kondoa-Irangi und ins Innere der Kolonie war dem aus Arusha kommenden Feind nun kaum noch gesperrt. In der Nähe des Kiwusees im Nordwesten der Kolonie befanden sich drei Kompanien unter dem pensionierten Hauptmann Klinghardt, der sich bei den Gefechten in Kissenyi so bewährt hatte. Sie wurden auf Marschroute und mit dem Tanganjika-Dampfer nach Kigoma und von dort mit der Bahn nach Saranda gebracht. Von dort marschierten sie wieder hinauf nach Kondoa-Irangi. Hauptmann Klinghardt wurde auch das Kommando über die Truppen übertragen, die sich bereits nördlich von Kondoa-Irangi befanden (etwa zwei Kompanien) und über eine weitere Kompanie, die mit der Bahn aus Daressalam kam. Diese Bewegungen würden lange dauern. Daher wurde die gute und bewährte 13. Kompanie, deren Friedensstation Kondoa-Irangi gewesen war, sofort mit der Bahn in die Nähe von Buiko gebracht, von wo aus sie durch die Massai-Wüste nach Kondoa-Irangi marschierte. Der Marsch durch dieses wasserlose und wenig bekannte Land musste vor Abschluss der laufenden Erkundungstouren unternommen werden. Und dies mit einer – nach afrikanischen Vorstellungen – großen Streitmacht einer einzigen Kompanie mit Trägerschiffen in der Trockenzeit und vor Einsetzen der schweren Regenfälle zu tun, war mit einigen Risiken verbunden.

Aber dieses Risiko musste eingegangen werden, denn die uns in Kahe gegenüberstehende Truppe zeigte, nachdem ihre Aufklärungstruppen mehrmals zurückgeschlagen worden waren, keine Anzeichen eines Vorrückens gegen uns. Der Feind richtete also zu dieser Zeit seine Hauptanstrengungen offensichtlich auf Kondoa-Irangi. Da es aus den bereits dargelegten Gründen für uns nicht sinnvoll erschien, von Lembeni aus in Richtung Kahe anzugreifen, beschloss ich, lediglich die feindliche Station im Land des Kilima Njaro zu besetzen und meine Hauptstreitmacht gegen die feindliche Gruppe zu richten, die inzwischen bis in die Nähe von Kondoa - Irangi vorgerückt war. Die Durchführung dieses Vorhabens war nicht ganz einfach; es brauchte viel Zeit, um die 200 Kilometer lange Strecke von den Ausstiegsstationen der Nordbahn zur Zentralbahn zu Fuß zurückzulegen, und jederzeit konnte eine Änderung der Lage es erforderlich machen, dass das Hauptquartier sofort neue Dispositionen traf. Alle Truppen mussten daher in Reichweite gehalten werden. Die verschiedenen Abteilungen konnten nicht, wie beim Marsch von der Zentral- zur Nordbahn, auf verschiedenen und weit voneinander entfernten Straßen in Bewegung gesetzt werden. Der Marsch unserer fünfzehn Feld- und zwei Reiterkompanien musste auf einer Straße erfolgen. Die Truppe stand damit vor einer völlig neuen und schwierigen Aufgabe. Es gab keine Zeit zu verlieren. Die Abteilungen von Hauptmann von Kornatzky, Hauptmann Otto,

Oberstleutnant von Bock und Hauptmann Stemmermann, jeweils vier oder drei Kompanien, wurden im Abstand von einem Tag mit der Bahn von Lembeni nach Mombo und Korogwe verlegt. Von dort marschierten sie weiter nach Kimamba (Bahnhof westlich von Morogoro) zur Zentralbahn. Es traten vielfältige Schwierigkeiten auf. Feste und feste Ziele konnten für die Abteilungen nicht für jeden Tag festgelegt werden, insbesondere weil schwere Regenfälle einsetzten, die den schwarzen Boden stellenweise so aufweichten, dass die Truppen buchstäblich kaum vorankamen.

So kam es vor, dass eine Abteilung ganz kurze Märsche machte und die dahinter liegende obendrauf stecken blieb. Dies war jedoch sehr unpraktisch und behinderte sowohl den regelmäßigen Nachschubdienst auf der Kommunikationslinie als auch den Transport des Kompaniegepäcks, bei dem die zur Kommunikationslinie gehörenden Relaisträger zur Hilfe gerufen werden mussten. Die Kompanien begannen nun, nach altem afrikanischen Brauch, sich selbst zu helfen, beschlagnahmten die Kommunikationsträgerlinie ohne Rücksicht auf andere Befehle und behielten sie einfach. Da der gesamte Dienst auf der Kommunikationslinie von der regelmäßigen Arbeit der Relaisträger abhing, wurde auch dieser ernsthaft gestört.

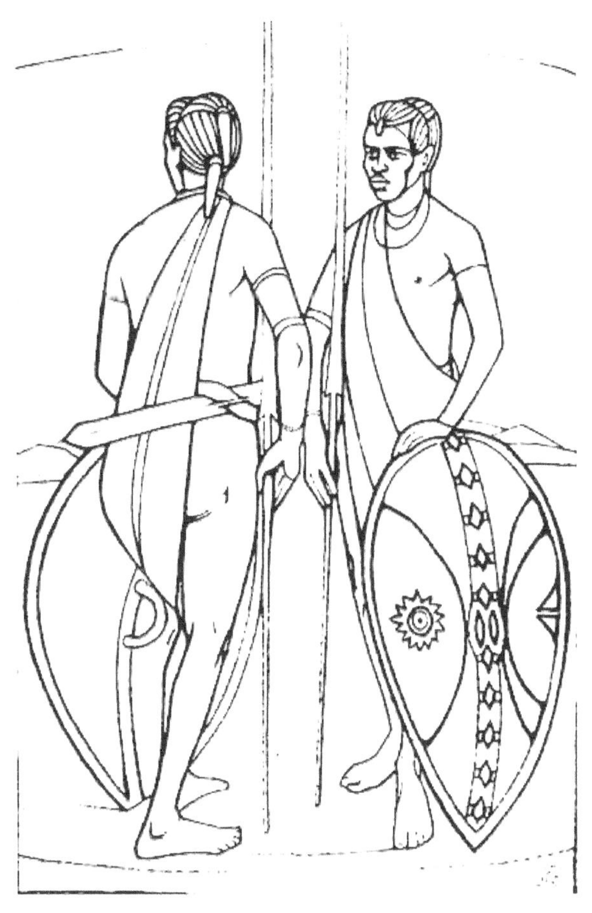

Massai.
(Nach einer Zeichnung des Adjutanten von General von Lettow-Vorbeck.)

Europäisches Abendessen.
(Nach einer Zeichnung des Adjutanten von General von Lettow-Vorbeck.)

KAPITEL IV
DER VORSPRUNG DES FEINDES IM GEBIET DER NÖRDLICHEN EISENBAHN

Nachdem die Züge Lembeni verlassen hatten, übergab ich Major Kraut das Kommando über alle Truppen der Nordbahn. Außerdem wurde für sie ein unabhängiger Verwaltungsdienst eingerichtet. Unsere Bahnfahrt nach Korogwe bewies uns einmal mehr, wie eng die deutsche Bevölkerung der Nordterritorien mit der Truppe verbunden war und wie sehr sie ihre Arbeit schätzte. An jeder Station hatten sich die Menschen versammelt, manchmal von weit her; jeder von ihnen wusste, dass unser Abzug aus den Nordterritorien endgültig war und dass sie in die Hände des Feindes fallen würden. Trotzdem war ihr Geist tapfer. Ein großer Teil der wenigen verbliebenen europäischen Vorräte wurde uns gebracht. Die Witwe des ehemaligen Linienkommandanten Kroeber, der kürzlich in Buiko beerdigt worden war, bestand darauf, uns die letzten Flaschen des Vorrats in ihrem Keller anzubieten.

Major Kraut und Captain Schoenfeld begleiteten mich nach Buiko, von wo aus wir mehrere Teile des Geländes besichtigen konnten, die meiner Meinung nach für unsere künftigen Operationen von Bedeutung sein könnten. Diese Herren blieben dort, um genauere persönliche Erkundungen vorzunehmen. Von Korogwe brachten uns unsere Wagen rasch nach Handeni, dem Endpunkt der von Mombo aus angelegten Kleinbahn. Unterwegs holten wir unsere berittenen Kompanien ein, und der Ausruf des Zivilverwalters von Handeni: „Das ist ja der berüchtigte Wilddieb von Booyen", zeigte mir einmal mehr, dass sich unter unseren berittenen Truppen an Gefahr und Sport gewöhnte Männer befanden, auf die ich mich in den kommenden Schwierigkeiten verlassen konnte. Handeni war die erste Sammelstation für die aus dem Norden abgezogenen Vorräte; Major von Stuemer, der seinen früheren Posten in Bukoba verlassen hatte, um diese im Augenblick wichtigste Verbindungslinie zu übernehmen, beklagte sich nicht wenig darüber, wie die durchmarschierenden Truppen den weiteren Versand der Vorräte behindert hatten. In Handeni, dem Sitz der Zivilverwaltung, wo die Versorgungswege von Morogoro, Korogwe und Kondoa-Irangi am Ende der Mombo-Handeni-Linie zusammentrafen, war durch den Krieg eine europäische Siedlung entstanden, die fast das Aussehen einer Stadt hatte. Leutnant Horn von der Marine hatte im norwegischen Stil Cottages gebaut, die recht reizend anzusehen waren, obwohl ihnen der Regen im Moment nicht gut tat. Die Innenräume, die zum größten Teil aus drei Räumen bestanden, waren für die Unterbringung von Europäern bequem eingerichtet. Unangenehm war die enorme Anzahl von Ratten, die oft auf einem herumliefen, wenn man nachts versuchte zu schlafen. Kapitän von

Kaltenborn, der mit dem zweiten Versorgungsschiff angekommen war, das in die Ssudi-Bucht einlief, meldete sich hier bei mir und konnte die Nachrichten aus der Heimat, die er bereits schriftlich übermittelt hatte, durch mündliche Berichte ergänzen.

Als wir am nächsten Tag mit dem Auto weiterfuhren, holten wir einige unserer Abteilungen auf dem Marsch ein und konnten zumindest einige der verschiedenen Reibungspunkte zwischen ihnen beseitigen. Telefonische Kommunikation war aufgrund von Erdstößen, die durch den starken Regen entstanden waren, und von Pannen, die durch Kolonnen von Trägern, Wagen und Giraffen verursacht wurden, kaum möglich. Umso wichtiger war es für mich, dieses Pannengebiet zu durchqueren, das mich von den Truppen abschnitt und verhinderte, dass ich so schnell wie möglich Berichte erhielt. Aber das wurde zunehmend schwieriger.

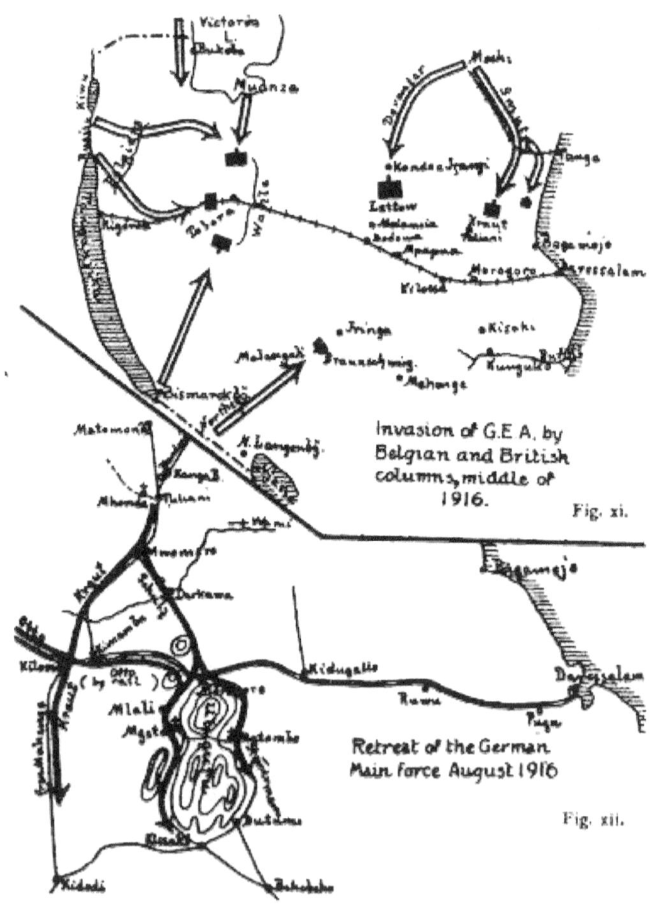

Abb. xi. Invasion belgischer und britischer Kolonnen in Deutsch-Ostafrika, Mitte 1916. Abb. xii. Rückzug der deutschen Hauptstreitmacht, August 1916.

Der Regen wurde immer heftiger und die Straßen wurden immer tiefer. Anfangs gab es nur wenige schlechte Stellen und zwanzig oder mehr Träger schafften es, uns durch Ziehen und Schieben hindurchzubringen. Die *Nlempara* (Führer der Träger) gingen tanzend und singend voran. Die ganze Menge stimmte in „ *Amsigo* “ und „ *Kabubi*, *kabubi* “ ein und im Rhythmus dieser Gesänge ging die Arbeit fröhlich und zunächst ziemlich leicht voran. Aber als wir durch Tulieni kamen, stellten wir fest, dass die Regenfälle einen sonst recht seichten Fluss so angeschwollen hatten, dass seine reißenden Wasser im Laufe des Morgens die Wagenbrücke vollständig weggeschwemmt hatten. Wir fällten einen der großen Bäume am Ufer, aber er war nicht hoch genug, als dass seine Äste auf der anderen Seite festen Halt bieten konnten. Er war drei Fuß dick, wurde aber wie ein Streichholz weggeschwemmt. Der Adjutant, Leutnant Müller, versuchte hinüberzuschwimmen, wurde aber ebenfalls weggespült und landete wieder am nahen Ufer. Nun versuchte es Captain Tafel, der sich von seiner schweren Verwundung erholt hatte und nun im Hauptquartier die Operationsabteilung leitete. Er erreichte das gegenüberliegende Ufer, und auch einige Eingeborene, die gute Schwimmer waren, schafften es. Aber wir konnten nicht schwimmend eine Linie hinüberbringen, und so waren wir da, Captain Tafel ohne Kleidung auf dem gegenüberliegenden Ufer und wir auf diesem. Die Aussicht, auf den Rückgang des Flusses warten zu müssen, war nicht gerade verlockend, denn ich konnte es mir nicht leisten, auch nur eine Minute zu verlieren, um die Spitze der marschierenden Truppen zu erreichen. Endlich, am späten Nachmittag, sagte ein Eingeborener, er kenne eine Furt etwas weiter unten. Selbst dort war es nicht ganz einfach, hindurchzuwaten, und es dauerte mindestens eine Dreiviertelstunde; wir mussten unserem Führer auf einem sehr verschlungenen Weg vorsichtig folgen und uns vorsichtig von einer Untiefe zur nächsten vorarbeiten. Das Wasser reichte uns bis zu den Schultern, und die Strömung war so stark, dass wir all unsere Kraft brauchten, um nicht zu fallen. Schließlich erreichten wir im Dunkeln und mit völlig nassen Kleidern die andere Seite, wo wir von drei Maultieren und einer Eskorte Askari empfangen wurden, die von einer Abteilung zurückgeschickt worden waren, die wir glücklicherweise telefonisch erreichen konnten.

Wir setzten unsere Reise die ganze Nacht hindurch im strömenden Regen fort und mussten mehrmals stundenlang im Wasser bis zum Sattel reiten oder bis zum Hals darin waten; doch schließlich erreichten wir noch in der Nacht die große Brücke über den Wami, die während des Krieges errichtet worden war. Auch diese war fast vollständig weggeschwemmt, aber ein Teil war noch vorhanden, so dass wir hinüberklettern und die Kleinbahn erreichen konnten, die zur Kimamba-Station führte. Diese Strecke war, wie die von Mombo nach Handeni, während des Krieges gebaut worden und wurde von Menschenkraft betrieben. In ihrem Bemühen, die Arbeit wirklich gut zu machen, nahmen die guten Leute einige Kurven etwas zu schnell, und die Lastwagen mit allem darauf – einschließlich uns – flogen wiederholt in den Graben daneben oder darüber hinaus. Jedenfalls hatten wir genug von dieser Reise auf dem Wasser, als wir am frühen Morgen in Kimamba ankamen. Der dort stationierte und zur Fahne einberufene Vizefeldwebel [4] Rehfeld empfing uns sehr freundlich. Da es in Kimamba ein Kleiderdepot gab, konnten wir uns jedenfalls Askari-Kleidung zum Wechseln besorgen. Wann der Rest des Hauptquartiers mit unseren Sachen eintreffen würde, ließ sich natürlich nicht vorhersagen.

Nachdem ich die Lage mit dem Gouverneur besprochen hatte, der zu diesem Zweck nach Kimamba gekommen war, fuhr ich am nächsten Tag nach Dodoma. Auf der Central Railway war das schnelle Arbeiten unter Kriegsbedingungen, das im Norden zur zweiten Natur aller geworden war, kaum bekannt. Hauptmann von Kornatzkys Abteilung, die kurz vor uns in Dodoma eingetroffen war, hatte einige Schwierigkeiten, Nachschub zu beschaffen, obwohl Dodoma an der Eisenbahn lag und schnell versorgt werden konnte. Ich nahm telefonisch Kontakt mit Hauptmann Klinghardt auf, der die Höhen von Burungi besetzt hatte, einen Tagesmarsch südlich von Kondoa-Irangi, und ritt am nächsten Morgen mit einigen Offizieren des Hauptquartiers los, um ihn zu besuchen. Die Straße führte durch unbewohnte Buschwüste; sie war während des Krieges gebaut worden, ihr Verlauf war von der Notwendigkeit einer einfachen Bauweise bestimmt und berührte nur selten Siedlungen. Das Ugogo-Land ist bekannt für seinen großen Viehreichtum. Die Einwohner gehören zu den Nomadenstämmen, die die Sitten der Massai kopieren und deshalb oft Massai-Affen genannt werden. Wir trafen viele Ochsenkarren, in denen deutsche und burische Bauern mit ihren Familien aus dem Land um den Berg Meru nach Kondoa fuhren. Es war eine in Südwestafrika so bekannte Szene des bequemen „Trekkings" in diesen Fahrzeugen, die so hervorragend an die Bedingungen des Velds angepasst sind.

Der Nachschubdienst von Klinghardts Abteilung war noch nicht einsatzbereit; wir lagerten in dieser Nacht im ersten der kleinen Posten an der Kommunikationslinie. Es war offensichtlich, dass die Transport- und Nachschubarbeit erheblich verstärkt werden musste, um die große Zahl der Truppen zu versorgen, die jetzt in Richtung Kondoa-Irangi vorgeschoben wurden. Es gab noch eine weitere Schwierigkeit: Bislang waren die verschiedenen Feldintendanten den enormen Anforderungen, die das gesamte Feld der Nachschubarbeit an den Chef des Dienstes stellte, körperlich nicht gewachsen gewesen. Kapitän Schmid von der Landwehr war sehr bald von Kapitän Feilke von der Landwehr abgelöst worden, dieser wiederum von Kapitän Freiherr von Ledebur von der Reserve, und dieser Offizier von Kapitän Richter, pensioniert, einem älteren Herrn. Letzterer war leider gerade jetzt, zu Beginn einer wichtigen neuen Operation, an die Grenzen seiner Kräfte gelangt. Major Stuemer, pensioniert, der an der Kommunikationslinie bei Handeni gearbeitet hatte, war gezwungen gewesen, seine Aufgaben zu übernehmen, hatte aber noch keine Zeit gehabt, sich darin völlig einzuleben.

Am Abend des folgenden Tages hatten wir unsere viermärsche zurückgelegt und erreichten Hauptmann Klinghardt in den Burungi-Bergen. Die aus dem Gebiet der Nordbahn kommenden Abteilungen folgten uns, und es mussten einige Tage vergehen, bis sie alle eingetroffen waren; so hatten wir Gelegenheit zu ausgedehnten Erkundungen. Dabei hatten wir das große Glück, eine ganz neue und ausgezeichnete Karte kennenzulernen. Der Distriktkommissar von Kondoa-Irangi hatte sie bei seiner Abreise mit anderen Dingen einem *Yumbe* (Häuptling) zur Aufbewahrung übergeben, der in den Burungi-Bergen lebte. In seinem Besitz fanden wir dieses wertvolle Gut, dessen Geheimhaltung somit gewahrt blieb.

Patrouillen berittener englischer Europäer kamen oft in die Nähe unserer Stellungen, und es war bekannt, dass stärkere berittene Kräfte hinter ihnen standen. Aber wo sie sich befanden, war nicht bekannt. Einige Berichte gaben an, sie seien in Kondoa-Irangi, andere sagten südlich davon, und wieder andere verorteten sie auf der Straße, die von Kondoa-Irangi nach Saranda führt. Ein wichtiger Faktor war, dass es in Burungi beträchtliche einheimische Plantagen gab, so dass reichlich Vorräte vorhanden waren. Es war daher nicht notwendig zu warten, bis der Nachschub aus Dodoma in vollem Gange war. Die Truppen waren unabhängiger von der Kommunikationslinie als bisher und konnten den Großteil ihres Lebensunterhalts aus dem Land beziehen. Sobald die Nachhut aufgeschlossen hatte, begann der Vormarsch auf Kondoa. Südlich davon trafen wir nur auf ziemlich starke berittene Schutzabteilungen, die schnell zurückgedrängt wurden, und Anfang Mai nahmen wir ohne ernsthafte Kämpfe die großen Höhen ein, die vier Meilen vor dem Dorf Kondoa liegen.

Wir hatten zwei Marinegeschütze mitgebracht, ein 3,5-Zoll- und ein 4-Zoll-Geschütz, auf Lafetten, und setzten sie sofort in Aktion. Von unserer beherrschenden Stellung aus bombardierten sie die feindlichen Lager südlich von Kondoa, anscheinend mit gutem Erfolg. Die Zelte wurden sofort getroffen. Wir konnten sehen, wie der Feind hart daran arbeitete, seine Stellungen zu verschanzen, und wie seine Fahrzeuge sich in Richtung Kondoa davonbewegten. Mehrere Patrouillengefechte verliefen zu unseren

Gunsten, und kleine feindliche Posten, die an verschiedenen Orten zurückgelassen worden waren, wurden schnell zurückgetrieben. Von Süden – das heißt von hinter uns – sahen wir eine berittene Patrouille auf unsere Stellungen zureiten. Da unsere berittenen Patrouillen ebenfalls unterwegs waren, dachte ich zunächst, es seien Deutsche. Aber bald bewies das regelmäßige Tragen ihrer Karabiner in den Eimern, dass es Engländer waren. Sie hatten offensichtlich keine Ahnung von unserer Anwesenheit. Man ließ sie ganz nah herankommen, und auf kurze Distanz verloren sie etwa die Hälfte ihrer Truppen. Nach unseren bisherigen Beobachtungen schien es wahrscheinlich, dass der Feind vor uns seine Stellungen räumte. Am 9. Mai 1916 beschloss ich, falls sich diese Erwartung als richtig erwies, sofort die niedrigen Hügel einzunehmen, die jetzt vom Feind gehalten wurden. Die Bedingungen begünstigten einen Angriff nicht, da unser Vorrücken mit Sicherheit beobachtet werden würde und ein Überraschungsangriff nicht in Frage kam. Aber ohne Überraschung war der Versuch, die besetzte Stellung durch einen Angriff einzunehmen, erfolglos; der Feind war auf den kleinen Hügeln ausreichend verschanzt und beherrschte das Gelände, über das der Angriff geführt werden musste, vollständig und konnte aufgrund des niedrigen Dornbuschs und der zahlreichen Felsen nur langsam durchquert werden.

Ich gehörte zu den Kompanien, die den vorgeschobenen Patrouillen folgten. Diese meldeten kurz vor Einbruch der Dunkelheit, dass die Hügel unbesetzt seien. Unsere Kompanien zogen also weiter, und die Kommandeure ordneten an, dass das Gepäck zusammenkommt, um sich für die Nacht niederzulassen. Ich selbst ging zum Hauptquartierlager, das auf den großen Hügeln etwas weiter hinten geblieben war. Ich versuchte, meine große Erschöpfung mit einer Tasse Kaffee und etwas Rum zu lindern. Da ich jedoch wusste, dass ich keine weiteren Befehle zu erteilen hatte, schlief ich bald fest ein. Neben meinem Schlafplatz befand sich das 3,5-Zoll-Geschütz. Gegen elf Uhr abends wurde ich durch Bemerkungen von Leutnant Wunderlich von der Marine geweckt, der das Geschütz befehligte. Er konnte die häufigen Blitze, die er in Richtung des Feindes sah, nicht ausmachen. Auch ich war mir zunächst nicht ganz sicher, ob sie es waren. Aber bald bestand kein Zweifel mehr daran, dass diese Blitze, die immer häufiger wurden, von Gewehren und Maschinengewehren verursacht wurden. Als der Wind drehte, wurde der Lärm der Kämpfe deutlich hörbar. Entgegen all unseren Erwartungen fand also vor uns ein erbitterter Kampf statt, aber aufgrund der großen Entfernung und des buschigen und felsigen Geländes, das durchquert werden musste, glaubte ich nicht, dass ich die Reserven, die ich noch hatte, mit Aussicht auf Erfolg einsetzen könnte. Es würde Stunden dauern, um auch nur die geringste Vorstellung von der Lage zu bekommen, und der Mond würde kaum noch eine Stunde aufgehen. Ob es nun gut oder schlecht war, ich musste also dem Kampf vor uns seinen Lauf lassen.

Unsere Kompanien hatten zwar festgestellt, dass die von den Patrouillen erkundete Anhöhe frei vom Feind war, aber unmittelbar dahinter befand sich eine weitere Anhöhe und auf dieser der Feind in einer verschanzten Stellung, auf die unsere Kompanien stießen. In dem engen Gelände und der Dunkelheit war kein Überblick über die Lage möglich, und die Verbindung zwischen den verschiedenen Einheiten ging verloren. Unsere Askari stellten sich vor dem Feind auf, und Hauptmann Lincke, der nach der schweren Verwundung von Oberstleutnant von Bock und dem Tod von Hauptmann von Kornatzky das Kommando übernommen hatte, kam zu dem Schluss, dass er zwar an Ort und Stelle bleiben konnte, aber nach Tagesanbruch wegen des dominierenden Feuers des Feindes jede Hoffnung aufgeben musste, sich bewegen zu können. Da daher kein Erfolg erreichbar schien, brach er das Gefecht vorsichtig ab, während es noch dunkel war, und zog sich auf die Ausgangsposition zurück. Der Feind, hauptsächlich bestehend aus dem 11. südafrikanischen Infanterieregiment, hatte gut gekämpft und wiederholt wirksames Maschinengewehrfeuer auf unsere Kompanien ausgeübt. Bedenkt man die geringe Zahl der tatsächlich am Kampf beteiligten Gewehre – etwa vierhundert –, müssen unsere Verluste, die sich auf etwa fünfzig Tote und Verwundete belaufen, als hoch angesehen werden.

In den folgenden Tagen nahmen wir auch die weiter östlich gelegenen hohen Hügel in Besitz und vertrieben die im Vordergrund arbeitenden berittenen Abteilungen, wobei wir ihnen recht unangenehme Verluste zufügten. Es kam mehrmals vor, dass von Gruppen von etwa zwanzig Mann keiner oder nur wenige entkamen, und auch im Vordergrund endeten eine ganze Reihe von Gefechten zu unseren Gunsten. Die von uns besetzten Höhen boten eine weite Aussicht, und mit guten Ferngläsern beobachteten wir mehrmals Kolonnen feindlicher Truppen und Wagen, die sich Kondoa von Norden her näherten, dann nach Osten abbogen und in den Bergen verschwanden. Unsere Patrouillen, die wir weit in den Rücken des Feindes schickten, meldeten beträchtliche Truppenteile, die aus der Gegend von Arusha in Richtung Kondoa-Irangi marschierten.

Die Engländer hatten sofort die Zivilverwaltung in Kondoa übernommen und geschickt die *Yumbi* (Häuptlinge) dorthin beordert und ihnen Anweisungen gegeben. Unter anderem hatten sie ihnen die Pflicht auferlegt, die Bewegungen deutscher Truppen zu melden. Daher war es für unsere Patrouillen oft von Vorteil, sich in Feindesland als Engländer auszugeben. Die Unterschiede in der Uniform waren nicht groß und durch die lange Zeit des aktiven Dienstes noch weiter verringert worden; oft wurden überhaupt keine Uniformmäntel getragen, sondern nur blusenartige Hemden, und die kleinen Stoffabzeichen, die die Engländer auf ihren Sonnenhelmen trugen, waren nicht auffällig. Die Unterschiede in der Bewaffnung waren oft verschwunden, da einige der Deutschen englische Gewehre trugen.

Insgesamt schien der Feind in Kondoa noch nicht besonders stark zu sein; aber selbst wenn wir erfolgreich wären, müsste unser Angriff über offenes Gelände gegen Verteidigungen erfolgen, die wir mit unseren wenigen Geschützen nicht ausreichend neutralisieren könnten. Die Gewissheit, erhebliche und unersetzliche Verluste zu erleiden, veranlasste mich, von einem allgemeinen Angriff abzusehen und dem Feind stattdessen Schaden zuzufügen, indem ich die kleineren Unternehmungen fortsetzte, die sich bisher als so vorteilhaft erwiesen hatten. Unsere Artillerie – die beiden Gebirgskanonen und zwei Feldhaubitzen, die mit dem zweiten Versorgungsschiff gekommen waren – war ebenfalls eingetroffen und feuerte auf die günstigen Ziele, die sich boten. Auch die Gebäude von Kondoa-Irangi, wo General van Deventer eingetroffen war, wurden gelegentlich von unserem Vier-Zoll-Geschütz beschossen. Westlich unserer Hauptstreitmacht, auf der Straße Saranda-Kondoa-Irangi, hatte unsere neu aufgestellte 2. Schützenkompanie mehrere erfolgreiche Gefechte mit Teilen der 4. südafrikanischen Kavallerie geführt und sie nach und nach in die Gegend von Kondoa-Irangi zurückgedrängt.

Der Feind wurde nun immer stärker. Anfang Juni beschoss er uns auch aus großer Entfernung, etwa 13.000 Yards, mit schweren Geschützen von etwa 4- und 5-Zoll-Kaliber. Seine Beobachtungsgabe und Feuerkontrolle verdienten allen Respekt; jedenfalls fielen seine Granaten am 13. Juni bald mit großer Zielgenauigkeit in unser Hauptquartierlager. Ich unterbrach meine Arbeit, die ich im Schutz eines Grasdachs begonnen hatte, und ging etwas abseits hinter einer Felsplatte in Deckung. Kaum war auch der Ordonnanzoffizier, Leutnant Böll, an der Stelle angekommen, als dicht über uns eine Granate explodierte und Leutnant Böll schwer am Oberschenkel und mich und einige andere Europäer leicht verwundete. Ansonsten richtete das Feuer der feindlichen Artillerie kaum materiellen Schaden an, aber es war trotzdem lästig, wenn seine schweren Granaten ab und zu in unser Lager einschlugen.

Wir verzichteten auf die schwere Arbeit, die die Bereitstellung eines guten Schutzes gegen Feuer mit sich gebracht hätte, da die ganze Kraft unserer Leute für Patrouillen und Außenposten und zum Sammeln von Vorräten benötigt wurde. So weit das Auge reichte, war das ganze Land von einheimischen Kulturpflanzen bedeckt. Die wichtigste Ernte - die den Hauptbedarf der Truppen bildete - war *Mtema* , eine Art Hirse, die gerade reifte. Die meisten Einheimischen waren weggelaufen; die Vorräte aus Dodoma hatten nicht mit uns Schritt halten können, und so hing unser Lebensunterhalt fast vollständig von dem Zeug ab, das die Futtersuchtrupps der Kompanien herbeischaffen konnten. In der heißen Sonne trockneten die Garben schnell auf den Felsen. Alle Kompanien waren damit beschäftigt, Mehl herzustellen, entweder indem sie das gedroschene Korn zwischen Steinen mahlten oder indem sie es mit Stangen in Gefäßen aus Hartholz,

Kinos genannt, zu Mehl stampften . Die Europäer konnten damals noch Weizenmehl bekommen, das über die Kommunikationslinie heraufkam. Das Brot, das wir vor Kondoa aus einer Mischung von Weizenmehl und einheimischem Mehl herstellten, war von wirklich ausgezeichneter Qualität. Neben *Mtema* und anderen Getreidesorten gab es auch Zuckerrohr, *Muhogo* (eine Pflanze mit wohlschmeckender, essbarer Wurzel), Yamswurzeln, verschiedene Erbsensorten und andere einheimische Produkte sowie genügend Vieh. In diesem äußerst reichen Kondoa-Land konnten sich die Truppen eine Vielzahl von Nahrungsmitteln im Überfluss besorgen.

Das Vordringen des Feindes von Kondoa nach Osten lenkte unsere Aufmerksamkeit auch auf dieses bis dahin wenig bekannte Land. Hauptmann Schulz wurde mit mehreren Kompanien dorthin geschickt und fand es als ein außerordentlich schwieriges und waldreiches Berggebiet vor, durchsetzt mit Siedlungen von großer Fruchtbarkeit. Eine ganze Reihe von Gefechten, an denen eine oder mehrere unserer Kompanien beteiligt waren und die dem Feind schwere Verluste einbrachten, fanden nun in diesem Gebiet statt. Eine starke feindliche Streitmacht versuchte, zwischen die Kompanien von Schulz' Abteilung und uns einzudringen, wahrscheinlich in der Absicht, die Abteilung abzuschneiden. Aber dieser Versuch schlug völlig fehl. Unsere Truppen drängten von beiden Seiten gegen diese Streitmacht und schlugen sie zurück. Der alte *Effendi* (einheimischer Offizier), Yuma Mursal, handelte bei dieser Gelegenheit mit großem Geschick; er lag an einer Wasserstelle im Hinterhalt und schoss mit gutem Erfolg auf die Engländer, die dorthin kamen, um Wasser zu holen; seiner Beobachtung nach wurden sechs von ihnen getötet. Während dieser Zeit der Kämpfe bei Kondoa-Irangi stiegen die Verluste des Feindes allmählich auf eine beträchtliche Zahl an. Zählt man noch die Verluste durch Krankheit hinzu, die auf die Jugend seiner weißen Truppen zurückzuführen sind, die nicht an die Tropen gewöhnt waren und außerordentlich nachlässig mit Vorsichtsmaßnahmen gegen Tropenkrankheiten umgingen, so können die Gesamtverluste, die er während der Kondoa Irangi Zeit erlitt, kaum weniger als tausend Europäer betragen haben.

KAPITEL V
ZWISCHEN DEN NORD- UND ZENTRALEN EISENBAHN

Ich bitte den Leser, sich in die Lage eines Kommandanten zu versetzen, der über unzureichende Mittel verfügt, dem Angriff einer zahlenmäßigen Übermacht ausgesetzt ist und sich ständig fragen muss: Was muss ich tun, um meine Bewegungsfreiheit und meine Hoffnung zu bewahren?

Ende Juni 1916 begannen die Ereignisse auf den anderen Kriegsschauplätzen unsere Operationen in Kondoa entscheidend zu beeinflussen. Die Belgier drangen aus der Nähe des Kivusees und aus Russisi vor, die Engländer aus der Kagera, westlich des Viktoriasees, und seit Mitte Juli auch aus Muansa, und alle diese Kräfte strömten in Tabora zusammen. Unsere im Nordwesten stationierten Truppen wurden alle unter dem Kommando von General Wahle vereint, der in Tabora war; und er zog nach und nach seine Abteilungen von den Grenzen dorthin.

Aufgrund der Kommunikationsschwierigkeiten hatte das Hauptquartier nur dürftige Informationen über diese Ereignisse. Feindliche Abteilungen drangen auch aus dem Südwesten, aus dem Land zwischen dem Tanganjikasee und dem Nyassasee, ein. Vor ihnen zog sich unsere in der Nähe von Bismarckburg kämpfende Kompanie langsam in nordöstlicher Richtung in Richtung Tabora zurück. Die beiden zur Sicherung des Langenburg-Gebiets zurückgebliebenen Kompanien zogen sich allmählich nach Iringa zurück, gefolgt von General Northey, dessen Division mit allen Mitteln der modernen Kriegsführung ausgestattet war.

Auf der Nordbahn hatten Major Krauts Patrouillen, die von seiner befestigten Stellung in Lembeni aus starteten, gelegentlich erfreuliche Erfolge erzielt. Mehrere Flugzeuge wurden abgeschossen oder kamen zu Schaden, die Passagiere wurden gefangen genommen und die Maschinen zerstört. Als die schweren Regenfälle aufgehört hatten, begann der Feind seinen Vormarsch von Kahe entlang der Nordbahn sowie östlich davon durch die Pare-Berge und westlich davon entlang des Pangani. Hunderte von Autos und eine große Zahl berittener Truppen wurden beobachtet. Um der Gefahr zu entgehen, von dem weit überlegenen Feind abgeschnitten zu werden, zog Major Kraut seine Haupttruppe per Bahn nach Buiko zurück und ließ kleine Abteilungen in Kontakt mit dem Feind. In dieser Gegend sowie in der Nähe von Mombo fanden einige Gefechte statt, bei denen unsere Kompanien teilweise durch den Feind fuhren, der versuchte, die Linie zu blockieren, und vom Zug aus auf ihn feuerten. Da der Feind überlegen war, war er immer in der Lage, mit wenig Mühe Umgehungsmanöver mit frischen Truppen durchzuführen, aber ihre Wirksamkeit wurde durch die Schwierigkeiten des Geländes stark beeinträchtigt. Es schien daher, als ob der Feind häufig von dieser Idee abwich und stattdessen eine Art Zermürbungstaktik anwandte. Heute griff er mit einem Teil seiner Truppen an, ließ diesen ruhen und setzte am nächsten Tag einen anderen und am dritten Tag noch einmal einen anderen Teil ein. Trotz all seiner offensichtlichen Drängerei und seiner günstigen Versorgungsbedingungen war sein Vormarsch ziemlich langsam. Major Krauts Truppen gerieten nie in eine wirklich schwierige Situation; im Gegenteil, sie konnten den Feind oft unter Feuer nehmen und Teilerfolge erzielen, die ihm gelegentlich sehr erhebliche Verluste zufügten, wie z. B. das Nachhutgefecht von Hauptmann Freiherr von Bodecker bei Handeni.

Angesichts dieses konzentrischen Vormarsches aus allen Richtungen stellte sich die Frage, was mit dem Hauptteil der Schutztruppe vor Kondoa geschehen sollte. Für einen Angriff war die Lage insgesamt zu ungünstig. Das Problem war daher, in welche Richtung wir uns im Großen und Ganzen zurückziehen sollten. Ich entschied mich für das Mahenge-Gebiet. Wenn wir dorthin zogen, konnten wir einer Umzingelung entgehen, es war fruchtbar und für den Guerillakrieg geeignet. Von dort aus wäre es auch möglich, sich weiter nach Süden zurückzuziehen und den Krieg noch lange fortzusetzen.

Ein weiterer wichtiger Gesichtspunkt war die Sicherung unserer entlang der Central Railway deponierten Vorräte, insbesondere in der Umgebung von Morogoro. Diese waren durch den raschen Vormarsch von General Smuts, der Major Kraut gegenüberstand und weit nach Süden bis über Handeni vorgedrungen war, stark gefährdet. Obwohl anzunehmen war, dass General Smuts durch die ständig zunehmende Länge seiner Kommunikationswege aufgehalten werden würde, schien er mir der gefährlichste und bedeutendste unserer Gegner zu sein. Ich beschloss daher, nur eine Abteilung unter Hauptmann Klinghardt in Burungi vor den Kondoa-Truppen zurückzulassen, meine Hauptmacht jedoch nach Dodoma zurückzumarschieren, von dort mit der Bahn nach Morogoro zu reisen und Major Kraut zur Unterstützung vorzurücken. Später stellte sich heraus, dass die Engländer bis ins kleinste Detail über diese Bewegung informiert waren und dass sie beispielsweise alles über einen Eisenbahnunfall wussten, der einer Kompanie während ihres Vormarsches zugestoßen war. Als unsere Kompanien in Morogoro ankamen und die Europäer dort die prächtige Haltung der Askari sahen, verloren sie die letzten Spuren ihrer Depression; Jeder Mann und jede Frau hatte begriffen, dass unsere Lage tatsächlich schwierig war, dass uns aber auch nichts anderes übrig blieb, als weiterzukämpfen, und dass unsere Streitmacht aufgrund ihrer gesamten Qualität und Natur in der Lage war, noch für lange Zeit durchzuhalten.

Anfang Juli erreichte ich Major Kraut, der eine befestigte Stellung auf dem Kanga-Berg nordöstlich von Tuliani hielt. Ich hatte erwartet, dass die Askari durch ihren Rückzug deprimiert wären, fand sie jedoch in ausgezeichneter

Stimmung und voller Zuversicht. Vor ihrer Stellung hatten sie das Vorfeld 50 bis 100 Meter weit geräumt und waren völlig davon überzeugt, dass sie einen Angriff abwehren könnten.

Ich nutzte die Zeit bis zum Eintreffen der anderen Abteilungen zur Erkundung und konnte mir bald ein Bild von den Pässen machen, die durch das schwierige Fels- und Waldland westlich unserer Kommunikationslinie führten.

Wegen des auffallend dichten Busches war der Versuch, ein starkes Detachment um das feindliche Lager herum zu schicken, um es von hinten anzugreifen, erfolglos. Der Feind erlitt jedoch Verluste durch zahlreiche kleinere Unternehmungen unserer Patrouillen, die auf seine Transportkolonnen und die hinter seiner Front arbeitenden Automobile feuerten. Auf diese Weise wurde auch einmal ein Stabswagen effektiv beschossen. Die Patrouillen des Feindes waren ebenfalls aktiv und mehrere seiner entfernten Patrouillen waren hinter uns geraten. Eine davon, befehligt von Leutnant Wienholt, verriet ihre Anwesenheit, indem sie eine Kolonne unserer Träger überraschte und die Ladung verbrannte. Diese enthielt unter anderem eine Menge Hosen, die im Versorgungsschiff herausgekommen waren und sehnsüchtig erwartet wurden. Wienholt erregte daher bei allen schmerzliches Interesse. Seine Patrouille wurde im Lager im dichten Busch entdeckt und überrascht. Er selbst entkam und wollte sich im Vertrauen darauf, dass es nicht leicht ist, im afrikanischen Busch jemanden zu finden, allein durch unsere Linien und zurück zu den Engländern durcharbeiten. Unseren bewährten Männern, Zan Rongew, Nieuwenhudgu und Trappel, die die Pferde in der Nähe des Longido-Bergs geschickt gefangen hatten, gelang es, ihn aufzuspüren und festzunehmen. Als ich von einer Erkundungsfahrt zurückkam, traf ich Wienholt in unserem Lager in Tuliani, wo wir ein fröhliches Mahl mit seinen Entführern genossen. Wir konnten nicht umhin, die hervorragende Arbeit seiner Patrouille ehrlich zu bewundern, deren Route auf der Karte, die man ihm abnahm, genau eingezeichnet war. Wienholt wurde dann in ein Gefangenenlager im Landesinneren gebracht, aus dem er einige Monate später beim Baden entkam. 1917 leistete er hervorragende Arbeit auf Patrouillen in der Umgebung von Kilwa und Livale und auch später, 1918, in Portugiesisch-Ostafrika. Seine Beschreibung eines Angriffs durch einen Leoparden, der mit großer Kühnheit seinen Kameraden im Lager tötete, hat mich sehr interessiert. Ich nehme an, dass er inzwischen Freunden und Bekannten seinen lebhaften Bericht zukommen ließ, dessen Original er leider später bei einer Patrouillenbegegnung verlor.

Es vergingen nun Wochen, in denen uns die Engländer vor allem durch Bomben aus Flugzeugen ärgerten. Sie hatten offenbar den genauen Standort unseres Hauptquartierlagers in Tuliani herausgefunden. Ich erinnere mich an einen Tag, an dem vier Flugzeuge, gegen die wir nichts ausrichten konnten, stundenlang über unserem Lager kreisten und Bomben abwarfen. Aber wir hatten gelernt, uns unsichtbar zu machen, und nur der in der Telefonhütte beschäftigte Europäer wurde so schwer verletzt, dass er seine Hand verlor. Eine angrenzende Hütte voller wertvoller Dokumente wurde durch eine Brandbombe in Brand gesetzt.

Meine Wagen waren damals noch in Betrieb, und von Tuliani aus konnte ich Krauts Abteilung oft schnell über die gute Verbindungsstraße erreichen. Lieutenant Commander Schoenfeld hatte dort ausgezeichnete Vorkehrungen getroffen, um das Feuer der 4-Zoll- und 3,5-Zoll-Schiffsgeschütze zu lenken. Von seinen Beobachtungsposten auf den Höhen des Kanga-Bergs hatte man einen guten Blick auf die englischen Lager. Einige schwache deutsche Abteilungen waren Major Kraut nicht von Usambara nach Tuliani gefolgt, sondern waren entlang der Usambara-Eisenbahn nach Tanga geflohen. Dort und auch in der Nähe von Korogwe hatten sie kleinere Begegnungen mit dem Feind und zogen sich allmählich nach Süden zurück, auf die Ostseite von Krauts Abteilung. Größere Teile des Feindes folgten ihnen. Allmählich wurde es möglich, dass die Truppe bei Tuliani im Osten umgangen wurde und ihre Verbindung mit dem Morogoro-Gebiet verlor, das für die Versorgung mit Vorräten, Munition und Lebensmitteln so wichtig war. Zur gleichen Zeit rückte General van Deventer, dessen Truppen auf eine Division aufgestockt worden waren, von Kondoa nach Süden vor, und Captain Klinghardt zog sich vor ihm zurück, zunächst nach Süden und dann in Richtung Mpapua.

Die Enge und Schwierigkeit des Landes veranlasste Hauptmann Klinghardt, seine ohnehin schon kleine Truppe (fünf Kompanien) noch weiter aufzuteilen, um wichtige Pässe zu beobachten und zu blockieren. Der Feind folgte mit einer großen Anzahl von Automobilen, und gelegentlich wurde eines davon erfolgreich durch in die Straßen versenkte Minen in die Luft gesprengt. Wegen der unvermeidlichen Zerstreuung von Hauptmann Klinghardts Truppen und der Schwierigkeit, den Kontakt untereinander aufrechtzuerhalten, wusste ein Teil oft nicht, was mit seinen Nachbarn geschah. Eine große deutsche berittene Patrouille versuchte, sich von Osten her mit einer Abteilung zu verbinden, die sich vermutlich in Meiameia an der Straße von Dodoma nach Kondoa-Irangi befand. Völlig unbewusst ritt sie direkt in ein feindliches Lager und wurde fast ausnahmslos gefangen genommen. Der Rückzug unserer Truppen aus Kondoa, die nicht nur fliehen, sondern auch dem Feind Schaden zufügen mussten, war ein sehr schwieriges Manöver. Der richtige Moment, um zurückzuweichen, wieder anzuhalten, für einen plötzlichen Gegenschlag vorzurücken und dann schnell und rechtzeitig wieder abzubrechen, ist schwer abzuschätzen. Es fehlten zuverlässige Berichte. Aufgrund der Knappheit der Kommunikationsmittel wurden die Schwierigkeiten beim Rückzug mehrerer Kolonnen durch unbekanntes Land unendlich groß. Der Einfluss des Kommandanten war oft ausgeschaltet und zu viel musste dem Zufall überlassen werden. Am 31. Juli 1916 erreichte der Feind die Central Railway bei Dodoma. Captain Klinghardt schlich sich entlang der Eisenbahn nach Osten ab. Bei den Gefechten, die westlich von Mpapua stattfanden, wurden mehrere günstige Gelegenheiten nicht erkannt und benachbarte Abteilungen, auf deren Hilfe man sich verlassen hatte, trafen nicht rechtzeitig ein. Solche Dinge führen leicht zu einem Gefühl der Unsicherheit unter den Truppen und schwächen das Vertrauen und den Unternehmungsgeist. Die Schwierigkeiten wurden in diesem Fall dadurch verschärft, dass Captain Klinghardt an Typhus erkrankte und genau im kritischen Moment ein Opfer wurde. Als sein Ersatz wurde Hauptmann Otto aus Tuliani geschickt, und es gelang ihm, die verstreuten Gruppen noch einmal zu sammeln und eine einheitliche Kontrolle herzustellen.

Auch die 2. Schützenkompanie, die sich über die Straße Kondoa-Saranda nach Saranda zurückziehen musste und zu der sie jeglichen Kontakt verloren hatte, machte einen großen Bogen auf der Südseite der Eisenbahnlinie und schloss sich Ottos Abteilung wieder an. Aufgrund der zahlenmäßigen Überlegenheit des Feindes war Ottos Abteilung bei den nun stattfindenden Aktionen häufig einem Angriff an der Front ausgesetzt, während sie von beiden Flanken umzingelt war. Dem Feind gelang es nicht immer, diese Bewegungen richtig zu timen. So kam der Frontalangriff bei Mpapua unserer Linie zu nahe und erlitt schwere Verluste; und der Flankenangriff, selbst wenn er auf die Rückseite unserer Stellungen gerichtet war, hatte keine entscheidende Wirkung. Die geringe Sichtweite ermöglichte es uns immer, entweder der Gefahr auszuweichen oder, wenn sich die Gelegenheit bot, die uns umzingelnden Truppen einzeln anzugreifen. Auf jeden Fall erforderten diese Umzingelungstaktiken des Feindes große Anstrengungen und verbrauchten seine Kräfte, wenn sie, wie in diesem Fall, in außergewöhnlich dichtem Buschwerk und zwischen zahlreichen Felsen durchgeführt wurden. Jeden Tag zog sich Captain Otto nur ein paar Meilen weiter nach Osten zurück, und bei diesen Operationen ermöglichte ihm die Eisenbahn, die Position seines großen Geschützes nach Belieben zu ändern. Als Ottos Abteilung sich Kilossa näherte, wurde es notwendig, auch die Hauptstreitmacht in Tuliani zu verlegen. Das Hauptquartier und ein Teil der Truppe zogen nach Morogoro, Major Kraut mit mehreren Kompanien und einem 4-Zoll-Geschütz nach Kilossa. In Tuliani übernahm Captain Schulz das Kommando.

Ich rechnete nun damit, daß von Norden her vorrückende Kolonnen bald das Land westlich von Bagamoyo erreichen würden und dort auch Truppen landen würden. Um persönlich zu rekognoszieren, reiste ich nach Ruwa Station und von dort mit dem Fahrrad über die sandige, wellige Straße nach

Bagamoyo. Einen Tagesmarsch südlich von Bagamoyo stieß ich auf das Lager zweier Europäer: Es war Distriktkommissar Michels, der sein bedrohtes Distriktshauptquartier von Bagamoyo ins Landesinnere verlegen wollte. Die Einwohner waren zutraulich und lebten wie im Frieden. Der allgemeine Krieg war bisher spurlos an ihnen vorübergegangen. Da die Zeit drängte, mußte ich umkehren und Herr Michels flinker Muscat-Esel brachte mich in wenigen Stunden nach Ruwa zurück. Am nächsten Tag erkundete ich von Kidugallo aus mit dem Fahrrad die dort und weiter nördlich angelegten Versorgungslager und kehrte dann nach Morogoro zurück. Weitere Erkundungen, meist ebenfalls mit dem Fahrrad, führten mich in die westlich gelegenen Berge in Richtung Kilossa und entlang der Straßen, die das Uluguru-Gebirge im Westen und Osten umrunden. Die Pässe, die von Morogoro die Nordhänge der riesigen Uluguru-Gruppe hinauf und auf der Südseite wieder hinunter nach Kissaki führen, mussten zu Fuß erkundet werden. Aufgrund des Drucks, den General van Deventer auf Kilossa ausübte, und der Gefahr, dass auch Hauptmann Schulz bei Tuliani umgangen werden könnte, war es unerlässlich, den richtigen Moment für den Rückzug von Hauptmann Schulz nach Morogoro nicht zu verpassen. Um jedoch die Schlagkraft zu behalten, mussten wir den Raum Tuliani so lange wie möglich halten.

Das Detachment von Hauptmann Stemmermann, das einen kurzen Tagesmarsch nördlich von Tuliani zurückgedrängt worden war, wurde bei Maomondo von einer starken Streitmacht aus Europäern und Indianern angegriffen. Der Feind war sehr geschickt. Ein auf einem Felshang platziertes Maschinengewehr der 6. Kompanie wurde von einigen Indianern, die sich unbemerkt von vorne herangeschlichen hatten, erbeutet und den steilen Hang hinuntergeworfen, so dass es nicht wiedergefunden werden konnte. Der Feind, der in unsere Linien eingedrungen war, wurde durch einen Gegenangriff der 21. Kompanie unter schweren Verlusten wieder hinausgeworfen. Aus nächster Nähe schoss der englische Major Buller, ein Sohn des bekannten Generals aus der Zeit des Südafrikanischen Krieges, dem Kompaniechef, Leutnant von Ruckteschell, eine Kugel durch den Hut, wurde dann aber von diesem schwer verwundet. Major Buller wurde in das deutsche Krankenhaus in Daressalam gebracht und von der Frau seines Gegners, die dort als Krankenschwester arbeitete, wieder gesund gepflegt. Während der Gefechte bei Maternondo hatten englische Reiter weiter westlich vorgedrungen und tauchten plötzlich auf einem der Gebirgspässe auf, die von Westen nach Tuliani führten. Im dichten Busch erlitt die 2. berittene Brigade, die unter General Brits aus Südafrika gekommen war, offenbar schwere Verluste.

Mit Zustimmung des Hauptquartiers zog sich Captain Schulz nun nach Derkawa zurück, das im dichten Busch am Wami-Fluss an der Straße von

Tuliani nach Morogoro liegt. Hier nahm er eine befestigte Stellung am Südufer ein, wo er am 13. August vom Feind angegriffen wurde, der ihn von Tuliani aus mit einer Streitmacht von mindestens einer Brigade Infanterie und General Brits berittener Brigade verfolgte, während ihn gleichzeitig eine andere Brigade, die das rechte Ufer des Wami hinaufmarschiert war, von Osten her angriff. Während des Gefechts wurde von Morogoro aus ständige telefonische Verbindung mit Captain Schulz aufrechterhalten. Die Verluste des Feindes wurden auf mehrere Hundert geschätzt und später von den Engländern bestätigt. Die Angriffe wurden abgewehrt, aber im dichten Busch war es so schwierig, sich ein klares Bild von der Lage zu machen, dass es nicht möglich schien, einen entscheidenden Erfolg zu erzielen. Captain Schulz war zurückhaltend, die eine gebildete Kompanie einzusetzen, die er noch übrig hatte. Ich billigte seine Absicht, sich am Ende der Schlacht nach Morogoro zurückzuziehen, da die allgemeine Lage es für mich wünschenswert machte, meine Kräfte zu konzentrieren. Nach Major Krauts Ankunft in Kilossa brachte ich auch Captain Otto mit einem Teil seiner Kompanien nach Morogoro. Major Kraut war hinter Ottos Abteilung durch Kilossa hindurchgegangen und hatte nach einigen Gefechten an diesem Ort eine Position unmittelbar südlich davon auf der Straße nach Mahenge eingenommen. Selbst nachdem der Feind in Kilossa eingedrungen war, funktionierte die telefonische Verbindung mit Krauts Abteilung über den Feind noch einige Stunden lang.

Von da an war die direkte Verbindung mit Major Kraut unterbrochen. Die Signalisierung per Helium funktionierte nicht, und die Leitungen, die von Kissaki und später vom Rufiji nach Mahenge und von dort zu Major Kraut führten, waren noch nicht fertiggestellt – in manchen Fällen noch nicht einmal begonnen. Mit General Wahle in Tabora hatten wir seit der zweiten Julihälfte, also seit über einem Monat, ebenfalls keine Verbindung mehr. Bagamoyo war in die Hände des Feindes gefallen, und jeden Tag erwarteten wir, vom Fall Daressalams zu hören und die Verbindung mit diesem Ort zu verlieren.

KAPITEL VI
DAUERKÄMPFE IN DER NÄHE DES RUFIJI

Um den aus Richtung New Langenburg vorrückenden Truppen von General Northey entgegenzutreten, war Ende Juni Captain Braunschweig aus Dodoma entsandt worden. Er hatte Verstärkungen aus Kondoa und Daressalam für die beiden deutschen Askari-Kompanien aufgenommen, die aus dem Gebiet von New Langenburg entkommen waren, und hatte seine eigenen Truppen, insgesamt fünf Kompanien und eine Feldhaubitze, in Malangali konzentriert. Dort lieferten sich seine Truppen einen tapferen Kampf mit einer überlegenen feindlichen Streitmacht, mussten sich jedoch nach Mahenge zurückziehen.

Da die feindlichen Kolonnen sich nun in Richtung Morogoro näherten, mussten wir unseren zukünftigen Operationsplan überdenken. Der Feind erwartete, dass wir in der Nähe von Morogoro, an den Nordhängen der Uluguru-Berge, eine letzte entscheidende Schlacht schlagen würden. Für mich war dieser Gedanke nie ganz verständlich. Da wir die bei weitem schwächere Partei waren, war es sicherlich Wahnsinn, an dieser Stelle auf den Zusammenschluss der feindlichen Kolonnen zu warten, von denen jede einzelne uns bereits zahlenmäßig überlegen war, und dann mit dem Rücken zu den steilen und felsigen Bergen zu kämpfen, deren Pässe leicht zu schließen waren und die uns jede Bewegungsfreiheit in unserem Rücken nahmen. Ich dachte, es wäre vernünftiger, unsere Operationen so durchzuführen, dass wir es nur mit einem Teil des Feindes zu tun hatten. Da ich wusste, dass der Feind und insbesondere General Brits eine Vorliebe für weite Umwege hatten, war ich überzeugt, dass eine Kolonne von Dakawa, wo große feindliche Lager identifiziert worden waren, oder von Kilossa losziehen würde, um unseren Rücken zu erreichen, indem sie die Westseite der Uluguru-Berge umging. Diese Möglichkeit war so offensichtlich, dass ich jeden Tag in die Berge westlich von Morogoro radelte, um die Berichte der Patrouillen rechtzeitig zu erhalten und sie durch persönliche Beobachtung der Rauch- und Staubwolken zu ergänzen. Letztere ließ bald keinen Zweifel mehr daran, dass eine starke Kolonne aus der Nähe von Dakawa in Richtung der Eisenbahn zwischen Morogoro und Kilossa marschierte. Patrouillen identifizierten feindliche Truppen, die die Eisenbahn überquert hatten und weiter nach Süden marschierten. Die Beobachter in den Bergen meldeten, dass sich die Staubwolken in Richtung Mlali bewegten.

Da ich diese Bewegung vollständig ablaufen lassen und dann die isolierte Abteilung mit meinen gesamten Kräften angreifen wollte, wartete ich, bis ich dachte, sie sei in der Nähe von Mlali. Am Abend des 23. August erhielt Captain Otto, der in Morogoro lagerte, den Befehl, in der Nacht mit drei Kompanien nach Mlali abzumarschieren. Er kam am frühen Morgen des 24.

dort an, gerade als englische Reiter das Depot eingenommen hatten. Als ich Ottos Abteilung erreichte, war der Kampf in vollem Gange. Das Gelände war jedoch aufgrund der vielen steilen Hügel, die die Bewegung behinderten, für kurze, entscheidende Schläge ungeeignet. Die anderen Truppen in Morogoro, mit Ausnahme von Captain Stemmermanns Abteilung, wurden telefonisch herbeibeordert. Ich selbst ging noch einmal nach Morogoro zurück, um die Lage zu besprechen. Stemmermanns Abteilung, der wegen der Straßen die 4-Zoll *-Königsberg-* Kanone und die Haubitzenbatterie zugeteilt waren, erhielt den Befehl, sich entlang der Osthänge des Uluguru-Gebirges zurückzuziehen und den Feind dort aufzuhalten. Die Pässe über die Berge selbst waren durch schwache Patrouillen gesperrt. Als ich am Nachmittag wieder in Mlali ankam, war der Kampf noch unentschieden. An mehreren Stellen war der Feind zurückgedrängt worden, und mehrere Leute meinten, ihn erheblich leiden gesehen zu haben. Doch bei Einbruch der Nacht waren wir so in den Bergen verstrickt, und jede Bewegung war so schwierig geworden und nahm so viel Zeit in Anspruch, dass wir anhielten. Die Nacht war sehr kalt, da wir ohne die Ladung der Träger auf den Hügeln lagen. Glücklicherweise hatte diese fruchtbare Region jedoch bisher kaum unter dem Krieg gelitten, und ein am Spieß gebratenes Huhn stillte bald unseren Hunger.

Am nächsten Morgen deuteten zahlreiche Explosionen in den vom Feind überraschten deutschen Depots darauf hin, dass er losgezogen war und die dort gelagerten 4-Zoll-Granaten zerstört hatte. Wir vermuteten, dass er sich nach Südwesten bewegte, was sich schließlich auch als richtig herausstellte. Der Feind machte wahrscheinlich eine Kehrtwende, um Kissaki vor uns zu erreichen. Im wohlhabenden Verwaltungsbüro an diesem Ort waren 600 Tonnen Nahrungsmittelvorräte und die aus Morogoro abtransportierten Militärvorräte gesammelt worden. Wilde Gerüchte übertrieben die tatsächlichen Tatsachen und behaupteten, dass starke Kräfte die Straßen nach Kissaki bereits vor uns erreicht hätten. Obwohl die Wagenstraße in Mlali endete und der Rest der Strecke nach Kissaki nur aus Pfaden bestand, die von vielen Schluchten und Hindernissen unterbrochen waren, musste die Möglichkeit, dass der Feind schnell auf Kissaki vorrücken könnte, sehr ernst genommen werden, und wir hatten keine Zeit zu verlieren. Am Abend wurden wir vom Vater in der Mgeta-Mission äußerst gastfreundlich bewirtet. Die Gebäude liegen reizvoll in der tiefen Schlucht des Mgeta-Flusses, der in diesem Teil sehr schnell abfließt. Die vielen Lichter am Hang des Hügels ließen einen glauben, man nähere sich einem kleinen Badeort in Deutschland. Auch einige europäische Frauen aus Morogoro hielten sich dort auf und verabschiedeten sich zum letzten Mal von der Macht. Mit Ausnahme einiger Krankenschwestern mussten alle Frauen zurückbleiben.

Der Abtransport unserer Lasten verlief recht zufriedenstellend. Die Truppe profitierte davon, dass ihr auf Drängen des energischen Hauptmanns Feilke etwa tausend einheimische Arbeiter zur Verfügung gestellt wurden, die bis vor wenigen Tagen in der Forstwirtschaft in Morogoro gearbeitet hatten. Doch die Frage der Träger begann schwierig zu werden. Die Eingeborenen sahen, dass wir das Land räumten; einige von ihnen, die versprochen hatten zu kommen, blieben fern, zur Verzweiflung der vernünftigen Häuptlinge, die uns gern geholfen hätten. Da nur kleine Gruppen des Feindes in der Gegend um Mgeta auftauchten, schien es wahrscheinlich, dass seine Hauptstreitkräfte eine Kehrtwende machten. Unsere Hauptstreitmacht ließ eine Nachhut zurück, die uns nur langsam folgte, und wurde in den folgenden Tagen näher an Kissaki herangeführt. Eines Nachts erschien ein Askari in flotter militärischer Haltung an meinem Bett: Es war der Effendi Yuma Mursal von der 4. Feldkompanie, der krank in Morogoro zurückgelassen worden war. Er berichtete, dass eine feindliche Streitmacht, die so stark war wie die in Kahe, von Morogoro aus um die Westseite der Uluguru-Berge herummarschiert sei und dass die jüngsten Kämpfe für eine Reihe deutscher Askari zu viel für sie gewesen seien. Sie seien desertiert und plünderten nun die Plantagen südwestlich von Morogoro.

Von Kissaki zu uns wurde eine Telefonleitung gelegt, über die uns Hauptmann Tafel ständig auf dem Laufenden hielt; bis jetzt war in Kissaki kein Feind gesichtet worden. Aber westlich von uns meldeten Patrouillen, dass der Feind nach Süden marschiere. Ich zog daher nach Kissaki und musste einige unserer Vorräte vernichten, die in kleinen Depots entlang unserer Route gesammelt waren. Unglücklicherweise wurde dabei versehentlich ein fähiger Unteroffizier der Artillerie getötet, wie es schon einmal bei einer ähnlichen Gelegenheit in Morogoro geschehen war. In Kissaki vergingen mehrere Tage, bevor wir ernsthaft mit dem Feind zusammenstießen. Es war nicht ratsam, das Boma-Fort selbst zu besetzen; es bestand aus einer Gruppe von Gebäuden, die von einer massiven hohen Mauer umgeben waren, und lag inmitten eines völlig gerodeten Stück Landes. Der Feind konnte es daher nur durch einen kostspieligen Angriff einnehmen; er hatte jedoch keinen Grund, es überhaupt anzugreifen; durch Artillerie und Bomben aus Flugzeugen hätte er es uns unerträglich machen können, in der engen Boma zu bleiben, und wir selbst wären dann gezwungen gewesen, einen Ausfall auf offenem Feld zu machen und das Feuer zu ertragen, das der Feind in vollkommener Sicherheit auf uns hätte niederprasseln lassen können. Unsere Verteidigungsanlagen wurden daher weit außerhalb der Boma platziert, vor den Blicken der Flugzeuge geschützt und so angelegt, dass sie unbemerkt besetzt und evakuiert werden konnten.

Erst als ich selbst in Kissaki ankam, bekam ich eine richtige Vorstellung von der Fülle der dort vorhandenen Vorräte und Vorräte. Ich erfuhr, dass entgegen meiner Annahme weiter südlich in Behobeho oder in Kungulio am Rufiji praktisch nichts gelagert war. In Kissaki gab es große Vorräte, aber trotz der dichten einheimischen Bevölkerung war es unmöglich, sie wegzuschaffen. Die zahlreichen Einwohner, für die der Krieg und die vielen Askari etwas völlig Neues waren, verloren den Kopf und flohen in den Busch. Die Zivilverwaltung, die das volle Vertrauen der Bevölkerung genoss, erwies sich als machtlos gegen die überwältigenden Einflüsse, die nun auf sie einprasselten. Selbst Kleidergeschenke, die normalerweise so hoch geschätzt wurden, konnten sie nicht zurückhalten. Es schien, als hätten sich alle bösen Geister verschworen, um uns des Transports zu berauben. Unsere Kolonne von mehreren hundert Packeseln war von Morogoro über die Berge getrieben worden. Sie kam spät und völlig erschöpft in Kissaki an. Unsere Ochsenkarren, die wegen des Zustands der Straßen die Ostseite des Uluguru-Gebirges umgehen mussten, schienen nie anzukommen. Der Leiter des Nachrichtendienstes konnte keine andere Möglichkeit finden, die Vorräte wegzubringen, die für die Fortsetzung des Krieges für uns unerlässlich waren. Und dennoch war es offensichtlich, dass wir uns vor der Übermacht des Feindes weiter nach Süden, in Richtung Rufiji, zurückziehen mussten.

Ein Umstand, der die Düsternis aufhellte, war, dass unsere großen Viehherden, die östlich von Mpapua geweidet hatten, rechtzeitig weggebracht worden waren. Mehrere tausend Tiere, meist schönes Vieh, trafen in Kissaki ein und hätten einen höchst willkommenen mobilen Vorrat an Vorräten gebildet. Aber leider wurde unsere Freude darüber durch das häufige Auftreten der Tset-Tse-Fliege an einigen Orten getrübt; wenn die Tiere von ihr gestochen wurden, verloren sie ihren Zustand stark und starben meist nach wenigen Wochen. Der Großteil des Viehs wurde daher in die gesunden Bezirke am Rufiji weitergetrieben. Was den Rest anging, arbeiteten wir einfach energisch daran, die Vorräte nach Behobeho und weiter nach Kungulio wegzubringen, wobei wir die Träger der Truppen, alle Leute, die wir in dem Bezirk auftreiben konnten, und unsere wenigen Wagen benutzten. Um dies zu erreichen, mussten wir Zeit gewinnen, und Hauptmann Stemmermann, der auf der Oststraße das Uluguru-Gebirge ummarschierte, durfte vor der mit aller Macht nachdrängenden feindlichen Division nur ganz langsam zurückweichen.

Ich wartete mit dem Haupttrupp in Kissaki, um jede günstige Gelegenheit schnell erkennen und nutzen zu können. Wie zu erwarten war, hatte der Feind aufgrund unseres Rückzugs nach Kissaki seine Konzentration auf Morogoro aufgegeben; er hatte einige Abteilungen direkt über die Uluguru-Berge geschickt, aber seine anderen Kolonnen hatten sich abgetrennt und folgten uns weit nach Osten und Westen. Die Hoffnung, eine oder mehrere dieser Kolonnen einzeln besiegen zu können, erfüllte sich über alle

Erwartungen. Westlich der Uluguru-Berge hatte General Brits seine Division in Brigadekolonnen (zwei berittene und eine Infanteriekolonne) aufgeteilt, die Schwierigkeiten hatten, Kontakt zu halten. Bald wurden große feindliche Lager einen Tagesmarsch westlich von Kissaki entdeckt, und am 7. September 1916 wurde Captain Ottos Abteilung, die auf einer Plantage in der Nähe von Kissaki lagerte, von einer großen Streitmacht europäischer Reiterei sowie einheimischer und weißer Infanterie angegriffen. Wie sich später herausstellte, bestand diese Truppe aus General Enslins berittener Brigade und Teilen der Infanteriebrigade von General Brits Division. Die Umgehungsbewegung, die der Feind um den linken Flügel von Ottos Abteilung machte, durfte fortgesetzt werden, bis die umzingelnde Abteilung ganz in der Nähe der Boma von Kissaki hinter Hauptmann Otto angekommen war. Offensichtlich rechnete der Feind nicht damit, dass noch weiter hinten deutsche Reserven in Deckung postiert waren. Diese Reserven wurden nun auf ihn losgelassen. Die tapfere 11. Feldkompanie unter Leutnant Volkwein von der Reserve arbeitete sich durch das dichte Buschwerk bis dicht an den umzingelnden Feind heran und griff sofort jubelnd mit dem Bajonett an. Damit brachen die schönen Pläne des Feindes vollständig zusammen; unser weiterer Vormarsch rollte ihn einfach über und er war vollständig besiegt. Das fast undurchdringliche Buschwerk machte es unmöglich, den Feind energisch zurückzudrängen oder eine Verfolgung in großem Maßstab zu unternehmen; aber der Großteil seiner Truppen wurde zerschlagen und die kleinen Fragmente lagen in hoffnungsloser Verwirrung im Buschwerk verstreut. Die Leitpferde und Pferdehalter wurden gefangen genommen und etwa fünfzehn Europäer gefangen genommen. Schon am nächsten Tag kam ein englischer Soldat aus einer ganz anderen Richtung; er hatte sich mit seinen Leitpferden im dichten Busch verirrt und wusste nicht, wohin er gehen sollte. Der Mann hatte viel Humor; er warf sein Gewehr und seine Munition über einen kleinen Bach und sagte: „Es ist einfach Glück; ich hätte den richtigen oder den falschen Weg nehmen können. Ich hatte das Pech, den falschen zu nehmen. Das ist meine Schuld."

Tafels Abteilung, die nördlich von Kissaki auf der Straße, von der wir gekommen waren, lagerte, war am Abend des 7. nur teilweise in den Kampf eingestiegen. Ich hatte sie zurückgehalten, da ich dachte, dass gleichzeitig mit dem Angriff am 7. von Westen ein weiterer von Norden entlang der Straße erfolgen würde. Und General Brits hatte zweifellos diese vollkommen vernünftige Absicht; aber die Ausführung schlug fehl. General Nussys berittene Brigade, die keine Ahnung von den Aktionen des 7. hatte, marschierte am 8. von Norden auf Tafels Abteilung zu. Sie wurde genauso gründlich geschlagen wie ihre Freunde am Tag zuvor. Im dichten Busch war es am 8. noch schwieriger, den Kampf zu überblicken, und eine beträchtliche Zahl von Gefangenen, die die 1. Kompanie gemacht hatte, konnte entkommen.

In den zwei Tagen machten wir etwa dreißig europäische Gefangene, und einige von ihnen wurden an den Feind zurückgeschickt, nachdem sie geschworen hatten, in diesem Krieg nicht mehr gegen die Deutschen oder ihre Verbündeten zu kämpfen. Die Menschlichkeit dieses Schrittes, der unter tropischen Bedingungen im besten Interesse der Gefangenen selbst lag, wurde von den Engländern nicht erkannt. Sie vermuteten Spionage, ergriffen den deutschen Gesandten, der die Gefangenen zurückbrachte, schickten ihn mit verbundenen Augen weit in den Busch und ließen ihn dann gehen, wohin ihn das Glück führen würde. Es war ein Wunder, dass der Mann, der vom langen Umherirren erschöpft war, den Weg zurück fand. Dies zeigt, wie schwer die Engländer es uns machten, unnötige Härte gegenüber dem Feind zu vermeiden. Gleichzeitig hatten die englischen einfachen Soldaten Vertrauen in die Behandlung, die wir unseren Gefangenen zuteil werden ließen. Während das Schlachtfeld geräumt wurde, an dem sowohl englische als auch deutsche Sanitätsoffiziere teilnahmen, baten verwundete Engländer darum, vom deutschen Arzt behandelt zu werden . Und später bemerkten auch Verwundete, dass sie kaum geheilt worden wären, wenn sie von englischem Sanitätspersonal behandelt worden wären.

Meiner Meinung nach hatten uns diese zufriedenstellenden Erfolge bei Kissaki keine endgültige Entscheidung gegen die Truppen von General Brits gebracht, und ich bin nach wie vor der Meinung, dass in dem dichten Busch und dem zerklüfteten Land eine energische Verfolgung, die allein das gewünschte Ergebnis gebracht hätte, unmöglich war. Meine Aufmerksamkeit galt umso mehr der Truppe, die Stemmermanns Abteilung verfolgte, als sie bereits bis auf zwei Tagesmärsche nordöstlich von Kissaki herangekommen war. In den letzten Tagen war die Lage dort nicht günstig gewesen; das zerklüftete Gelände hatte in mehreren Fällen dazu geführt, dass unsere ohnehin schwachen Kräfte zerstreut wurden. Einige Teile waren in einen Hinterhalt geraten, die Truppen waren sehr erschöpft und einige Leute litten schwer unter Nervenproblemen. Am 9. September näherte sich Stemmermanns Abteilung dem Dorf Dutumi, das mir aus früheren Erkundungen bekannt war. Ich dachte, der Feind würde am nächsten Tag weiter vorrücken, und hielt die Gelegenheit für günstig, bei Dutumi einen Erfolg zu erzielen, indem ich meine Haupttruppe schnell von Kissaki dorthin verlegte. Am Abend marschierten wir von Kissaki auf der schönen breiten Straße weg und erreichten Dutumi in der Nacht. Hauptmann Otto blieb mit fünf Kompanien in Kissaki. Bei meiner Ankunft beschloss ich, den Überraschungsfaktor auszunutzen und am frühen Morgen einen Umfassungsangriff auf den linken Flügel des Feindes zu starten, der dicht vor Stemmermanns Abteilung ausgemacht wurde. Ich wusste, dass dieser Flügel in der Ebene war, während sich von unserer Seite aus gesehen die Mitte und die rechte Seite des Feindes nach links bis zu den Ausläufern der

Uluguru-Berge erstreckten. Wegen dieser Ausläufer waren die Angriffschancen auf unserer linken Seite weniger günstig.

Am frühen Morgen des 9. Septembers griff Schulz' Abteilung von rechts an. Bald begann Gewehr- und Maschinengewehrfeuer, und auch die leichte Artillerie des Feindes eröffnete das Feuer; aber das dichte, hohe Elefantengras, mit dem die Ebene bedeckt war, machte es unmöglich, sich einen klaren Überblick zu verschaffen. Ich dachte, der Angriff verlaufe gut, und ging nach links, um mir einen Überblick über die Lage zu verschaffen. Auch dort waren die Höhen dicht bewachsen. Es war sehr ermüdend, sich fortzubewegen, und es war schwierig, jemanden zu finden. Ich kletterte herum, ziemlich erschöpft in der Hitze eines tropischen Mittags, als ich glücklicherweise das Geräusch von Blechtöpfen hörte und feststellte, dass ich richtig schloss, dass ein Europäer gerade zu Mittag aß. Es war Hauptmann Göring, der seinen Posten im Busch auf einer Höhe eingenommen hatte, die eine gute Aussicht bot. Hier erhielt ich gegen 15 Uhr die unwillkommene Nachricht, dass der Angriff von Schulz' Abteilung auf unserer rechten Seite sein Ziel nicht erreicht hatte. Es war schlicht unmöglich, durch das dichte Elefantengras an den Feind heranzukommen. Wenn an diesem Tag also überhaupt eine entscheidende Aktion unternommen werden sollte, dann nur auf unserer linken Seite. Aber selbst hier war der Erfolg aufgrund des schwierigen Geländes nicht sehr wahrscheinlich. Die vorrückenden Kompanien gelangten in ein sehr zerklüftetes Gebirgsgebiet, in dem sie auf den Feind schossen und von ihm beschossen wurden, ohne Erfolg, und kehrten bei Einbruch der Dunkelheit in ihre ursprünglichen Positionen zurück.

In den folgenden Tagen richtete der Feind seine Angriffe hauptsächlich gegen unsere linke Seite und wurde häufig durch Gegenschläge zurückgedrängt. Aber im Großen und Ganzen war es offensichtlich, dass ein Erfolg nur möglich war, wenn sich der Feind als sehr ungeschickt erwies. Andererseits waren unsere Verbindungen, die von nun an nicht mehr nach Kissaki, sondern nach Behobeho im Südosten führten, in hohem Maße vom Feind bedroht. Ich gab daher Dutumi auf und zog die Hauptstreitmacht eine Marschstunde nach Süden über den Mgeta-Fluss zurück, wo die Truppe ein ausgedehntes befestigtes Lager einnahm, das sie monatelang hielt. Durch diesen Schritt wurden leider die reichen Felder von Dutumi aufgegeben. In dem armen Land Kiderengwa waren wir hauptsächlich auf Nachschub aus dem Hinterland angewiesen, der vom Rufiji heraufgeschickt wurde. Leider führten die Strapazen dieser Transportarbeit, verbunden mit durch Tset-Tse verursachten Krankheiten, sehr bald zum fast vollständigen Verlust unserer Packesel. Von Kiderengwa aus griffen unsere Kampfpatrouillen die feindlichen Kommunikationswege an, die von Dutumi nach Nordosten verliefen, sowie die Straße Dutumi-Kissaki, die sich bald durch feindliche Abteilungen und Transportfahrzeuge wimmelte.

Verschiedene Beobachtungen deckten nun auf, dass der Feind bemerkenswerte Bewegungen machte. Sowohl östlich als auch westlich des Uluguru-Gebirges waren Truppenbewegungen in so großer Stärke in Richtung Morogoro zu beobachten, dass die Eingeborenen sagten: „ *Wana hama* " („Sie ziehen woanders hin"). Ein großer Teil der südafrikanischen Europäer, von denen übrigens viele am Ende ihrer Kräfte waren, wurde nach Hause geschickt. Andere Beobachtungen zeigten eine Truppenbewegung nach Osten. Im Großen und Ganzen trat eine Ruhephase ein, die nur durch kleinere Patrouillenexpeditionen und gelegentliche Artilleriebeschusse unterbrochen wurde.

General Smuts erkannte, dass sein Schlag fehlgeschlagen war. Er schickte mir einen Brief, in dem er mich zur Kapitulation aufforderte. Damit zeigte er mir, dass seine gewaltsamen Mittel erschöpft waren.

KAPITEL VII
FEINDLICHE ANGRIFFE IM SÜDOSTEN DER KOLONIE

IN DER ZWISCHENZEIT erforderte die Situation in Kilwa erhöhte Aufmerksamkeit. Wir hatten dort nur schwache Abteilungen zum Schutz der Küste, die hauptsächlich aus jungen, neu angeworbenen Askari bestanden und als Kompanie organisiert waren. Diese Kompanie reichte nicht aus, und es bestand die Gefahr, dass der Feind von Kilwa zum Rufiji oder nach Livale marschieren und uns in den Rücken fallen könnte. Zweifellos hatte der Feind eine solche Absicht, und es musste etwas getan werden, um dies zu verhindern. Major von Boemken war bereits mit drei Kompanien vom Schlachtfeld von Dutumi nach Kunguliu am Rufiji aufgebrochen und reiste von dort im Marsch und mit dem Heckraddampfer Tomondo nach Utete weiter . Die *Tomondo* war der einzige Flachwasserdampfer auf dem Rufiji und transportierte den Großteil der Vorräte, die vom unteren Rufiji nach Kunguliu kamen, von wo sie mit Eseln und Lastenträgern zu den Truppen in Kiderengwa gebracht wurden. Es bedurfte nun einiger Diskussionen, bevor die Zivilbehörden mir die *Tomondo* zur Verfügung stellten, um die erforderlichen Truppen zu transportieren. In Kilwa entwickelte sich die Lage nicht ganz zufriedenstellend. Zwar verliefen einige kleinere Gefechte mehr oder weniger zu unseren Gunsten, aber wie so oft im Krieg gelang es uns nicht, eine einheitliche Kontrolle unserer Streitkräfte zu erreichen. Unter anderem gelang es dem Feind, ein Versorgungsdepot westlich von Kilwa zu zerstören, das zu nahe an der Küste lag. Der Feind stachelte die Eingeborenen geschickt zum Aufstand an, und sie leisteten ihm wertvolle Dienste als Spione. Mehrere deutsche Aufklärungsabteilungen gerieten in einen Hinterhalt und erlitten schwere Verluste. Der Distriktkommissar von Kilwa wurde gefangen genommen. Die ohnehin schwierige Lage in Kilwa wurde noch dadurch erschwert, dass die Askari des Distriktkommissars nicht dem Befehl des Militärkommandanten unterstanden.

Gleichzeitig machte sich der Druck feindlicher Kräfte aus der Richtung von Daressalam im Norden in Richtung des unteren Rufiji-Gebiets bemerkbar. Unsere schwachen Abteilungen, die sich von Daressalam in südlicher Richtung in Richtung des Rufiji-Gebiets zurückgezogen hatten und hauptsächlich aus einer jungen Kompanie Askari und einem Teil der Schiffsbesatzung der *Königsberg bestanden* , reichten nicht aus, um die reichen Lebensgrundlagen im unteren Rufiji-Gebiet zu schützen. Aber zu dieser Zeit war dieses Land das, worauf die Truppe angewiesen war, denn das mittlere Rufiji-Gebiet war nur dünn besiedelt und konnte Truppen und Träger nicht über längere Zeit unterhalten. Angesichts dieser Notlage hatten wir sofort begonnen, Mais in den fruchtbaren Niederungen von Logeloge und Mpanganya anzubauen, aber mit der Ernte konnte nicht vor März 1917 gerechnet werden. Wir waren daher einer großen Gefahr ausgesetzt, als mehrere Kompanien Inder unseren vorgeschobenen Offiziersposten in der Boma von Kissengire angriffen. Der Feind, der die steilen Mauern ohne ausreichendes Vorbereitungsfeuer angriff, wurde unter erheblichen Verlusten zurückgeschlagen. Unglücklicherweise wurde der deutsche Kommandant der Reserve, Leutnant Baldamus, getötet, der sich den feindlichen Geschossen zu sehr aussetzte. Aber seine entschlossene und tapfere Verteidigung sicherte uns den Besitz des Verwaltungssitzes in Kissengire bis zur Ankunft ausreichender Verstärkungen; es ist also diesem Offizier zu verdanken, dass wir die Kontrolle über das reiche Versorgungsgebiet des unteren Rufiji für Monate behielten.

Askari. Halt.
(Nach einer Zeichnung des Adjutanten des Generals von Lettow-Vorbeck.)

Der Banyan-Baum.
(Nach einer Zeichnung des Adjutanten von General von Lettow-Vorbeck.)

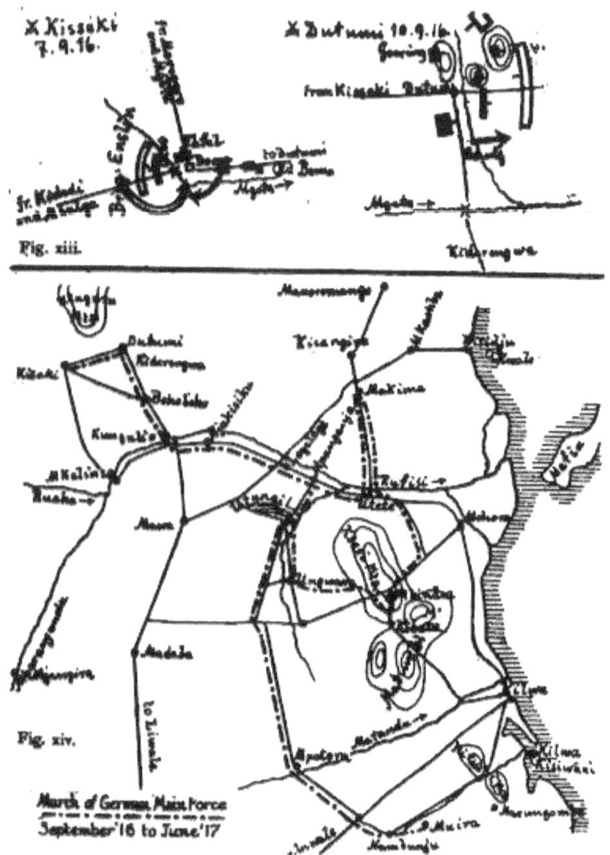

Abb. xiii. Schlachten von Kissaki und Dutumi. Abb. xiv. Marsch der deutschen Hauptstreitmacht, September 1916 bis Juni 1917.

Es wurde bereits erwähnt, dass es bei Kiderengwa zu einer Unterbrechung der Operationen gekommen war; ein Angriff auf den in einer starken Stellung verschanzten Feind versprach keinen Erfolg. Das Hauptquartier ließ daher nur acht Kompanien unter Hauptmann Tafel im Raum Kissaki-Kiderengwa zurück (und diese Truppe wurde später reduziert) und zog mit dem Großteil der Truppen in den unteren Rufiji. Die Straße nach Kunguliu führte an großen Seen vorbei, die wie der Rufiji voller Flusspferde waren. Aufgrund des allgemeinen Bedarfs an Fett wurde die Nilpferdjagd zu einer Existenzfrage. Man musste aufpassen, bis der Kopf des Tieres deutlich sichtbar war, um an einer Stelle zu treffen, die den sofortigen Tod zur Folge hatte. Das Tier sinkt dann und kommt nach kurzer Zeit wieder hoch, wo es mit einem Seil, das schnell aus Rinde hergestellt wurde, ans Ufer gezogen werden kann. Dort wird es zerschnitten, und der Fachmann weiß genau, wo er das weiße, appetitliche Fett finden kann. Die Menge variiert: Ein wohlgenährtes Tier liefert über zwei Eimer voll. Aber man musste nicht nur lernen, wie man das Fett zubereitet, sondern auch, wie man mit dem ersten Schuss sofort tötet. Einige dumme Leute waren leichtsinnig gewesen, und vielerorts sah man die toten Körper verwundeter Tiere, die schnell verwesten und als Nahrung ungenießbar wurden. Auch der Elefant wurde jetzt in einem neuen Licht betrachtet; normalerweise schätzt der Elefantenjäger Länge und Gewicht des Stoßzahns ab, bevor er schießt; jetzt war die drängende Frage: Wie viel Fett wird das Tier liefern? Denn Elefantenfett ist sehr gut und schmeckt möglicherweise sogar besser als das des Nilpferds.

Bei Kunguliu wurden die mitgebrachten Viehherden in den Fluss getrieben und geschwommen. Bis dahin waren die Truppen mit der Fähre gefahren, auf der Herr Kühlwein, der frühere Verkehrsleiter unserer verlorenen Nordbahn, sich nun mit dem bescheideneren Posten des „Verkehrsleiters der Kunguliu-Fähre" begnügte. Als wir ankamen, war eine 330 Meter lange Brücke fertiggestellt, die auch für Fahrzeuge geeignet war. Am Südufer bezogen wir unser Lager in der Nähe der Niakisiku-Plantage, die dem einberufenen Leutnant Bleeck von der Reserve gehörte. Die Häuser der Europäer waren zu Lazaretten umgebaut und voll belegt. Bei Logeloge fanden wir das Hauptquartier der Verbindungslinie, wo eine große Anzahl geräumiger Grashütten für die Truppen errichtet worden war. Die Plantage selbst, die einer Kompanie gehörte, bestand aus ausgedehnten Sisalfeldern. Auch Nahrungsmittel wurden in Hülle und Fülle angebaut. Da das Land frei von Tset-Tse war, gab es eine große Menge Vieh, und die Überlebenden unserer Packesel waren aus dem Tset-Tse-Land nördlich des Rufiji hierhergebracht worden. Hier lebten die Familien der Europäer noch in ihren solide gebauten Häusern und waren dankbar, dass der Verlauf der Operationen es ihnen ermöglicht hatte, ihr Privat- und Geschäftsleben mehr als zwei Jahre lang ungestört fortzusetzen.

In Logeloge und in der landwirtschaftlichen Versuchsanstalt von Mpanganya, die wir am nächsten Tag erreichten, hatten sich auch andere Europäer aus der Nachbarschaft versammelt und sich, wo die vorhandenen Gebäude sie nicht aufnehmen konnten, Häuser aus Stangen und Rohr oder Gras gebaut. Auch hier zeigte sich ein unangenehmes Symptom. Während die Truppen an der Front von bestem Geist und großem Unternehmungsgeist beseelt waren, war es hinter der Front nicht immer so. Die Leute, die am wenigsten von der Sache verstanden, wussten immer alles besser und nährten eine gewisse Unzufriedenheit. So etwas ist ansteckend und untergräbt auf lange Sicht das richtige Gefühl. Glücklicherweise hatten jedoch viele der Truppen hinter der Front genug Soldatenstolz, um den Nörglern gelegentlich ziemlich unverblümt das Maul zu stopfen. In einem der dortigen Krankenhäuser wurde jemand mit seiner destruktiven Kritik etwas zu freizügig, und ein Verwundeter antwortete: „Ich sage Ihnen was, der Kommandant ist das Gehirn der Truppe, aber Sie sind ihr Hinterteil!" Dieses ungeschminkte Epitheton war so treffend, dass es den Sprecher sofort zum Lachen brachte und den Makel, der sich auszubreiten drohte, wegpolierte.

Die Frage war nun, ob wir zuerst nach Norden gegen die Truppen in Kissengire oder gegen die in Kilwa vorgehen sollten. Letztere waren nicht, wie Major von Boemken befürchtet hatte, in Richtung Livale vorgerückt, sondern hatten sich, möglicherweise durch die Bewegungen unserer Truppen beeinflusst, nach Norden gewandt. Sie drangen so in das Kibata-Gebiet ein, das zwar reich, aber sehr bergig und schwer zu manövrieren war, und solange sie dort blieben, hielt ich sie nicht für sehr gefährlich. Ich hielt es für ausreichend, sie lediglich daran zu hindern, weiter in Richtung Rufiji vorzudringen, wozu eine schwache Truppe von fünf Kompanien unter Major Schulz genügte. Major von Boemken, der sich Sorgen um Livale machte, war mit zwei Kompanien und einem 4-Zoll-Geschütz in die Nähe von Mpotora vorgedrungen, ein Zufall, von dem wir, wie sich zeigen wird, später großen Nutzen zogen. Ich hatte daher freie Hand, um in Richtung Kissengire vorzurücken. Das war wichtig und ermöglichte es uns, das reiche Versorgungsgebiet nördlich des unteren Rufiji zu sichern und die wertvollen Vorräte von dort in den mittleren Rufiji zu bringen. Ob es eine Chance auf einen Erfolg im Feld geben würde, war nicht abzusehen; aber ich dachte, dass der Feind, da er Truppen aus den Uluguru-Bergen in östlicher Richtung in die Nähe von Kissengire gedrängt hatte, von Norden her Druck ausüben würde. Es war also durchaus möglich, dass wir eine günstige Gelegenheit für einen Kampf finden würden. Wir überquerten den Rufiji bei Utete in Booten und erreichten in wenigen Tagen Makima, einen Tagesmarsch südlich von Kissengire. Zu diesem Zeitpunkt war in Kissengire eine ausreichende Garnison von zwei Kompanien versammelt, wo sie aktiv zur Stärkung der Position eingesetzt wurde. Etwas weiter nördlich, bei Maneromango, befand sich eine starke Streitmacht des Feindes, und eine europäische Patrouille, die von Kiderengwa aus aufgebrochen war, meldete, dass feindliche Truppen von Westen in Richtung des Gebiets Maneromango-Kissengire verlegt worden waren.

Wenige Tage nach dem Verlassen von Kiderengwa war diese Patrouille in ein wasserloses Land mit schrecklicher Hitze geraten, und die verschiedenen Mitglieder hatten sich im dichten Busch verloren. Sie machten ihre Anwesenheit durch Schüsse bekannt und hatten keine andere Wahl, als sich den Engländern zu ergeben. Nur dem entschlossenen Patrouillenführer gelang es, in ein Eingeborenendorf zu entkommen, wo die Einwohner ihn scheinbar freundlich begrüßten und ihm Eier brachten. Als er sich bückte, um sie zu nehmen, fielen sie über ihn her und übergaben ihn einer Patrouille englischer Askari, die sich in der Nähe versteckt hielten. Ein Askari mit einem Maultier, der sich ziemlich arrogant verhielt, sollte den Deutschen zurück eskortieren. Unterwegs machte ihn der Deutsche im Gespräch auf Mängel an seinem Zaumzeug aufmerksam, und es gelang ihm, das Maultier zu ergreifen und mit aller Geschwindigkeit darauf davonzureiten. Im Kampf, der stattfand, hatte er das Gewehr des Askari ergriffen und ihn damit erschossen.

Östlich von Kissengire drangen unsere Patrouillen ebenfalls nach Norden vor, und es kam zu zahlreichen kleineren Gefechten im Busch, bei denen der Feind zeitweise sehr schwere Verluste erlitt. Weiter östlich, an der Küste bei Kissiju, trieben sich auch andere feindliche Abteilungen herum, und auch ein kleines englisches Kriegsschiff war dort. Eines Morgens überraschte Hauptmann von Liebermann mit der 11. Kompanie diesen Gegner, und unser Askari ging mit aller Kraft und unter Jubel auf ihn los. Auch das Kriegsschiff wurde mit dem Feldgeschütz beschossen, und es wurden offenbar mehrere Treffer erzielt. Nachdem er den Feind aus Kissiju vertrieben hatte, kehrte Hauptmann von Liebermann zurück. Wir operierten auch gegen die feindlichen Kommunikationswege, und fast täglich kam es zu kleinen Gefechten.

Das dicht besiedelte Land ist von geradezu sagenhafter Fruchtbarkeit. Neben reichlich Mehl hatten sowohl Europäer als auch Askari Mangos, Papayas, Mustapheles, Kokosnüsse und andere tropische Früchte. Wir waren überrascht, die großen Reisfelder zu sehen, die sich hier nahe der Südseite von Daressalam befanden, da in Friedenszeiten der größte Teil des Reises aus Indien kam. Vieh gab es nur wenig, aber die Kompanien begannen, Jagdtrupps in die Prärie zu schicken, die voller Wild war und sich besonders auf der Westseite unserer Stellungen erstreckte. Dass es in der Nähe Wild geben musste, wurde durch die Anwesenheit zahlreicher Löwen bewiesen. Häufig wanderte nachts eine fünfköpfige Löwenfamilie durch unser Lager und tötete gelegentlich Tiere darin.

Während sich das Hauptquartier im Oktober in Makima befand, traf ein Bericht ein, der mich vermuten ließ, dass die Landung starker feindlicher Streitkräfte in Kilwa und das Auftauchen feindlicher Abteilungen, die von Westen aus in Richtung Livale kamen und am Mbaranganda-Fluss angekommen waren, Teil einer großen konvergierenden Bewegung des Feindes gegen Livale waren. Starke portugiesische Streitkräfte hatten den Rovuma überquert, waren in das Hochland von Makonde eingedrungen und hatten sich im Distrikt Nevala niedergelassen. Der Kapitän der *Königsberg*, Kapitän Looff, war nach der Räumung von Daressalam auf dem Landweg weitergezogen, zuerst in das alte Gebiet *der Königsberg* am Rufiji und dann nach Lindi. Er hatte nun das Kommando im Süden übernommen. Mit den drei neu aufgestellten Askari-Kompanien, den einzigen Truppen, die dort im Augenblick verfügbar waren, hatte er sich vor den starken Stellungen des in Lindi gelandeten Feindes verschanzt, den Abtransport der Ladung des Versorgungsschiffes von Ssudi nach Norden gedeckt und den Portugiesen, die sich am unteren Rovuma gezeigt hatten, durch kleinere Expeditionen Schaden zugefügt. Seine Truppen waren jedoch etwas zu schwach, um gegen die Portugiesen, die in seinem Rücken bei Nevala vorrückten, mit Aussicht auf einen schnellen und entscheidenden Erfolg vorgehen zu können.

Es war daher sehr praktisch, dass sich, wie bereits erwähnt, zwei Kompanien und das 4-Zoll- *Königsberg-* Geschütz von Boemkens Abteilung zufällig in Mpotora befanden. Zum Befehligen dieser Abteilung wurde Hauptmann Rothe aus der Reserve aus dem Rufiji geschickt, da er unter den gegebenen Umständen von seinen Pflichten als Oberpostdirektor entbunden werden konnte *und* auf seine dringende Bitte hin der Schutztruppe uneingeschränkt zur Verfügung gestellt worden war. In wenigen Tagen kam er mit dem Fahrrad aus Niakisiku an, übernahm seine Abteilung und führte sie nach Nevala. Hauptmann Looff übernahm das Kommando über die gesamte Truppe, die Portugiesen wurden von der *Königsberg-* Kanone gründlich in Bedrängnis gebracht und ihre Stellungen im Sturm erobert. Wir machten eine wirklich sehr beträchtliche Beute, darunter vier Gebirgsgeschütze, eine Anzahl Maschinengewehre, mehrere hundert Gewehre, viel Munition, mehrere Autos, Vorräte und alle Arten von Ausrüstung. In den folgenden Wochen fanden wir ständig Mengen vergrabener Vorräte und Munition. Die sehr geheimen Orte waren besonders gut gefüllt. Die Portugiesen wurden vollständig aus dem deutschen Gebiet vertrieben und ein Stück weit in ihr eigenes Land hinein verfolgt. Die allgemeine Lage hinderte mich jedoch daran, die Verfolgung bis zum Äußersten fortzusetzen. Rothes Detachment wurde nach Mpotora zurückgebracht, um den Feind bei Kilwa im Auge zu behalten, der immer stärker wurde. Schon vor dieser Bewegung hielt ich es für notwendig, starke Kräfte aus der Gegend von Kissengire nach Kibata zu verlegen. Es hatte sich keine Gelegenheit ergeben, nördlich des unteren Rufiji eine entscheidende Schlacht zu schlagen; wie ich erwartet hatte, musste ich eine langwierige Operation in den Bergen von Kibata durchführen, die nur wenig Aussicht auf eine Entscheidung bot.

Die Truppenverlegung nach Kibata erfolgte Ende November 1916. Unterwegs schlugen wir unser Lager in Utete auf, wo im Gebäude der Zivilregierung geräumige Krankenhäuser und auf einer *Baraza* (einer luftigen Veranda) ein Offizierskasino eingerichtet worden waren. Der Ort lag auf dominierenden Höhen, war mit Gräben und Abatis stark befestigt und beherrschte die tiefer gelegene und sehr ausgedehnte Eingeborenenstadt.

Fast die ganze Nacht hörte man das tiefe Grunzen des Nilpferds, und ein frecher Löwe versuchte, nachdem sein Angriff auf einen Eingeborenen gescheitert war, einen anderen Mann in unserem Lager zu töten. Glücklicherweise wurde ihm seine Beute im letzten Moment von einem Europäer, der zur Stelle eilte, und mehreren Eingeborenen abgenommen. Wir gingen weiter und erreichten die Straße Moboro-Kibata. Captain Schulz, der mit seiner Abteilung zwei Stunden nördlich von Kibata eine starke Stellung eingenommen hatte, bezog seine Vorräte aus der Gegend um Moboro. Mehrere Depots an dieser Straße wurden aus dem fruchtbaren Land in ihrer unmittelbaren Umgebung aufgefüllt. Darüber hinaus schickte Hauptmann Schulz Trupps aus, um in den Bezirken in der Nähe seines Lagers Vorräte einzukaufen, worin sich der ganze Reichtum des Landes offenbart.

Von einem Berg in der Nähe von Mbindia, dem Lager von Schulz' Abteilung, konnte man einen breiten Waldweg sehen, der über die Höhen führte. Dies war der Weg für eine 4-Zoll- *Königsberg*- Kanone, die von Oberleutnant Apel zu ihrer Position vor Kibata gebracht wurde. Im Rhythmus singend schleppten Hunderte von Eingeborenen die schwere Last die steilen Hänge hinauf und hinunter, über die ein geeigneter Weg durch das dichte Buschwerk ausgelotet und gebahnt worden war. Kurz nach ihrer Ankunft in Mbindia wurde die Kanone auf einem Bergsattel in Stellung gebracht, von wo aus später der Beschuss erfolgreich durchgeführt wurde. Eine der 4-Zoll-Haubitzen wurde auch weiter vorne in einem Tal in Stellung gebracht, um über die Anhöhe vorn zu feuern und die Lager des Feindes zu erreichen. Detaillierte Aufklärungen hatten die Möglichkeit ergeben, unsere Infanterie, verborgen durch das dichte Buschwerk, auf eine Anhöhe zu verlegen, von der aus man das Land nördlich von Kibata beherrschte. Die schwache feindliche Streitmacht, die diese Anhöhe hielt, wurde von einem Angriff von hinten überrascht und schnell vertrieben. Dann wurde eine weitere Anhöhe angegriffen, die an einem Wasserloch unmittelbar nördlich der massiven europäischen Gebäude lag. Bald konnten wir sehen, wie unsere Askari hinaufkletterten und sich dort etwa 80 Meter vor einer feindlichen Stellung festsetzten.

Zu diesem Zeitpunkt war die Aufstellung unserer Artillerie abgeschlossen; neben der 4-Zoll- *Königsbergkanone* und der Feldhaubitze waren die beiden Gebirgskanonen in Linie mit unserer Infanterie in Aktion gebracht worden. Wir hatten das Feuer auf die Gebäude, wo wir viele Menschen und Tiere auf dem kahlen Hügel umherlaufen sahen, erst eröffnet, als alles bereit war. Eine Kompanie, die den Rücken des Feindes umgangen und sich auf seiner Hauptverbindungslinie von Kibata nach Kilwa festgesetzt hatte, bemerkte, dass die schweren Granaten, die in der Nähe der Boma (Festung) einschlugen, eine furchtbare Panik auslösten. Haufenweise feindliche Askari rannten so schnell sie konnten über die Front der Kompanie hinweg, die in Deckung lag. Doch leider ließ sich die Kompanie davon abhalten, diese günstige Gelegenheit auszunutzen. Sie hoffte, dass den verstreuten Askari-Trupps bald größere Truppen folgen würden, und wollte die Chance auf eine Überraschung nicht vorzeitig aufgeben. Doch die erwarteten großen Truppen kamen nicht, und so wurde, wie es leider oft geschah, eine gute Gelegenheit durch das Warten auf eine bessere vertan. Bei dem Infanterieangriff auf die oben genannten Höhen unmittelbar nördlich von Kibata waren mehrere sehr tüchtige Europäer ums Leben gekommen. Sergeant Major Mirow wurde getötet, Vice Sergeant Major Jitzmann wurde ins Bein geschossen und erlitt eine schwere und sehr schmerzhafte Verletzung des Beinnervs. Er hatte sich zuvor oft durch seine unermüdlichen und erfolgreichen Überfälle auf die Uganda-Eisenbahn ausgezeichnet. Durch den langen Krankenhausaufenthalt war er nun für den Dienst verloren und fiel in die Hände des Feindes, bevor er geborgen wurde.

Es war sehr schwierig, sich in den außergewöhnlich schroffen Bergen von Kibata zurechtzufinden. Es wurden mehrere Erkundungsexpeditionen ausgesandt und nach ein paar Tagen fühlten wir uns mehr oder weniger zu Hause. Es war möglich, einen guten Überblick über Kibata und die Verbindungen des Feindes zu erhalten, und wir stellten fest, dass er seine Truppen immer mehr verstärkte . Tatsächlich setzte er in Kibata den Hauptteil der in Kilwa gelandeten Division ein. Unsere Beobachtungen und die Besonderheiten des Geländes ließen uns vermuten, dass der Feind beabsichtigte, von Kibeta aus um unsere rechte oder westliche Flanke herum vorzudringen und uns so zu zwingen, die Höhen zu räumen, die Kibata und seine Wasserversorgung von Norden aus beherrschten. Ein direkter Angriff des 120. Baluchis war mit großen Verlusten für den Feind zurückgeschlagen worden. In den ersten Dezembertagen beobachteten wir zunächst schwache und dann stärkere Abteilungen, die von Hügel zu Hügel in Richtung unserer rechten Flanke vorrückten und deren Vorhut bald einen beherrschenden Berg erreichte, der den Engländern als Gold Coast Hill bekannt war. Unser Gegenschlag gegen diese Streitmacht wurde zunächst durch Schluchten und Wälder begünstigt, und unsere Askari überraschten sogar uns, als sie dicht vor den feindlichen Stellungen sichtbar wurden. Unsere Geschütze waren schussbereit, aber unglücklicherweise traf die erste Granate unsere eigenen Männer, und der Infanterieangriff, der nur durch Schnelligkeit und Überraschung erfolgreich sein konnte, schlug fehl. Das Feuer unserer beiden Gebirgskanonen aus weniger als 1.800 Yards Entfernung und unserer Haubitzen, die weiter hinten standen, verursachte jedoch beträchtliche Verluste unter dem Gold Coast Regiment. Der Feind befand sich auf einem schmalen Schweinerücken, dessen steile Hänge größtenteils kahl waren. Er konnte sich daher kaum zurückziehen, und das Verschanzen in dem harten Boden dauerte lange. Wir umzingelten dann den Hügel mit Infanterie und feuerten gezielt auf die guten Ziele, die sich uns boten. Es wurde für den Feind unmöglich, diese äußerst wichtige Stellung länger zu halten. Nach der Evakuierung fanden wir eine große Zahl von Gräbern, in denen jeweils viele Leichen lagen, und der Feind muss zu diesem Zeitpunkt mindestens 150 Tote verloren haben.

Der Vormarsch des Gold Coast Regiments war dennoch für den Feind von Vorteil gewesen. Da meine Truppen so schwach waren – wir hatten insgesamt etwa neun Kompanien –, hatte ich eine der beiden in unmittelbarer Nähe von Kibata stationierten Kompanien abgezogen, um sie gegen Gold Coast Hill einzusetzen. Als ich in dieser Nacht ins Lager zurückkehrte, hörte ich das Geräusch einer Reihe kleiner Detonationen, die von der einzigen Kompanie ausgingen, die allein dem Feind gegenüberstand. Erst nach einiger Zeit erkannten wir dies als Granatenangriff, ein Manöver, das uns damals unbekannt war. Mehrere Kompanien des Feindes griffen mit solcher Schnelligkeit und Geschicklichkeit an, dass sie überraschend in die Schützengräben unserer schwachen Kompanie eindrangen und sie vertrieb. Der Verlust dieser Position beraubte uns der Möglichkeit, aus dieser sehr geeigneten Höhe aus nächster Nähe auf feindliche Truppen zu schießen, die sich bewegten oder zu ihren Wasservorräten vordrangen. Bis dahin war mir dies mit Erfolg gelungen und ich hatte sogar gelegentlich ein leichtes Geschütz dorthin geschickt und es wieder zurückgezogen, nachdem es das Feuer eingestellt hatte.

Aber der Verlust dieser Anhöhe und die dort erlittenen Verluste waren neben dem Erfolg auf dem Gold Coast Hill unbedeutend. Trotz unserer zahlenmäßigen Unterlegenheit beherrschten wir die Situation vollständig. Unsere Patrouillen und stärkeren Stoßtrupps umgingen den Rücken des Feindes und drangen bis zu seinen Verbindungen vor. Kleinere Unternehmungen seinerseits brachten keine Ergebnisse. Insgesamt erlitt der Feind bei Kibata sehr erhebliche Verluste, und ich denke, sie sollten auf nicht weniger als vierhundert Mann geschätzt werden. Die von ihm geplanten Operationen waren ebenfalls völlig gescheitert. Es besteht kein Zweifel, dass er darauf wartete, von Kilwa nach Livale vorzurücken. Unser energisches Vorgehen bei Kibata zwang ihn, von Kilwa aus gegen uns vorzugehen und den Rest des Landes und unseren gesamten Versorgungs- und Transportapparat in Ruhe zu lassen. Gegen Ende Dezember tauchten feindliche Flugzeuge auf, die über unseren Stellungen kreisten und Bomben abwarfen. Obwohl sie jetzt weitaus stärkere Bomben als früher verwendeten, verursachten sie kaum Verluste. Am Weihnachtstag sahen wir eine größere Masse als sonst auf die Boma von Kibata fallen. Unsere Hoffnung, dass der Feind sein eigenes Lager bombardierte, wurde enttäuscht; es war nur eine große Menge Zigaretten als Weihnachtsgeschenk für die Truppen.

Eines Tages erhielt ich in dieser Zeit einen persönlichen Brief vom britischen Oberbefehlshaber, General Smuts, in dem er mir mitteilte, dass ich den Orden Pour le Mérite erhalten hatte, und der Hoffnung Ausdruck gab, dass seine herzlichen Glückwünsche für mich nicht unannehmbar wären. Ich dankte ihm ebenso höflich, obwohl ich zunächst glaubte, er verwechselte den Orden mit der zweiten Klasse des Kronenordens mit Schwertern, den ich kurz zuvor erhalten hatte. Ich erwähne diesen Brief von General Smuts als Beweis für die gegenseitige persönliche Wertschätzung und Ritterlichkeit, die trotz des erschöpfenden Krieges, den beide Seiten führten, durchweg herrschte. Auch bei vielen anderen Gelegenheiten ließ der Feind seine große Wertschätzung für die Leistungen der deutschen Streitkräfte durchblicken.

Ende 1916 hielt ich die militärische Lage in der Kolonie für bemerkenswert günstig, denn ich wusste, dass die südafrikanischen Truppen größtenteils durch Kampfverluste und Krankheiten erschöpft waren, während ein großer Teil der übrigen nach Abschluss ihrer Einsätze nach Südafrika zurückkehrte. Gefangene hatten uns wiederholt versichert, dass sie genug von dem „Picknick" in Ostafrika hatten. Auch die indischen Truppen, die schon seit einiger Zeit in Ostafrika im Einsatz waren, waren zahlenmäßig zurückgegangen, während die Nachzügler – wir identifizierten indische Pathan-Regimenter in Kibata – größtenteils aus jungen Soldaten bestanden. Andere Regimenter, wie das 129. Baluchis-Regiment, das in Flandern gekämpft hatte, waren zweifellos sehr gut, aber man konnte nicht erwarten, dass sie die Strapazen des afrikanischen Krieges über einen sehr langen Zeitraum aushielten. Die Askari des Feindes waren im Allgemeinen neue Truppen, und nur ein kleiner Teil von ihnen war zu dieser Zeit im Einsatz gewesen. Wir konnten also noch eine beträchtliche Zeit lang in aller Ruhe über die Fortsetzung des Krieges nachdenken. Ich bin immer noch der Meinung, dass es uns gelungen wäre, nicht nur unsere Stellung zu halten, sondern den Feind sogar zu schlagen, wenn er nicht die Macht gehabt hätte, seine reduzierten Einheiten ständig aufzufüllen und frische heranzuschaffen. Ende 1916 wusste ich nicht, dass dies bereits in großem Umfang geschehen war. Unter anderem war eine starke Brigade schwarzer Truppen aus Nigeria nach Daressalam gebracht worden, von wo aus sie unverzüglich nach Dutumi und Kissaki weitergezogen war.

In den ersten Januartagen 1917 wurden die dort unter Hauptmann Otto lagernden fünf Kompanien von General Smuts mit mindestens zwei Brigaden angegriffen. Der Feind hatte bei seinem Angriff gleichzeitige weite Ausweichmanöver vorgesehen, die es ihm bei seiner starken Übermacht ermöglichten, den Rückzug unserer Truppen nach Kungulio zu versperren. Mehr als einmal mussten unsere Askari sich mit dem Bajonett den Weg freikämpfen, und im nahen Gelände gerieten einige unserer Kompanien in sehr missliche Lagen. Beim Rückzug nach Behobeho geriet unsere

Feldhaubitze, die nur eine schwache Eskorte hatte, von einer feindlichen Truppe mehrerer Kompanien in einen Hinterhalt und ging verloren, nachdem die ganze Abteilung vernichtet worden war. Doch schließlich gelang es allen Teilen der Abteilung, einer Einkesselung zu entgehen und sich in Behobeho zu sammeln. Hier kam es sofort zu sehr schweren Kämpfen, in denen auch der Feind mit großer Tapferkeit kämpfte. Dabei fiel auch der alte Jäger Selous, der wegen seines charmanten Wesens und seiner spannenden Geschichten selbst unter Deutschen wohlbekannt war. Er war als Subalternoffizier eingetreten. Trotz eines überlegenen Feindes vor sich und an beiden Flanken und des mächtigen Rufiji-Flusses im Rücken, den nur eine schwache Brücke überqueren konnte, gelang es Hauptmann Otto dennoch, mit all seinen Truppen das Südufer des Flusses zu erreichen und die Brücke gemäß seinen Anweisungen zu zerstören.

Wir hatten auch eine weite Kehrtwende beobachtet, die der Feind von Kissaki weiter westlich in Richtung Mkalinzo am Rufiji machte, die nun wirkungslos wurde. Die feindliche Brigade, die sie unternahm, erreichte das Südufer des Rufiji nicht rechtzeitig, um Captain Ottos Durchmarsch zu verhindern und seine Lage so aussichtslos zu machen; im Gegenteil, wir erzielten Teilerfolge, die ziemlich beträchtlich waren. Der Feind, der uns von Behobeho aus folgte, kam sehr energisch näher und ließ einen großen Teil seiner Truppen in Booten über den Rufiji bei Kungulio. Captain Otto hielt sein Detachment etwas südlich des Flusses in Bereitschaft und griff nun den Feind an, von dem nur ein Teil hinübergegangen war, und besiegte ihn vollständig unter schweren Verlusten. Dieser Teilerfolg wurde durch die Untätigkeit der feindlichen Kolonne begünstigt, die, wie bereits erwähnt, die Kehrtwende bei Mkalinzo machte. Sie bestand hauptsächlich aus Weißen und einem Teil der schwarzen nigerianischen Truppen. Keiner von ihnen war dem langen Marsch gewachsen und hatte daher den Rufiji erschöpft und für weitere Operationen untauglich erreicht. Sie blieben ziemlich lange außer Gefecht und die Einheit von General Smuts' ansonsten gut geplanter Operation war zerstört.

Durch den Vormarsch der feindlichen Truppen bei Kungulio entstand die Gefahr, dass er den mittleren Rufiji und das südlich davon gelegene Land in Besitz nehmen könnte. Er könnte dann leicht den Großteil unserer Vorräte und unser gesamtes Kommunikationssystem in Besitz nehmen, das größtenteils vom mittleren Rufiji nach Livale verlief. Daher war es für mich notwendig, seinen Bewegungen mit unserem Haupttrupp entgegenzutreten, der sich vor Kibeta befand, und so marschierte ich mit dem größten Teil davon zum Utungi-See, wo ich in der Lage sein würde, Kapitän Otto zu helfen oder jede sich bietende günstige Gelegenheit zu nutzen.

KAPITEL VIII
SORGEN UND HÄRTEN WÄHREND UNSERES AUFENTHALTS IM RUFIJI-LAND

Unser Marsch von Kibata verlief am ersten Tag planmäßig. Am folgenden Tag ritt ich mit einigen Gefährten voraus, in der Erwartung, dass die Truppen, die mehrere einheimische Führer bei sich hatten, den Weg nicht verfehlen würden. In den Kissi-Bergen trafen wir auf eine große Anzahl Eingeborener, die jedoch sehr scheu waren und oft ihre blühenden Reisplantagen verließen, wenn wir uns näherten. Später am Tag bedauerte ich, dass ich mir nicht etwas von dieser reichlichen Ernte für unseren eigenen Gebrauch angeeignet hatte. Während der Mittagshitze rasteten wir in Pori. Einige meiner Gefährten, die das Land kannten, machten mich auf die saure Mbinji-Frucht aufmerksam, die wir sehr erfrischend fanden. Leider wussten wir damals noch nicht, dass der Kern dieser Frucht, wenn er geröstet wird, ein ausgezeichnetes Gericht ergibt, das wie unsere Haselnuss schmeckt. Die Hitze war überwältigend, aber da wir uns in der Nähe der feindlichen Patrouillen befanden, mussten wir scharf aufpassen. Die Quellen und Wasserläufe waren jetzt ausgetrocknet; nach langem Suchen fanden wir endlich einen kleinen Teich mit schmutzigem Wasser, von dem man uns jedoch sagte, es sei nicht gesundheitsschädlich. Gegen Abend erreichten wir die große verlassene Siedlung. Hier hatten wir das Glück, einen Neger im Dienst der deutschen Regierung zu finden, der uns mitteilte, dass wir uns in Ungwara befanden, unserem Tagesziel. Nachdem wir den Ort durchquert hatten, zeigte uns der Mann einen Teich, in dessen Nähe wir unser Lager aufschlugen. Mein alter schwarzer Koch, der bärtige Baba, vielen Ostafrikanern wohlbekannt, hatte fast mit unseren Pferden Schritt gehalten und kam, unserer Spur folgend, bald an. Er hatte bald sein *Uẓeli* (gekochten Reis) zubereitet und saß zufrieden am Feuer. Wir sahen ihm neidisch zu, denn wir hatten nichts und warteten auf unser Gepäck und die Truppen. Aber niemand kam und wir legten uns hungrig zum Schlafen nieder. Der Freund in der Not näherte sich jedoch in Gestalt einer prächtigen Rappenantilope, die im hellen Mondlicht herunterkam, um zu trinken. Fast gleichzeitig ertönten die Gewehrschüsse zweier meiner Gefährten, van Booyen und Nieuwenhuizen, erfahrener Burenjäger, die inzwischen Deutsche geworden waren. Wie von einem elektrischen Schlag ergriffen sprangen wir von unseren Decken auf, und schon bald brutzelten die ersten zarten Fleischstücke am Spieß.

Am nächsten Tag erreichten wir den Utungisee, wo uns Kapitän Feilke erwartete, und wir stärkten uns mit Brot, Kaffee und Antilopenwurst. Noch immer fehlte jede Spur von den Truppen. Sie hatten uns in Pori verloren und fast alle hatten die Orientierung verloren. Eine Abteilung meldete sich erst mehrere Tage später bei uns, als sie in der Gegend von Utete auf unsere Telefonleitung stieß. Wegen der schwierigen Nachrichtenverbindungen war es bis dahin unmöglich gewesen, den Stand unserer Vorräte genau zu ermitteln. Ich hatte erwartet, in Mpanganya am Utungisee und in der Gegend von Madaba gut gefüllte Depots vorzufinden. Deshalb war ich aus dem fruchtbaren Land nördlich des unteren Rufiji über Mpanganya in das Verbindungsgebiet vorgedrungen. Die Frage der Versorgung hatte sich ganz anders entwickelt als erwartet.

Im Liniengebiet wurde neben den zahlreichen Trägern, die für den Transport des Kriegsmaterials nach Süden notwendig waren, ein zahlreiches *Personal* unterhalten, das für den Straßenbau, den Bau von Grashütten und andere Zwecke eingesetzt wurde. Selbst in den kleinen Depots gab es immer eine Anzahl von Männern, die, wenn möglich, nichts anderes taten, als Vorräte zu holen, die sie selbst verzehrten. Oft wurden die Vorräte sogar von anderen geholt, die ihrerseits verköstigt werden mussten. An vielen Stellen kam es fast vor, dass eine Ladung Vorräte, die von den kämpfenden Truppen im Norden gesammelt und weitergeleitet wurden, schließlich in einem kleinen Depot landete und von diesen Leuten, die nichts anderes zu tun hatten, verschlungen wurde. Angesichts der Transportschwierigkeiten und der großen Entfernungen gelang es selbst der Energie und Gründlichkeit von Hauptmann Stemmermann, der die Depots übernommen hatte, nicht, diese Missbräuche aufzudecken und zu unterbinden. Außerdem gab es in Afrika zu viele Menschen, die ihre wertvolle Energie auf unwichtige Dinge vergeudeten und dabei die wirklich wichtigen Dinge vernachlässigten, als dass man einen sehr starken Besen brauchte, um sie wegzufegen. Das allgemeine Ergebnis all dieser Hindernisse war, dass Tausende und Abertausende nutzloser Münder die Vorräte verschlangen, die mit großer Mühe in dem von den kämpfenden Truppen besetzten Gebiet gesammelt worden waren. Das Depot tat nichts für die Vorräte, sondern lebte im Gegenteil von ihnen, und der schwerwiegendste Punkt war, dass der Moment gekommen war, in dem die Gebiete, aus denen die Vorräte bezogen wurden, von den kämpfenden Truppen geräumt werden mussten. Es war eine schwierige Situation. Es war notwendig, keine Zeit zu verlieren, um das Gebiet, das wir damals besetzten, urbar zu machen – das heißt das Land um Madaba und Livale und die südlichen Teile des Protektorats, die wahrscheinlich Schauplatz der nachfolgenden Operationen sein würden. Aber es mussten Monate vergehen, bevor diese Maßnahmen irgendwelche Ergebnisse bringen konnten. Während dieser Monate mussten wir auf dem Rufigi bleiben und dort leben. Hier standen zwar einige hundert Hektar Mais, aber selbst dieser würde Monate brauchen, um zu reifen. Bis dahin konnte die Truppe nicht nach Süden vorrücken; sie musste in dem unproduktiven Gebiet bleiben, das sie zu diesem Zeitpunkt besetzt hielt.

Die Erfüllung dieser Aufgabe war schwierig. Es musste sofort der Befehl gegeben werden, alle Männer zu entfernen, die für die Kriegsführung in den nächsten Monaten nicht absolut unentbehrlich waren. Das bedeutete, dass Tausende von Trägern und Arbeitern im Kommunikationsbereich nach Hause geschickt wurden. Der schwerwiegendste Nachteil dieses Schrittes war, dass wir Tausende von Männern zum Feind schickten, von denen er detaillierte Informationen über unsere Stärke, den Zustand unserer Vorräte und unsere interne Organisation erhalten musste. Es reichte auch nicht aus, das *Personal* unserer Kommunikationslinien zu reduzieren . Das nicht kämpfende *Personal* der Kompanien wurde ebenfalls reduziert. Unter anderem wurde festgelegt, dass von nun an kein Europäer mehr als fünf einheimische Begleiter haben sollte. Das klingt für europäische Ohren nach einer großzügigen Zuteilung, aber unter afrikanischen Bedingungen ist einheimisches Personal für den Europäer wirklich unverzichtbar. Er braucht mindestens einen Mann oder Jungen, der für ihn kocht und sich um seine persönlichen Bedürfnisse kümmert, und außerdem muss man bedenken, dass er bei jedem Umzug sein gesamtes Gepäck, Ausrüstung, Verpflegung, Decken und Zeltmaterial mit sich führen muss. Wenn man bedenkt, dass in Friedenszeiten ein reisender Beamter auf einer langen *Safari* (Reise) elf bis dreizehn Träger und zusätzlich zwei oder drei persönliche Diener mitnahm, wird man verstehen, wie drastisch diese neue Anordnung war und welchen Sturm der Entrüstung sie hervorrief. Glücklicherweise konnte ich, als ich aus Gründen der Gesundheit und des Anstands an sie appellierte, darauf verweisen, dass ich selbst monatelang mit drei oder notfalls zwei Lasten, also vier Negern, ausgekommen und mich gut gehalten hatte. Ich bin noch heute besonders jenen Regimentsoffizieren dankbar, die wie bei so vielen anderen Gelegenheiten die Notwendigkeit dieser lästigen Regelung erkannten und mit gutem Beispiel vorangingen. Sie hielten die Tradition unseres Offizierskorps aufrecht, indem sie für sich keine besonderen Annehmlichkeiten beanspruchten, und waren die ersten, die sich den unvermeidlichen Unannehmlichkeiten unterwarfen. Ich glaube, dass es unter allen Soldaten und Nichtkombattanten bis hin zum höchsten Zivilbeamten keinen gibt, der diese anfangs so heftig bekämpfte Anordnung heute noch verurteilt.

Aber die Verringerung der Zahl der Lebensmittelkonsumenten allein reichte nicht aus, um das Existenzproblem zu lösen; die Vorräte würden nicht ausreichen. Es war bereits klar, dass die Vorräte aus dem Gebiet der kämpfenden Truppen, die natürlich mit Hochdruck bearbeitet wurden, nicht ausreichen würden, um uns bis zur neuen Ernte Ende März zu ernähren. Nach eingehender und reiflicher Überlegung sahen wir uns gezwungen, die Rationen zu kürzen, eine Maßnahme, die uns sehr zuwiderlief, da selbst der Eingeborene, wenn man sich auf ihn verlassen will, gut ernährt sein muss. Dies gab Anlass zu einem neuen und viel stärkeren Ausbruch der Empörung.

Von allen Seiten kamen Telegramme und Nachrichten, in denen es hieß, dass es unmöglich sei, die für einen Kämpfer notwendigen Kalorien aus der täglichen Getreideration zu gewinnen, die auf 600 Gramm Mehl festgelegt ist. Aber wir mussten uns der harten Tatsache stellen, dass nur eine bestimmte Menge verfügbar war, und wir mussten das Beste daraus machen. Die Reduzierung der Getreideration war nicht zu vermeiden. Im übrigen mußte jeder Mann und jede Kompanie versuchen, den Mangel durch Jagd auszugleichen, was in dieser wildreichen Gegend mit etwas Geschicklichkeit zu bewerkstelligen war. Aber die Logik zerbricht bei vielen Leuten, wenn es um die Frage der täglichen Nahrung geht, und viele hatten keine Skrupel, die ganze Schuld für die manchmal kaum ausreichende Ration dem bösen Oberbefehlshaber zuzuschieben und sogar alles zu tun, um die Tagesration auf die frühere Menge zu erhöhen . Dies mußte ich ruhig ertragen und machte mir meine eigenen Beobachtungen darüber, wer die Männer waren, die das Beste aus einer unabwendbaren Notwendigkeit machten und wer nicht.

Bei der Durchführung dieser drastischen Maßnahmen stieß man auf neue Schwierigkeiten. Eine Gruppe von Askari-Frauen war der Truppe gefolgt und hatte sich in verschiedenen Lagern am Rufiji niedergelassen, wo sie sich sehr wohl fühlten. Ich wollte sie unbedingt nach Süden schicken, wo die Frage der Versorgung weniger schwierig war. Der notwendige Transport wurde organisiert und die Frauen erhielten Marschrationen. Nach einem kurzen Tagesmarsch legten sich die Frauen jedoch einfach hin und erklärten, sie könnten nicht weiter. Ihre Rationen, die für eine beträchtliche Zeit reichen sollten, waren am dritten Tag alle aufgegessen und sie schrien nach mehr. Einige gingen sogar so weit, den Europäer, der den Transport leitete, anzugreifen und zu schlagen. Selbst wenn das zartere Geschlecht eine dunkle Hautfarbe hatte, hatte es nicht immer Skrupel, seine Vorrechte voll auszunutzen, die normalerweise gerechtfertigt sind.

Schließlich überwanden wir diese Schwierigkeit und fanden eine akzeptable Lösung für das Rationsproblem. Die Askari, denen wir die Lage erklärten, erkannten die Schwierigkeit und verhielten sich sehr vernünftig. Erfahrene Jäger wurden in die verschiedenen Jagdgründe geschickt und die leeren Mägen von Zeit zu Zeit großzügiger gefüllt. Ich erinnere mich, dass unsere zweihundert Schwarzen bei uns am Utungisee an einem Tag einen großen Büffel und einen Elefanten völlig verschlangen. Oft gelang es, den vorbeiziehenden Karawanen von Trägern ein Stück Antilope zu geben.

Im Laufe des Februars gingen die Vorräte in unseren Versorgungslagern, die ich täglich inventarisierte, zur Neige. Ich begann zu befürchten, dass wir aus Versorgungsgründen nicht auf die Reifung des Korns am Rufiji warten könnten. In diesem Fall wäre nicht nur die Ernte verloren, sondern die weiter südlich wachsenden Feldfrüchte könnten nicht optimal genutzt werden.

Dort müssten wir das tatsächlich reife Korn verwenden und weitergehen und den unreifen Teil stehen lassen. In diesem Dilemma kam mir ein glücklicher Zufall zu Hilfe. Eines Tages fuhr ich vom Utungisee nach Mpanganya, um Captain Tafel zu besuchen, der dort die taktischen und proviantären Probleme mit bewundernswerter Effizienz löste. Ich verbrachte die Nacht in seinem Lager, und er setzte mir ein ausgezeichnetes Gericht aus jungem Mais vor, der wie Spargel zubereitet war. Dies brachte uns dazu, über die Maisfelder von Mpanganya und Umgebung zu sprechen. Diese waren voller Frauen und anderer Eingeborener, die wie ein Vogelschwarm über sie hergefallen waren und von dem jungen, unreifen Korn lebten. Das war eine so schlechte Sparsamkeit, wie man sie sich nur vorstellen konnte, aber es brachte mich auf die Idee, dass man im Notfall die Maisernte größtenteils schon vor ihrer Reife aufbrauchen könnte. Diese Notwendigkeit trat sehr bald ein, und ein Experiment mit den am reifsten gereiften Kolben zeigte, dass man diese künstlich trocknen und daraus ein sehr gutes Mehl machen konnte. Danach wurden die reifsten Kolben täglich geerntet, und als die gesamte Ernte reifte, verbesserte sich die Ernährungslage von Tag zu Tag. Bis zum 1. März war es möglich, die Ration auf 700 Gramm zu erhöhen, also fast die normale Menge.

Die zunehmende Härte des gesamten Feldzuges erforderte eine intensivere und energischere Nutzung unserer Nahrungsmittelressourcen; die langsamen, überlegten Versorgungsmethoden der Zivilbehörden, die für die erste Phase des Feldzuges ausgereicht hatten, reichten nicht mehr aus. Zweimal, in Kissaki und am Rufiji, war ich in Bezug auf die Versorgung in eine äußerst schwierige Lage geraten, die es fast unmöglich machte, die Operationen fortzusetzen. Ein effizienterer Versorgungsdienst, der die militärischen Bedürfnisse kennt, vorausschaut und schneller und energischer arbeitet, war für die weitere Durchführung des Feldzuges eine lebenswichtige Notwendigkeit. Glücklicherweise konnte ich den Gouverneur in diesem Punkt überzeugen, und infolgedessen wurde aus der Truppe ein neues Versorgungsdetachement aufgestellt und über Livale nach Massassi vorausgeschickt. Sie stellten mehrere Hilfsdetachements auf, die den Verwaltungsstationen im Gebiet von Lindi zugeordnet waren und auf diese Weise Seite an Seite mit den Zivilbehörden bei der Organisation und später bei der Durchführung des Anbaus und der Lagerung von Nahrungsmitteln arbeiteten. Auf diese Weise wurde die gewünschte Durchdringung des Versorgungs- und Transportdienstes mit dem notwendigen militärischen Geist vollständig erreicht.

Zu dieser Zeit herrschte kein nennenswerter Mangel an Ausrüstung, und auch Waffen und Munition waren in ausreichender Menge vorhanden.

Um den Feind bei Mkalinzo einzukesseln, wo er sich Berichten zufolge in großer Zahl aufhielt, hatte Captain Otto sein Detachment von Kungulio aus nach Süden marschieren lassen. Nördlich von Mawa deckte er das fruchtbare Gebiet von Madaba sowie die Transport- und Telefonverbindungslinie ab, die vom Utungi-See über Mawa nach Madaba führte. Am 24. Januar 1917 wurde Captain Otto nördlich von Mawa von mehreren Bataillonen der nigerianischen Brigade angegriffen. Der Feind wurde unter schweren Verlusten zurückgeschlagen und mehrere Meilen durch den Busch bis zu einer verschanzten Stellung verfolgt, wo er Zuflucht suchte. Die Truppen unter Captain Schulz, die nach unserer Abreise aus Kibeta zurückgelassen worden waren, wurden nach und nach nach Ungwara zurückgezogen. Sie waren nach den Kämpfen in der Region der Kibeta-Utete-Kissi-Berge von Zeit zu Zeit verstärkt und abgelöst worden. Starke feindliche Kräfte – identifiziert als Infanteriebrigade – waren ihnen gefolgt. Trotz seiner zahlenmäßigen Überlegenheit waren die einzelnen Gefechte sehr verlustreich und für den Feind größtenteils ungünstig. Die Hauptleute von Liebermann, Göring und Köhl sowie zahlreiche Patrouillenführer schlugen bei vielen Gelegenheiten mehr als die doppelte Zahl ihrer indianischen oder schwarzen Truppen vollständig in die Flucht und erbeuteten Gewehre, Maschinengewehre und Munition. Der lange Krieg hatte eine große Zahl fähiger Führer hervorgebracht, und ihr Beispiel, wie im Fall des später getöteten Leutnants Kroeger, weckte grenzenlosen Unternehmungsgeist und Wagemut. Immer und immer wieder, und ohne sich die Stärke der gegnerischen Streitkräfte zu erkundigen, hatte dieser Offizier, gefolgt von einer Handvoll Männern mit aufgepflanzten Bajonetten und lautem Jubel, den Feind mitten im Busch angegriffen. Er hatte sogar die Askari ausgebildet. Mehrere von ihnen zeichneten sich als Patrouillenführer aus, und als später der tapfere Effendi von der 4. Feldkompanie mit seiner Patrouille eine ganze indische Kompanie in die Flucht schlug, verdankten wir den Erfolg dieser Ausbildung in Ungwara.

Unsere Kommunikationslinie nach Süden, die durch Madeba und Livale führte, war durch eine starke feindliche Streitmacht westlich von Kibata gefährdet, und wir mussten ihr ausreichenden Schutz bieten. Dies bedeutete eine schrittweise Bewegung unserer Truppen vom Rufiji nach Süden, insbesondere da unsere Vorräte an diesem Teil des Flusses zu Ende gingen und die Regenzeit bevorstand.

Besonders wichtig war, dass wir diesen Teil des Rufiji erst räumen durften, wenn die Regenzeit eingesetzt hatte. Dies würde für uns einen erheblichen Zeitgewinn bedeuten, da während der eigentlichen Regenzeit und unmittelbar danach die Arbeiten zwangsläufig zum Stillstand kämen und der Mais, insbesondere die *Mtema* (Hirse), Zeit hätte, zu reifen.

Als uns die Wanderungen der Ameisen vor der bevorstehenden Regenzeit warnten, wurde als Vorsichtsmaßnahme angeordnet, die Frauen, Kinder und Zivilisten so weit wie möglich an das Nordufer des Rufiji zu bringen und von dort nach Daressalam zu transportieren. Dieser Schritt, der aufgrund der nahenden Regenfälle und des Zustands der Vorräte notwendig wurde, erregte viel Unmut, dem ich mit der gleichen Gleichgültigkeit begegnen musste wie den vorangegangenen Empörungsausbrüchen. Ich bin jedoch nach wie vor der Meinung, dass die rechtzeitige Vertreibung dieser Menschen für sie viel besser war, als einen Teil der Regenzeit auf dem durchnässten Boden oder in überfluteten Behausungen mit unzureichender Nahrung zu verbringen.

Die Regenfälle, die Ende März einsetzten, waren im Jahr 1917 besonders heftig. Der leicht erhöhte Standort unseres Lagers wurde zu einer Insel, von der aus der Zugang zur Außenwelt nur mit dem Boot durch den Rufiji-Wald möglich war. Während der Regenfälle ertranken mehrere Menschen im Wald; andere mussten tagelang in den Bäumen Zuflucht suchen. Das Wasser stieg so hoch, dass es in Mpanganya die hochgelegenen Behausungen der Europäer erreichte, in die Krankenhäuser eindrang und jede Art von Schmutz aufwirbelte. Frauen und Kinder, Kranke und Verwundete konnten nicht bleiben und mussten sich nach dem Abzug der Truppen den Engländern ergeben, die Mitleid mit ihrer Not hatten und sie mit Nahrung und Transportmitteln versorgten.

Der Großteil der Truppen marschierte rechtzeitig aus den überschwemmten Gebieten am Rufiji und am Utungisee nach Süden, nachdem die verfügbaren Ernten fast bis auf das letzte Korn aufgebraucht waren. Die Evakuierung erfolgte schrittweise und gestaffelt; der größte Teil der Truppen wurde in Mpotora versammelt, das von Hauptmann Rothe in einem befestigten Lager mit seinen beiden Kompanien besetzt war, die die Portugiesen bei Nevala besiegt hatten. Nur wenige kleine Abteilungen blieben am Rufiji zurück und diese wurden allmählich auf die Stärke von Patrouillen reduziert. Vier Tagesmärsche östlich von Madaba hatten die Abteilungen von Koehl und Göring Gelegenheit zu einigen erfolgreichen Gefechten mit feindlichen Abteilungen am westlichen Rand der Matumbi-Berge. Allmählich wurden jedoch alle diese Abteilungen nach Mpotora gebracht, und nur Hauptmann Otto blieb in den höheren Regionen von Madaba.

Kapitel IX
Das Ende der Grenzverteidigung in den Nebenkriegsschauplätzen

Im August 1916 hatte sich Major Kraut nach und nach aus Kilossa am Mahenge zurückgezogen und nur Schoenfelds Division in Kidodi am Ruaha zurückgelassen. Hauptmann Braunschweigs Truppen waren in Major Krauts Kommando verkörpert. Von diesen hatte sich Hauptmann Falkenstein mit der 5. Feldkompanie Ende Mai 1916 aus Ipyana zurückgezogen und Hauptmann Aumann mit seiner Kompanie aus der Region Mbozi in Richtung Lupembe und Maubire. Während des Rückzugs kam es zu ständigen Gefechten. Unsere schwachen Divisionen mussten dem verfolgenden Feind, der mindestens eine Brigade stark war, Paroli bieten.

Ende Juni 1916 wurde Hauptmann Braunschweig, der sich damals in Dodoma aufhielt, durch Iringa geschickt, und seine Truppe wurde durch die Hinzufügung der Kondoa-Truppen und anderer Truppen aus Daressalam, einschließlich der beiden Kompanien aus Langenburg, auf fünf Kompanien verstärkt. Einhundert Mann der Besatzung der *Königsberg* aus Daressalam und eine Feldhaubitze wurden dieser Truppe hinzugefügt. In Malangali nahm er den Kampf mit dem Feind auf und fügte ihm offenbar schwere Verluste zu. Dann jedoch räumte er die Stellung und ließ die Haubitze zurück, die schwer zu bewegen war, was sie zunächst unbrauchbar machte. Die Schwierigkeiten von Braunschweigs Position wurden durch die Aktion eines wichtigen Wahehe-Häuptlings in seinem Rücken noch verstärkt, der rebellierte und mit all seinen Leuten und seinem Vieh zum Feind überlief. Hauptmann Braunschweig zog sich dann nach Mahenge zurück, kämpfte eine Reihe kleinerer Nachhutgefechte und unterstellte sich dem Befehl von Major Kraut.

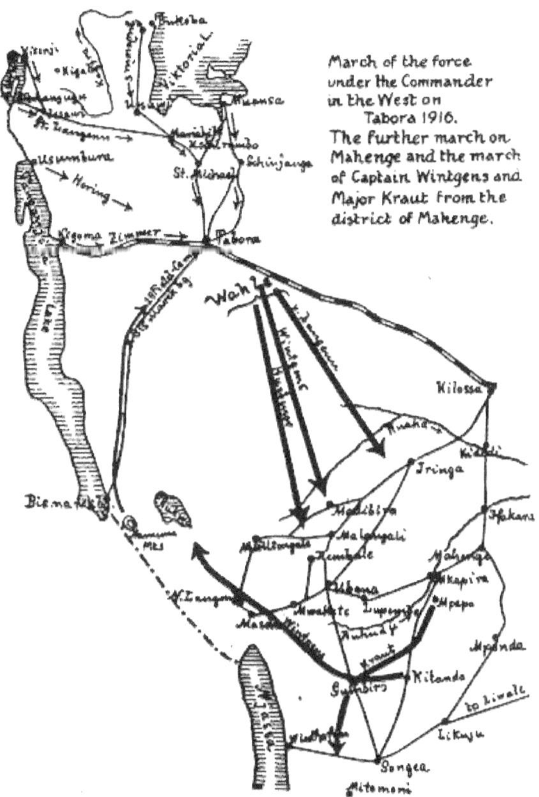

Abb. xv. Marsch von Generalmajor Wahle nach Westen

Nach zahlreichen kleineren Gefechten etablierten sich Major Krauts zurückziehende Divisionen an der Linie der Flüsse Ruhudje und Ruaha. In der fruchtbaren Region um Mahenge war die Versorgung ausgezeichnet, selbst nachdem ein großer Teil der Reisfelder westlich des Ruhudje geräumt worden war. An diesem Fluss hatte der Feind ein stark befestigtes Lager bei Mkapira errichtet. Mit unseren unzureichenden Mitteln war es unmöglich, diese Position mit Gewalt einzunehmen, aber es bestand die Chance, dass wir den Feind durch das Abschneiden seiner Kommunikationslinie mit Lupembe dazu zwingen könnten, das Lager wegen Nahrungsmittelknappheit zu räumen.

Major Kraut überquerte mit fünf Kompanien und einem leichten Feldgeschütz den Fluss und nahm in einem Halbkreis von Hügeln im Rücken des Feindes und quer über dessen Verbindungslinie Stellung. In der Front des Feindes deckten schwache Kräfte das Flussufer auf der Mahenge-Seite.

Leider waren die befestigten Stellungen unserer Kompanien so ausgedehnt, dass aufgrund der Schwierigkeiten des Landes keine Gewähr für rechtzeitige Verstärkung bestand. Am——, vor Tagesanbruch, wurde die 10. Kompanie auf dem rechten Flügel von einem schweren feindlichen Angriff überrascht. Der Feind nahm auch geschickt die Stellung der Kompanie im Rücken ein und setzte unter schweren Verlusten die Maschinengewehre außer Gefecht. Auf dem linken Flügel wurde auch die Kompanie von Leutnant von Schroetter von allen Seiten angegriffen und musste sich mit dem Bajonett den Weg freischneiden, wobei er das leichte Feldgeschütz und ein Maschinengewehr verlor. Angesichts der hohen Verluste des Feindes hätte Major Kraut trotz dieser Teilkatastrophe am Westufer des Ruhudje bleiben können, doch aus Richtung Lupembe, wo ihm die 25. Feldkompanie den Rücken deckte, waren Kämpfe zu hören. Major Kraut glaubte fälschlicherweise, dass auch dort ein scharfer Angriff erfolgt sei, und zog sich deshalb erneut an das Ostufer des Ruhudje zurück. Zu seinem Erstaunen stellte sich einige Tage später heraus, dass die starken Verschanzungen des Feindes bei Mkapira geräumt waren, da sich der Feind in der Nacht zurückgezogen hatte. Bei näherer Betrachtung zeigte sich, dass er in den jüngsten Kämpfen schwere Verluste erlitten hatte. Dies reichte jedoch nicht aus, um seinen Rückzug zu erklären; dieses Rätsel wurde erst später durch das Erscheinen von General Wahle gelöst, mit dem keine Verbindung hergestellt worden war.

In Erwartung der Eröffnung der großen Operationen des Jahres 1916 wurden die Verstärkungen, die vorläufig nach Victoria Nyanza, Ruanda, Russissi und in das Gebiet von Tanganjika geschickt worden waren, zurückgebracht und in unsere Hauptstreitkräfte entlang der Nordbahn integriert. Ein einziges Kommando für diese kleineren Kriegsschauplätze war erforderlich, und zu diesem Zweck wurde ein „Westkommando" unter Generalmajor Wahle eingerichtet, der diese Operationen größtenteils von Tabora aus koordinierte und leitete. Im April und Mai 1916, als die britischen Hauptstreitkräfte im Gebiet von Kilima Njaro ihren Marsch beendet hatten und nach der Regenzeit einen neuen Vorstoß nach Süden begannen, begannen Engländer und Belgier aus Muansa, dem Kiwusee, den Russissi und Bismarckburg konzentrisch durch diese kleineren Kriegsschauplätze auf Tabora vorzurücken. Unsere schwachen Divisionen zogen sich dorthin zurück.

Major von Langenn zog sich sofort von Tschangugu nach Issawi zurück, ihm folgte Hauptmann Wintgens von Kissenji. Die belgischen Verfolgerbrigaden erlitten in erfolgreichen Nachhutgefechten schwere Verluste. Das deutsche Detachment setzte später seinen Rückzug auf Mariahilf fort. Die Gefahr für unseren Distrikt durch die starken belgischen Kräfte, die uns auf den Fersen waren, hatte Hauptmann Gudovius richtig eingeschätzt. Als im Juni 1916 starke englische Kräfte über den Kagera vorrückten, zog er sich mit seiner Division von Bukoba nach Süden zurück. Wegen der Schwierigkeiten bei der Nachrichtenübermittlung und -beschaffung stieß ein Teil seiner Truppen unglücklicherweise im Distrikt Ussuwi auf starke belgische Kräfte. Hauptmann Gudovius selbst wurde am Unterleib verwundet und fiel dem Feind in die Hände. Das Gefecht verlief für uns schlecht und kostete uns schwere Verluste. Einzelnen Truppen des Detachments gelang es jedoch, sich bis nach Muansa und Uschirombo durchzuschlagen.

Mitte Juli 1916 gelang den Engländern eine Überraschungslandung mit etwa einer Brigade in der Nähe von Muansa. Auch dort kam es zu einigen für uns günstigen Gefechten, und dort zog sich der Kommandeur, Hauptmann von Chappuis, in Richtung Tabora zurück. Die Truppen aus Muansa und diejenigen unter Major von Langenn und Hauptmann Wintgens errichteten eine neue Front, ungefähr auf der Linie Schinjanga-St. Michael, und schlugen mehrere belgische Angriffe zurück. Hauptmann Zimmer hatte den Dampfer *Goetzen* bei Kigoma versenkt und die Wami gesprengt. Er zog sich dann langsam entlang der Eisenbahn nach Tabora zurück. Hauptmann Hering von Usumbura folgte seinem Beispiel. Die Tatsache, dass sich die Operationen Tabora näherten, gab General Wahle die Gelegenheit, einen Teil der Truppen aus dem Norden Taboras schnell heranzuholen, mit der Eisenbahn nach Westen vorzustoßen und sich sofort wieder zurückzuziehen. Bei diesem Angriff schlug die 8. Feldkompanie ein belgisches Bataillon westlich von Tabora vollständig in die Flucht, und Wintgens' Abteilung gelang ein erfolgreicher Überraschungsangriff westlich und nördlich von Tabora. Diese kleineren Siege waren oft beträchtlich, und an mehreren Tagen der Gefechte beliefen sich die Verluste des Feindes auf Hunderte; bei diesen Angriffen wurden auch mehrere leichte Haubitzen erbeutet.

Am 2. Juni 1916 wurde die 29. Feldkompanie in ihrer befestigten Stellung im Namema-Gebirge eingekesselt. Beim Durchkämpfen wurde der tapfere Kompaniechef, Leutnant Franken, schwer verwundet und gefangen genommen. Leutnant Hasslacher zog sich Schritt für Schritt nach Tabora zurück. Bei einem Patrouilleneinsatz südlich dieses Ortes starb er den Heldentod.

Auf diese Weise wurden die Truppen des Westkommandos tatsächlich in Tabora versammelt, und der Moment für einen systematischen Rückzug nach Südosten war gekommen. Diese letzten Operationen und die Einnahme von Tabora wurden im Hauptquartier erst lange danach bekannt. Es gab keine Kommunikationsmittel mit dem Westkommando. Generalmajor Wahle war sich bewusst, dass dieser Rückzug unserer Hauptkräfte für das Mahenge-Gebiet von größter Bedeutung war. Dementsprechend gab er Befehle für den Marsch. Zunächst konnte die

Eisenbahn für Nachschub und Transport genutzt werden. Die Ostkolonne unter Major von Langenn marschierte auf Iringa, die Mittelkolonne unter Hauptmann Wintgens auf Madibira und die Westkolonne unter Leutnant Huebener auf Ilembule. Major Wahle begleitete die Mittelkolonne. Auf diese Weise gelangten sie auf die Kommunikationslinie zwischen Neu-Langenburg und Iringa und die feindlichen Deponien entlang dieser Linie. Huebeners Abteilung verlor den Kontakt und ergab sich, als sie bei Ilembule von einer überlegenen feindlichen Streitmacht umzingelt wurde. Langenns Abteilung wurde unglücklicherweise beim Überqueren einer Furt bei Iringa von einer Feuersalve überrascht und erlitt schwere Verluste. Auch der darauffolgende Angriff auf Iringa war verlustreich und erfolglos.

Wintgens' Abteilung überraschte feindliche Lager und Kolonnen bei Madibira und erbeutete außerdem ein Geschütz und einige Funkgeräte. Trotz mehrtägiger hartnäckiger Kämpfe gelang es ihnen nicht, Lupembe und die umliegenden Bauernhöfe einzunehmen. Der Einfluss von Wahles Vormarsch machte sich im Mahenge-Gebiet sofort bemerkbar. Die scheinbar starken feindlichen Truppen, die von ihren befestigten Stellungen bei Mkapira aus den erfolgreichen Überfall auf Major Kraut durchgeführt hatten, fühlten sich nun in ihrem Rücken ernsthaft bedroht. Sie räumten ihre starken Stellungen und zogen sich nach Lupembe zurück. General Wahle übernahm den Befehl über alle Streitkräfte bei Mahenge.

Ende 1916 waren die Truppen des Westkommandos von General Wahle um Mahenge herum gruppiert. Von hier aus leitete er die Operationen, die sich ungefähr bis zur Linie Ssongea–Lupembe–Iringa–Kidodi erstreckten.

Es heißt, dass seit Juli 1916 jeglicher Kontakt zu General Wahle verloren gegangen sei, bis sich seine Patrouillen im Oktober 1916 südlich von Iringa mit denen von Major Kraut zusammenschlossen.

Erst nach den Kämpfen bei Mkapira erfuhren Major Kraut und durch ihn das Hauptquartier vom Vormarsch General Wahles; die Entwicklung der Lage machte auf den Feind einen ganz anderen Eindruck. Er musste den Vormarsch der Kolonnen General Wahles gegen die englische Verbindungslinie von Iringa nach Langenburg und Major Krauts zufällig gleichzeitige Bedrohung Mkapiras als eine weit geplante gemeinsame Operation betrachtet haben, die seine Truppen bei Mkapira ernsthaft gefährdete, selbst nachdem Major Kraut sich bereits auf das Ostufer des Ruhudje zurückgezogen hatte. Er entging dieser Gefahr durch einen hastigen Rückzug von Mkapira in westlicher Richtung.

Die Kolonnen von General Wahle konzentrierten sich sofort im Raum Lupembe-Mkapira. Von Huebeners westlicher Kolonne wurden keine Nachrichten empfangen. Ihre Kapitulation wurde erst viel später bekannt.

So willkommen diese Verstärkung der Streitkräfte im Westen auch war, es gab Versorgungsschwierigkeiten, und es wurde notwendig, ein beträchtliches Gebiet, das sich fast bis nach Ssongea erstreckte, urbar zu machen. Major Grawerts Abteilung rückte auf der Straße Ssongea-Liwale nach Likuju vor, die von Major Kraut in die Region Mpepo, und Hauptmann Wintgens umzingelte eine feindliche Abteilung in einem befestigten Lager in Kitenda. Der Feind marschierte dieser Truppe schnell zur Hilfe, aber die Entsatztruppen wurden unter schweren Verlusten vertrieben. Gleichzeitig nahm die Lage von Grawerts Abteilung eine sehr ungünstige Wendung. Dem Feind war es gelungen, das Vieh dieser Truppe zu vertreiben. Da die sonstigen Vorräte in der Gegend knapp waren, hielt Major von Grawert, der die Versorgungsschwierigkeiten übertrieb, seine Lage für hoffnungslos und kapitulierte im Januar 1917. Ein transportables 8,8-Luftgewehr, das mit großer Mühe nach Lihuju gebracht worden war, fiel in die Hände des Feindes, ebenso wie eine Anzahl guter Maschinengewehre. In Wirklichkeit scheint die Lage von Grawerts Truppen nicht so verzweifelt gewesen zu sein, wie er annahm. Jedenfalls marschierte eine starke Patrouille unter Sergeant Major Winzer, der sich weigerte, sich zu ergeben, unbehelligt nach Süden und fand einige Tage später in den Gebieten westlich von Tunduru reichlich Vorräte zu geringen Kosten. Die Führung dieser Patrouille war ein weiterer Beweis dafür, dass es selbst aus einer scheinbar hoffnungslosen Lage fast immer einen Ausweg gibt, wenn der Anführer bereit ist, das Risiko einzugehen.

Inzwischen nahmen General Wahles Versorgungsschwierigkeiten zu. Ob sie durch eine rücksichtslose Reduzierung der Zahl der Zivilisten hätten behoben werden können, wie es am Rufiji geschehen war, oder ob die materielle Lage des westlichen Kommandos durch sorgfältigere Beschaffung und Rationierung der verfügbaren Ressourcen wesentlich verbessert werden konnte, konnte ich von meinem Standort am Utungisee aus nicht beurteilen. Der provisorische Telegrafendienst nach Mahenge war sehr ineffizient und oft unterbrochen, und es dauerte mehrere Tage, bis eine Depesche von General Wahle in Mahenge an die Truppen durchkam. Dies machte es mir schwer, mir anhand der unvollständigen Informationen ein Bild von der Lage zu machen. Es genügt zu sagen, dass die Versorgungsschwierigkeiten in Mahenge als so akut angesehen wurden, dass man es nicht für möglich hielt, so starke Kräfte dort konzentriert zu halten, und ein Teil davon abgezogen werden musste.

Krauts und Wintgens Truppen wurden nach Westen nach Gumbiro marschiert, von wo aus sie über die Straße Ssongea-Wiedhafen weitermarschieren sollten. Man ging davon aus, dass sie in den Bergen südlich von Ssongea ausreichend Nachschub finden würden. Die Nachricht von diesem Vorstoß erreichte mich zu spät, als dass ich hätte eingreifen können. Von Gumbiro aus wandte sich Hauptmann Wintgens nach Norden und griff in der Nähe des Rukwa-Sees erfolgreich eine feindliche Kolonne an, die ihn verfolgt hatte; als er sich Tabora näherte, erkrankte er an Typhus und wurde gefangen genommen. Hauptmann Naumann führte die Truppe weiter, bis er sich schließlich gegen Ende 1917 in der Nähe von Kilima-Njaro der verfolgenden feindlichen Kolonne ergab. Es ist zu bedauern, dass diese mit so viel Initiative und Entschlossenheit durchgeführte Operation so weit vom Hauptkriegsschauplatz entfernt war, dass sie kaum von Nutzen war.

Major Kraut hatte sich in Gumbiro von Hauptmann Wintgens getrennt und war auf Befehl von General Wahle nach Süden marschiert. Das Überqueren der Kommunikationslinie Ssongea-Wiedhafen war kein Problem, aber da der Feind seine Versorgungslager stark verschanzt und gesichert hatte, konnte keine Beute gemacht werden. Im März 1917, der kargsten Jahreszeit, wenige Monate vor der neuen Ernte, war im Freien wenig zu finden. Nach einigen Nachhutgefechten gegen englische Truppen gelang ein Überraschungsangriff auf das kleine portugiesische Lager bei Mitomoul am Rovuma. Major Kraut folgte dann dem Fluss flussabwärts nach Tunduru und meldete sich selbst im Hauptquartier. Zwei seiner Kompanien blieben in Tunduru, um das fruchtbare Gebiet zu bewachen. Die anderen drei marschierten weiter nach Osten und wurden vorübergehend von Hauptmann Loof in Lindi übernommen.

KAPITEL X
LINDI UND KILWA

Die Operationen der letzten Monate hatten das Gebiet eingeengt, aus dem die Truppen versorgt werden konnten. Die produktiven Gebiete von Lupembe, Iringa, Kissaki und dem unteren Rufiji waren verloren gegangen, und die neu besetzten Gebiete umfassten weite Strecken unfruchtbaren Landes. Die Produktivität der fruchtbareren Gebiete war größtenteils unbekannt; so wurde beispielsweise erst im Laufe der darauffolgenden Operationen bekannt, welcher Ertrag südwestlich von Kilwa und südwestlich von Livale zu erwarten war. Zu dieser Zeit hatte ich nur eine allgemeine Vorstellung davon, dass der östliche Teil des Lindi-Gebiets sehr fruchtbar und als Kornkammer der Kolonie bekannt war. Aber diese fruchtbare Region befand sich aufgrund ihrer Nähe zur Küste in einer sehr prekären Lage, und es war bereits notwendig, zu überlegen, was zu tun sei, wenn sie verloren ginge.

Unser Blick richtete sich natürlich auf das portugiesische Gebiet jenseits des Rovuma, aber darüber hatten wir noch weniger Informationen als über Teile der deutschen Kolonie. Glücklicherweise waren jedoch eine Anzahl portugiesischer Häuptlinge aus Hass auf ihre Unterdrücker in deutsches Gebiet eingewandert, und außerdem genossen wir Deutschen einen sehr guten Ruf unter den intelligenten Eingeborenen von Portugiesisch-Ostafrika, von denen viele auf deutschen Plantagen arbeiteten. So konnten wir uns zumindest ein ungefähres Bild von dem Gebiet östlich des Nyassa-Sees machen und es für wahrscheinlich halten, dass südlich der steppenartigen Zone des Rovuma, in der Nähe von Mwembe, mehrere Tagesmärsche entfernt, breit und dünn besiedelt, eine fruchtbare Gegend lag. Eine Expeditionstruppe von einigen hundert Gewehren unter Major von Stuemer überquerte den Rovuma südlich von Tundura und nahm schnell Mwembe in Besitz, von wo aus unsere Patrouillen die Ufer des Nyassa-Sees bis in die Nähe von Fort Jackson und östlich bis zur Hälfte von Port Amelia erkundeten.

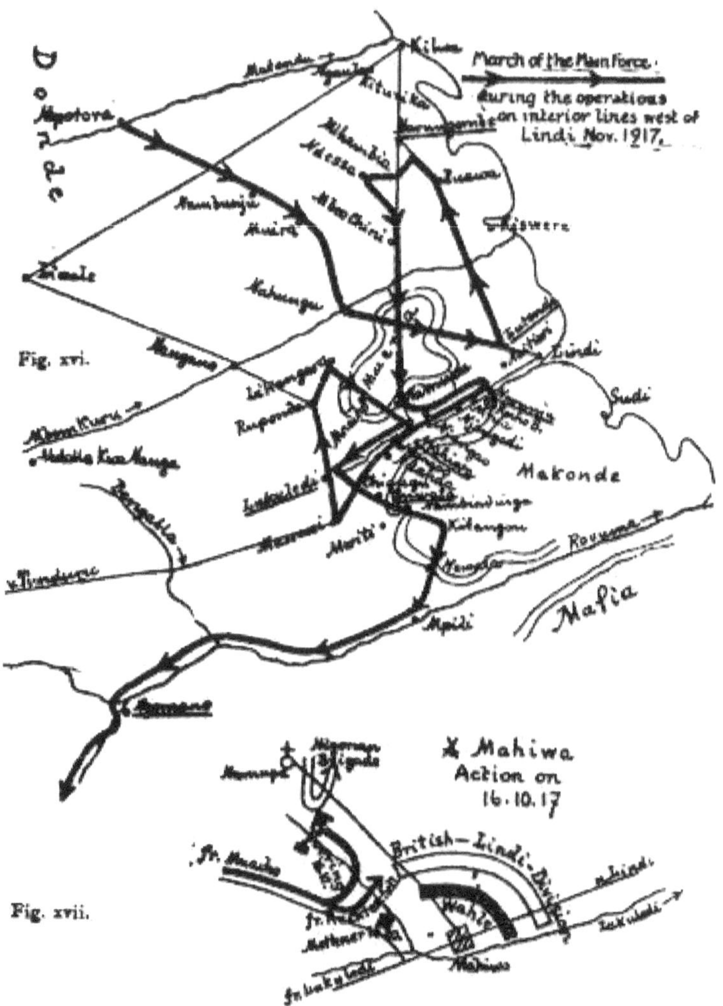

Abb. xvi. Marsch der Hauptstreitmacht während der Operationen an den inneren Linien westlich von Lindi, Juni bis November 1917. Abb. xvii. Schlacht von Mahiwa.

Angesichts der schwierigen Kommunikationsmöglichkeiten – Boten von der Telegrafenstation in Livale brauchten etwa drei Tage, um nach Tunduru zu gelangen, und fünf von dort nach Mwembe – war es schwierig, sich ein klares Bild von der Lage in Mwembe zu machen. Wir hatten keine genauen Nachrichten, bis sich Leutnant Brucher im Januar 1917 persönlich im Hauptquartier meldete. Die europäischen Kartoffeln, die er mitbrachte, gaben uns gute Hoffnung, dass dort mit Nachschub zu rechnen war. Er berichtete, dass das Land fruchtbar sei, ebenso wie die Gegend um Tunduru, wo der Krieg bisher kaum spürbar war. In dem reich bebauten Gebiet gab es noch große Mengen an Eiern und Geflügel. Als Brucher in Tunduru auf dem Boden schlief, wurde dies von den Einwohnern als ein Akt der Tapferkeit angesehen, so wenig wussten sie vom Krieg. Angesichts der Transportschwierigkeiten und der ständigen Bewegung der Truppen wurde es zunehmend notwendig, die Truppe immer weniger von ihren unzureichenden Kommunikationslinien abhängig zu machen. Zu diesem Zweck wurden die Truppen der Hauptleute Goring und von Lieberman auch in die Region südlich von Kilwa verlegt, wo es nach den Berichten einiger Europäer in den Kiturika-Bergen reichlich Nahrung gab. Um den Nachschubtransport von hinten zu erleichtern, wurden die Truppen ohne weitere Untersuchungen nach Kilwa abmarschiert, und es war ein Glück, dass sich die Berichte über die Fruchtbarkeit dieser Gegend bewahrheiteten. Um den Feind, der bereits einige kleine Truppen auf halbem Weg nach Livale verlegt hatte, so weit wie möglich von seinem südlichen Ausschiffungspunkt weg zu bringen und gleichzeitig die fruchtbaren Gebiete südlich von Kilwa bis Mbemkuru zu sichern, machten die Divisionen Görings und von Liebermans einen Umweg von Mpotora nach Süden und drangen vor, wobei Görings Truppen der Küste direkt nach Kilwa folgten und von Lieberman weiter westlich blieb und die Straße Kilwa-Livale ansteuerte. Eine schwächere Truppe folgte dieser Straße nach Kilwa und diente als Reserve für die Patrouillen, die den Feind mehrmals in seinen Lagern überraschten und zurückwarfen. Unsere Patrouillen wimmelten bald in der Nähe von Kilwa. Mehrere feindliche Halden wurden überrascht und ein Teil der Garnisonen getötet. Bei einer dieser Gelegenheiten drang der tapfere Sergeant Major Struwe, der später getötet wurde, mit einem großen Teil der 3. Feldkompanie geschickt in eine Halde ein und fügte dem Feind, der in großer Stärke von außen auftauchte, in Deckung hinter den Mehlsäcken schwere Verluste zu. Es war schwierig, weit von der Halde wegzukommen, also musste sich die Patrouille damit begnügen, den größten Teil der Vorräte zu zerstören. Eine Patrouille nahm ein Feldgeschütz mit – eine seltsame Waffe für eine Patrouille. Nach sorgfältiger Aufklärung erreichte diese die Küste bei Kilwa-Kissiwami und bombardierte einige der dort liegenden Transporter.

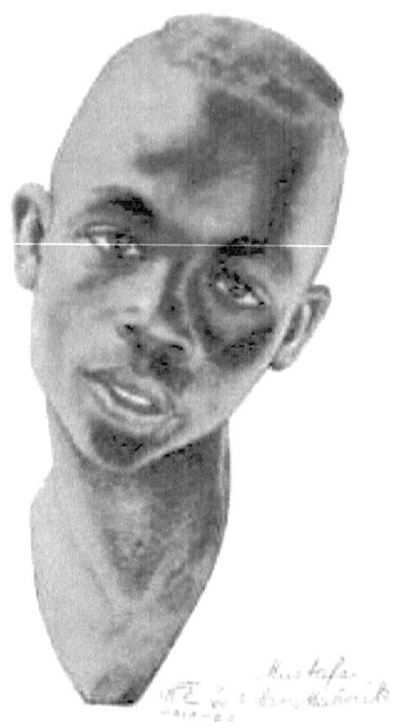

Einheimische Typen (1).
(Nach einer Zeichnung des Adjutanten des Generals von Lettow-Vorbeck.)

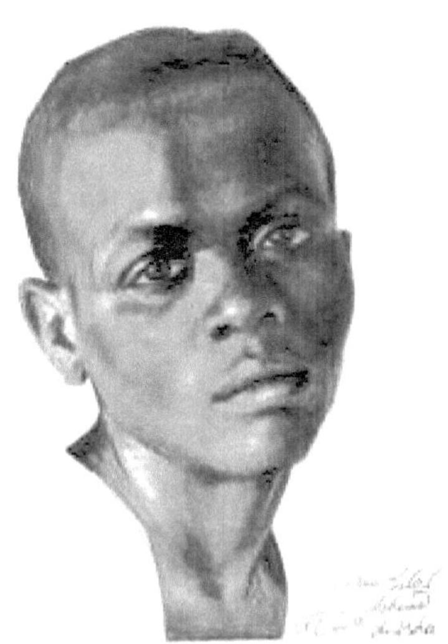

Einheimische Typen (2).
(Nach einer Zeichnung des Adjutanten des Generals von Lettow-Vorbeck.)

Im Mai 1917 wurde Captain von Lieberman, der mit der 11. und 17. Kompanie eine verschanzte Stellung bei Ngaula, einen Tagesmarsch südlich von Kilwa an der Straße Kilwa-Livale, besetzt hielt, von acht Kompanien mit zwei Kanonen angegriffen. Leutnant Büchsel führte mit seiner 17. Kompanie einen so schweren Flankenangriff durch, dass er mehrere Askari-Kompanien des Feindes nacheinander völlig in die Flucht schlug, die, gefolgt vom 40. Indian Pathan Regiment, die Flucht ergriffen. Der Feind hinterließ etwa siebzig Tote auf dem Schlachtfeld, und wie die Engländer später erzählten, war es nur Zufall, dass wir seine Kanonen nicht fanden, die in einem Fluss feststeckten.

Insgesamt schien es uns, als ob die Kräfte des Feindes wieder einmal erschöpft wären. Wenn er nicht sehr große Verstärkungen herbeischaffen würde, war es offensichtlich, dass die verfügbaren Kräfte bald erschöpft sein würden und seine Operationen fehlschlagen würden. Es war bereits jetzt offensichtlich, dass sie mit großer Anstrengung verbunden waren. Es war festgestellt worden, dass eine Batterie aus dem Inneren Indiens nach Kilwa gebracht worden war und dass eine große Zahl neuer Askari-Kompanien aufgestellt wurde.

Gefährlicher als der Feind schien mir die materielle Lage unserer Leute. Die Weizenladung des Hilfsschiffs neigte sich dem Ende zu, und ich hielt es für fraglich, ob Brot aus Mtama-Mehl allein, ohne Zusatz von Weizenmehl, gebacken werden könne. Damals betrachtete ich Brot noch als unverzichtbare Notwendigkeit für die Ernährung der Europäer und machte deshalb selbst Versuche, Brot ohne Weizenmehl zu backen. Leider waren die Ergebnisse unbefriedigend. Später, unter dem Druck der Notwendigkeit, stellten wir alle ausgezeichnetes Brot ohne Weizen her. Die Methoden unterschieden sich sehr. Später machten wir Brot nicht nur mit Mtama, sondern auch mit Muhogo, Süßkartoffeln, Mais, kurz gesagt, mit fast jeder Art von Mehl und mit Mischungen aller möglichen Kombinationen, und später verbesserten wir die Qualität noch durch die Zugabe von gekochtem Reis.

Auch die notwendige Ausrüstung erforderte Aufmerksamkeit. Ein Mangel an Stiefeln war in Sicht. Meine Experimente zeigten mir, dass ein Europäer barfuß gehen kann, wo es annehmbare Pfade gibt, aber niemals durch den Busch. Sandalen, die jeder aus einem Stück Leder herstellen kann, erwiesen sich als hilfreich, konnten aber Stiefel nicht ersetzen. Um für jeden Notfall gerüstet zu sein, nahm ich Unterricht im Stiefelmachen und schaffte es unter Aufsicht, ein Objekt herzustellen, das im Notfall für einen linken Stiefel gehalten werden konnte, obwohl es eigentlich ein rechter sein sollte. Es ist sehr praktisch für einen Europäer, der die einfachsten Grundlagen dieses

Handwerks beherrscht, eine Antilope töten und ein paar Tage später aus ihrer Haut einen Stiefel herstellen oder zumindest reparieren zu können, ohne die Hilfe irgendwelcher Werkzeuge der Zivilisation. Ein Nagel muss als Ahle dienen, eine Zeltstange als Leisten und der Faden kann aus dem zähen Leder einer kleinen Antilope geschnitten werden. Tatsächlich mussten wir jedoch nie in diese äußerste Notlage geraten, da wir die notwendige Ausrüstung und Ausrüstung stets aus erbeuteten Vorräten beschaffen konnten. Viele erbeutete Sättel wurden zerschnitten, um daraus Sohlen und Absätze für Stiefel herzustellen.

Jeder Europäer wurde immer mehr zu einem südafrikanischen „Trekker" und war sein eigener Arbeiter. Natürlich nicht immer persönlich, sondern innerhalb des kleinen unabhängigen Haushalts, bestehend aus seinem schwarzen Koch und seinem schwarzen Diener, der ihm überallhin folgte. Viele hatten sich sogar ein paar Hühner zugelegt, die sie mit sich herumtrugen, und deren Lärm die Lage deutscher Lager bis in die Eingeborenensiedlungen verriet. Ein in einer Truppe erlassener Befehl, der das Krähen von Hähnen vor 9 Uhr morgens verbot, brachte keine Erleichterung.

Die wichtige Salzfrage wurde von den Truppen in Kilwa sehr einfach durch Verdunstung von Meerwasser gelöst. Um die knapp werdenden Vorräte gegen den Verlust der Küste zu sichern, wurden salzhaltige Pflanzen gesammelt und aus deren Asche durch Auslaugen Salz gewonnen. Diese Idee hatten wir von den Eingeborenen der Gegend, die sich auf diese Weise mit Salz versorgten. Das so gewonnene Salz war nicht schlecht, wurde aber nie in größerem Umfang benötigt, da wir unseren Bedarf stets aus den erbeuteten Vorräten decken konnten. Die vielen Elefanten in dieser Gegend lieferten uns Fett; Zucker wurde durch den ausgezeichneten wilden Honig ersetzt, der in großen Mengen vorhanden war. Die Truppen hatten in Bezug auf die Getreideversorgung einen wichtigen Schritt vorwärts gemacht. Sie fanden heraus, wie man es künstlich reifen ließ, und sorgten auf diese Weise gegen die Not.

Besonders hervorzuheben ist hier, dass es dem Sanitätskorps trotz der schwierigen und ständig wechselnden Lebensumstände im Felde gelungen war, die wichtigen Fragen des Chinins und des Verbandmaterials zufriedenstellend zu lösen. Es wurde bereits erwähnt, dass im Norden Chinintabletten von besserer Qualität als die englischen den Vorrat an Peruanischer Rinde ergänzt hatten. Nach der Räumung des nördlichen Gebiets wurde eine große Sendung Peruanischer Rinde nach Kilossa geschickt. Durch die Bemühungen des stellvertretenden Stabsarztes, Stabsarzt Teute, wurde ein Teil davon weiter nach Süden transportiert. Ohne die erforderlichen Geräte war es natürlich unmöglich, Tabletten herzustellen, aber durch Kochen von Peruanischer Rinde wurde flüssiges Chinin hergestellt. Dieses hatte einen teuflischen Geschmack und wurde von den Patienten ungern, aber mit wohltuender Wirkung getrunken, unter ihnen war es als „Lettow-Schnaps" bekannt.

Die andere Schwierigkeit war die Versorgung mit Verbandsmaterial. Um den Wäschevorrat zu ergänzen, der langsam zur Neige ging, wurden nicht nur Kleidungsstücke aller Art desinfiziert und für diesen Zweck verwendet und dann nach dem Kochen wieder verwendet, sondern es wurde auch ein recht gutes Verbandsmaterial aus Rinde hergestellt. Auch diese Idee stammte von den Methoden der Eingeborenen, die seit langer Zeit Kleidung und Säcke aus Myombo-Rinde herstellten. Der Sanitätsdienst hatte alles Menschenmögliche getan, um die Truppen am Leben und gesund zu erhalten. Die großen Ressourcen dieses Dienstes und die notwendige Bewirtschaftung des vorhandenen primitiven Materials verdienen besondere Anerkennung, da dieser Dienst unter den besonderen Bedingungen eines tropischen Klimas immer daran gewöhnt war, mit seinen Vorräten sehr großzügig umzugehen, und das zu Recht. Der Stabsarzt, Stabsarzt Stolowsky, und später sein Nachfolger, Stabsarzt Teute, zeigten beispielhafte Hingabe, Energie und Weitsicht.

Die Chirurgie war auf einem ebenso hohen Niveau. Die Krankenhäuser, die während der ersten Phase des Feldzuges größtenteils in soliden Gebäuden untergebracht waren und das ganze Jahr über ohne Auszug gearbeitet hatten, mussten sich nun in bewegliche Kolonnen verwandeln, die jederzeit aufgefordert werden konnten, Patienten und Gepäck einzupacken und mit dem Marsch der Truppen in verschiedene Richtungen Schritt zu halten. Alles nicht absolut unverzichtbare Material musste eliminiert werden, so dass die Vorbereitungen für einen chirurgischen Eingriff immer mehr oder weniger improvisiert werden mussten. Der Operationssaal war in der Regel eine neu errichtete Grashütte. Trotz alledem führten Stabsarzt Müller, Dr. Thierfelder vom Kaiserlichen Sanitätsdienst und andere erfolgreich sogar schwere Operationen durch, darunter mehrere wegen Blinddarmentzündung.

Wie bereits erwähnt, war das Vertrauen selbst des Feindes in den deutschen Sanitätsdienst völlig gerechtfertigt. Die erfolgreiche und hingebungsvolle Tätigkeit dieser Männer trug wesentlich dazu bei, das gegenseitige Vertrauen zwischen Weißen und Schwarzen zu stärken. Auf diese Weise wurde das starke Band geknüpft, das die verschiedenen Elemente unserer Streitkräfte vereinte.

In Lindi hatte sich der Feind immer mehr verstärkt, und es wurde berichtet, dass Abteilungen auf dem Seeweg nach Lindi transportiert wurden, das bisher westlich von Kilwa stationiert war. General O'Grady, der eine Brigade in Kibata kommandiert hatte, erschien ebenfalls in Lindi. Die naheliegende Vorstellung, dass der Feind von Lindi aus gegen unsere schwachen Kräfte und unser Hauptversorgungsgebiet vorrücken würde, wie es seine Absicht zuvor in Kilwa gewesen war, schien sich zu verwirklichen. Mehrere Angriffe waren von Captain Looffs Truppen westlich von Lindi abgewehrt worden. Auf Ersuchen des Gouverneurs wurden drei der unter Major Kraut eingetroffenen Kompanien nicht, wie ursprünglich beabsichtigt, zur schnellen und gründlichen Unterwerfung der rebellischen Einwohner von Makonde im südöstlichen Teil unseres Protektorats eingesetzt, sondern unter das Kommando von Captain Looff gestellt. Zwei von ihnen nahmen an einem Angriff auf Sudi südlich von Lindi teil, wo der Feind stark verschanzt war. Der Angriff auf die befestigte Stellung wurde mutig begonnen, erlitt jedoch schwere Verluste und konnte nicht erfolgreich abgeschlossen werden.

Später wurde Hauptmann Rothe mit Verstärkungen, bestehend aus drei Kompanien aus Mpotora, nach Lindi beordert. Aber die Regenfälle machten uns einen Strich durch die Rechnung. Die Überquerung des Matendu war bereits schwierig geworden. Der gesamte Regen, der im Bezirk Donde gefallen war, sammelte sich schließlich im Tal des Matendu, das in der Trockenzeit einfach eine Reihe von Teichen ist. Er war zu einem starken, reißenden Strom geworden, wie die Fulda bei Hochwasser in Kassel, und riss in seinem Lauf große Bäume um. Unter Ausnutzung einiger Inseln wurden unter der Leitung erfahrener Ingenieure Baumstämme in Position gebracht und eine Brücke für Transportmittel gebaut; aber ein plötzlicher Anstieg des Stroms riss sie wiederholt weg, und mehrere Männer ertranken. Eine Fußgängerbrücke weiter flussabwärts ereilte das gleiche Schicksal; eine schmale Hängebrücke aus Seilen aus gedrehter Rinde war nur von geringem Nutzen und etwas unsicher, da angesichts des Wechsels von starkem Sonnenlicht und Nässe immer die Gefahr bestand, dass die Seile verrotteten und nachgaben.

In Nahungu am Mbemkuru behinderten ähnliche Bedingungen den Marsch von Captain Rothe. Die Strömung war so stark, dass der erste Versuch, mit den wenigen verfügbaren Fähren den Fluss zu überqueren, scheiterte. Aufgrund von Versorgungsengpässen aus Nahungu vertrieben, marschierte Captain Rothe in die fruchtbare Region im Nordosten und gefährdete auf diese Weise die Pläne des Hauptquartiers ernsthaft. Dieses fruchtbare Land nordöstlich von Nahungu musste verschont bleiben, um den Streitkräften südlich von Kilwa als Reserve zu dienen und eine starke Verstärkung dieser Truppen zu gewährleisten, falls taktische Gründe dies erforderlich machten. Die Zeit, die verloren ging, bevor Captain Rothe eine Nachricht übermitteln konnte, war sehr ärgerlich, aber schließlich wurde seine Division rechtzeitig wieder nach Lindi umgeleitet, um an einigen Kämpfen teilzunehmen.

Angesichts der Notwendigkeit einer Verstärkung unserer Truppen in Lindi aufgrund der zunehmenden Spannung der militärischen Lage und der geplanten Verlegung frischer Truppen in dieses Gebiet war General Wahle aus Mahenge abgezogen worden und hatte das Kommando über die Lindi-Front übernommen; Captain Tafel folgte ihm in Mahenge. Mitte Juni 1917 hatte sich General Wahle nach mehreren Gefechten, die eine beträchtliche Zunahme der feindlichen Stärke zutage gefördert hatten, so weit den Lukuledi-Fluss hinauf zurückgezogen, dass der Feind seine Nordflanke unvorsichtigerweise freizulegen schien.

Ich beschloss, diesen Vorteil auszunutzen, ohne allerdings genau zu wissen, wie. Soviel war klar: nur ein Überraschungsangriff versprach Erfolg. Ich rückte daher mit vier Kompanien und der Gebirgsbatterie, bestehend aus zwei Kanonen, durch Nahungu vor, entlang der Hauptstraße, die über Lutende nach Lindi führte. In Lutende lagerten die Kompanien von Hauptmann von Chappuis und die von Leutnant Wunder, der Rest lag weiter hinten. Ich ging zur Erkundung voran, mit meinem fähigen Gefährten Nieuwenhuizen, der die Hauptrolle beim Pferdetrieb auf dem Erok-Berg gespielt hatte. Von der Höhe, auf der die Kompanie von Chappuis lag, bot sich eine weite Aussicht: man konnte die verschiedenen Bauernhäuser rund um Lindi und den Lukuledi- Fluss mit dem Dampfer *President sehen* , der dort Zuflucht gesucht hatte und unbrauchbar geworden war. Vielleicht war es ein Glück, dass in diesem sonst wildlosen Gebiet weder Wildschweine noch Buschhirsche in Reichweite unserer Gewehre gekommen waren, denn nicht weit von Chappuis' Lager kreuzten wir die Spur einer starken feindlichen Patrouille, die gerade erst vorbeigekommen sein musste. Auch das Gerede der Eingeborenen ließ uns vermuten, dass sie kürzlich etwas Interessantes gesehen hatten. Als wir sie befragten, erzählten sie uns nichts. Wir machten einen großen Umweg und erreichten abends nach Einbruch der Dunkelheit das Lager von Wunders Kompanie. Wir berichteten dem Kompaniechef und dem fähigen Führer Inkermann, der einige Tage später den Heldentod starb, von unseren Beobachtungen und ermahnten sie, scharf Ausschau zu halten. Es wurde auch befohlen, dieses Lager, das auf einer offenen Ebene lag und dem Feuer des umgebenden Busches ausgesetzt war, zu verlegen. Nach einer Tasse Tee kehrten wir zu unserer Haupttruppe zurück, die etwa eine Viertelstunde weiter hinten lag.

Am Morgen des 30. Juni hörten wir aus Richtung der Kompanie Wunder zunehmendes Gewehrfeuer. In der Annahme, der Feind habe die Geländelage ausgenutzt und feuere aus dem Buschwerk auf das Lager, rückte ich mit den drei Kompanien sofort nach rechts durch das Buschwerk vor, um die Straße weiter südlich anzugreifen und so den Feind in den Rücken zu drängen. Bald jedoch trafen wir einige Askari, die uns erzählten, eine starke feindliche Truppe sei in das Lager eingedrungen, habe die Kompanie überrascht und vertrieben. Ein junger Askari beschwerte sich bei einem alten „Betschausch" (Sergeant) der dritten Kompanie, der Feind habe ihnen alles weggenommen. „Niemaza we, tutawafukuza" (halt den Mund, wir haben sie gleich raus), war die trotzige Antwort, die den aufgeregten Jugendlichen sofort beschämt zum Schweigen brachte. Die Antwort des Sergeanten traf tatsächlich die Stellung. Der Feind, bestehend aus dem 5. Indischen Regiment und einigen Eingeborenen, hatte geglaubt, nur einen schwachen deutschen Vorposten zu finden. Er war unbesonnen in unsere schlecht platzierten Verschanzungen eingedrungen und war nun seinerseits von allen Seiten einem konzentrierten Feuer aus dem Busch ausgesetzt.

Die Lage war so klar, dass sie ein möglichst schnelles, unabhängiges Vorgehen der Unterführer erforderte, und auch Hauptmann von Chappuis griff sofort an. Stabsarzt Mohn (später getötet), der in Wunders Lager zurückgeblieben und vorübergehend in die Hände des Feindes gefallen war, beschrieb die sehr störende Wirkung unseres konzentrierten Feuers auf kurze Distanz und die Panik, die es unter dem Feind auslöste. Dennoch ermöglichte die Deckung durch einige Schluchten und das Unterholz einigen Feinden die Flucht. Diese flohen wie verrückt. Einige verloren sich so vollständig, dass sie Tage später von unseren Patrouillen in halb verhungertem Zustand im Busch aufgesammelt wurden. Wir verursachten etwa 120 Verluste. Zusätzlich zur Bergung unserer eigenen Munition, die vorübergehend in die Hände des Feindes gefallen war, erbeuteten wir die Munition des Feindes, die er gerade ins Lager gebracht hatte, etwa hundert Gewehre und einige Maschinengewehre. Unter den Schwerverletzten, die wir in das englische Lager in Naitiwi brachten und dort übergaben, befand sich der kommandierende Offizier des englischen Regiments. Er starb später an seiner Verletzung.

Wir blieben noch einige Wochen im fruchtbaren Gebiet von Lutende und versuchten mit unseren Patrouillen, dem Feind Verluste zuzufügen, dessen befestigte Lager in und südlich von Naitiwi keine Aussicht auf einen erfolgreichen Angriff boten. Weit im Süden hörten wir oft die Explosion von Fliegerbomben und schweren Geschützen, die Wahles Division bombardierten. Von Chappuis' Kompanie wurde zur Verstärkung von Wahles Truppen eingesetzt. Abgesehen von einigen Scharmützeln folgte auf unseren Erfolg in Lindi eine Flaute in den Operationen.

Dass dies nur der Auftakt zu neuen feindlichen Bemühungen war, wurde nicht nur durch die Meldungen über die Verlegung starker Truppen nach Kilwa bewiesen, sondern auch durch die Tatsache, dass General Hoskins, der das Kommando von General Smuts übernommen hatte, Ende Mai von General van Deventer abgelöst worden war. Wieder einmal hatte ein Bur das Kommando, und die Gerüchte, dass frische europäische Truppen aus Südafrika herangeschafft würden, schienen sich zu bestätigen. Südlich von

Kilwa griff der Feind unsere neun Kompanien mit drei Brigaden an, aber Hauptmann von Lieberman, der das Kommando von Hauptmann Göring übernommen hatte, da dieser schwer erkrankt war, gelang es mit außerordentlichem Geschick, die überlegenen feindlichen Kräfte zurückzuschlagen. Am 6. Juli unternahm zumindest eine Brigade einen Frontalangriff auf Hauptmann Lieberman bei Unindi und wurde unter schweren Verlusten zurückgeschlagen. Der kühne Angriff unserer Kompanien kostete uns ebenfalls viel; unter den Opfern befand sich Leutnant Bleeck, der an der Spitze seiner Kompanie eine tödliche Wunde im Bauch erlitt. Diese tapfere und aufrechte Persönlichkeit hatte sowohl als furchtloser Patrouillenführer als auch im Stab des Hauptquartiers hervorragende Dienste geleistet, und ich kannte ihn sehr gut. Von Liebermans rechte Flanke wurde von Hauptmann Spangenberg mit zwei der neun Kompanien gegen eine weitere feindliche Brigade gedeckt. Er erfüllte seine Aufgabe und griff die feindliche Brigade mit seinen beiden Kompanien so energisch an, dass, wie wir später hörten, die englischen Berichte von einem Angriff sehr starker feindlicher Kräfte sprachen.

Trotz dieses Erfolgs bei Unindi veranlassten die große Überlegenheit des Feindes und die Gefahr, dass unsere Vorräte im Rücken von den Truppen umzingelt würden, Captain von Lieberman, sich allmählich nach Süden zurückzuziehen und dabei ständig zu kämpfen. Ich dachte, der Moment sei gekommen, um mit den verfügbaren Kompanien bei Lutende einen schnellen Gegenmarsch zu unternehmen, und die Gebirgsbatterie kam Captain von Lieberman unerwartet zu Hilfe und nutzte vielleicht eine günstige Gelegenheit, um dem Feind eine entscheidende Niederlage zuzufügen. Wir zogen in Gewaltmärschen von Lutende aus genau nach Norden und überquerten den Mbemkuru, der jetzt wieder ein unbedeutender Fluss war, ohne Schwierigkeiten, zwei Tagesmärsche unterhalb von Nahungu. Der einzige Widerstand, auf den wir stießen, waren Schwärme wilder Bienen, die uns zu einem kleinen Umweg zwangen. Nördlich von Mbemkuru setzten wir unseren Marsch nach Norden in die Ruawa-Berge fort.

Ich nutzte die zwei Tage, die ich brauchte, um die Truppen wieder zusammenzuziehen, um die umliegende Gegend gründlich zu erkunden, und am 28. Juli erfuhr ich zu meinem Erstaunen zufällig von einigen Eingeborenen, dass eine Straße durch die Berge fast in gerader Linie von unserem Lager zu Captain Liebermans Lager am Narungomba-Wasserloch führte, etwa sechs Stunden Marsch. Eine Patrouille Europäer wurde sofort ausgesandt, um diese Straße zu erkunden. Am Morgen des 29. Juli hörte ich von meinem Lager in Ruawa aus einige Explosionen aus der Richtung von Liebermans Truppen. Ich dachte nicht, dass dies auf ernsthafte Kämpfe hindeuten könnte, da die Geräusche aufhörten und außerdem die Patrouille, die ich zu Liebermans Truppen geschickt hatte und die an diesem Morgen zurückgekehrt war, meldete, dass dort alles ruhig sei. Ich musste jedoch meine Meinung ändern, als van Rooyen, der sehr zuverlässig war, mittags von einer Jagdexpedition zurückkehrte und berichtete, dass er mit Sicherheit anhaltendes Maschinengewehrfeuer gehört hatte. Der Leser wird sich vielleicht wundern, dass ich den Marsch zu Liebermans Lager noch nicht begonnen hatte, aber man muss bedenken, dass es auf dem Weg kein Wasser gab und meine Männer sehr erschöpft waren, während einige gerade erst Ruawa erreicht hatten. Bei Einbruch der Nacht war ich dem Schauplatz des Geschehens nur drei Stunden näher gekommen, aber erst als die Nacht weit fortgeschritten war, waren meine Kompanien alle eingetroffen. Eine Fortsetzung des Marsches durch das Buschland in stockfinsterer Nacht war hoffnungslos; es hätte zwangsläufig zu vielen Missverständnissen geführt und eine nutzlose Verschwendung der Kräfte der Männer bedeutet, die bereits schwer auf die Probe gestellt worden waren.

Um 3 Uhr morgens wurde der Marsch fortgesetzt und bald darauf kam eine Meldung von der Vorhut der Offiziere, dass Hauptmann von Lieberman den Feind zwar besiegt hatte, aber wegen Munitionsmangels in der Nacht nach Mihambia marschiert war. Die Nachhut hatte die Quellen geräumt und folgte zum Zeitpunkt der Meldung dem Rest. Mein Befehl, die Quellen um jeden Preis zu halten, bis ich um 6 Uhr morgens eintraf, um in die Schlacht einzugreifen, war daher aufgrund des Drucks der Umstände missachtet worden. Ich dachte jetzt, dass der Feind, der stärker war als wir, die Position der Quellen wie gewohnt stark verschanzt haben würde und dass ich jeden Angriff mit durstigen Truppen durchführen müsste. Das schien wenig Aussicht auf Erfolg zu bieten. Später, als ich die tatsächliche Position des Feindes erfuhr, neigte ich zur gegenteiligen Ansicht. Trotz seiner Überlegenheit hatte der Feind eine schwere Niederlage erlitten. Sein 7. südafrikanisches und 8. europäisches Regiment waren fast zerschlagen. Immer wieder hatte sich seine Infanterie in großen Wellen gegen die Front unserer Askari-Regimenter geworfen und war jedes Mal durch Gegenangriffe zurückgedrängt worden. Ein Waldbrand war ausgebrochen und hatte sich in seinen Reihen ausgebreitet. Schließlich hatte sich die Hauptmasse seiner Truppen losgerissen und war in wilder Unordnung durch das Gebüsch geflohen. Maschinengewehre, Massen von Gewehren und Hunderte von Munitionskisten waren auf dem Schlachtfeld zurückgeblieben. In diesem Zustand hätte mein Angriff, selbst nach dem Abzug von Liebermans Truppen, vielleicht das Schicksal der Hauptmasse des Feindes besiegelt. Es ist sehr zu bedauern, dass damals große Teile der Truppen nicht genügend Initiative zeigten, um den Mangel an deutscher Munition während der Schlacht selbst auszugleichen , indem sie die in großen Mengen herumliegenden feindlichen Gewehre und Patronen verwendeten. Wir waren in Reichweite eines äußerst wichtigen Erfolgs, der uns durch Zufall entrissen wurde. Wir müssen jedoch dankbar sein für die Waffenleistung, die die 7. Askari-Kompanie unter der zweifellos brillanten Führung von Captain von Lieberman gegen eine überwältigende Übermacht vollbrachte.

Einen klaren Bericht über diese Aktion erhielt ich jedoch erst später. Im Moment hielt ich es für richtig, nach Mihambia zu marschieren, um durch die Vereinigung mit Liebermans Abteilung die Einheit des Kommandos sicherzustellen, sie mit genügend Munition zum Weitermachen zu versorgen und, falls nötig, ihre *Moral* nach dem schweren Kampf durch eine sichtbare Verstärkung zu stärken. Letzteres erwies sich als unnötig; als ich ankam, fand ich Liebermans Abteilung in ausgezeichneter Stimmung vor, und alle Kompanien waren stolz darauf, dem überlegenen Feind einen so schweren Schlag versetzt zu haben. Für mich war die Operation bei Narungombe ein weiterer Beweis dafür, wie schwierig es im unbekannten afrikanischen Busch und angesichts der Unsicherheit der Kommunikation ist, selbst wenn andere Umstände günstig sind, eine Operation durchzuführen, an der mehrere Kolonnen beteiligt sind, um die notwendige Einheit des Handelns auf dem Schlachtfeld sicherzustellen. In Narungombe, wo alle Bedingungen so günstig waren, wie man es sich nur wünschen konnte, wurde die Entscheidung schließlich durch kleinere Missgeschicke vereitelt, und ich wurde in meiner Überzeugung bestärkt, dass ich, wenn ich verschiedene Truppenteile in einer Operation einsetzen wollte, zuerst die engste Verbindung sicherstellen musste.

Das Gefecht bei Narungombe brachte den Feind bei Kilwa für längere Zeit zum Stillstand, und die Kämpfe beschränkten sich auf Patrouillen, die den feindlichen Kommunikationslinien Verluste zufügten, aus dem Busch auf seine Abteilungen und Kraftfahrzeuge feuerten und bei günstigen Gelegenheiten aus nächster Nähe angriffen. Um einerseits diese Patrouillenarbeit auf eine breitere Basis zu stellen, aber auch um der Bewegung feindlicher Truppen nach Westen entgegenzuwirken und schließlich aus Gründen der Versorgung, setzte ich die Truppe seitlich auf der Linie Mihambia-Ndessa ein. Über dem fruchtbaren Ndessa-Gebiet tauchten zahlreiche Flugzeuge auf, deren Bomben wir schutzlos ausgeliefert waren, und es kam zu einigen schweren Verwundungen; aus dieser Luftaufklärung konnten wir auf das große Interesse des Feindes an dem Gebiet schließen, und bald wurde gemeldet, dass er noch weiter nach Westen vorrückte. Unsere Patrouillen leisteten so gute Arbeit, dass von Zeit zu Zeit ganze Kompanien des Feindes unter schweren Verlusten in die Flucht geschlagen wurden. Aber der Feind setzte seine Bemühungen fort, Informationen zu erhalten. Er gab sich kaum die Mühe, seine Absicht zu verbergen, als er Waffenstillstandsfahnen schickte. Ich erinnere mich an eine Gelegenheit, als die Gruppe mit der weißen Fahne aus dem Busch zu unserem Lager kam; sie hatten also die dorthin führenden Straßen nicht nur gemieden, sondern sie absichtlich überquert. Die größere Nähe des Feindes erschwerte es uns, unsere Vorräte aufzutreiben, die allmählich zur Neige gingen . Es war unvermeidlich, dass die Position unserer Requirierungs- und Jagdtrupps dem Feind bekannt wurde und er überrascht wurde. Der Einfluss des Feindes auf die Eingeborenen zeigte sich darin, dass südlich von Mihambia mehrere Dörfer plötzlich verlassen waren. Ich hatte dieses Phänomen lange als Zeichen für die Absicht des Feindes angesehen, in diese Richtung vorzudringen. Der Zustand unserer Vorräte machte es uns unmöglich, eine so starke Streitmacht im Gebiet Mihambia-Ndessa zu halten. Da die Räumung dieses Gebietes ohnehin nicht lange hinausgezögert werden konnte und der Feind westlich von Lindi gleichzeitig mit starken Truppen an General Wahles Front verstärkte Aktivität entwickelte, beschloss ich, General Wahle mit einigen Kompanien aus Ndessa zu unterstützen und vielleicht die bei Narungombe gescheiterte Operation durch eine unerwartete Verstärkung zu einem entscheidenden Erfolg zu führen. Am 3. August hatten General O'Gradys Truppen zweifellos eine schwere Niederlage erlitten. Ein indisches Regiment, das durch die Lücke zwischen zwei stark befestigten deutschen Außenposten vorgerückt war, wurde von unseren Reserven, die für einen solchen Fall bereitgehalten wurden, angegriffen und fast vernichtet. Bei der Verfolgung fiel viel wertvolles Material in unsere Hände. Der Feind hatte jedoch einige Tage später den Angriff erneuert, und angesichts der Umzingelung durch seine starken Abteilungen war General Wahle auf Narunyu und einen gleich hohen Berg südlich des Lukuledi-Flusses zurückgefallen.

Hauptmann Koehl blieb mit sechs Kompanien und einer Batterie in Ndessa zurück; ich überquerte mit vier Kompanien und zwei Gebirgsgeschützen den Fluss Mbemkuru unterhalb von Nahungu und marschierte dann schräg über die Muera-Hochebene zur Missionsstation Namupa. Der verantwortliche Präfekt bewirtete uns unter anderem mit Muhogo (eine Maissorte mit essbaren Wurzeln), zubereitet wie Bratkartoffeln, und ergänzte den spärlichen Proviant unserer Europäer mit Bananen und anderen Früchten aus seinen ausgedehnten Gärten.

Im Lager von Njangao freute es uns alle sehr, als wir einen Teil einer an mich gerichteten deutschen Funknachricht erhielten, in der die Danksagungen Seiner Majestät anlässlich des dritten Jahrestages des Kriegsausbruchs zum Ausdruck kamen.

Wir schlugen unser Lager mit der ersten Kompanie in Njengedi auf, an der Hauptstraße zwischen Njangao und Lindi, im Rücken von Wahles Division, bei unangenehmem, regnerischem Wetter. Ich machte mich sofort auf den Weg nach Narunyu, um General Wahle von unserer Ankunft zu benachrichtigen. Hier, in einem fast undurchdringlichen Land, das von zahlreichen Schluchten durchzogen ist, in deren Grund tiefe Sümpfe lagen, standen sich Freund und Feind dicht gegenüber. Unsere Männer arbeiteten in Unterständen, die mit von Bäumen geschnittenen Ästen bedeckt waren. Nur fünf von General Wahles sieben Kompanien befanden sich in Narunyu, die beiden anderen auf dem Berg Ruho am Südufer des Lukuledi-Flusses. Angesichts der Gefahr eines Überraschungsangriffs auf unsere schwachen Kräfte in Narunyu befahl ich, sie durch die Kompanien auf dem Berg Ruho zu verstärken, und ließ zwei von denen, die mit mir gekommen waren, an ihre Stelle marschieren. Der feindliche Angriff auf Narunyu erfolgte am nächsten Tag. Captain Liebermans Kompanie vom Berg Ruho und die beiden Kompanien, die ich mitgebracht hatte, nahmen alle an dem Gefecht teil. Die dritte Kompanie hatte ihren Gewaltmarsch nach Karungu unmittelbar nach ihrer Ankunft in Njengedi begonnen. Ich sehe noch die Askari kurz vor Tagesanbruch auftauchen und höre ihre Freudenschreie bei dem Gedanken, den Feind erneut in die Flucht zu schlagen.

Unser Versuch, den rechten Flügel des Feindes einzuschließen, diente jedoch nur dazu, ihn zurückzudrängen; das Buschwerk war zu dicht für eine Angriffsbewegung, die auf kurze Distanz unter ständigem Maschinengewehr- und Gewehrfeuer durchgeführt werden musste. Die Dunkelheit erschwerte die Leitung der Operationen noch mehr, und es besteht kein Zweifel, dass unsere Abteilungen im Durcheinander der beiden Fronten in diesem zerklüfteten Land oft aufeinander schossen: Es war fast unmöglich, Freund oder Feind zu erkennen. Als ich zum Beispiel in der völligen Dunkelheit des Buschwerks vor mir lautes Geschrei hörte, dachte ich, dies käme von unserem Einschlussangriff, mit dem wir den Feind zurückdrängten. Erst einige Zeit später wurde entdeckt, dass dies der Feind war, und bald hörten wir ihn in seinen Schützengräben arbeiten. Die genaue Lage seiner Schützengräben verschaffte uns den Vorteil, die Reichweite des 10,5-cm-Geschützes der *Königsberg zu ermitteln*, das sich bei Wahles Truppen befand. Dies gelang mit gutem Erfolg; jedenfalls räumte der Feind am nächsten Tag seine Schützengräben und zog sich zurück.

Der ersehnte vollständige Sieg war nicht errungen und angesichts der Schwierigkeiten des Geländes auch nicht zu erwarten, da wir in den Kämpfen des 18. unsere Stärke gegenüber dem Feind erkannt und den Vorteil einer Überraschung verloren hatten. Wieder einmal musste ich mich mit Verzögerung zufrieden geben. In diesem fruchtbaren Land gab es keine Schwierigkeiten, unsere Stellung zu halten, was die Versorgung anging. Die Truppe war selten so gut ernährt wie in der Gegend von Lindi. Große Süßkartoffel- und Muhogo-Felder erstreckten sich so weit das Auge reichte, und es gab reichlich Zuckerrohr. Die zahlreichen arabischen Plantagen zeugten von der Fruchtbarkeit und der alten Zivilisation des Landes. Wir machten es uns gemütlich, und obwohl oft Gewehrkugeln durch unser Lager pfiffen und Flugzeuge Bomben auf uns warfen, entstand kein großer

Schaden. Einmal kümmerte sich der Zahnarzt, der seine Praxis in einem europäischen Haus eingerichtet hatte und uns die Aufmerksamkeit schenkte, die wir schon lange brauchten, um einen Patienten, als eine Bombe in den Raum fiel. Später, als der Ort untersucht wurde, stellte sich heraus, dass der Plantagenbesitzer seinen Dynamitvorrat in genau diesem Raum aufbewahrte. Glücklicherweise hat die Bombe diesen nicht getroffen, sonst wären sowohl Patient als auch Zahnarzt dauerhaft von ihren Zahnschmerzen befreit gewesen.

Es war keine leichte Angelegenheit, zu entscheiden, was mit den deutschen Frauen und Kindern geschehen sollte, von denen einige aus Lindi geflohen waren und nicht wussten, was sie tun sollten. Einige von ihnen hatten in den Häusern der Plantagenbesitzer Zuflucht gesucht, die in Reichweite der feindlichen Kanonen lagen. Angesichts der eingeschränkten Versorgung und der Schwierigkeiten bei Transport und Unterbringung war es wünschenswert, diese Frauen und Kinder nach Lindi zurückzuschicken. Einige waren intelligent genug, dies zu erkennen. Durch eine Unterredung wurde ihre Verlegung hinter die britischen Linien ordnungsgemäß arrangiert, und sie konnten nach Lindi aufbrechen. Aus mir unbekannten Gründen weigerten sich die Engländer dann, sich an die Vereinbarung zu halten, und die Frauen und Kinder sowie die männlichen Nichtkombattanten sammelten sich nach und nach in der katholischen Mission in Ndanda. Dort war seit einiger Zeit ein Militärerholungsheim untergebracht, das sich zu einem wichtigen Krankenhaus entwickelt hatte. Alle Menschen, die hierher gebracht wurden, fanden in den geräumigen Gebäuden der Mission mit ihren ausgedehnten Gärten gutes Essen und Unterkunft.

KAPITEL XI
IN DER SÜDOSTECKE DER KOLONIE

Während in Narunyu mehrere Wochen lang eine Kampfpause herrschte, war der Feind in dem von Stuemers Truppen besetzten Teil des portugiesischen Territoriums sehr aktiv. Mehrere englische Kolonnen aus dem Südwesten und Süden hatten sich auf Mwembe konzentriert, und Major von Stuemer, der sich nicht stark genug zum Widerstand fühlte, hatte Mwembe geräumt. Die verschiedenen Kompanien hatten sich dann nach und nach auf den Rovuma zurückgezogen. Nördlich dieses Flusses hatte Lieutenant Commander Jantzen, der vom Hauptquartier nach Tunduru geschickt worden war und unter dem die verschiedenen Kompanien von Stuemers Truppen neu formiert worden waren, das Kommando übernommen. Feindliche Truppen rückten auch von Ssongea aus auf Tunduru vor.

Es war schwierig, detaillierte Informationen über den Feind zu erhalten. Mein Eindruck war, dass er unsere Hauptstreitmacht zum Stehen bringen, mit starken Kräften in unser Versorgungsgebiet im Gebiet Tunduru-Massassi-Ruponda eindringen und unsere Vorräte wegnehmen wollte. Ich hielt es damals nicht für unmöglich, dass wir einen Erfolg erzielen könnten, und marschierte daher am 10. September 1917 mit fünf Kompanien von unseren Lagern in Narunyu nach Massassi. Von dort marschierte Hauptmann Göring sofort mit drei Kompanien nach Tunduru; Jantzens Division stand nordöstlich davon. Ich erkundete die Straße nach Tunduru mit dem Fahrrad und befürchtete, dass die Versorgungsschwierigkeiten sehr ernst sein würden. Diese Befürchtungen bewahrheiteten sich leider. Vorräte vom Land konnten nicht heraufgebracht werden, und es blieb keine Zeit für eine längere Operation, die es ermöglichen würde, zusätzliche Vorräte aus Massassi zu beschaffen.

Die kleinen englischen und portugiesischen Patrouillen, die unsere Vorräte und Transportmittel von jenseits des Rovuma im Süden angriffen, veranlassten uns nicht, unsere Bewegungen zu beschleunigen. Aber der Feind aus Kilwa, den Captain Koehls schwerer Angriff aus Mbeo-Chini und eine Reihe kleinerer Gefechte nicht aufhalten konnten, erreichte die Gegend von Nahungu. Seine fliegenden Kolonnen, größtenteils beritten, umgingen Koehls Truppen und drangen den Mbemkuru-Fluss hinauf nach Nangano vor. Die Kommunikation mit Captain Koehl über die Telefonleitung von Nahungu nach Nangano wurde zunächst für einige Tage unterbrochen und dann vollständig abgebrochen. Die Versorgungslager fielen in die Hände des Feindes und wurden zerstört. Um der Unterbrechung der exponierten Telefonleitung vorzubeugen, war eine neue Leitung von Ruponda nach Nordosten verlegt worden, aber die Verbindung per Boten zwischen dieser Leitung und Koehls Division dauerte mehrere Tage.

Angesichts der langsamen Kommunikationsmittel mit Koehls Abteilung war es nicht möglich, sich rechtzeitig ein genaues Bild von der Lage zu machen, und da der beabsichtigte Erfolg bei Tunduru auf keinen Fall erreicht werden konnte, marschierte ich Anfang Oktober mit den fünf Kompanien von Massassi nach Ruponda und dann weiter nordöstlich, wo ich mich in Likangara mit Koehls Truppen vereinigte. Als ich die Meldung erhielt, dass sich feindliche Abteilungen Ruponda näherten, befahl ich, die Kranken und die Vorräte von Ruponda nach Lukuledi und Mnacho zu bringen. Am 9. Oktober 1917 wurde eine feindliche Patrouille mit einigen Verlusten bei Ruponda zurückgeschlagen. Am 10. Oktober griff eine beträchtliche Streitmacht des Feindes – das 25. indische Kavallerieregiment wurde identifiziert – Ruponda von mehreren Seiten an. Der Rückzug unserer Kompanien war daher leider etwas verfrüht gewesen; sonst wäre der Feind bei Ruponda möglicherweise auf einige unserer vorbeiziehenden Kompanien gestoßen und hätte möglicherweise eine schwere Niederlage erlitten. Tatsächlich waren außer einigen unserer Patrouillen keine Truppen in Ruponda; die meisten Kranken fielen dem Feind in die Hände, ebenso etwa 90.000 kg Vorräte. In Likangara kam es zu keinen nennenswerten Kämpfen. Einige feindliche Patrouillen und schwache Abteilungen tauchten auf, aber unsere Kampftruppe, die die Hauptverbindungslinie des Feindes entlang des Mbemkuru-Flusses angriff, auf Kraftfahrzeuge feuerte und diese zerstörte und Post und Vorräte erbeutete, ließ mich vermuten, dass sich der stärkste Teil der Kilwa-Truppe weiter westlich in Richtung Ruponda erholte.

Die verstärkte feindliche Aktivität ein paar Tagesmärsche östlich von Likangara, wo er Requisitionsstationen einrichtete, sowie die Geschichten der Eingeborenen ließen es wahrscheinlich erscheinen, dass beträchtliche feindliche Kräfte von Nahungu nach Süden und damit gegen General Wahle marschierten. Erbeutete Briefe enthüllten die Tatsache, dass der Feind trotz seiner umfangreichen Geheimdienst- und Spionagesysteme im Dunkeln tappte. Er wusste zum Beispiel nicht, wo ich war, obwohl er anscheinend größten Wert darauf legte, es zu wissen. Die Kenntnis meines Hauptquartiers würde ihm die wahrscheinliche Position unserer Hauptstreitmacht verraten. Während ein Brief meinte, ich sei in der Nähe von Lukuledi, gab ein anderer vor, zu wissen, dass ich in Tunduru sei, und einem dritten zufolge war ich in Mahenge. Die Gesprächigkeit dieser Europäer, die trotz aller Warnungen nicht davon absehen konnten, einander in ihren Privatbriefen ihr Wissen und ihre Vermutungen über die Kriegslage mitzuteilen, hatte in diesem Fall gute Dienste geleistet: Es wurde so viel geklatscht, die Gerüchte waren so widersprüchlich und selbst die unwahrscheinlichsten Dinge wurden so wahllos geglaubt, dass man aus der deutschen Korrespondenz alles Mögliche herauslesen konnte. Trotz dieser unbeabsichtigten Irreführung des Feindes ist es schwer zu verstehen, wie intelligente Menschen der Post wichtige Angelegenheiten anvertrauen können, deren Kenntnis vor dem Feind geheim gehalten werden muss, wenn sie wissen, wie unzuverlässig die Post ist und dass die Briefe oft in die Hände des Feindes fallen.

Mir war klar, dass die offensichtliche Unsicherheit des Feindes über die Lage mir eine große Chance bieten würde, wenn sie schnell und entschieden genutzt werden könnte. Ich wagte zu hoffen, dass jetzt der beabsichtigte entscheidende Schlag ausgeführt werden könnte, den ich zweimal bei Lindi und einmal bei Tunduru versucht hatte und dessen Erfolg bei Narungombe an einem Haar hing. Die Entwicklung der Lage an Wahles Front schien für diesen Versuch günstig. Seine Streitkräfte hatten sich allmählich aus dem Mtua-Distrikt nach Mahiwa zurückgezogen. Die gesamte Führung des Feindes während des Feldzuges ließ darauf schließen, dass seine verschiedenen Kolonnen mit ihrem ganzen Gewicht vorrücken und versuchen würden, uns durch eine Konzentration von allen Seiten zu vernichten. Die Lindi-Division des Feindes rückte mit dem Rest energisch vor. General Wahles neun Kompanien, die hartnäckig kämpften, hatten sich vor ihnen nach Mahiwa zurückgezogen. Ich hatte eine gute persönliche Kenntnis des Landes in Mahiwa. Es war sehr wahrscheinlich, dass mein Marsch in diese Richtung vom Feind nicht rechtzeitig bemerkt werden würde.

Am 10. Oktober 1917 überquerte ich im Vertrauen auf das Kriegsglück mit fünf Kompanien und zwei Gebirgskanonen die Linkangara-Berge nach Mnacho. Ich kam bei Einbruch der Dunkelheit dort an und brach am 15. bei Tagesanbruch wieder auf. Auf den schmalen Bergpfaden zerstreute sich die Truppe sehr. Die Kanonen blieben weit zurück, und die Lasttiere machten Ärger. Askari und Träger kamen zu Hilfe, und immer wieder erhob sich Sergeant Major Sabath der Schwierigkeit und brachte seine Kanonen nach vorn. Es überraschte mich, dass wir keine Informationen aus Mahiwa erhalten konnten, aber das Gewehr- und Maschinengewehrfeuer deutete darauf hin, dass Kämpfe im Gange waren. Vor Einbruch der Dunkelheit erreichte ich die Kompanie von Leutnant Methner, die in Reserve hinter Wahles linkem Flügel stand. Der Feind schien diese Kompanie mit der Absicht anzugreifen, sie einzukesseln. Sein Feuer hatte die unglückliche Folge, dass mein Träger mit meiner Depeschenkiste, die die wichtigsten Depeschen und Karten enthielt, verschwand: Er kehrte zwei Tage lang nicht zurück. Die ersten beiden Kompanien, die vorrückten, wurden sofort in die Umfassungsbewegung des Feindes geworfen, und der Feind wurde zurückgeworfen. Die Kompanien gruben sich dann ein. Am Morgen des 16. ging ich auf Erkundung und stellte fest, dass sich der Feind auch direkt vor mir in einer Entfernung von sechzig bis hundert Metern verschanzt hatte. Als mir Leutnant von Ruckteschell eine Tasse Kaffee anbot, musste ich vorsichtig sein, da der Feind ziemlich scharf Ausschau hielt und mit einigermaßen großer Genauigkeit schoss. Ich hielt die Gelegenheit für günstig für einen entschlossenen Überraschungsangriff. Es wurde beschlossen, den Angriff mittags auf dem linken (nördlichen) Flügel zu starten und zu versuchen, die Flanke des Feindes zu umgehen. Görings Abteilung sollte den Angriff anführen.

Nachdem wir unser Mittagessen ungestört eingenommen hatten, begab ich mich sofort zum linken Flügel, wo Hauptmann Göring gerade mit seinen beiden Kompanien seinen Vormarsch begonnen hatte. Als er eine breite Bodensenke überquert hatte, änderte er zu meiner Überraschung die Richtung noch weiter nach links. Die Kompanien waren bald im Einsatz. Erst allmählich wurde mir die Bedeutung dieses überraschenden Schrittes klar. Hauptmann Göring war unerwartet auf einen neuen Feind gestoßen, der aus Nahungu gekommen war und nun von Norden her angriff. Die Truppe bestand aus mehreren Bataillonen und zwei Geschützen der Nigerianischen Brigade, die nichts von unserer Ankunft in Mahiwa wussten und erwarteten, General Wahles Truppen durch einen Angriff auf dessen linke Flanke und Rücken zu zerschlagen, während seine nach Osten gerichtete Front von einer Division heftig angegriffen wurde. Die Nigerianische Brigade war ebenso überrascht wie Hauptmann Göring und passte sich der neuen Situation nicht so schnell an. Hauptmann Göring, eng unterstützt von den Reserven, warf sich so energisch gegen den Feind im Busch, dass er einige seiner Abteilungen durchbrach, sie in Verwirrung brachte und schließlich in die Flucht schlug. Ein feindlicher Offizier, der eine Munitionskolonne befehligte, nahm unsere Männer für sich, mit dem Ergebnis, dass wir etwa 150.000 Schuss Munition erbeuteten. Ein Geschütz mit Munition wurde im Sturm erobert, und die Toten bestanden nicht nur aus nigerianischen Askari. Auf der rechten Seite von Hauptmann Göring, wo zwei Kompanien unter Leutnant von Ruckteschell und Leutnant Brucker kämpften, die bei dieser Aktion verwundet wurden, wurde der Feind ebenfalls etwas in den Busch zurückgeworfen.

Während dieser Flankenkampf und auch am folgenden Tag griff der Feind Wahles Truppen mit aller Kraft an. Hier war der Feind weit überlegen; Welle um Welle wurden frische Truppen gegen unsere Front geworfen. Es bestand die Gefahr, dass General Wahles Front nachgeben würde, und die Kämpfe waren sehr heftig. Es bestand auch die ernste Gefahr, dass unsere Einkesselungsbewegung in dem sehr schwierigen sumpfigen Gelände des Busches durch schwache feindliche Kräfte so lange aufgehalten würde, dass unserer Front eine Niederlage zugefügt würde, bevor sie sich bemerkbar machen konnte. In diesem Fall war die Schlacht verloren. Ich hielt es für zweckmäßig, die Nachteile, die sich der Feind durch seinen kostspieligen Frontalangriff zufügte, zu vergrößern, und setzte alle meine verfügbaren

Kräfte so ein, dass der Feind durch die zunehmende Heftigkeit seines Frontalangriffs sich selbst verblutete.

Die ursprüngliche Absicht, den linken Flügel des Feindes einzuschließen, wurde in den folgenden Tagen nicht weiter verfolgt, sondern im Gegenteil jede verfügbare Kompanie vom linken Flügel abgezogen, um General Wahles Front zu verstärken. Auf diese Weise gelang es uns nicht nur, unsere Stellung zu halten, sondern wir konnten auch eine echte Niederlage erleiden, indem wir die Momente der Schwäche des Feindes sofort ausnutzten, um mit unseren Reserven schwere Gegenangriffe zu starten. Meine vielleicht überraschende Taktik wurde durch die Persönlichkeit des feindlichen Kommandanten bestimmt. Ich hatte in der Schlacht bei Reata (11. März 1916) gelernt, dass General Beves seine Männer ohne Rücksicht auf Verluste ins Gefecht schickte und nicht zögerte, einen Erfolg zu erzielen, nicht durch geschicktes Vorgehen und geringe Verluste, sondern durch wiederholte Frontalangriffe, die, wenn die Verteidigung ihre Stellung hielt und einigermaßen über ausreichende Kräfte verfügte, zu schweren Verlusten für den Angreifer führten. Ich vermutete, dass er hier bei Mahiwa dieselbe Taktik verfolgte. Ich glaube, dass wir diesen glänzenden Sieg erringen konnten , indem wir die falsche Taktik des feindlichen Führers auf diese Weise ausnutzten . Bis zum 18. Oktober, also vier Tage lang, brach eine Angriffswelle nach der anderen an unserer Front ein, aber meine eigene Beobachtung sagte mir, dass das Gewicht des Angriffs hier auf dem rechten Flügel nachließ und dass die Niederlage des Feindes endgültig war.

Am Abend des 18. Oktober hatten wir mit etwa 1.500 Mann eine ganze feindliche Abteilung von mindestens 4.000, wahrscheinlich aber nicht weniger als 6.000 Mann vernichtend geschlagen. Mit Ausnahme von Tanga war dies die schwerste Niederlage, die er je erlitten hatte.

Nach Angaben eines hohen englischen Offiziers verlor der Feind 1.500 Mann; ich habe jedoch Grund zu der Annahme, dass diese Schätzung viel zu niedrig ist. Unsere Verluste betrugen: 14 Europäer und 81 Askari getötet, 55 Europäer und 367 Askari verwundet, 1 Europäer und 1 Askari vermisst. Angesichts der geringen Stärke unserer Streitkräfte waren diese Verluste für uns sehr beträchtlich und wurden umso schmerzlicher empfunden, da sie nicht ersetzt werden konnten. Wir erbeuteten ein Geschütz, sechs schwere und drei leichte Maschinengewehre sowie 200.000 Schuss Munition.

Leider erlaubte uns die Situation nicht, unseren Sieg voll auszunutzen; in unserem Rücken befand sich der Feind, der am 10. Oktober Ruponda besetzt hatte, mit starker Kraft weiter nach Süden vorrückte und am 18. Oktober Major Kraut bei Lukuledi angriff. Es sei nebenbei bemerkt, dass unsere Truppen, die unter Lieutenant-Commander Jantzen bei Tunduru gekämpft hatten, sich allmählich nach Nordosten ins obere Mbenkuru zurückgezogen hatten und das Hauptquartier oberhalb von Ruponda erreicht hatten, bevor dieser Ort am 10. Oktober vom Feind besetzt wurde. Zwei dieser Kompanien hatten die Kompanie verstärkt, die unsere Vorräte bei Lukuledi bewachte, und es waren diese drei Kompanien unter dem Kommando von Major Kraut, die am 18. Oktober von einem überlegenen Feind aus dem Norden angegriffen wurden.

Der Feind, vermutlich sechs Kompanien des Gold Coast Regiments, wurde vertrieben, aber um unsere Vorräte und unser Material in Chigugu und Chiwata zu schützen, zog sich Major Kraut an den ersten dieser Orte zurück. Neben Chigugu und Chiwata wurde auch Ndanda, wo wir große Vorräte an Kriegsmaterial hatten, vom Feind bedroht, der meiner Meinung nach zweifellos in Lukuledi verstärkt worden war. Der Feind aus Lukuledi konnte jederzeit unsere Kommunikationslinien angreifen, unsere Vorräte und Vorräte erbeuten und uns so außer Gefecht setzen. Wir hatten keine Möglichkeit, unsere Kommunikationslinien vor Ort zu schützen, denn die paar tausend Mann, die wir hatten, wurden zum Kämpfen benötigt. Da die Truppe jedoch am Leben gehalten werden musste, musste die Gefahr auf andere Weise überwunden werden.

Es gab nur einen Weg: den Feind bei Lukuledi entscheidend zu schlagen. Es war daher notwendig, bei Mahiwa keine Zeit zu verlieren, und so schwer es auch war, ich musste den Gedanken an eine vernichtende Verfolgung aufgeben. Als am frühen Morgen des 19. Oktober einige verstreute Abteilungen des Feindes gesichtet und beschossen wurden, hatte ich meinen Marsch bereits mit sechs Kompanien und zwei Geschützen begonnen. Am nächsten Tag um zwei Uhr marschierten wir von Osten her in Lukuledi ein, und am 21. Oktober im Morgengrauen griffen wir den Feind an, der anscheinend völlig überrascht war. Nördlich von Lukuledi, an der Straße nach Ruponda, überraschte Major Krauts Kolonne das Lager des 25. Indischen Kavallerieregiments, das mit angeschirrten Transportmitteln für den Marsch auf Massassi bereit stand; das Lager wurde im Sturm genommen und das Regiment verlor fast alle seine Transportpferde, insgesamt 350. Während ich mit den Abteilungen Köhl und Rückteschell in ein ziemlich ernstes Gefecht gegen den bei Lukuledi verschanzten Feind verwickelt war, wartete ich vergeblich auf das Eingreifen von Krauts Truppen. Ein Angriff auf das Lager ohne den Vorteil des Überraschungseffekts hatte wenig Aussicht auf Erfolg. Als die Truppe von der Seite unter Feuer der feindlichen Minenwerfer zu geraten begann, zog ich, um unnötige Verluste zu vermeiden, den größten Teil aus der Zone des effektiven Kreuzfeuers zurück, nachdem ich einen starken feindlichen Angriff abgewehrt hatte. Ein frischer Feind in Gestalt einer Kompanie King's African Rifles (englische ostafrikanische Askari), die unerwartet aus dem Busch auftauchte, wurde schnell vertrieben. Bei diesem Gefecht fiel Leutnant Kröger an der Spitze seiner Kompanie. Das Gefecht wurde dann abgebrochen. Von Major Kraut kam bis in die Nacht keine Nachricht; Da er glaubte, bei Lukuledi keinen Erfolg mehr haben zu können, und keine Kampfgeräusche hörte, machte er einen Umweg und näherte sich Lukuledi dann von Süden her.

Aufgrund ungünstiger Umstände war es uns nicht gelungen, dem Feind bei Lukuledi eine entscheidende Niederlage zuzufügen, und die Operation hatte ihr Ziel nur teilweise erreicht, aber die Verluste des Feindes müssen als schwerwiegend angesehen werden. Der Eindruck, den er auf ihn gemacht hatte, war noch größer als ich angenommen hatte. Jedenfalls wurde gemeldet, dass er Lukuledi geräumt und sich nach Norden zurückgezogen hatte. Unter unseren Verlusten befanden sich drei gefallene Kompaniechefs. Ich sehe noch Leutnant Volkwein, schwer am Bein verwundet, an der Spitze seiner Kompanie durch das Gebüsch humpeln. Ich hatte auch mit Leutnant Batzner und Leutnant Kroeger gesprochen, kurz bevor sie fielen. Auch Sergeant Major Klein fiel, der so oft seine Patrouille auf der Uganda-Eisenbahn geführt hatte. Er war ein fähiger Maschinengewehrführer. Aber unsere Verluste waren nicht umsonst. Unsere Patrouillen verfolgten den Feind und feuerten auf sein Lager bei Ruponda und auch auf seine Kommunikationslinien. Die Unmöglichkeit, größere Truppenteile in der Umgebung von Ruponda zu halten - unsere dort angehäuften Vorräte waren in die Hände des Feindes gefallen - zwang mich, jeden Gedanken an eine Verfolgung des Feindes aufzugeben.

Damals hielt ich es für möglich, dass der Rückzug des Feindes aus Lukuledi auf die Bewegungen der Truppen von Captain Tafel zurückzuführen war, die von Mahenge zu uns marschierten. Wir hatten seit Anfang Oktober den Kontakt zu ihm verloren. Er hatte den Befehl erhalten, sich vor den starken feindlichen Kolonnen, die von Norden (Ifakara), Westen und Südwesten (Likuju, Mponda) auf Mahenge vorrückten, allmählich zurückzuziehen und zu versuchen, mit der Hauptstreitmacht unter meinem Kommando in Kontakt zu treten. Ich hielt es für durchaus möglich, dass er bereits im Bezirk Nangano oder westlich davon angekommen war und dass der Feind aus Angst um seine Kommunikationslinien erneut umgekehrt war.

KAPITEL XII
DIE LETZTEN WOCHEN AUF DEUTSCHEM GEBIET

Am 24. Oktober traf der Gouverneur von Chiwata, das zum Zentrum der Verwaltung geworden war, zu einer Konferenz in meinem Lager östlich von Lukuledi ein. Ich erklärte entschieden meine Meinung, dass der Krieg trotz aller Versorgungsschwierigkeiten, die in Kürze in Deutsch-Ostafrika auftreten würden, weitergeführt werden könne und müsse. Eine Möglichkeit, die sich bot, bestand darin, die Operationen auf portugiesischem Gebiet durchzuführen. Dies konnte nur durch die Räumung Deutsch-Ostafrikas und die Invasion Portugiesisch-Ostafrikas erreicht werden.

Die Versorgungsfrage wurde immer ernster; wir hatten nur etwa 500.000 kg Vorräte in unseren Vorräten. Damit würden wir etwa sechs Wochen auskommen. Aber es hatte sich herausgestellt, dass diese Zahlen trügerisch waren. Die aufgestapelten Säcke hatten stark an Gewicht verloren und das Getreide war von Insekten gefressen worden. Die neue Ernte konnte frühestens im März erwartet werden. Wenn die Operationen fortgesetzt werden sollten, war es schon aus diesem Grund notwendig, nach Süden vorzurücken. Ich rechnete immer noch mit der Möglichkeit, dass die Truppen von Captain Tafel in der Nähe von Massassi und Chiwata ankommen könnten; in diesem Fall würde ich ihm die Vorräte in Chiwata übergeben, während ich mit einem Teil der Chiwata-Truppen die Makonda-Berge in Richtung Lindi überquerte und die Hauptverbindungslinie des Feindes am Lukuledi-Fluss angriff. Wie sich die Situation auch entwickeln mochte, der Chiwata-Bezirk war aufgrund seiner Fruchtbarkeit für uns von größter Bedeutung. Chiwata war jedoch nicht geschützt und wurde zusätzlich dadurch bedroht, dass im Norden feindliche Operationen gegen Mnacho stattfanden und feindliche berittene Truppen auf der Straße Lukuledi-Lindi in der Nähe von Ndanda gesichtet wurden. Auch feindliche Flugzeuge schenkten unserem Lager in Chiwata zunehmend Aufmerksamkeit.

Aus diesen Gründen zog ich mich Ende Oktober mit dem Hauptteil meiner Truppen aus Lukuledi zurück. Es war nicht vorherzusehen, ob sich noch eine Gelegenheit bieten würde, von Chiwata aus eine der in Kürze vorbeiziehenden feindlichen Kolonnen erneut anzugreifen. In den nächsten Wochen richtete sich der Druck des Feindes wieder gegen Wahle. Dort tauchten ganz frische Truppen auf, darunter das Kapkorps südafrikanischer Mischlinge. Dieses Korps war entlang der Central Railway stationiert und zur Verstärkung der Truppen von General Beves herangeführt worden, offenbar über Daressalam und Lindi. Glücklicherweise hatte General Beves vor seiner Niederlage bei Mahiwa nicht auf diese Verstärkung gewartet.

General Wahle zog sich Schritt für Schritt den Lukuledi-Fluss hinauf zurück. Leider konnte ich ihm keine Unterstützung schicken, sondern musste sogar auf seine Truppen zurückgreifen, um für eine günstige Gelegenheit zum Angriff Truppen in der Hand zu haben und die Vorräte zu schützen. In den fast täglichen Buschkämpfen der Truppen von General Wahle wurden dem Feind offenbar schwere Verluste zugefügt und er wurde schwer in Schach gehalten. Es gab jedoch keine Niederlage und keine nennenswerte Beute, und in der Zwischenzeit gingen unsere Vorräte immer mehr zur Neige. Am 6. November ritt ich von Chiwata nach Nangoo in der Nähe von Ndanda, wo ich dicht hinter Wahles Truppen einen geeigneten Angriffspunkt für die Chiwata-Truppen fand. Am 7. November ritt ich von Nangoo nach Chiwata zurück und machte einen Umweg nach Süden über die Makonde-Berge. Am selben Tag wurden erneut feindliche Truppen in Lukuledi gemeldet, und am 9. November fand in Chigugu, gleich westlich von Chiwata, eine Patrouille statt.

In diesem kritischen Moment, als die Spitzen der feindlichen Kolonnen sich Chiwata näherten, war es für uns dringend notwendig, so schnell wie möglich alle unsere Kräfte gegen eine dieser Kolonnen einzusetzen, bevor die anderen eingreifen konnten. Um diesen Schlag wirksam zu machen, war es zunächst einmal unerlässlich, die ganze Kraft unserer allzu schwachen Kräfte gleichzeitig einzusetzen. Dies hing hauptsächlich von der Munitionsversorgung ab. Unser gesamter Vorrat war auf etwa 400.000 Schuss zusammengeschrumpft, eine sehr knappe Menge für unsere 25.000 Gewehre und 50 Maschinengewehre in einem ernsthaften Gefecht, nach dem es nur möglich wäre, den Kampf fortzusetzen, wenn Munition erbeutet würde. Dafür war die Beschaffenheit des Geländes ungünstig. Im dichten Buschwerk neigte jeder Einzelne dazu, viele Schüsse abzufeuern und wenige Treffer zu erzielen, so dass der Munitionsvorrat schnell aufgebraucht war, ohne die entscheidenden Ergebnisse zu erzielen, die wir brauchten. Was eine befriedigende Lösung der Munitionsfrage noch unmöglicher machte, war die Tatsache, dass die Patronen größtenteils vom Typ rauchig 71 waren, während nur etwa ein Drittel der Truppen mit Gewehren vom Typ 71 bewaffnet waren; die anderen zwei Drittel hatten moderne deutsche, englische oder portugiesische Gewehre, und für diese war der Vorrat an Patronen sehr gering. Was vorhanden war, wurde für unsere wichtigste Waffe benötigt, das Maschinengewehr. Es war eine schwierige Lage. Es blieb uns nichts anderes übrig, als den Angriff nur mit den Truppen durchzuführen, die mit dem Gewehr vom Typ 71 bewaffnet waren, und den Rest in Reserve zu halten, der nur zwanzig Schuss Munition hatte, die für ihre modernen Gewehre geeignet waren, und der Rest war vom Typ rauchig 71. Die beiden Streitkräfte würden dann ausgetauscht, so dass die erste, die mit den Gewehren vom Typ 71 bewaffnet war, diese an die Entsatztruppe übergeben und im Austausch die modernen Waffen erhalten konnte. Dies bedeutete, dass im besten Fall nur ein Drittel der verfügbaren Stärke gleichzeitig im Einsatz sein konnte und selbst dann sehr sparsam mit der Munition umgehen musste.

Unsere Artilleriemunition war bis auf einige wenige Schuss für die beiden Gebirgskanonen und etwas portugiesische Munition bereits aufgebraucht. Unsere letzte Feldhaubitze sowie das bei Mahiwa erbeutete englische Geschütz waren explodiert. Die letzten beiden 10,5-cm-Geschütze vom Königsberg waren *wenige* Tage zuvor zerstört worden. Am Tag darauf war ein deutsches Gebirgsgeschütz bei Kitangari zerstört und versenkt worden. Wir hatten also noch ein deutsches und ein portugiesisches Gebirgsgeschütz. In den letzten Monaten war der Mangel an Artilleriemunition so groß gewesen, dass wir insgesamt selten mehr als dreihundert Schuss hatten. Das war ungefähr die Menge, die pro Gefecht für eines der zahlreichen englischen Geschütze zur Verfügung stand.

Unter solchen Umständen konnte ein Angriff nur dann Erfolg versprechen, wenn die Lage außergewöhnlich günstig war. Dies war nie der Fall. Die Patrouillen wurden aktiv gehalten und der Feind so weit wie möglich bedrängt, aber ansonsten blieb General Wahles Truppen und der 11. Feldkompanie, die in Mnacho zurückgelassen worden waren, um die Vorräte wegzubringen, nichts anderes übrig, als dem Druck des Feindes allmählich nachzugeben und sich nach Chiwata zurückzuziehen. Am 10. November wurde die Ndanda-Mission, die direkt hinter General Wahle stand, der sich in Nangoo befand, von einer starken feindlichen Streitmacht überrascht und gefangen genommen. Das dort einquartierte Feldlazarett und ein Teil unserer Vorräte fielen in die Hände des Feindes. Liebermans Truppen südlich von Ndanda sicherten den Rückzug von General Wahles Truppen, die auf der Straße südöstlich von Nangoo, der Straße, die ich am 7. November erkundet hatte, zum Makonda-Plateau aufstiegen und der Falle des Feindes entkamen, indem sie das Plateau diagonal nach Chiwata überquerten. Auch die 11. Kompanie gelangte von Mnacho nach Chiwata, so dass mit Ausnahme von Captain Tafels Abteilung und einigen kleinen Truppenteilen weiter südlich die gesamte Truppe in Chiwata konzentriert war. Der schrittweise Transport unserer Vorräte von Chiwata Richtung Osten nach Nambindinga hatte begonnen und damit auch unser Marsch nach Kitangari. In der Zwischenzeit hielt ich besorgt nach einer verwundbaren Stelle in einer der feindlichen Kolonnen Ausschau. Am 14. November glaubte ich, eine entdeckt zu haben.

Eine starke feindliche Kolonne, zu der das 10. südafrikanische berittene Infanterieregiment gehörte, war auf dem Marsch von Lukuledi über Massassi dicht an unserer Stellung vorbeigekommen und hatte Mwiti angegriffen, zwei Marschstunden südlich von Chiwata. In diesem bis dahin nur schwach besetzten Ort war Liebermans Truppe (drei Kompanien) am Vortag eingetroffen. Trotz des Munitionsmangels bestand meiner Meinung nach die

Chance, diesen Feind durch den unerwarteten Einsatz von Koehls Truppen aus Chiwata einzeln zu besiegen. Ich war jedoch sehr mit den Vorbereitungen für den Rückzug nach Nambindinga beschäftigt und ließ die Gelegenheit bei Mwiti leider ungenutzt verstreichen.

Es blieb uns also nichts anderes übrig, als uns allmählich nach Nambindinga zurückzuziehen.

Durch die Räumung von Chiwata fielen die europäischen Gefangenen sowie die ins Lazarett gebrachten Indianer und das Lazarett selbst, das zum größten Teil mit Schwerverletzten gefüllt war, in die Hände des Feindes. Der Marsch nach Nambindinga wurde vom 15. bis 17. November unter ständigen Kämpfen durchgeführt. Ich wollte den Feind dazu bringen, den konzentrischen Marsch seiner nach Nordwesten und Süden vorrückenden Kolonnen zu vollenden, um eine Vereinigung zu bewirken; dann, wenn die feindlichen Massen hilflos auf einem engen Raum zusammengedrängt waren, konnte ich marschieren, wohin ich wollte. Am 17. November musste ich bei Nambindinga eine schicksalshafte Entscheidung treffen. Die fortwährenden Buschkämpfe drohten unsere gesamte Munition zu verbrauchen. Es wäre Wahnsinn gewesen, diese Kämpfe fortzusetzen, die keine günstige Entscheidung bringen konnten. Wir mussten uns daher zurückziehen.

Die Versorgungsfrage war in dieselbe Richtung gerichtet. Nur durch eine drastische Reduzierung der Truppenstärke konnten wir mit den vorhandenen Vorräten weitermachen. Unser Versorgungsgebiet war eingeengt worden, neue Beschlagnahmungen waren vom Feind behindert worden und die Erzeugnisse des Landes waren erschöpft. Der Chininvorrat würde den Europäern noch einen Monat reichen. Nach der Einnahme dieses Mittels würden die Europäer sicherlich der Malaria und den damit verbundenen Übeln zum Opfer fallen; sie wären den Strapazen eines Tropenfeldzuges nicht mehr gewachsen. Nur durch eine Reduzierung der Zahl der Europäer auf ein Minimum konnte für jeden Mann genügend Chinin sichergestellt werden, um die Operationen monatelang durchführen zu können.

Gleichzeitig mussten wir unsere Gesamtstärke reduzieren. Unsere große Truppe mit wenig Munition war im Feld weniger wert als eine kleinere Anzahl ausgewählter Männer mit reichlich Munition. Das bedeutete eine Reduzierung unserer Stärke auf etwa 2.000 Gewehre, darunter nicht mehr als 2.000 Europäer. Alle über diese Zahl hinaus mussten zurückgelassen werden. Es ließ sich nicht vermeiden, dass sich unter den mehreren hundert Europäern und 600 Askari, die wir im Krankenhaus von Nambindinga zurücklassen mussten, Männer befanden, die gern weitergekämpft hätten und körperlich dazu in der Lage waren. Leider muss man zugeben, dass sich unter denen, die in Nambindinga zurückgelassen wurden, selbst unter den

Europäern, viele befanden, die nicht abgeneigt waren, ihre Waffen niederzulegen. Es ist jedoch erwähnenswert, dass nicht nur die Mehrheit der Europäer, sondern auch viele Askari bitter enttäuscht waren, bleiben zu müssen. Wir mussten wiederholt die Bitte eines tapferen Askari ablehnen, für uns zu kämpfen. Doch als sich Leutnant Grundmann zwei Tage später, obwohl schwer verwundet und kaum noch gehfähig, meldete und sagte, er könne sich trotz Befehlen nicht zur Kapitulation durchringen, habe ich mich selten so gefreut wie über diesen Disziplinverstoß. Es sei hier erwähnt, dass der Feind unsere Gefangenen im Allgemeinen, soweit ich das beurteilen kann, menschlich behandelte, doch scheint es mir, als wollte er uns der Grausamkeit gegenüber englischen Gefangenen überführen, vielleicht um Repressalien zu rechtfertigen, vielleicht aus anderen Gründen. Leutnant Cutsch war krank in Nandanda zurückgelassen worden und fiel in die Hände des Feindes. Aufgrund der völlig unbegründeten und unbewiesenen Aussage eines Negers, Leutnant Cutsch habe einmal, als er eine Patrouille befehligte, einen verwundeten Engländer verbrannt, wurde er in Ketten gelegt und über das Meer nach Daressalam geschickt, wo er während der Reise direkt vor dem Rundhaus des Schiffes gefangen gehalten wurde. In Daressalam wurde er mehrere Wochen ohne Gerichtsverhandlung im Gefängnis eingesperrt. Als er schließlich vor Gericht gestellt wurde, stellte sich heraus, dass die Anklage der sinnlosen Grausamkeit einzig und allein auf den Lügenbeweisen des Negers beruhte. General Deventer teilte mir außerdem mit, dass Kapitän Naumann, der sich bei Kilima Njaro ergeben hatte, wegen Mordes angeklagt worden war. Auch er wurde, wie ich später hörte, lange Zeit ohne Gerichtsverhandlung eingesperrt, bis seine Unschuld schließlich bewiesen war. Diese Verhöhnung der Justiz ist für mich umso schwerer zu verstehen, als die englischen Gefangenen von uns immer menschlich behandelt wurden und oft auch materiell besser versorgt waren als unsere eigenen Leute. [5]

Diese Entscheidungen stellten die Kriegsführung auf eine ganz andere Grundlage. Bisher hatten wir die Vorräte in Lagern gelagert und konnten unseren Bedarf größtenteils daraus decken; auch die Munition wurde aus Vorräten gedeckt. Dieses System machte uns stärker angreifbar und bot dem Feind Angriffspunkte, die wir nicht verteidigen konnten. Aber durch die bisher angewandten Methoden war es möglich, die Truppen in großer Stärke im Feld zu halten, wenn man unsere Lage berücksichtigte, und einen großen Teil davon auf einem kleinen Gebiet für eine beträchtliche Zeit einzusetzen. Es war ferner möglich, zumindest einigen unserer Krankenhäuser einen dauerhaften Charakter zu geben, wo Kranke und Verwundete in Ruhe genesen konnten, und auf diese Weise konnten wir die Lücken in unserer Front mit erfrischten und erfahrenen Männern füllen. Dieses System machte unsere Operationen in hohem Maße von der Lage der Vorräte und Verstärkungen abhängig und behinderte die Bewegungsfreiheit. Der Vorteil unserer Lage, starke Truppen einsetzen zu können und mit ihnen überlegene feindliche Kräfte erfolgreich anzugreifen und oft entscheidend zu besiegen, war jedoch so groß, dass ich an diesem System festhielt, solange es überhaupt möglich war.

Dies war nun nicht mehr möglich, und die Vorteile, die ich erwähnt habe, mussten unter dem Druck der Notwendigkeit geopfert werden. Es war sicherlich fraglich, ob die reduzierte Truppe ohne Versorgungslager aufrechterhalten werden konnte, und ohne Verstärkung war die Aussicht, nach zwölf Tagen in den Ebenen mit fünftausend hungrigen Negern und ohne Versorgung zurückzubleiben, nicht verlockend. Sollte es uns gelingen, den Bedarf der Truppe, der nicht vor Ort beschafft werden konnte, insbesondere Munition und Waffen, durch Eroberung des Feindes zu decken – denn die einzige Möglichkeit, unsere Vorräte zu erneuern, bestand in der Eroberung des Feindes – in ausreichenden Mengen, um die Fortsetzung des Krieges zu ermöglichen? Das war die alles entscheidende Frage. Wenn es uns jedoch gelang, die Truppe auf dem neuen Territorium zu halten, würde uns die erhöhte Unabhängigkeit und Mobilität, die entschlossen gegen den weniger mobilen Feind eingesetzt wurde, trotz der großen zahlenmäßigen Überlegenheit des Feindes eine lokale Überlegenheit verschaffen. In dem unbegrenzten Territorium, das uns zur Verfügung stand, wäre es möglich, uns aus ungünstigen Positionen zurückzuziehen. Der Feind wäre gezwungen, eine enorme Menge an Menschen und Material ständig in Bewegung zu halten und seine Kräfte im Verhältnis stärker zu erschöpfen als wir. Es bestand auch die Aussicht, starke feindliche Kräfte zu binden und die Operationen auf unbestimmte Zeit hinauszuzögern, wenn sich meine Vorhersage als richtig erwies. Dies war damals zweifelhaft, aber das Risiko musste eingegangen werden.

In Nambindinga hielten wir uns nicht lange auf; dieser Ort auf der Hochebene hatte kein Wasser und die Quellen im Tal lagen in Reichweite der feindlichen Geschütze und Maschinengewehre. Unter dem Schutz von Patrouillen, die den Feind in Nambindinga zurückhielten, trafen das Hauptquartier und der Hauptteil der Truppen am 18. November in Kitangari ein. Der Feind folgte nicht, wahrscheinlich konnte er es auch nicht. Wie vorhergesehen hatte er alle seine Kräfte angespannt, um in Chiwata den so lange erhofften vernichtenden Schlag zu führen, und musste sich vor weiteren Operationen neu formieren. In Kitangari wiederholte sich die alte Erfahrung, dass die dort gelagerten Vorräte viel zu hoch eingeschätzt worden waren. Die einigermaßen brauchbaren Vorräte würden die Truppen insgesamt nur für etwa zehn Tage ernähren; wir konnten mit keiner nennenswerten Ergänzung dieser Vorräte aus der Gegend südlich von Kitangari rechnen. Die Frage, in welche Richtung der Marsch fortgesetzt werden sollte, konzentrierte sich hauptsächlich auf die Aussicht, wieder

Mittel zu finden, um die Truppen ausreichend zu ernähren. Es war keine Zeit zu verlieren.

Ich wusste, dass die Engländer und Portugiesen im Gebiet entlang des Rovuma unsere Vorräte systematisch vernichtet hatten. Unsere kleinen Mülldeponien, Requisitionsstationen und Versorgungskolonnen waren angegriffen und die Vorräte vernichtet worden. Die Eingeborenen waren gegen uns aufgehetzt worden. Das Nord- und Südufer des mittleren Rovuma waren nur dünn besiedelt; in Tunduru, weiter oben am Rovuma, waren starke Kräfte beider Seiten in Kämpfe verwickelt und die Vorräte dort wahrscheinlich erschöpft. Über das Mafia-Plateau südlich des unteren Rovuma konnte ich keine zuverlässigen Informationen erhalten. Selbst wenn dies, wie viele berichteten, vor dem Krieg ein reich kultiviertes Gebiet gewesen war, war es sehr fraglich, ob jetzt, nachdem dort jahrelang starke portugiesische Kräfte einquartiert waren, noch Nahrung übrig sein würde. Der wahrscheinlichste Ort, um Vorräte zu finden, schien mir damals das Gebiet zu sein, in dem Major Stuemers Operationen stattgefunden hatten: die Ecke zwischen den Flüssen Rovuma und Ludjenda und weiter südlich in der Gegend von Nangware und Mwembe. Aber selbst das war zweifelhaft, denn auch hier hatte der Krieg die Landwirtschaft der Eingeborenen beeinträchtigt. Unterdessen schien mir diese letzte Möglichkeit von allen möglichen Unwahrscheinlichkeiten die am wenigsten unwahrscheinliche, und ich beschloss, sofort den Rovuma hinaufzumarschieren.

Ein entscheidender Faktor für die Wahl dieser Richtung war mein Wunsch, meine Truppen durch eine große Beute an Munition und anderem Kriegsmaterial für einen längeren Einsatzzeitraum auszurüsten. Frühere Beobachtungen und die Berichte der Eingeborenen ließen mich glauben, dass der Feind irgendwo in der Nähe des Rovuma noch große Vorräte besaß. Am 20. November erreichten wir Nevale, wo wir uns mit den Patrouillen verbanden, die unsere Südflanke gesichert hatten, und die Reorganisation der Truppen wurde schließlich durchgeführt. In Nevale wurden die letzten marschuntauglichen Männer zurückgelassen, und am 21. November marschierten wir mit 300 Europäern, 1.700 Askari und 3.000 Trägern und anderen Eingeborenen nach Süden zum Rovuma. Jeder Mann war bis zu seiner vollen Kapazität beladen. Im Allgemeinen wurden, wenn die Vorräte verbraucht waren, die nicht mehr benötigten Träger zurückgelassen, um die Zahl der Verbraucher so gering wie möglich zu halten. In vielen Fällen mussten wir die dringenden Bitten unserer guten alten Träger, bei uns zu bleiben, ablehnen. Viele boten an, ohne Bezahlung weiterzumachen, einige sogar ohne Bezahlung oder Verpflegung. Diese waren bereit, ihre Verpflegung selbst aus dem zu besorgen, was wir wegwarfen und aus Pori-Früchten. Der damalige Quartiermeister, Marineleutnant Besch, reorganisierte den Versorgungs- und Transportdienst sehr effizient. Ihm gebührt die größte Anerkennung für die Fähigkeit der Truppe, weiterzumachen.

Wie zu erwarten war, wurden in der Nähe des Rovuma nur kleine Abteilungen des Feindes gemeldet. Am 21. November erreichten wir Mpili am Flussufer und wollten gerade unser Lager aufschlagen, als mehrere Schüsse dicht an einer Jagdgesellschaft vorbeigingen. Bei der Erkundung fanden wir vor uns einen großen Teich, an dessen gegenüberliegender Seite Pferde getränkt wurden. Hinter uns erhob sich ein felsiger Berg. Bald darauf erschien ein Eingeborener, anscheinend ein Spion, mit einer schriftlichen Nachricht: „Wir sind englische Kavallerie und möchten mit portugiesischen Infanterieregimentern Kontakt aufnehmen." Ob dies eine List war, ließ sich nicht feststellen. Es war klar, dass wir es im Moment nur mit einer kleinen Schwadron Kavallerie zu tun hatten. Durch einen scharfen Angriff wurde der Feind bald in die Flucht geschlagen und erlitt bei der Verfolgung mehrere Verluste: Fünf europäische Gefangene des 10. südafrikanischen berittenen Infanterieregiments wurden aus Versorgungsgründen an den Feind zurückgeschickt. Die erbeuteten Pferde waren als Schlachtpferde und als mögliche Ergänzung unserer Rationen willkommen.

Einheimische Typen (3).
(Nach einer Zeichnung des Adjutanten des Generals von Lettow-Vorbeck.)

Einheimische Typen (4).
(Nach einer Zeichnung des Adjutanten des Generals von Lettow-Vorbeck.)

Der weitere Marsch den Rovuma hinauf ging sehr langsam voran. Ein großer Teil der Truppe war nicht an lange Marschrouten gewöhnt. Die Kolonnen zogen sich endlos hin. Die Askari-Frauen folgten einzeln, mehrere hundert Meter voneinander entfernt. Es dauerte eine Weile, bis sie lernten, eine regelmäßige Marschordnung einzuhalten. Nebenbei bemerkt wurde deutlich, dass in einigen Kompanien die mit uns gekommenen Askari nicht nach den geeignetsten Gesichtspunkten ausgewählt worden waren. Bei der Reorganisation der Kompanien, die während der Kämpfe durchgeführt werden musste, waren viele gute und zuverlässige Männer zurückgeblieben und durch andere ersetzt worden, die vielleicht stärker, aber weniger zuverlässig waren. Viele zogen mit ihren Kindern auf den Schultern in die Schlacht; es wäre besser gewesen, einen ebenso zuverlässigen Mann auszuwählen, der nicht die Last trug, Frau und Kinder mit sich herumschleppen zu müssen.

Aber jetzt war es zu spät, noch etwas zu ändern.

Offenbar waren wir völlig außer Sichtweite des Feindes geraten. Die Flugzeuge, die uns sonst auf unseren Märschen folgten, waren nicht da und es fielen keine Bomben auf unsere Lager. Einmal überquerte eine feindliche Versorgungskolonne den Rovuma bis in unser Lager. Das war eine willkommene Beute. Getreide fanden wir in dieser Gegend praktisch nicht, dafür erlegten wir reichlich Wild. Mehrere Büffel und eine ganze Menge

Antilopen, vor allem Wasserböcke, fielen unseren Gewehren zum Opfer.
Aber wir durften nicht zögern; unsere schwindenden Vorräte trieben uns
immer weiter vorwärts. Glücklicherweise hatte ich einige Europäer bei mir,
die das Land kannten und kurz zuvor in der Nähe des Zusammenflusses von
Ludjenda und Rovuma gearbeitet hatten. In Friedenszeiten hatte sich dort
eine portugiesische Station befunden, und selbst im Krieg wurde dort eine
mehr oder weniger starke Garnison gemeldet. Man konnte davon ausgehen,
dass wir auch jetzt noch Spuren des Feindes finden würden. Die wenigen
Eingeborenen, denen wir begegneten, sprachen sogar von einer starkeren
Garnison, die sich auf zweitausend Engländer oder Portugiesen belaufen
sollte. Natürlich konnte man sich auf die Zahlen der Einheimischen nicht
verlassen, aber sie bestärkten mich in der Überzeugung, dass in der
Umgebung von Ngomano etwas getan werden könnte.

TEIL III
KÄMPFE AUF FREMDEN BODEN

(Von der Überfahrt nach Portugiesisch-Ostafrika bis zum
Waffenstillstand)

KAPITEL I
ÜBER DEN ROVUMA

Am frühen Morgen des 25. November 1917 watete unsere Vorhut über den Rovuma, etwas oberhalb der Ludjenda-Mündung; die Hauptmacht von neun Kompanien folgte im Laufe des Vormittags, die Nachhut etwa zwei Tagesmärsche dahinter. Hauptmann Göring war mit drei Kompanien viel weiter flussabwärts gegangen, um ein dort gemeldetes portugiesisches Lager zu überraschen. Von Hauptmann Tafel hatten wir keine Nachrichten, und ich hielt es für wahrscheinlich, dass er den Rovuma viel weiter westlich angreifen würde.

Das Gefühl, von jeglicher Unterstützung abgeschnitten zu sein, sowie die absolute Ungewissheit über das vor uns liegende Schicksal hatten das erzeugt, was im Volksmund als „ *allgemeine Wurschtigkeit* " bekannt ist. Unbeeindruckt von der taktischen Situation setzten unsere Jagdtrupps ihre Arbeit fort, und ihre Schüsse wurden, wie sich später herausstellte, vom Feind deutlich gehört.

Viele nahmen beim Überqueren des Flusses vor den Augen des Feindes ein vorsichtiges Bad; in vielen Fällen war einige Anstrengung nötig, um die Erfordernisse des Kriegszustandes deutlich zu machen.

Am Südufer gerieten wir bald unter Beschuss. Die Kompanie, die als Vorhut fungierte, stieß auf feindliche Späher, von denen mehrere getötet wurden. Während die Truppen nach und nach heranrückten und den Übergang der übrigen Truppen deckten, verbrachte ich die nächsten Stunden mit Aufklärung. Nicht weit von unserer Front, am anderen Ufer des Ludjenda-Flusses, waren Signale zu hören und Männer zu sehen. Wir näherten uns dem feindlichen Lager und sahen Männer in weißen Anzügen, die sich ein paar hundert Meter entfernt bewegten. Andere errichteten Erdwerke, und auch eine Transportkolonne wurde beobachtet. Die Truppen waren zweifellos in großer Stärke.

Während ich noch überlegte, ob und in welcher Weise sich eine Angriffsmöglichkeit bot, rückte eine Kolonne Askari in Khaki aus dem Lager auf unsere Truppen zu. Etwa eine Kompanie des Feindes verließ das Lager. Ich vermutete, dass der Feind klugerweise im Begriff war, unsere Truppen mit all seiner Kraft anzugreifen, während sie noch mit der Überquerung des Flusses beschäftigt waren, lief ich schnell zurück und befahl den zuerst überquerten Kompanien, sich in Verteidigungsposition zu begeben. Die günstige Gelegenheit, auf die ich gehofft hatte, ergab sich jedoch nicht: Der Feind kam nicht. So stand ich erneut vor der Frage, was zu tun sei. Ich war skeptisch, ob es angesichts unserer großen Zahl an Trägern nicht zweckmäßiger wäre, an dem hier in Ngomano stationierten Feind vorbeizumarschieren und weiter den Ludjenda-Fluss hinauf vorzudringen. Entweder würde uns der Feind nicht behindern, oder wenn doch, müsste er aus seinen verschanzten Stellungen hervortreten und sich auf einen schwierigen Angriff einstellen.

Andererseits war es nicht unwahrscheinlich, dass ein Angriff unsererseits auf das feindliche Lager erfolgreich sein würde, denn dessen Verteidigung war noch nicht besonders stark. Aufklärungen hatten ergeben, dass am jenseitigen Ufer des Ludjenda-Flusses ein dichter Waldgürtel bis an das Lager heranführte und die Möglichkeit bot, den hier in großer Stärke vorhandenen Feind zu überraschen und einen entscheidenden Angriff durchzuführen. Ich hatte mich noch nicht völlig entschieden, als Hauptmann Müller mich zu jener der beiden Entscheidungen befahl, die zwar sehr riskant war, aber die Aussicht auf den lange erwarteten entscheidenden Erfolg und die dringend notwendige Eroberung von Munition und Kriegsmaterial bot. Es war keine Zeit zu verlieren.

Der Angriff erfolgte also, während ein Teil der Truppe noch den Fluss überquerte. Während unser leichtes Gebirgsgeschütz von Westen auf die Verschanzungen des Feindes feuerte und gleichzeitig mehrere Kompanien den Feind sowohl auf dieser Seite als auch von Norden her angriffen, überquerte Hauptmann Koehls Abteilung den Ludjenda eine halbe Meile oberhalb von Ngomano, marschierte durch den hohen Wald an diesem Ufer und griff das feindliche Lager von Süden her entschlossen an. Ich nahm meine Position auf einem kleinen Hügel westlich des Lagers in der Nähe unserer Geschütze ein. Unmittelbar hinter mir rückte die letzte Kompanie von General Wahles Truppen, die den Fluss überquert hatte, durch ein Tal vor. Vor mir hatte ich eine ziemlich gute Sicht auf die verschanzten Stellungen des Feindes. Die Maschinengewehre des Feindes schossen nicht schlecht, und ihr Feuer war zeitweise auf unseren kleinen Sandhügel gerichtet, von dem aus ich eine Anzahl Europäer und Askari in Deckung schicken musste, die sich dort sofort versammelt hatten und für den Feind sichtbar waren. Das deutliche Knallen der feindlichen Gewehre, das wir schon vorher gehört hatten, und das Fehlen von Grabenmörsern ließen es wahrscheinlich sein, dass es sich bei dem Feind um Portugiesen handelte. Wir hatten bereits gelernt, die dumpfe, volle Detonation unseres 71er, das scharfe Knallen unseres S-Gewehrs, den Doppelknall des englischen Gewehrs und das deutliche Knallen des portugiesischen Gewehrs von etwas über 6 mm Kaliber deutlich zu unterscheiden. Sogar unser Askari hatte sofort bemerkt, dass die Geschwindigkeit, mit der die feindlichen Grabenmörser bei kurzen Gefechten immer in Reichweite unserer Stellungen gelangten, sehr störend war.

Unsere 71er Gewehre stießen so viel Rauch aus, dass es unmöglich war, sich dagegen zu schützen. Heute jedoch gab es keine Minenwerfer, und der tückische Rauch unserer guten alten Gewehre war nicht so schlimm. Wenn sie ihr Ziel trafen, hinterließen sie dagegen ein sehr großes Loch. Unsere Askari erkannten bald, dass sie heute ihre soldatische Überlegenheit ausspielen konnten, ohne durch minderwertige Waffen behindert zu werden. „Heute ist der Tag der alten Gewehre!", riefen sie den deutschen Führern zu, und von meinem Hügel aus sah ich bald, wie die Feuerlinie von Koehls Abteilung im Laufschritt die feindlichen Verschanzungen sturmte und sie einnahm.

Dies war auch das Signal zum Angriff an den anderen Fronten. Von allen Seiten griffen sie den Feind an, der durch das konzentrierte Feuer schwer erschüttert war. Kaum mehr als 200 der etwa 1.000 Mann starken feindlichen Truppen dürften überlebt haben. Immer wieder stürzten sich unsere Askari-Truppen auf der Suche nach Beute rücksichtslos auf den Feind, der immer noch feuerte; außerdem war eine Menge Träger und Jungen, die die Situation erkannten, schnell herbeigelaufen und suchte sich die Töpfe mit Schmalz und anderen Vorräten aus, öffnete Marmeladenkisten und warf sie wieder weg, wenn sie glaubten, in anderen Kisten etwas Anziehenderes gefunden zu haben. Es war ein furchtbares *Handgemenge* . Sogar die bereits gefangengenommenen portugiesischen Askari beteiligten sich an der Plünderung ihrer eigenen Vorräte. Es blieb mir nichts anderes übrig, als energisch einzugreifen. Ich wurde sehr wortgewandt und stürzte mich, um ein Beispiel zu geben, mindestens siebenmal auf einen mir bekannten Träger, aber jedes Mal entkam er und beteiligte sich sofort an der Plünderung woanders. Endlich gelang es mir, die Disziplin wiederherzustellen.

Wir begruben etwa 200 tote Feinde und ließen etwa 150 europäische Gefangene frei, nachdem sie geschworen hatten, in diesem Krieg nicht mehr gegen Deutschland oder seine Verbündeten zu kämpfen; mehrere hundert Askari wurden gefangen genommen. Wertvolle Medikamente, die wir so dringend brauchten und die dank der portugiesischen Erfahrung aus Jahrhunderten kolonialer Feldzüge von ausgezeichneter Qualität waren, wurden erbeutet, ebenso mehrere tausend Kilo europäischer Vorräte, eine große Anzahl Gewehre, sechs Maschinengewehre und etwa dreißig Pferde. Leider erbeuteten wir keine einheimischen Vorräte. Fast die Hälfte unserer Truppen wurde diesmal mit portugiesischen Gewehren neu bewaffnet und es wurde reichlich Munition ausgegeben. Eine Viertelmillion Schuss Munition wurden erbeutet und diese Zahl wurde im Laufe des Dezembers auf fast eine Million erhöht. Aus erbeuteten Depeschen erfuhren wir, dass die portugiesisch-europäischen Kompanien Ngomano erst wenige Tage zuvor erreicht hatten, um den unmöglichen englischen Befehl auszuführen, eine deutsche Überquerung des Rovuma zu verhindern. Es war wirklich ein wahres Wunder, dass diese Truppen so rechtzeitig eintrafen, dass die Eroberung des Ortes für uns so profitabel war. Mit einem Schlag hatten wir uns von einem großen Teil unserer Schwierigkeiten befreit.

Doch noch eine andere ernste Schwierigkeit trat auf, die uns unerbittlich vorwärts trieb. Es war die Notwendigkeit, Nahrung für unsere große Zahl Eingeborener zu beschaffen. Also rückten wir den Ludjenda-Fluss hinauf. Tag für Tag suchten unsere Patrouillen nach einheimischen Führern und Vorräten. In den nächsten Tagen hatten sie jedoch wenig Erfolg. Die Eingeborenen, die in diesem Gebiet nie zahlreich waren, waren vor dem Vormarsch der Portugiesen geflohen, weil sie deren Rücksichtslosigkeit und Grausamkeit fürchteten, und hatten ihre Vorräte versteckt. Ein Maultier und ein Pferd nach dem anderen fanden den Weg in unsere Kochtöpfe. Glücklicherweise ist dieses Gebiet sehr wildreich, und der Jäger kann jederzeit eine der zahlreichen Antilopen oder Perlhühner erlegen.

Obwohl unsere Marschkolonnen anfangs zu lang und unzusammenhängend waren, machte auch hier die Übung den Meister. Träger, Jungen, Frauen und Kinder, lernten bald, Tempo und Abstand so genau einzuhalten wie die Askari. Regelmäßig und in guter Ordnung schlängelte sich die Expedition auf den schmalen Pfaden der Einheimischen und sogar durch das dichte Buschland in das unbekannte Land. Nach jeweils zwei Stunden Marsch wurde eine halbe Stunde Halt eingelegt; die Regel war ein sechsstündiger Marsch pro Tag, *also* etwa fünfzehn bis zwanzig Meilen, und dieser Wert wurde oft überschritten. Die Truppe war größtenteils in Abteilungen zu je drei Kompanien aufgeteilt, jede mit einem Versorgungszug und einem Feldlazarett. Die Vorhut war der Haupttruppe einen Tagesmarsch voraus, die letzte einen Tagesmarsch dahinter. An der Spitze jeder Abteilung marschierten die kämpfenden Kompanien mit ihren Maschinengewehren; sie hatten nur die notwendige Munition und die nötigen medizinischen Vorräte bei sich, und jedem Europäer war eine Ladung mit den notwendigsten Dingen zugestanden. Die Askari marschierten fröhlich vorwärts, gerade wie Lanzen und mit den Gewehren verkehrt herum über den Schultern, wie es bei den Schützenregimenten seit jeher Brauch war. Es wurde eine lebhafte Unterhaltung geführt, und nach der Plünderung eines feindlichen Lagers, die oft reiche Beute einbrachte, stieg von allen Seiten Zigarettenrauch auf. Die kleinen Signalrekruten schritten tapfer vorwärts, halbwüchsige Jünglinge zumeist in Askari-Uniform, die all ihre weltlichen Güter in einem Bündel auf dem Kopf trugen. Die Askari riefen freundlich „Jambo Bwana Obao" oder „Jambo Bwana Generals" („Guten Tag, Oberst"), oder ein kleiner Signalmann drückte seine Hoffnung aus, eines Tages nach Uleia (Europa) und Berlin zu kommen. „Dann wird der Kaiser zu mir sagen: ‚Guten Tag, mein Sohn', und ich werde ihm eine Signalvorführung geben. Dann wird er mir Braten geben und mich der Kaiserin vorstellen. Die Kaiserin wird sagen:

‚Guten Tag, mein Kind‘, und wird mir Kuchen geben und mir die Schaufenster zeigen." Während all ihres Gesprächs hielten die Askari scharf Ausschau, und ihren Luchsaugen entging keine Bewegung im dichten Busch.

Der Anführer der Kolonne untersuchte jede Spur und gab daraus die Anzahl und Entfernung des Feindes an. Ebenso soldatisch waren die Maschinengewehrträger, die meist Waniamwezi und Wazukuma schulterten. Den Kompanien und Abteilungen folgten Träger mit den Lasten an Vorräten, Gepäck, Feldausrüstung und Tragen. Die Lasten, etwa 25 kg, wurden abwechselnd auf dem Kopf und den Schultern getragen. Die Ausdauer dieser Männer ist enorm. Sie hingen immer mehr an den Truppen. Wenn die Vorräte einmal knapp wurden und die Jagdtrupps erfolglos blieben, sagten sie: „Haiswu'b (das macht nichts), wir warten, holen uns ein anderes Mal etwas." Viele marschierten barfuß und bekamen oft Dornen in die Füße. Oft nahm einer sofort sein Messer und schnitt in aller Ruhe ein Stück Fleisch aus dem verwundeten Fuß. Dann machte er sich wieder auf den Weg. Den Trägern folgten die Frauen und die Bibi. Viele Askari hatten ihre Frauen und Kinder auf dem Feld dabei, und viele Kinder wurden während des Marsches geboren. Jede Frau trug ihr eigenes Mali (Eigentum) sowie das ihres Herrn auf dem Kopf. Oft trugen sie ein kleines Kind auf dem Rücken, dessen wolliger Kopf aus dem Tuch hervorschaute, in das es eingewickelt war. Die Frauen wurden von einem Europäer oder einem vertrauenswürdigen alten Unteroffizier in Schach gehalten und beschützt, der von einigen Askari unterstützt wurde. Sie alle mochten bunte Farben, und nach einer wichtigen Gefangennahme sah der ganze Konvoi, der sich mehrere Meilen lang erstreckte, wie ein Karnevalsumzug aus.

Auch während des Marsches musste die Beschaffung von Vorräten beachtet werden. Jagdpatrouillen marschierten vor der Kolonne oder an den Flanken im Busch. Oft blieben sie in der Nähe der alten Lagerplätze zurück, wo Wild oder Spuren von Wild beobachtet worden waren. Andere Patrouillen folgten menschlichen Spuren, die zu Siedlungen führten, um Vorräte zu beschaffen. Beim Eintreffen am Lagerplatz schnitten vier Askari und mein Junge Serubiti Äste ab und errichteten ein Gerüst für die Zeltabschnitte oder für eine Grashütte. Manchmal wurde ein erhöhtes Biwak aus Ästen errichtet und mit Gras bedeckt. Bald darauf traf der bärtige Baba, mein Koch, ein und gab sorgfältige Anweisungen für die Einrichtung der Küche. Die Träger kamen und holten Wasser, schnitten Gras und Brennholz mit ihren Buschmessern. Die Jagdpatrouillen brachten ihre Schüsse herein, und bald stieg von allen Seiten der Geruch von Essen von den Lagerfeuern auf. In der Zwischenzeit hatten Trupps von Trägern in den Dörfern gedroschen und Mais zurückgebracht. In den Kinos (dicken Holzgefäßen) wurde das Korn mit dicken Knüppeln zerstampft, die dumpfen Schläge schallten weit ins Gebüsch. Nachrichten, Aufklärungsberichte und erbeutete Depeschen wurden hereingebracht; eine Kiste an einem schattigen Platz diente als Schreibtisch. Bei längeren Aufenthalten wurde ein Tisch aus Ästen gebaut. Das Abendessen wurde in Gesellschaft mit Freunden am Lagerfeuer eingenommen, die Jungen brachten Kisten zum Sitzen mit. Die Vornehmeren hatten Liegestühle. Dann ins Bett unter den Moskitonetzen und am frühen Morgen wieder ins Ungewisse. Würden wir Vorräte finden und würden wir mit dem, was wir hatten, bis dahin auskommen? Diese Unsicherheiten tauchten jeden Tag aufs Neue auf und verfolgten uns Woche für Woche und Monat für Monat. Das ewige Marschieren war, wie man verstehen wird, kein bloßes Vergnügen. Bei—— hörte ich einige Bemerkungen über mich, wie: „Noch weiter? Der Kerl muss aus einer Familie von Landpostboten stammen!"

Als wir die Mündung des Chiulezi erreichten, waren die Versorgungsschwierigkeiten so ernst geworden und das bis dahin als fruchtbar geltende Gebiet hatte sich so sehr verändert, dass ich meine ursprüngliche Absicht, die Truppen zusammenzuhalten, aufgab. Im Moment schien es auch aus taktischer Sicht unmöglich. Von den Engländern, die uns wahrscheinlich folgten, hatten wir keinen starken Druck zu erwarten, da ihre Verbindungslinie täglich länger wurde und es deshalb schwieriger war, Nachschub zu beschaffen.

Eine schriftliche Nachricht des britischen Oberbefehlshabers, General van Deventer, in der er mich zur Kapitulation aufforderte, wurde unter dem Schutz der weißen Flagge gebracht und bestärkte mich in meiner Annahme, dass unsere Flucht ihn überrascht und unsere Invasion portugiesischen Territoriums ihn in Verlegenheit gebracht hatte. Weder er noch General Smuts hatten jemals daran gedacht, eine Aufforderung zur Kapitulation zu senden, wenn die Situation für die Engländer günstig war. Warum sollten sie dies in einer Situation wie der gegenwärtigen oder der im September 1916 in Kissaki tun, die zweifellos günstig für uns war? Nur weil sie mit ihrem Latein am Ende waren. Das war in der Tat nicht schwer zu durchschauen. Die Zeit bis zum Einsetzen der Regenzeit Ende Dezember war zu kurz, um eine neue Operation vorzubereiten, und nach Beginn der Regenzeit würde der feindliche Nachschubtransport, der weitgehend von Motoren abhing, auf neue Schwierigkeiten stoßen.

Wir hatten also genügend Zeit und konnten uns ohne Zögern in mehrere Kolonnen aufteilen. Wir hatten nichts zu befürchten, wenn wir vorübergehend den Kontakt untereinander verlieren würden. So wurde General Wahles Abteilung vom Rest getrennt und marschierte durch die Mkula-Berge, während ich weiter den Ludjenda hinaufmarschierte.

Die Kapitulation von Hauptmann Tafel, die ich aus der Nachricht von General van Deventer erfuhr, war ein schwerer und unerwarteter Schlag.

Captain Tafel hatte das Kommando in Mahenge von General Wahle übernommen, als dieser aufbrach, um die Truppen an der Lindi-Front zu übernehmen. Er sicherte die fruchtbare Region von Mahenge im Norden mit Kommandant Schoenfeldts Abteilung einiger Kompanien. Letzterem gelang es, mit seiner schwachen Truppe durch geschickten Einsatz seiner 10,5-Kanone vom *Königsberg aus die Stellung zu halten* , und er verschaffte seinen Truppen durch die Bewirtschaftung von Gärten und Feldern eine sehr günstige materielle Position.

In der Mitte befand sich Ruhudje mit einem schwachen Detachment unter Hauptmann Aumann und nordöstlich von Ssongea bei Likuju das Detachment von Hauptmann Lincke. Letzteres geriet wiederholt in Kampfhandlungen mit dem Feind und litt in dem unfruchtbaren Gebiet unter Versorgungsengpässen. Es zog sich daher allmählich nach Norden nach Mponda zurück. Dort wurde es durch zwei Kompanien und ein Geschütz der Hauptstreitmacht verstärkt. Hauptmann Otto übernahm das Kommando. Im August 1917 trafen starke englische und belgische Truppen auf Mahenge ein; Hauptmann Tafel hatte dies vorausgesehen und seine Vorräte aus dem Mahenge-Gebiet nach Mgangira zurückgezogen. Am 11. September wurde Mahenge evakuiert. Auch wenn die einzelnen Gefechte oft erfolgreich waren, machte sich die Überlegenheit des Feindes ernsthaft bemerkbar, und der Munitionsmangel behinderte die Askari-Kompanien, die meist mit dem rauchenden 71er Gewehr bewaffnet waren, immer mehr.

Später erfuhr ich durch Hauptmann Otto, der sich mit einer von Hauptmann Tafels Patrouillen zu mir durchgekämpft hatte und sich mir bei——anschloss, dass Hauptmann Tafel von westlich von Livale in drei Kolonnen nach Süden marschiert war und am oberen Mbemkuru mehrere teilweise erfolgreiche Gefechte geführt und dabei große Mengen Munition erbeutet hatte. Er war dann weiter nach Süden zum Bangala-Fluss marschiert und nach Osten abgebogen, als er glaubte, in der Nähe von Massassi zu sein. Südlich dieses Ortes hörte er von den Eingeborenen, dass die Deutschen seit mehreren Tagen nicht mehr nördlich von Rovuma gekämpft hatten. Hauptmann Tafel wandte sich dem Rovuma zu und überquerte ihn in der Nähe der Nangala-Mündung, in der Hoffnung, am Südufer Vorräte zu finden. Seine eigenen Leute waren buchstäblich erschöpft. Er fand nichts und hatte keine Ahnung, dass etwa einen Tagesmarsch von ihm entfernt Görings Abteilung meiner Truppen das portugiesische Lager eingenommen und auf den wohlhabenden Bauernhöfen genug Nahrung gefunden hatte, um vierzehn Tage lang gut leben zu können. Hauptmann Tafel kehrte daher zum Nordufer des Rovuma zurück und ergab sich dem Feind.

Die Nachricht von der Kapitulation von Hauptmann Tafel verstärkte meine Abneigung, einen weiteren Teil meiner Truppe abzuziehen, obwohl angesichts unserer Nähe die von uns beiden angestrebte Vereinigung so gut wie möglich herbeigeführt worden war. Ich wurde sofort auf die Folter gespannt, da die Nachrichten von Görings Abteilung ausblieben, mit der wir während ihres Aufenthalts in Ngomano durch Patrouillen in Verbindung geblieben waren. Während des Marsches den Ludjenda hinauf, als wir die verschiedenen Abteilungen und Kompanien weiter auseinander halten mussten, um die Nahrungssuche zu erleichtern, war es notwendig, den untergeordneten Führern die Wichtigkeit der Verbindung der gesamten Truppe einzuschärfen. Es war jedoch nicht zu erwarten, dass diese Offiziere, die später als Abteilungsführer so hervorragende Arbeit leisteten und so erfolgreich mit dem Rest zusammenarbeiteten, von Anfang an über die notwendige Ausbildung verfügten. Der Gouverneur war auch nach seinem Ausscheiden aus dem Protektorat bei der Truppe geblieben, gemäß der Vorschrift (die sicherlich nicht für einen Krieg mit einer europäischen Macht gedacht war), dass er das militärische Oberhaupt des Protektorats war. Er hatte diese Befugnisse in einer Weise interpretiert, die die Befugnisse des Oberbefehlshabers auf das Schlimmste beeinträchtigte, und war oft in meinen Wirkungsbereich eingedrungen. Ich war machtlos gewesen, dies zu verhindern, und jetzt, da wir uns außerhalb des Protektorats befanden, legte ich größten Wert darauf, dass ich jetzt jedenfalls freie Hand hatte. Selbst wenn ich den Forderungen des Gouverneurs nicht nachgab, muss man verstehen, dass es in der beispiellosen militärischen Situation genug Meinungsverschiedenheiten gab, um den Oberbefehlshaber zu überfordern, der, was auch immer geschieht, tatsächlich, wenn nicht moralisch, zur Verantwortung gezogen wird.

Es war vielleicht ganz natürlich, dass ich damals nicht immer sehr sanft und rücksichtsvoll mit meinen Mitmenschen umging. So kam es, dass gerade jene Offiziere meines Stabes, die mit größter Hingabe für die Sache arbeiteten und die meiste Anerkennung verdienten, Gegenstand vieler ungerechtfertigter Vorwürfe waren. Da sie sich dadurch nicht beleidigt fühlten oder die fröhliche Fortsetzung ihrer Arbeit dadurch beeinträchtigten, gebührt ihnen besonderer Dank. Die Erfolge, die die Öffentlichkeit so großzügig mir zuschreibt, sind größtenteils der Arbeit dieser Offiziere zu verdanken, die oft unter widrigen Umständen geleistet wurde. Für mich, der ich mich immer an der guten Kameradschaft erfreut habe, die unser Offizierskorps auszeichnet, war diese allgemeine Atmosphäre des Knurrens und der Nörgelei natürlich nicht ideal. Glücklicherweise war sie jedoch nur eine vorübergehende Phase.

Unsere Position war nun so, dass wir im Falle einer Begegnung mit dem Feind seine Stärke nicht auskundschaften konnten. Wir hatten keine Zeit für längere Aufklärung. Vielleicht ist diese Überzeugung, zusammen mit der Entschlossenheit, mit der wir die portugiesischen Streitkräfte angriffen, wann immer wir auf sie trafen, der Grund dafür, dass im Dezember drei weitere portugiesische befestigte Stellungen in schneller Folge eingenommen wurden. Von entscheidender Bedeutung bei diesen Unternehmungen war die Persönlichkeit des befehlshabenden Offiziers, der den Feind zuerst angriff. Er durfte keine Zeit verlieren und konnte daher nicht auf Befehle warten. Am 2. November stieß Leutnant Kempner, Kommandeur der 11. Kompanie, die als Vorhut beim Marsch den Ludjenda hinauf fungierte, bei Nangwale auf ein befestigtes portugiesisches Lager. Wie die meisten portugiesischen Lager lag es auf einem kahlen Hügel mit großem Schussfeld. Die tapfere 11. Kompanie stellte sich sofort am Rand des Busches auf und rückte zum Angriff über dreihundert Meter offenes Gelände vor, das dem feindlichen Feuer ausgesetzt war. Die Askari, die in voller Marschausrüstung unterwegs waren, konnten mit dem Kompaniechef und seinem Effendi (schwarzer Offizier) nicht mithalten. Leutnant Kempner und der Effendi sprangen auf die feindliche Brustwehr und von dort in die feindlichen Verschanzungen und befanden sich so eine Zeitlang allein inmitten der feindlichen Garnison, die aus einem Zug bestand. Letztere waren so verblüfft, dass sie, als sie den Jubel der herannahenden Askari hörten, sofort dem Befehl gehorchten, ihre Waffen niederzulegen. Außerdem fiel uns ein beträchtlicher Munitionsvorrat in die Hände, sowie genügend Rationen, um unsere gesamte Truppe mehrere Tage lang zu ernähren. Als der portugiesische Offizier Leutnant Kempner zu einem Glas Spezialbrandy einlud und die Flasche leer vorfand, hatte der Besitzer weiteren Grund, überrascht zu sein, allerdings mit dem Unterschied, dass diesmal sein Feind ebenso überrascht war. Ein Ombascha (schwarzer Gefreiter) hatte den besten Witz.

Ich war in großer Sorge um das Schicksal von Hauptmann Göring, von dem ich keine Nachrichten erhalten hatte. Von General Wahles Truppen, die den Chiulezi-Fluss hinaufmarschiert waren, hörten wir später, dass sie eine Truppe mehrerer portugiesischer Kompanien in einer stark verschanzten Stellung in den Mkula-Bergen angegriffen und vernichtet hatten. Die wiederholten Versuche, mit Wahles Truppen über den Heliographen Verbindung aufzunehmen, waren erfolglos, obwohl die Portugiesen in den Mkula-Bergen unsere Signale aus Nangwale deutlich beobachtet hatten. Die von unserem Detachement gefangenen portugiesischen Europäer hatten sich geweigert, ihr Wort zu geben, in diesem Krieg nicht erneut gegen uns zu kämpfen. Sie waren von General Wahle nach Norden in die Rovuma geschickt worden, da ihre Versorgung schwierig war.

Nach mehrtägiger Belagerung gelang es Hauptmann Stemmermann, eine weitere sehr gut besetzte und energisch verteidigte befestigte Stellung einzunehmen. Da der Sturm auf diese Stellung keine Aussicht auf Erfolg bot, wurde dem Feind die Wasserversorgung abgeschnitten, was seine Stellung in den Schützengräben unhaltbar machte und ihn zur Kapitulation zwang.

Unter unseren Verlusten befanden sich leider eine Reihe sehr guter einheimischer Unteroffiziere. Ich war bei den Kämpfen in Nangwale nicht anwesend, da ich mit Verzögerungen in den hinteren Kompanien beschäftigt war und dafür sorgen musste, dass der Marsch auf dem vorgesehenen Niveau gehalten wurde. Durch einen doppelten Tagesmarsch konnte ich die dadurch verursachte Verzögerung leicht wieder wettmachen und kam rechtzeitig in Nangwale an, um die Aufteilung der erbeuteten Vorräte zu überwachen. Unter den günstigsten Umständen lebten wir nur von der Hand in den Mund. In Nangwale, wo unsere Truppen sechs Monate zuvor eine so reiche Gegend vorgefunden hatten, war die Lage nun ganz anders. Außer den erbeuteten Vorräten gab es absolut nichts; sogar das Wild in einem beträchtlichen Gebiet um Nangwale war erschossen oder verscheucht worden. Das war eine Enttäuschung, denn ich hatte gehofft, an diesem Ort von den üblichen Versorgungsschwierigkeiten verschont zu bleiben. Die Truppe musste also aufgeteilt werden. Aus den Informationen der Gefangenen und den erbeuteten Dokumenten ging hervor, dass die Garnison in Nangwale von Trägerkolonnen aus der entfernten Umgebung von Mwalis versorgt worden war. Also musste dort etwas zu finden sein.

Am 5. Dezember verließ Kapitän Koehl mit fünf Kompanien, einer Kanone und einer Munitionskolonne Nangwale, um in den Bezirk Mwalia-Medo zu marschieren. Ich selbst setzte den Marsch den Ludjenda hinauf fort. Glücklicherweise bestätigte sich die Zusage von Leutnant von Scherbening und anderen Europäern, die diesen Bezirk bereits patrouilliert hatten, dass wir bald in eine Region mit reichen Vorräten gelangen würden. Diese Vorräte waren jedoch nicht übermäßig, und wir waren sehr froh, dass sie durch die Jagd weitgehend ergänzt werden konnten. Die enormen Zahlen von Flusspferden, die im Fluss oberhalb von Nangwale lebten, oft in großen Herden von fünfzehn bis zwanzig Tieren, waren zu einem festen Bestandteil der Nahrung geworden. Ich selbst konnte nicht widerstehen, auf einen riesigen Bullen zu schießen; das Tier sank sofort, das Wasser über ihm wirbelte wie über einem sinkenden Schiff. Nach einiger Zeit kam es wieder an die Oberfläche, mit den Füßen nach oben, und bewegte sich kaum weiter. Das Tier wurde dann mit einem Seil ans Ufer gezogen. Die zahlreichen Krokodile machten uns vorsichtig, und aus Angst vor ihnen musste so manche gute Beute zurückgelassen werden. Das Fleisch des Nilpferds schmeckt wie grobes Rindfleisch; die Zunge jedoch ist besonders zart. Das wertvollste Produkt ist jedoch das ausgezeichnete Schweineschmalz, dessen Zubereitung die Männer sehr schnell gelernt hatten. Sein schneeweißes, appetitanregendes Aussehen war jetzt ganz anders als das schmutzige Gelb der ersten Versuche am Rufiji. Auf meinen vielen Erkundungs- und Jagdausflügen in den Busch enthüllten die Askari, die mich und die Träger begleiteten, um die Jagdbeute zu transportieren, nach und nach einige Geheimnisse des Busches. Wir hatten vor langer Zeit gelernt, aus verschiedenen Blattpflanzen (Mlenda genannt) ausgezeichneten Spinat herzustellen; jetzt zeigten sie mir viele verschiedene Arten ausgezeichneter wilder Früchte. Wir erfuhren auch, dass der Kern der Mbinji-Frucht, von dem ich bereits wusste, dass sein Fruchtfleisch Blausäure enthält, völlig säurefrei ist und geröstet ein außergewöhnlich delikates Gericht ergibt, das wie unsere Haselnuss schmeckt.

Am 17. Dezember 1917 traf das Hauptquartier in Chirumba (Mtarika) ein. Leutnant von Ruckteschell war mit seiner Kompanie vorausgegangen und hatte die schwachen portugiesischen Außenposten bald vertrieben. Dies war eine Station der portugiesischen Nyassa-Kompanie; diese Handelskompanie verwaltete auch den nördlichen Teil der Kolonie. Auch weiter südlich liegt die Verwaltung in den Händen anderer privater Kompanien. Der portugiesische Beamte in Chirumba, Fernandez genannt, scheint sehr fähig gewesen zu sein. Die massiven Gebäude seiner Station, die auf einer kahlen Anhöhe lagen, waren blitzsauber. Ein Graben sicherte sie gegen Überraschungen. Schöne Gärten mit Obst und Gemüse erstreckten sich entlang des Ufers des angrenzenden Flusses Ludjenda. Alleen aus Maulbeer- und Mangobäumen säumten die sorgfältig angelegten Straßen. Viele Arten dieser Mangofrucht, die den Eingeborenen als Emben bekannt ist, waren in der Station und den benachbarten Eingeborenendörfern zu finden. Sie begann bereits zu reifen und war so reichlich vorhanden, dass es sich lohnte, die Früchte systematisch zu sammeln. Die Verschwendung, zu der die Eingeborenen sonst neigen, wurde so weit wie möglich vermieden. Die schönen, süßen Früchte erfreuten sich bei allen Europäern und einem großen Teil der Eingeborenen und waren angesichts des Zuckermangels wochenlang eine wirklich wertvolle Ergänzung der Vorräte. Als ich bei meiner Ankunft in Chirumba die Veranda des Europäerhauses betrat, stellte mir Leutnant Ruckteschell Schweineschmalz vor, das ich lange nicht gesehen hatte. Hier, wie auf vielen anderen portugiesischen Stationen, hatte es europäische Schweine gegeben.

Wir blieben mehrere Wochen hier. Ein Detachement zog weiter stromaufwärts und nahm die kleine Station Luambala in Besitz. Gleichzeitig marschierte General Wahle in die uns bereits bekannte wohlhabende Station Mwemba. Das reich bebaute Dreieck Chirumba-Luambala-Mwemba und jenseits der Grenze wurde von unseren Requirierungs- und Aufklärungstruppen patrouilliert. Die Eingeborenen dieser Gegend zeigten sich größtenteils intelligent und freundlich; sie wussten bereits, dass sie von den deutschen Truppen nichts zu befürchten hatten. Trotzdem hatten sie ihre Lebensmittelvorräte im Busch versteckt und ließen uns wenig oder nichts. Unsere Leute hatten jedoch längst gelernt, z. B. einen verdächtig aussehenden Baumstumpf genau zu untersuchen, und fanden oft, dass er von Hand zusammengezimmert war und das Versteck für Lebensmittelvorräte war. Andere trieben ihre Stöcke in die hohle Erde eines frisch angelegten Gartens und fanden dort vergrabene Getreidevorräte. Kurz gesagt, es wurden viele solcher Verstecke gefunden, und als wir uns zu Weihnachten in einer großen Grashütte zum Abendessen niederließen, waren wir von der dringendsten Nahrungsmittelknappheit befreit. Den Beschreibungen unserer Männer zufolge war der Ludjenda-Fluss mehrere Monate im Jahr so voll mit Fischen, dass man sie körbeweise herausziehen konnte. Merkwürdigerweise wurden bei dieser Gelegenheit nur sehr wenige gefangen. Die meisten waren Welse, etwa 45 cm lang, und kleinere Fische, die am besten knusprig gebraten wurden. Auch diese trugen ihren bescheidenen Beitrag zur Verbesserung der Rationen bei.

wurde Kontakt mit Koehls Abteilung in der Nähe von Medo gehalten. Ich hielt es für wahrscheinlich, dass der Feind, seiner üblichen Taktik folgend, eine große konzentrische Bewegung gegen uns vorbereitete, die erst in einem Monat einsatzbereit sein würde. Wir konnten uns also darauf verlassen, dass es bis nach den Regenfällen, die Ende Februar enden würden, keine nennenswerte feindliche Aktivität geben würde. Ungefähr zu dieser Zeit beabsichtigte ich, meine Kräfte in der Nähe von Nanungu zu konzentrieren. Bis dahin mussten wir unsere Vorräte in diesem Gebiet sparsam anlegen und so weit wie möglich von dem leben, was wir am äußeren Rand unseres jetzigen Wohnorts bekommen konnten. Anfangs wurde in Chirumba nicht viel Wild geschossen, aber die Beute nahm zu, als wir beträchtliche Antilopenherden am Ostufer des Ludjenda und besonders weiter flussaufwärts fanden. Während der restlichen Trockenzeit, wenn der Fluss niedrig war, überquerten Karawanen von Trägern den Fluss ständig durch mehrere Furten und brachten ihre Lasten zu den Müllkippen am Ostufer. Außer den Furten wurden Kanus aus ausgehöhlten Baumstämmen zur Überquerung verwendet. Patrouillen wurden wochenlang ausgesandt, um Vorräte zu sammeln und zu erkunden. Leutnant von Scherbening unternahm mit seiner Patrouille eine monatelange Expedition, die von Chirumba über Mtenda, Mahua und schließlich nach Süden über den Fluss Lurio und dann den Malema hinauf dauerte, wo sie die portugiesische Boma Malema überraschten. Ein Italiener, der am Ludjenda Elefanten gejagt hatte und sich uns in zerlumptem, verhungertem Zustand angeschlossen hatte, begleitete die Patrouille von Leutnant von Scherbening. Die Gesundheit des Mannes war jedoch durch eine anhaltende Malaria so angegriffen und seine Milz so stark geschwollen, dass er von Mahua zu einer Plantage in der Nähe von Malacotera gebracht werden musste.

Anfang Januar 1918 begannen die Engländer in Bewegung zu treten. Von der südöstlichen Ecke des Nyassasees aus begannen zwei Bataillone – das 1. und 2. King's African Rifles – auf Captain Görings Abteilung vorzurücken, die sich uns angeschlossen hatte und den spitzen Winkel zwischen den

Flüssen Luhambala und Ludjenda besetzte. Er deckte die Versorgungslager weiter oben am Ludjenda. Am 9. Januar wurde am Vormittag eine Abteilung des Feindes, die ohne Unterstützung angriff, besiegt. Als der Feind am Nachmittag nach Eintreffen seiner Verstärkungen den Angriff wieder aufnahm und gleichzeitig eine feindliche Streitmacht in nördlicher Richtung auf die Versorgungslager am Ostufer vorrückte, überquerte Captain Göring mit dem Hauptteil seiner Truppen das Ostufer. Nur eine starke Patrouille war im alten Lager am Westufer zurückgeblieben und hielt den Feind in Schach. Zur gleichen Zeit rückte eine feindliche Streitmacht – das 2. Kapkorps südafrikanischer Mischlinge wurde identifiziert – auf Mwembe vor.

Dann begannen unzählige kleine Scharmützel und Patrouillenaktionen, die uns oft in eine missliche Lage brachten, da wir die Träger, die Vorräte heraufbrachten, nicht schützen konnten. Die Engländer nutzten diese Schwierigkeiten geschickt aus, um die Loyalität unserer Askari zu untergraben. Viele waren sehr kriegsmüde. Dazu kam in vielen Fällen das Gefühl der Unsicherheit, wohin der Feldzug sie führen würde. Die große Mehrheit der schwarzen Männer klammerte sich an ihre Heimat und ihre Verwandten. Sie sagten sich: „Wenn wir weitergehen, kommen wir in ein Land, das wir nicht kennen. Wir können von dort, wo wir jetzt sind, den Weg zurück finden, aber bald werden wir dazu nicht mehr in der Lage sein.“ Die englische Propaganda durch Mundpropaganda und Flugblätter fiel in vielen Fällen auf fruchtbaren Boden, und in der Folge desertierten eine Reihe guter Askari und sogar älterer Unteroffiziere. Kleine Ärgernisse, wie sie unvermeidlich sind – die Überredung der Frauen usw. – trugen alle zu ihrer Entscheidung zur Desertion bei. Ein alter *Sol* (einheimischer Sergeant Major) war plötzlich verschwunden, der eine brillante unabhängige Patrouille geführt und eine starke Abteilung von Trägern mit ihren Lasten mitten durch die feindlichen Linien geführt hatte und für seine guten Dienste zum „Effendi“ befördert worden war. Auch er war desertiert. Die Impulsivität des Schwarzen macht ihn sehr empfindlich gegenüber Unterstellungen. Aber selbst wenn der englische Colonel sich rühmen kann, die *Moral* bestimmter Elemente gesenkt zu haben, war dies nur eine vorübergehende Phase. Die alte Kampflust und die alte Loyalität kehrten zurück, selbst unter denen, die begonnen hatten, den Kopf hängen zu lassen. Das Beispiel der treuen Askari, die einfach über die Berge von Gold lachten, die ihnen die Engländer versprachen, wenn sie desertierten, siegte. Bei einem so langen und anstrengenden Feldzug musste die *Moral* von Zeit zu Zeit niedrig sein. Es hatte keinen Sinn, erstaunt und entmutigt zu sein, das Wichtigste war, entschlossen dagegen anzukämpfen, und dazu hatten sich die loyalen Elemente, von denen es viele gab, sowohl unter den Europäern, Askari als auch unter den Trägern, fest entschlossen.

- 217 -

KAPITEL II
ÖSTLICH DER LUDJENDA

Die Patrouille von Hauptmann Otto, der mir nach der Kapitulation von Hauptmann Tafel geschickt worden war und mir Einzelheiten über die Ereignisse vor der Kapitulation mitteilte, war in Chirumba eingetroffen. Hauptmann Otto marschierte nun mit zwei weiteren Kompanien nach Luambala und übernahm auch das Kommando über Görings Abteilung (drei Kompanien). Wie erwartet war der größte Druck des Feindes in Luambala zu spüren, ebenso wie am Ostufer des Ludjenda. Es war klar, dass meine Position in Chirumba am Westufer des Flusses, in einem Gebiet, in dem die Vorräte allmählich erschöpft waren und in dem der Fluss durch die Regenfälle angeschwollen war, für den Fall, dass der Feind flussabwärts vorrückte, äußerst ungünstig war.

Es war notwendig, diese Stellung zu räumen und meine Truppen, solange noch Zeit war, an das Ostufer des Ludjenda zu verlegen. Leider waren die Furten aufgrund des Wasserspiegels des Flusses unpassierbar, so dass die gesamte Überquerung mit den drei verfügbaren Kanus erfolgen musste.

Allmählich und ohne Einmischung wurden die Kompanien ans Ostufer verlegt. Die Versorgungsfrage begann sehr ernst zu werden. Glücklicherweise berichtete Kapitän Koehl, der in der Umgebung von Medo und Namunu die sehr intelligenten Eingeborenen dazu angehalten hatte, das schnell reifende Getreide anzubauen, dass man sich bereits Mitte Februar auf eine gute Ernte verlassen könne. Aber das würde erst in einem Monat passieren, also mussten wir mit allen Mitteln versuchen, in Chirumba noch etwas länger durchzuhalten. Die Pilze, die zu dieser Jahreszeit wie Manna für die Kinder Israels aus dem Boden schießen, halfen uns, nicht zu verhungern. Ich hatte mich bereits in Deutschland für Mykologie interessiert und bald Pilze im afrikanischen Busch gefunden, die eng mit unseren deutschen Pilzarten und dem gelben Steinpilz und anderen verwandt sind. Ich hatte oft in sehr kurzer Zeit ganze Körbe gesammelt, und obwohl eine übermäßige Pilzdiät unverdaulich und nicht sehr nahrhaft ist, waren sie eine beträchtliche Hilfe.

Bei strömendem Regen marschierten wir nach Osten. Die sonst trockenen Schluchten waren zu reißenden Strömen geworden. Bäume, die so gefällt waren, dass sie über den Bach fielen, bildeten Brücken, ein Geländer wurde aus Stangen oder zusammengebundener Rinde improvisiert. Das Maultier, das ich wegen Fieber ritt – ich bin anscheinend sehr anfällig für Malaria, an der ich sehr litt – sowie die wenigen anderen Reittiere, die nicht den Weg in den Kochtopf gefunden hatten, schwammen hinüber. Als wir am Campingplatz ankamen, bauten meine Männer mir wegen der Feuchtigkeit bald einen erhöhten Unterstand aus Ästen, über den meine beiden Zelttücher als Dach gelegt wurden. Tierarzt Huber, der für das materielle Wohl des Personals verantwortlich war, und unter ihm unser fähiger schwarzer Koch, der alte bärtige Baba, machten sich sofort an die Arbeit, und egal wie nass das Holz war, wir konnten uns immer in kurzer Zeit zu unserer Mahlzeit am Lagerfeuer niederlassen. Dr. Huber gelang es oft sogar, zu unserem Schutz ein Grasdach errichten zu lassen.

An sonnigen Tagen wurde eifrig Tabak getrocknet und geschnitten. Der tüchtige Quartermaster-Lieutenant Besch, der sehr einfallsreich war, wenn es um das Wohl der Männer ging, hatte daran gedacht und sehr guten Tabak von den Eingeborenen gesammelt. Aber trotz allem waren die Entbehrungen sehr groß und die heimtückischen Einflüsterungen des Feindes, dass jeder desertierte Eingeborene frei sein sollte, nach Hause zu gehen und dort in seinem eigenen Land in Wohlstand zu leben, stießen nicht immer auf taube Ohren. Sogar der treue Junge eines unserer Offiziere, dem er jahrelang gedient hatte, war eines Morgens verschwunden; wahrscheinlich hatte seine Bibi (Frau) genug vom Feldzug.

Das Detachement von Hauptmann Otto marschierte von Uambala genau nach Osten nach Mahua und fand dort am Lurio-Fluss ein an Vorräten reiches Gebiet. Görings Detachement, das von Luambala querfeldein nach Mtende marschierte, fand unterwegs beträchtliche Vorräte. In diesem Gebiet war die Ernte viel früher als in Deutsch-Ostafrika; der Mais begann zu reifen und konnte bereits größtenteils verzehrt werden. Das Hauptquartier zog als nächstes von Chirumba nach Mtende und einige Tage später weiter nach Nanungu. Wahles Detachement, das uns von Chirumba nach Mtende gefolgt war, wurde hier von mehreren feindlichen Kompanien abgeschnitten, die unerwartet auf einer Anhöhe in ihrem Rücken auftauchten und den Botendienst und den Transport unterbrachen. General Wahle befreite sich auf einem Umweg aus dieser unbequemen Lage und rückte näher an das Hauptquartier in Nanungu heran.

In Nanungu fanden wir reichlich Vorräte und hielten es wie zuvor für zweckmäßig, im Gebiet zwischen Nanungu und Namunu und weiter südlich Beschlagnahmestationen und Versorgungslager einzurichten. Es gab gute Jagdmöglichkeiten und die Eingeborenen brachten bereitwillig Gartenerzeugnisse und Honig, um sie gegen Fleisch oder, noch besser, Kleidung einzutauschen. Sehr willkommen war eine zarte, süße, kirschähnliche Pori-Frucht, die in der Umgebung von Nanungu zu Millionen reifte. Ich ließ sie lieber zu Marmelade verarbeiten. Gelegentlich bekamen wir auch andere Leckereien, insbesondere Erdnüsse, und das Krähen der Hähne verkündete weithin, dass es in den Lagern und unter den Eingeborenen Hühner und Eier gab.

Der Beginn der Regenzeit verlief nicht ganz mit den Vorhersagen der Einheimischen. Es gab einige heftige Regengüsse, aber in dem hügeligen Land floss das Wasser schnell ab und sammelte sich in der Hauptschlagader dieser Gegend, dem Msalu-Fluss, der bald so anschwoll, dass er ein starkes Hindernis bildete. Über den Msalu-Fluss hatte der Postbeamte Hartmann, der als Sergeant Major in die Truppe eingetreten war, eine Pontonbrücke gebaut, die uns mit General Wahles Truppen verband, die sich noch am Westufer befanden. Die schwimmenden Stützen der Brücke waren aus Rinde gefertigte Boote. Die Notwendigkeit, in diesem wasserreichen Land die angeschwollenen Flüsse problemlos überqueren zu können, hatte meine Aufmerksamkeit auf diese Frage gelenkt. Bisher bestand unsere einzige Vorsorge für solche Eventualitäten aus ein paar ausgehöhlten Kanus. Ihr weiterer Transport war jedoch zu schwierig und ihre Kapazität zu begrenzt. Ein Pflanzer namens Gerth, der sich uns als Freiwilliger angeschlossen hatte, interessierte sich besonders für diese Angelegenheit und ließ sich von den Eingeborenen der Gegend im Bau von Booten aus Baumrinde unterweisen. Die darauf folgenden Versuche brachten bald gute Ergebnisse, woraufhin der Bau dieser kaum zwei Stunden dauernden Boote zur Flussüberquerung von jeder Kompanie mit Begeisterung aufgenommen wurde. Die meisten dieser Boote wurden nicht benutzt, aber sie gaben uns das Gefühl der Sicherheit, dass im Bedarfsfall selbst ein voller Strom für unsere unhandlichen Karawanen und unser Gepäck nicht unpassierbar sein würde.

Als wir die Gegend besser kennenlernten, entdeckten wir Furten über den Msalu, die auch bei Hochwasser des Flusses genutzt werden konnten. Unsere Patrouillen unter der Führung von Sergeant Valett und anderen verließen unser befestigtes Lager in Nanungu, überquerten den Fluss, der die westliche Grenze unseres Lagers bildete, und suchten den Feind in seinen Lagern in Mtenda. Einer dieser Patrouillen, die besonders stark und mit zwei Maschinengewehren bewaffnet war, gelang es, eine feindliche Kolonne westlich von Mtenda zu überraschen. Unsere Männer konnten jedoch nicht schnell genug entkommen, um der Deckungsmacht des Feindes zu entkommen, und befanden sich, von allen Seiten angegriffen, in einer schwierigen Lage. Beide Maschinengewehre gingen verloren und die Europäer, die sie bedienten, fielen. Allmählich kehrten alle Askari nach Nanungu zurück, aber der Patrouillenführer, Sergeant Major Musslin, der während des Marsches vom Rest entkommen war, war in die Hände des Feindes gefallen. Eine weitere Patrouille, mit der Kapitän Müller den Msalu nach Norden überquerte, vertrieb rasch einen englischen Vorposten bei Lusinje. In der Nähe von Lusinje, dem Lager der Engländer, wurde Leutnant Wienholt gefangen genommen, der, wie bereits erwähnt, der Verhaftung entkam und einer der besten englischen Patrouillenführer wurde. Die Eingeborenen wurden von den englischen Patrouillen gründlich ausgebeutet und fungierten als Spione für den Feind im Austausch gegen

Kleidungsstücke. Der Freiwillige Gerth, der im Zusammenhang mit dem Bootsbau erwähnt wurde, wurde im Haus eines Eingeborenenhäuptlings von einer englischen Patrouille angegriffen und getötet.

In der zweiten Märzhälfte 1918 waren wir durch die per Funk empfangenen Nachrichten über die mächtige deutsche Märzoffensive an der Westfront sehr guter Dinge. Ich wettete mit dem Stabsarzt, Stabsarzt Taute, dass Amiens bald fallen würde. Ich nutzte die Ruhezeit, die nun während der Flaute unserer Operationen für mehrere Wochen eintrat, um meinen Fuß behandeln zu lassen. Er war von einer Sandmücke gebissen worden und hatte mir in den letzten sechs Monaten Unannehmlichkeiten bereitet. Diese Sandmücken, die viele Lager befielen, bohren sich ins Fleisch, rund um die Zehennägel, und verursachen schmerzhafte Entzündungen . Wenn man nicht aufpasst, greifen sie das Fleisch um sie herum an, und nach ärztlicher Meinung sind die bei den Eingeborenen häufigen Verstümmelungen der Füße sehr oft auf die Sandmücke zurückzuführen. Auch ich litt unter dieser Unannehmlichkeit, und auf dem Marsch kam die Entzündung immer wieder zurück. Glücklicherweise konnte Stabsarzt Taute den Nagel unter örtlicher Betäubung ziehen.

Auch in anderer Hinsicht war ich benachteiligt. Auf einer Erkundungsfahrt hatte sich ein Halm des hohen, über mannshohen Grases in mein rechtes Auge gestochen. Bei der darauffolgenden Behandlung befürchtete man, die Funktion der Linse könne durch Atropie beeinträchtigt werden; die Folge war, dass ich mit dem rechten Auge nicht mehr richtig sehen und weder Handschriften noch Kartenskizzen lesen konnte. Dies war sehr unangenehm, da mein linkes Auge durch eine Schusswunde während des Hottentottenaufstandes in Südwestafrika so schwer verletzt worden war, dass ich nur mit Hilfe einer Brille hindurchsehen konnte. Eine geeignete Brille war jedoch nicht erhältlich, und so war ich gezwungen, verschiedene Unternehmungen ohne richtige Sehfähigkeit durchzuführen.

Die Patrouillen von Koehls Abteilung im Bezirk Medo-Nanungu hatten inzwischen die Küste erreicht, nachdem sie portugiesische Festungen am unteren Lurio-Fluss und weit südlich davon eingenommen und einige Kanonen und, was noch wichtiger war, Gewehre, Munition und beträchtliche Vorräte erbeutet hatten. Die Eingeborenen zeigten sich unseren Männern gegenüber sehr freundlich, da sie sie als ihre Befreier von der portugiesischen Unterdrückung betrachteten. Patrouillen von Ottos Abteilung aus Mahua hatten ebenfalls bis in die Region südlich des Lurio vorgedrungen. Leutnant Methner, der die Sitten der Eingeborenen so gut kannte und erster *Referent* unserer Regierung war, lobte die Fähigkeiten und die Klugheit der Portugiesen und die Intelligenz und Weitsicht ihrer örtlichen Häuptlinge.

Leutnant von Scherbening, der mit seiner Patrouille die Boma Malema eingenommen hatte, berichtete, dass diese Gegend sehr produktiv sei. Als Probe schickte er uns ein gefangenes Schwein nach Nanungu. Da es sich weigerte zu laufen, wurde es die 500 km weit getragen. Leider stellte sich schließlich heraus, dass es gar kein europäisches Schwein war, sondern ein Pori-Schwein, wie wir es häufig im Busch schossen.

Wieder einmal war es schwierig, Nachrichten über den Feind zu erhalten, aber aus den unvollständigen Karten, die uns zur Verfügung standen, ließ sich vieles erraten. Ich konnte keinen Zweifel daran hegen, dass die bevorstehenden feindlichen Operationen aus der Umgebung von Port Amelia mit der Hauptmacht von der Küste aus gestartet würden. Das Auftauchen starker feindlicher Streitkräfte in Mtende sowie der – allerdings unbestätigte – Bericht, dass Truppen aus Südwesten nach Mahua marschierten, zeigten mir, dass andere Truppen aus dem Westen mit dem bevorstehenden Angriff der feindlichen Hauptmacht zusammenarbeiten würden. Es schien sich eine Situation zu entwickeln, in der ich meine innere Linie nutzen konnte, um einen Teil des Feindes einzeln anzugreifen . Die Position des Feindes in Bezug auf Reserven und Nachschub machte deutlich, dass die aus dem Westen marschierenden Kolonnen nicht zu stark sein konnten. Dies schien die Chance zu sein, auf die ich so lange gewartet hatte. Ich blieb daher mit meiner Hauptmacht in Nanungu und rief auch Captain Ottos Abteilung aus Lurio zurück. Mit diesen Kräften beabsichtigte ich, die Offensive in westlicher Richtung zu übernehmen. Captain Koehl, dessen Abteilung in Medo versammelt war, erhielt die Aufgabe, die aus Port Amelia vorrückende Hauptstreitmacht des Feindes aufzuhalten und sich allmählich von meinen Truppen zurückzuziehen.

Captain Müller, der nach jahrelanger Tätigkeit im Hauptquartier ein eigenständiges Detachment von zwei Kompanien übernommen hatte, wurde aus der Gegend von Nanungu nach Mahua geschickt, um den Feind so weit wie möglich zu bedrängen. Er umging Mahua und überraschte südwestlich davon das befestigte Versorgungsdepot von Kanene. Die verteidigenden englisch-europäischen Truppen sahen, dass sämtliche Vorräte verloren gingen. Um dies zumindest teilweise zu verhindern, fielen sie über die Alkoholvorräte im Lager her und wurden in völlig betrunkenem Zustand gefangen genommen.

Ich selbst rückte Mitte April ebenfalls in Richtung Mahua vor und hörte während des Marsches von weitem schwere Schüsse. Bei Koriwa, nordöstlich von Mahua, hatte Captain Müller ein feindliches Bataillon unter Colonel Barton angegriffen, das auf einem Aufklärungsfeldzug war und sofort von unseren Truppen auf dem Marsch angegriffen wurde. Trotz der Tatsache, dass auf unserer Seite kaum 70 Gewehre am Gefecht teilnahmen, gelang es unseren Truppen, den rechten Flügel des Feindes einzuschließen und ihn von einem großen Ameisenhaufen aus mit einem so heftigen und wirksamen Maschinengewehrfeuer zu beschießen, dass er wie wild floh. Er verlor dabei über 40 Mann. Lieutenant-Commander Wunderlich, der eine schwere Verletzung durch den Unterleib erlitten hatte, musste in das zwei Tagesmärsche entfernte Krankenhaus in Nanungu gebracht werden und starb kurz darauf.

Der Schlag, den ich mit der Hauptmacht führen wollte, war von Müllers schwacher Abteilung bereits erfolgreich ausgeführt worden. Ich wandte mich daher mit meiner Hauptmacht dem Gebiet westlich von Nanungu zu. Eine große feindliche Truppe war inzwischen am Msalu-Fluss angekommen und hatte ihn mit mehreren Patrouillen überquert. Meine Berechnung, dass ich unmittelbar nach der Überquerung des Flusses eine starke feindliche Truppe überraschen könnte, erfüllte sich nicht: Die eingegangenen Meldungen waren falsch. In einer ganzen Reihe kleinerer Gefechte am Msalu-Fluss und weiter westlich fügten unsere Kampfpatrouillen dem Feind jedoch nach und nach schwere Verluste zu, und seine Patrouillen räumten bald das Ostufer des Msalu. Am 3. Mai überraschten unsere Versorgungspatrouillen, deren Aufgabe es war, weitere Vorräte aus der Richtung Mahua zu beschaffen, in der Nähe von Saidi starke feindliche Abteilungen, die unser Feldlazarett und unsere Versorgungslager in Makoti ernsthaft bedrohten.

Ein Teil unserer Vorräte war nach Makoti gebracht worden, um für die weiter westlich geplanten Operationen bereit zu sein. Unsere sofort ausgesandten Kampfpatrouillen hatten mehrere Begegnungen mit dem Feind in der Nähe des Kireka-Berges bei Makoti. Ich dachte zunächst, es handele sich nur um feindliche Patrouillen, also schickte ich Captain Schulz mit einer starken Patrouille zur Verstärkung dorthin, und ich selbst marschierte am 4. Mai mit der Haupttruppe zur Straße Nanungu-Mahua. Von hier aus erwartete ich, einen schnellen Angriff auf die feindlichen Kräfte durchführen zu können, die uns irgendwo in dieser Gegend zu überraschen versuchten. Die allgemeine Lage klärte sich, als bekannt wurde, dass Patrouillen im Laufe des Tages in der Nähe des Kireka-Berges auf einen neuen Feind gestoßen waren. Eine feindliche Abteilung war zurückgeworfen worden, und es war wahrscheinlich, dass sich starke Kräfte in verschanzten Stellungen im Rücken befanden. Am Morgen des 5. Mai marschierte ich von meinem Lager nach Makoti. Während des Marsches hoffte ich aufrichtig, dass der Feind uns den Angriff auf seine befestigten Stellungen ersparen würde und dass er, was angesichts der allgemeinen Lage nicht unwahrscheinlich war, aus seinen Verschanzungen hervortreten und uns im offenen Feld den Kampf anbieten würde. Wenn dies geschah und es uns gelang, mit unserer Hauptmacht anzugreifen, bevor der Feind unsere Ankunft bemerkte, war ein beträchtlicher Erfolg wahrscheinlich.

Um elf Uhr vormittags kam ich am Kirekaberg an und ging weiter zu Hauptmann Schulz, der mit seiner Patrouille einige Felsgrotten im Gehölz besetzt hatte. Kaum angekommen meldete ein *Sol* (einheimischer Sergeant-Major), der gerade von einem Patrouillengang zurückgekehrt war, dass der Feind mit großer Stärke vorrückte und bald in der Nähe erscheinen müsse. Ich gab diese Meldung an Leutnant Böll weiter, der gerade seine Kompanie im Rücken von Schulz' Abteilung herangeführt hatte, und wies ihn an, im Falle eines feindlichen Angriffs sofort vorzurücken. Ich ging dann zurück und befahl den Vormarsch unserer Kompanien, die allmählich eintrafen. Inzwischen begannen die Kämpfe an der Front. Der in geschlossener Formation vorrückende Feind hatte unsere Patrouillen schnell aus den Grotten zurückgeworfen, war dann aber durch das wirksame Maschinengewehrfeuer von Bölls Kompanie völlig überrascht und teilweise zurückgedrängt worden. In diesem Moment näherte sich Görings Abteilung einer Umzingelungsbewegung auf der rechten Seite und überraschte den Feind völlig. Dieser wurde rasch und unter sehr schweren Verlusten zurückgedrängt.

Nach mehreren Meilen eiliger Verfolgung erreichten wir die feindlichen Verschanzungen. Auf unserem linken Flügel, wo zwei weitere Kompanien ins Gefecht geschickt worden waren, schwankte der Kampf, und es war für mich im dichten Buschwerk schwierig, Freund und Feind zu unterscheiden. Es dauerte daher einige Zeit, bis ich mir ein klares Bild von der Lage auf dem linken Flügel machen konnte, und erst als ich einen Bericht von Major Kraut erhielt, den ich zur Untersuchung geschickt hatte, wurde mir klar, dass unser linker Flügel beim Vorrücken auf einer Lichtung unter vernichtendes feindliches Feuer geraten war, das ihn zum Stillstand gebracht hatte. Ein Gegenangriff des Feindes, der ihn sehr nahe an die Position unseres Hauptquartiers gebracht hatte, sah sehr gefährlich aus. Zum Glück für uns kam jedoch gerade in diesem Moment Leutnant Büchsel, dessen Kompanie von der Hauptstreitmacht abgezogen worden war und deshalb spät eintraf, auf den Schauplatz des Geschehens und konnte die Gefahr abwenden.

Auf dem rechten Flügel hatte Hauptmann Göring inzwischen erkannt, dass ein Frontalangriff auf die feindliche Verschanzung keine Aussicht auf Erfolg bot. Er hatte deshalb Oberleutnant Meier mit einer starken Patrouille um die feindliche Stellung herumgeschickt, um den feindlichen Minenwerfer von hinten unter Beschuss zu nehmen und ihn möglichst zu erobern. Diese Eroberung gelang jedoch nicht, da der Feind über unerwartete Reserven verfügte, die Meiers Patrouille auf Distanz halten konnten.

Damit kam das Gefecht zum Stillstand. Als es ganz dunkel geworden war, standen wir dicht vor dem Feind. Es fielen noch Schüsse von beiden Seiten, aber nur gelegentlich. Die Schreibarbeiten – auch in Afrika gab es Schreibarbeit, wenn auch nicht so viel wie sonst – wurden während des

Kampfes aufgeschoben. Eine Reihe von Anklagen und andere lästige Einzelheiten mussten niedergeschrieben werden. Ich konnte von Zeit zu Zeit persönlich mit den Kompanieführern sprechen und rief sie zu diesem Zweck zusammen. Meine eigene Position wechselte ich so wenig wie möglich, um Schwierigkeiten und lästige Verzögerungen bei der Übermittlung und dem Empfang von Nachrichten zu vermeiden. Weiter hinten, wo auch der Verbandsplatz eingerichtet war, wurde eine Mahlzeit gekocht. Wir im Hauptquartier ließen uns wie üblich unser Essen von unseren schwarzen Dienern zubereiten, die es an die Feuerlinie brachten.

Um die vorhandenen Truppen für weitere Aktionen bereit zu machen, wurden Teile von der Front abgezogen und gemustert. Ich kam zu dem Schluss, dass es zweckmäßig wäre, die Nacht dort zu verbringen, wo wir waren, um bereit zu sein, die Aktion am nächsten Tag wiederaufzunehmen und vor allem, um den Feind von seiner Wasserversorgung abzuschneiden, die sich irgendwo außerhalb des Lagers befinden musste.

Gegen Mitternacht wurde gemeldet, dass eine unserer Patrouillen auf der Straße Nanungu-Mahua auf eine starke feindliche Streitmacht gestoßen sei. Ich befürchtete, dass diese Streitmacht, die ich aufgrund ihrer unabhängigen Bewegung für stark hielt, weiter nach Nanungu vorrücken und die Vorräte unserer Kompanie (Munition, Medikamente, Vorräte usw.) erbeuten würde, die sich an dieser Straße sowie im Depot in Nanungu befanden. Ich zog mich daher während der Nacht mit dem größten Teil meiner Truppe über Makoti auf die Straße Nanungu-Mahua zurück. Nur starke Patrouillen blieben vor dem Feind, aber diese bemerkten nicht, dass auch der Feind seine Stellung während der Nacht räumte und sich in Richtung Mahua zurückzog. Am 6. Mai stellte sich heraus, dass die Meldung über starke feindliche Kräfte auf der Straße Nanungu-Mahua, die meinen Rückzug verursacht hatte, falsch war. Es war kein Feind dort. Als Captain Müller das Feuer der englischen Minenwerfer hörte, begann er mit bewundernswerter Eigeninitiative sofort einen Gewaltmarsch von seinem Lager nordöstlich von Mahua in Richtung der Meerenge und wurde dabei offenbar für den Feind gehalten.

Als er auf dem Schlachtfeld ankam, stellte er fest, dass sich der Feind zurückgezogen hatte. Der Feind, der aus vier Kompanien und einer Maschinengewehrkompanie bestand und nach seinen Befestigungen zu urteilen tausend Mann stark war, war von unserer Streitmacht von kaum mehr als 200 Gewehren – wir waren 62 Europäer und 342 Askari – vollständig besiegt worden. Er hatte 14 Europäer und 91 Askari verloren, 3 Europäer und 3 Askari wurden gefangen genommen. Außerdem war sein Krankenhaus mit etwa 100 Verwundeten in unsere Hände gefallen, und den Eingeborenen zufolge hatte er weitere Verwundete mitgenommen. Unsere Verluste waren: 6 Europäer, 24 Askari, 5 weitere Eingeborene getötet; 10 Europäer, 67 Askari und 28 weitere Eingeborene verwundet.

Während dieser erfreuliche Erfolg gegen die westlichen Kolonnen des Feindes erzielt wurde, war Koehls Abteilung in fortwährende, oft beträchtliche Kämpfe gegen die feindlichen Divisionen verwickelt, die von Port Amelia aus auf Nanungu vorrückten. Bei Medo erlitt der Feind nach eigenen Angaben schwere Verluste in einem Gefecht westlich von Medo. Captain Spangenberg war es mit seinen beiden Kompanien gelungen, den Feind zu umgehen, indem er dessen leichte Feldhaubitzenbatterie von hinten überfiel und eroberte. Fast alle Männer und Pferde dieser Batterie wurden getötet. Leider war es nicht möglich, die Geschütze und die Munition zu entfernen. Sie waren unbrauchbar geworden. Aber trotz dieses individuellen Erfolgs musste sich Koehls Abteilung zurückziehen. Der Moment rückte näher, in dem das rechtzeitige Eingreifen meiner Hauptstreitmacht mit Koehls Abteilung einen entscheidenden Erfolg gegen General Edwards bringen könnte. Aber wieder einmal bremste die Frage der Versorgung unsere Bewegungen. Die Ernten des Bezirks waren alle verbraucht, mit Ausnahme des Mtama, das in diesem Land viel früher reift als in Deutsch-Ostafrika. Aber es war noch nicht reif. Um nicht aus bloßen Versorgungsgründen zurückziehen zu müssen, ließen wir das Mtama künstlich reifen, indem wir es trockneten. Dadurch wurde das Getreide durchaus genießbar, und da es im Bezirk reichlich davon gab, bekam jeder so viel, wie er wollte, und es gab keinen Mangel.

Der Zustand der Ernte veranlasste mich, mit dem Hauptteil der Truppe weiter südwestlich in Richtung Mahua zu marschieren und mein Lager neben dem Koroma-Berg, nicht weit vom Timbani-Berg, aufzuschlagen. Ich beabsichtigte, falls nötig, weiter nach Süden zu marschieren, um die reichlichen Ernten in den fruchtbaren Gebieten nahe dem Zusammenfluss der Flüsse Malma und Lurio zu nutzen. Westlich des Timbani-Bergs war das Land günstig für eine entscheidende Aktion gegen General Edwards, der Captain Koehls Abteilung südwestlich von Nanungu folgte. Das außerordentlich felsige und zerklüftete Land in der Nähe des Berges und vier Meilen nordöstlich davon bis zu dem Ort, an den sich Koehls Abteilung zurückgezogen hatte, war für den entscheidenden Angriff, den ich im Auge hatte, nicht günstig. Am 21. Mai deutete Rauch auf neue feindliche Lager westlich der Stellungen von Koehls Abteilung hin. Ich vermutete, dass dieser neue Feind am 22. Mai marschieren würde, um Koehls Abteilung von Westen her in den Rücken zu greifen. Leider habe ich es versäumt, der Abteilung Koehl den klaren Befehl zu geben, ihre Hauptmacht sofort aus dem ungünstigen Gelände südwestlich des Timbani-Gebirges zurückzuziehen. Statt eines konkreten Befehls habe ich ihm Anweisungen gegeben, die ihm zu viel Handlungsspielraum ließen.

So kam es, daß Koehls Detachement seine Träger mit Munition und Gepäck erst am Vormittag des 22. Mai in Marsch setzte. Selbst dann wäre alles gut gegangen, wenn nicht der Gouverneur, der sich Koehls Division angeschlossen hatte, an ihrer Spitze marschiert wäre. Da er den Ernst der Lage nicht erkannte, machte er mitten in diesem ungünstigen Gelände einen beträchtlichen Halt, wo er jeden Augenblick einem überraschenden Angriff des Feindes ausgesetzt war, ohne sich wirksam verteidigen zu können. Die Träger von Koehls Detachement ließen sich trotz Hauptmann Koehls Befehl ebenfalls einen Halt erlauben. Im Laufe des Morgens dieses Tages erkundete ich persönlich noch einmal das sehr günstige Gelände südwestlich des Timbani-Gebirges und traf u. a. auf Leutnant Kempner, der am Vortag mit Koehls Detachement verwundet und nach hinten gebracht worden war. Von Koehls Abteilung selbst, wo seit dem Morgen mehrere feindliche Angriffe abgewehrt worden waren, waren Geräusche von entfernten Kämpfen zu hören. Es bestand eine telefonische Verbindung mit Captain Koehl, und ich kehrte gegen 11 Uhr morgens in das Koroma-Lager zurück, ohne eine Ahnung von der Lage seines Transports zu haben. Mittags war ich gerade in das Lager eingetreten, als plötzlich aus sehr kurzer Entfernung ein lautes Feuer von Grabenmörsern zu hören war, das zweifellos zwischen uns und Koehls Abteilung lag. Unmittelbar danach wurde die telefonische Verbindung in diese Richtung abgebrochen. Es blieb mir keine andere Wahl, als meine gesamte Truppe sofort vom Koroma-Lager aus gegen diesen neuen Feind in Marsch zu setzen. Ich hoffte insgeheim, dass es uns trotz des ungünstigen Geländes vielleicht gelingen könnte, ihn zu überraschen und ihm eine entscheidende Niederlage zuzufügen. Kaum eine Stunde später erreichten wir den Timbani-Berg und warfen die vorgeschobene Abteilung des Feindes schnell zurück. Einige verstreute Männer berichteten, dass der Gouverneur und Captain Koehls Transport vom Feind überrascht worden waren und das gesamte Gepäck verloren gegangen war. Der Gouverneur selbst war gerade noch entkommen; andere sagten, er sei gefangen genommen worden. Der Feind hatte mit mehreren Minenwerfern ein ziemlich heftiges Feuer eröffnet und wurde von unseren Kompanien von mehreren Seiten angegriffen. Er hatte jedoch eine gute Stellung eingenommen, in der er sich verschanzt und einen Teil des erbeuteten Gepäcks versteckt hatte. Leider konnten wir nur eine kleine Menge zurückerobern. Aber die feindliche Stellung war umzingelt und einem konzentrierten und zermürbenden Feuer ausgesetzt. Einer später erbeuteten Depesche zufolge verloren allein die 1. King's African Rifles etwa zweihundert Mann.

Einheimische Typen (5).
(Nach einer Zeichnung des Adjutanten des Generals von Lettow-Vorbeck.)

Einheimische Typen (6).
(Nach einer Zeichnung des Adjutanten des Generals von Lettow-Vorbeck.)

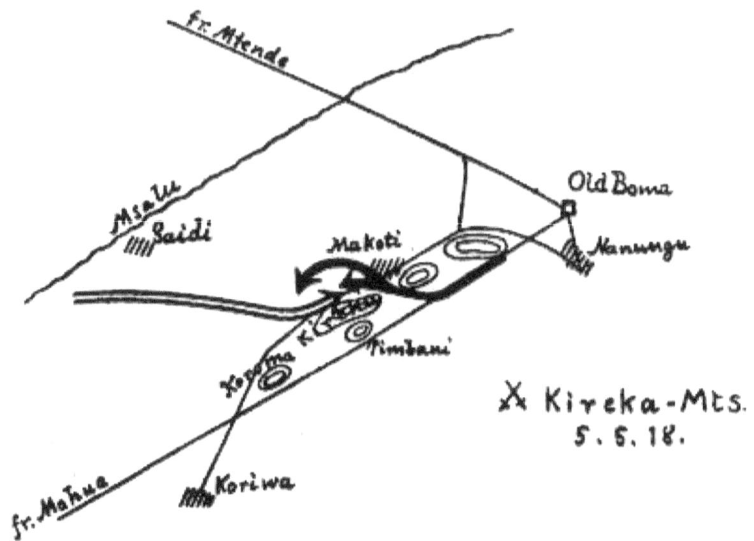

Abb. xviii. Die Aktion in den Kireka-Bergen.

An dieser Einkesselung des Feindes waren mehrere Kompanien und Patrouillen aus Hauptmann Koehls Abteilung beteiligt. Hauptmann Koehl selbst hatte seine Hauptmacht gegen den neuen Feind gerichtet, griff dessen Rücken an und hoffte, ihn besiegen zu können, während eine starke Patrouille nach Nordosten den ehemaligen Feind in Schach hielt. Diese Patrouille war jedoch viel zu schwach. Sie wurde zurückgedrängt und musste erneut durch Truppen aus Hauptmann Koehls Abteilung verstärkt werden. Obwohl der Feind im ganzen zweifellos erhebliche Verluste erlitten hatte, war ein entscheidender Erfolg nicht zu erreichen. Die Kämpfe wurden bei Einbruch der Dunkelheit abgebrochen und wir zogen uns in das von mir erkundete günstige Gelände zwischen den Timbani- und Koroma-Bergen zurück.

Inzwischen hatte der Gouverneur das Lager am Koroma-Berg erreicht. Er hatte bei dem Abenteuer alle seine Habseligkeiten verloren und wurde von Heder, einem Unteroffizier und dem zuverlässigen und vorsichtigen Führer der Versorgungskolonne, versorgt. Auch ich kam dem Gouverneur in seiner Not zu Hilfe und beehrte ihn mit einem Paar blauer Socken, die seine Frau mir zu Beginn des Krieges gemacht hatte, die aber leider verblasst waren.

Außer dem erheblichen Verlust von etwa 70.000 Schuss Munition hatten wir auch eine beträchtliche Menge an Banknoten verloren – ich glaube, es waren 30.000 Rupien. Meinem Wunsch, Requisitionsscheine den Banknoten vorzuziehen und so viel Wertpapiertransport und unnötige Verluste zu sparen, wurde nicht entsprochen. Es waren Millionen von Rupienscheinen gedruckt worden, deren Herumschleppen in der gegenwärtigen Kriegslage besonders mühsam war. Um zumindest ähnliche Verluste in Zukunft zu vermeiden , vernichtete der Quartermaster auf meine Anweisung einen Großteil der mit so viel Mühe beschafften Banknoten .

KAPITEL III
IN DER REGION DER FLÜSSE LURIO UND LIKUNGO

Am 23. Mai brachen der Rest unseres Transports und der Großteil der Truppen vom Coroma-Lager auf einem Weg mitten durch den Busch nach Koriwa auf. Der Großteil unserer Trägerkolonnen und die Kranken waren vorausgeeilt. Die Nachhut unter Captain Otto blieb noch einige Tage auf dem Koroma-Berg und schlug dort erfolgreich mehrere feindliche Angriffe zurück. Es sah so aus, als hätte unser Feind nach Abschluss einer konzentrischen Operation den Großteil seiner Truppen erneut in Timbani gesammelt und brauchte einige Zeit, um seinen Nachschub neu zu organisieren, bevor er seinen Marsch fortsetzen konnte. Zurückkommende Patrouillen meldeten starken Autoverkehr auf der Nanungu-Timbani-Bergstraße. Andere Patrouillen informierten uns, dass feindliche Kräfte aus dem Osten sich dem Nordufer des Lurio-Flusses näherten.

Unbehelligt vom Feind machte ich mich nun auf den Weg in die fruchtbare Gegend von Kwiri südlich von Mahua und von dort weiter zum Lurio. Es zeigte sich jedoch, dass einige unserer Schwerverletzten und Kranken mehrere Tage solcher Märsche in ihren „Maschille" (Sänften) nicht aushalten würden. Auch die ärztliche Versorgung war nicht leicht zu gewährleisten. Wir hatten zu wenig Pflegepersonal, um die Kranken einzeln zurücklassen zu können. So blieb uns nichts anderes übrig, als unsere Invaliden von Zeit zu Zeit zu sammeln, sie unter einem einzigen Sanitätsoffizier in ein komplettes Feldlazarett zu stellen und uns dann endgültig von ihnen zu verabschieden. Sogar der ranghöchste Sanitätsoffizier der Schutztruppe, Dr. Meixner, blieb mit einem solchen Lazarett in Kwiri zurück. Bei dieser Gelegenheit nahm ich Abschied von Leutnant Schäfer, der uns bei den Vorbereitungen für die Aktion bei Jassini so vorbildliche Dienste geleistet hatte und nun vom Schwarzwasserfieber befallen war. Der erfahrene „Afrikaner" war sich seiner Lage durchaus bewusst, blieb jedoch so gut gelaunt wie immer und sah seinem unausweichlichen Ende, das sich rasch näherte, mit Gelassenheit entgegen.

Ich wollte nicht lange nördlich des Lurio verweilen, da ich dachte, dass dieser Fluss, der noch vor kurzer Zeit einen hohen Wasserstand hatte, ein ernstes Hindernis darstellen würde. Aus diesem Grund schlug ich vor, ihn mit unseren zahlreichen Transportmitteln schnell und ohne Hindernisse zu überqueren. Als wir den Lurio tatsächlich erreichten, stellte sich heraus, dass es zu dieser Jahreszeit viele Furten gab, die eine bequeme Überquerung ermöglichten. Wir ließen einen Teil unserer Truppen am Nordufer zurück, ohne uns über die damit verbundenen Nachteile Gedanken zu machen, und errichteten ein Lager für die Haupttruppe am Südufer. Das Land war sehr fruchtbar und die Einwohner vertrauten uns; durch die früheren Besuche der

Patrouillen und Stoßtrupps waren gute Beziehungen entstanden. Einer meiner Ordonnanzoffiziere wurde von einigen alten Bekannten herzlich empfangen.

Ich war ziemlich sicher, dass die Engländer uns hier angreifen und gezwungen sein würden, immer mehr Truppen heranzuziehen. Wenn ich mich nur langsam genug zurückzog, würden die starken feindlichen Kräfte mir wahrscheinlich folgen, aber angesichts ihrer immensen Versorgungsschwierigkeiten wäre das vergebens. Auf diese Weise konnte ich mein Hauptziel erreichen, nämlich genügend Zeit zu gewinnen, um die schwächeren feindlichen Lager und Posten weiter südlich zu überfallen. Das nach Süden geschickte Detachment von Hauptmann Müller entdeckte ein solches Lager in Malema, demselben Ort, an dem unsere Truppen zuvor ermutigende Erfolge erzielt hatten.

Nach mehrtägigen Kämpfen eroberte Kapitän Müller die Boma Malema. Sie war von einem englischen Halbbataillon besetzt, das sich nachts nach Süden zurückzog. Gleichzeitig war eine portugiesische Patrouille von der Boma Malema nach Norden gegangen und zurückgekehrt. Kapitän Müller hielt letztere für die zurückweichenden Engländer, griff sie auf dem Marsch an und war sehr erstaunt, als er feststellte, dass es sich bei den Toten um Portugiesen handelte.

Nach der Schlacht verlegte Kapitän Müller sein Lager. Dabei blieb Leutnant von Schroetter, der an Malaria erkrankt war, für kurze Zeit zurück und wurde von einer plötzlich auftauchenden englischen Patrouille gefangen genommen. Als diese Patrouille nach Boma Inagu marschierte, gelang ihm die Flucht und er kam schließlich völlig erschöpft zu uns zurück. Aber er verlor all sein Hab und Gut und hatte nichts auf dem Kopf – eine sehr ernste Angelegenheit unter tropischer Sonne.

Aus den Berichten der Einheimischen und unserer eigenen Patrouillen konnte kein Zweifel mehr darüber bestehen, dass starke feindliche Kräfte, die in Mosambik gelandet waren, nach Westen auf die Boma Malema zumarschierten und sich bereits nur noch wenige Tagesmärsche von diesem Ort entfernt befanden. Gleichzeitig gingen Meldungen ein, dass Truppen auch von Westen, aus der Richtung Malacotera, auf die Boma Malema zumarschierten. Einige Tage später erreichte der Feind, der uns von Norden her folgte, den Lurio, sodass wir sein Nordufer räumten. Aus erbeuteten Dokumenten und den Kämpfen, die am Nordufer stattfanden, schlossen wir, dass diese feindliche Streitmacht stärker war, als ich vermutet hatte. Dank ihrer leichten Krafttransportkolonnen war sie in der Lage gewesen, uns schnell mit ihrem gesamten Nachschub sowie einer Truppe zu folgen, die ich auf etwa drei oder vier Bataillone mit Hilfswaffen schätzte.

Das Land entlang des Flusses Malema, in dem wir unser Lager aufgeschlagen hatten, war ganz außerordentlich fruchtbar. Der *Mtama* war vollkommen reif, und es gab eine Fülle von Tomaten, Bananen, Süßkartoffeln (*Batatas*) und anderen Früchten. Auch das Essen war sehr abwechslungsreich. Wild und Fisch gab es in Hülle und Fülle. Die Eingeborenen kannten die deutschen Truppen von früher her und waren sehr freundlich. Als ich von einer Abteilung zur nächsten ritt, kamen die Frauen aus ihren Häusern gerannt, um die „Njama" (Tier, Wild, Fleisch) zu sehen, ein ihnen völlig unbekanntes Geschöpf. Ich ritt natürlich auf einem Pferd! Das fruchtbare Land war so ausgedehnt, dass wir es nicht einmal annähernd ausbeuten oder schützen konnten. Wir konnten nicht verhindern, dass es die große Zahl der Askari und Nichtkombattanten, unsere Feinde und uns selbst mit dem Lebensnotwendigen versorgte. Wir konnten dem Feind nicht die Möglichkeit nehmen, diese fruchtbare Region ebenfalls zu einem großen Teil zu einer neuen Basis zu machen und seine Versorgungslinie zu verkürzen. Das Land war aus unserer Sicht eher zu fruchtbar und wir waren nicht in der Lage, es wie früher vor unserem Aufbruch so auszubeuten, dass es nicht mehr ausreichte, die feindlichen Massen zu ernähren. Es hatte aber immerhin zur Folge, dass wir für den Augenblick sehr mobil waren, denn dank unseres mehrwöchigen Aufenthaltes waren unsere Verwundeten und Kranken soweit genesen, dass alle, selbst die Insassen der Feldlazarette, wieder völlig marschfähig waren.

Dieser Vorteil wäre durch jede größere Aktion wieder verloren gegangen. Ich beschloss, die Gegend trotz ihrer außerordentlichen Fruchtbarkeit allmählich zu räumen und durch den Ring zu schlüpfen, in dem mich die feindlichen Kolonnen im fruchtbaren Gebiet des Malema-Flusses umschlossen. Meine Idee war, dass ein kleiner Teil meiner Truppen diese feindlichen Kolonnen aufhalten und sie so beschäftigt halten sollte, dass sie denken würden, sie seien in eine ernste Angelegenheit verwickelt, und meine Nachhut richtig angreifen würden. Bei dieser Entscheidung leisteten mir die Befehle des englischen Kommandanten gute Dienste, die uns in die Hände gefallen waren. Er hatte nicht die Absicht, sich ein zweites Mal von uns „überlisten" zu lassen, wie es ihm in Koriwa passiert war, und hatte daher dafür gesorgt, dass, wann immer an irgendeinem Punkt Kontakt mit uns hergestellt wurde, mehrere Abteilungen sofort einen Flankenmarsch um uns herum in einer Entfernung von fünf oder sechs englischen Meilen durchführen sollten. Ich erzählte General Edwards später davon, und er war außerordentlich amüsiert, dass ich dadurch einen Hinweis auf seine Absichten erhalten und Gegenmaßnahmen gegen sie ergreifen konnte. Es war klar, dass, wenn ich meine Truppen nur tief genug in Staffeln aufstellte, die feindlichen Einkesselungsabteilungen in größte Gefahr gerieten. Sie würden sich zwischen meinen Abteilungen eingeklemmt wiederfinden und könnten auf diese Weise von meinen weiter hinten in Staffeln aufgestellten Truppen von der Seite oder von hinten überrascht werden. Leider war die Ausführung dieses Plans nur unvollkommen. Im sehr dichten Busch gab es, so sorgfältig man auch Lagerfeuer und Staub beobachtete, zu wenige Hinweise, um einer Kolonne richtig zu folgen, und es war für eine Kolonne sehr schwierig, ihre Richtung beizubehalten. Darüber hinaus gab es eine Reihe von Faktoren, die unsere Berechnungen durcheinander brachten, Faktoren wie dichter Busch, Sümpfe und Wasserläufe. Trotz all dieser Hindernisse gelang es uns hin und wieder, eine der feindlichen Einkesselungskolonnen zu überraschen und unter Feuer zu nehmen. Die unvermeidlichen Schwierigkeiten, einzelne Kolonnen im dichten Busch zu bewegen, waren auf der englischen Seite noch größer als auf der deutschen. Wenn es zu einem Zusammenstoß kam, herrschte oft ein völliges Durcheinander, bei dem weder Freund noch Feind wusste, wen sie vor sich hatten. Einmal fiel die Abteilung des Leutnants von Ruckteschell, die dem Feind am nächsten war, auf einen Teil unserer Truppen zurück, die weiter hinten gestaffelt waren. Dabei stieß sie im Busch, etwa dreißig Schritt entfernt, auf einen Aufklärungstrupp. Diese Patrouille wurde als Feind erkannt. Die Maschinengewehre wurden vor der Nase des Feindes und ohne sein Eingreifen in Stellung gebracht und die Patrouille, die unsere Leute für Engländer gehalten hatte, wurde aus kürzester Distanz heftig beschossen und im Nu in die Flucht geschlagen.

Ebenso gerieten unsere eigenen Patrouillen immer wieder in feindliches Gefecht. Bei einer solchen Gelegenheit ließ *Vizefeldwebel* Schaffrath seine Patrouille im hohen Gras liegen und eröffnete dann ein wirksames Feuer auf die Spitze der herannahenden feindlichen Kolonnen. Dann ging er wieder in Deckung. Auf diese Weise gelang es ihm im Laufe weniger Stunden, dem Feind mehrere Male spürbare Verluste zuzufügen und einiges Material zu erbeuten.

Durch diese Verzögerungsmanöver wollte ich Zeit gewinnen, um mit meinem Haupttrupp in das dem Bericht zufolge fruchtbare Land weiter südlich vorzudringen und die dort vermuteten kleineren feindlichen Garnisonen anzugreifen und zu vertreiben. Das erste Ziel dieser Art war das portugiesische *Boma* Alto-Moloque. Eine erbeutete Karte zeigte, dass dies in Friedenszeiten der Sitz einer höheren Verwaltungsbehörde und der Militärstützpunkt einer über eine Kompanie hinausgehenden Truppe gewesen war. Sowohl Eingeborene als auch Lebensmittel mussten dort vorhanden sein. Zwischen uns und Alto-Moloque lag das Hochgebirge des Inagu. Ein englisches Bataillon in seinem verschanzten Lager bei Inagu versperrte die Straße, die vom Boma Malema um die Westseite der Inagu-Berge nach Alto-Moloque führte. Es war daher wahrscheinlich, dass unser Vormarsch auf dieser Straße bekämpft werden würde, und das wäre angesichts der Länge unserer Trägerkolonnen unangenehm gewesen. In jedem Fall wären wir aufgehalten worden und unser geplanter

Überraschungsangriff auf Alto-Moloque wäre vereitelt worden. Doch ich hielt den Überraschungseffekt für unbedingt erforderlich, da wir in Alto-Moloque Munition und Waffen vermuteten.

Dementsprechend ließen wir den Feind in seinen Verschanzungen bei Inagu in Ruhe und marschierten um die Ostseite der Inagu-Berge auf Alto-Moloque herum. Die strategische Situation war ziemlich bemerkenswert und ließ sich gut mit den Worten eines alten Buren beschreiben, die nicht ganz rein hochdeutsch waren: „Is das eine Komische Orlog; ons lopt achter de Portugies an, und de Englanders lopt achter ons an" (*Das ist ein komischer Krieg. Wir jagen die Portugiesen, und die Engländer jagen uns*).

Wir marschierten auf einheimischen Pfaden oder geradewegs durch den Busch. Unterwegs mussten mehrere größere Flüsse überquert werden. Auch dieses Gebiet war fruchtbar, und bald stießen wir auf unverkennbare menschliche Spuren, die nach Alto-Moloque führten, ganz zu schweigen von Kraalen, den ersten, die ich je gesehen hatte. Es waren Grashütten, sehr dick und sorgfältig gebaut. An manchen Stellen schwelte Asche und die herumliegenden Hühnerköpfe waren noch frisch. Wir tauschten Schüsse mit einigen portugiesischen Patrouillen aus und erbeuteten einige Gewehre mit Munition.

Es durfte keine Zeit verloren werden, und so marschierte Müllers Abteilung, die durch die Entlastung von allen Transportmitteln besonders mobil geworden war, weiter und fand in Alto-Moloque nur einige portugiesische Offiziere und Unteroffiziere vor, die gerade auf der Veranda des sehr schönen europäischen Hauses Kaffee tranken. Diese wurden gefangen genommen.

Ich folgte nun langsam mit dem Haupttrupp. Unsere Nachhut unter Hauptmann Koehl hatte eine ganze Reihe kleiner Zusammenstöße, die dem Feind insgesamt nicht unerhebliche Verluste zufügten. Eine unserer Askari-Patrouillen war bei der Nahrungssuche von einer stärkeren feindlichen Patrouille überrascht und gefangen genommen worden. Diese Askari sahen anschließend zu, wie diese englische Patrouille im dichten Busch ein ziemlich blutiges Gefecht mit einer anderen englischen Abteilung lieferte und ihnen dadurch die Möglichkeit zur Flucht bot. Die Unvorsichtigkeit, die viele unserer Europäer trotz aller Warnungen fortwährend zeigten, verursachte uns viele unnötige Verluste. Da war ein Askari, ein besonders zuverlässiger und intelligenter Mann, dessen Vater, der alte Effendi Plantan, schon bei von Wissmanns Zulu-Askari gewesen war, den ich nur zu gern auf meine Patrouille mitgenommen hatte. Er kam von einer völlig unnötigen Mission, auf die er geschickt wurde, nie zurück und wurde wahrscheinlich gefangen genommen. Es war ein Phänomen, das beiden Seiten gemeinsam war, dass ein großer Teil der Verluste im Krieg in Ostafrika unnötig und nur auf Rücksichtslosigkeit zurückzuführen war.

Koehls Abteilung holte allmählich die Haupttruppe ein, die die Straße Alto-Moloque-Inagu bei einer europäischen Plantage erreicht hatte, die gut mit Lebensmitteln versorgt war. Von hier aus hatte sie Alto-Moloque über das Telefon des Feindes angerufen und eine Antwort erhalten, zuerst von einem Portugiesen, dann von Hauptmann Müller. Müller berichtete, dass nur eine kleine Menge Munition erbeutet worden sei und dass der Großteil gerade noch rechtzeitig von mehreren Trägertrupps nach Südosten gebracht worden sein müsse. Sofort wurden starke Patrouillen hinter ihnen hergeschickt.

Als die Haupttruppe am 16. Juni in Alto-Moloque eintraf, fanden wir einige sehr schöne und massive europäische Häuser. Sie lagen reizend auf einem kleinen Hügel und boten einen kilometerweiten Blick über die umliegenden Wälder bis hin zu den mächtigen, schroffen Bergen in der Ferne. Es gab Tausende von Orangenbäumen in voller Blüte und unsere farbigen Männer tauften es sofort „Boma ja machungwa" (Orangen- *Boma*).

Die zahlreichen Karten und Dokumente aller Art, die wir auf der Station fanden, gaben uns einen einigermaßen klaren Eindruck von der Gegend in Richtung Quelimane. Wir konnten sehen, dass es eine Telegrafenleitung von Alto-Moloque über Ili nach Quelimane gab. Eine große Gesellschaft, die Lugella Company, hatte ihr Hauptquartier am Zusammenfluss des Lugella mit dem Likungo. Es gab große Plantagen und Fabriken und große Lebensmittelvorräte. Vor allem sah es so aus, als seien Vorbereitungen im Gange, diese Station zu einem Hauptversorgungsdepot für Lebensmittel und Munition für beträchtliche Truppeneinheiten zu machen .

Wollten wir die Gelegenheit, die sich uns bot, ausnutzen, mussten unsere Untergebenen sehr schnell handeln und durften sich nicht durch zu strenge Anweisungen behindern lassen. Der Eindruck, den ich mir machte, beruhte in vielerlei Hinsicht auf unbewiesenen Annahmen. Unsere Verfolgerpatrouillen mussten in der Lage sein, den Umständen entsprechend unabhängig und schnell zu handeln, wenn sich dieser erste Eindruck später nicht bestätigte. Es durfte keine Zeit verloren gehen, sonst konnte der Feind seine Vorräte rechtzeitig abtransportieren. Er hatte den Vorteil einer Eisenbahn, die nicht weit südlich der Station der Lugella Company begann und nach Süden zum Fluss Namacurra führte, sowie des Dampfers, der auf diesem Fluss verkehrte.

Wie so oft wiesen unsere Verfolgungspatrouillen und Kompanien gelegentlich Mängel auf. Man darf jedoch nicht vergessen, dass neben vielen anderen Eigenschaften ein sehr reifes taktisches Urteilsvermögen erforderlich ist, um selbständig zu entscheiden, wann die sehr anstrengende

Verfolgung eines fliehenden Feindes mit aller Kraft fortgesetzt oder abgebrochen werden soll. Um die aussichtsreiche Lage möglichst auszunutzen, hatte ich noch am Tage meiner Ankunft in Alto-Moloque das gesamte Müller-Detachement, das ich bis dahin bei mir behalten hatte, zur Verfolgung ausgesandt. Im Zuge verschiedener Patrouillen und Raubzüge in der Umgebung erwischten wir einzelne portugiesische Askari, die sich vielfach auf eigene Faust als kleine Tyrannen in den Dörfern der Gegend niedergelassen hatten. Die Eingeborenen meldeten uns ihre Anwesenheit.

Die Gegend von Alto-Moloque erwies sich, wie erwartet, als sehr fruchtbar. Wir waren daher in der Lage, Müllers Abteilung einen größeren Vorsprung bei der Verfolgung des Feindes zu verschaffen. Eine der Patrouillen dieser Abteilung hatte ein feindliches Versorgungsdepot in der Nähe von Ili erobert. Eine feindliche Trägerkolonne, die von einer anglo-portugiesischen Abteilung, die sich nun mehrere Tagesmärsche östlich von Alto-Moloque befand, abgewehrt wurde und versuchte, Alto-Moloque zu durchqueren, ohne von unserer Anwesenheit zu wissen, war für unseren Intendanten eine willkommene Errungenschaft, da er sie brauchte, um die in Ili erbeuteten Vorräte zu transportieren. Leider gelang dieser geplante Rückzug nur teilweise, denn eine frische englische Abteilung erschien in Ili, offenbar aus der Richtung von Inagu, und vertrieb unsere Patrouillen.

Der Vormarsch unseres Haupttrupps auf Ili wurde von beträchtlichen feindlichen Patrouillen behindert, die sich von Norden her der Straße Alto-Moloque-Ili näherten. Eine dieser Patrouillen wurde sofort energisch verfolgt und in ihrem Lager angegriffen, aber ich gewann den Eindruck, dass größere feindliche Kräfte von Norden her von Ili und Alto-Moloque auf uns zukamen. Ich hatte nicht die Absicht zu zögern, sondern wollte mich so bald wie möglich mit Müllers Abteilung vereinigen, die auf dem Weg nach Lugella war. Also marschierte ich nach Süden, umging Ili und besetzte den portugiesischen Posten von Nampepo. In diesem Bezirk hatten die portugiesischen Kompanien, etwa einen Tagesmarsch voneinander entfernt, eine Anzahl sauberer, wohlgeordneter Posten errichtet, um die herum die Felder lagen , die sie bestellten. Eine ganze Reihe dieser Posten und ihre Feldlager fielen während des Marsches in unsere Hände. Nampepo war einer davon, nur größer als gewöhnlich und das Zentrum eines außerordentlich fruchtbaren Bezirks. Eine Besonderheit des Lagers in Nampepo war unsere Jagd auf Hausschweine. Diese liefen in großer Zahl frei im Busch herum, so dass wir ausgezeichnete Würste, aber auch Schweinebraten und Sülze zu essen hatten. Ein deutscher Pflanzer namens Hauter aus dem Distrikt Morogoro, der während des Krieges große Mengen Würste nach Morogoro geliefert hatte, hatte sich eine fachmännische Fertigkeit in deren Zubereitung angeeignet, die ihm jetzt sehr zugute kam. Er konnte nun an Schweineinnereien statt an Kuheinnereien üben, und wir genossen diesen ungewohnten Luxus so sehr, dass wir uns selbst durch die Schüsse, die in unser Lager fielen, nicht stören ließen.

Denn tatsächlich näherte sich eine beträchtliche feindliche Kolonne von Norden her der Station Nampepo, die von Hauptmann Spangenberg mit unseren Vorposten gehalten wurde. Vom Kommandoposten aus ließ sich das Herannahen einer großen feindlichen Kolonne ganz leicht bemerken. Da sich eine besonders günstige Gelegenheit zum Angriff bot, störten wir den Feind nicht bei seinem Herannahen. Wider Erwarten griff er uns jedoch nicht an. Rauchsäulen, die etwa 1.500 Meter entfernt aus dem Busch aufstiegen, zeigten uns, dass er dort sein Lager aufgeschlagen hatte. Unsere Patrouillen, die den Feind umgingen, krochen nachts an sein Lager heran und schossen hinein. Köhls Abteilung war inzwischen eingetroffen und ich marschierte mit der Hauptmacht los, um Müllers Abteilung in Richtung Lugella zu folgen. Hauptmann Spangenberg blieb mit unserer Nachhut in Kontakt mit dem Feind und folgte uns dann in einer Entfernung von einem Tagesmarsch.

Inzwischen war es Hauptmann Müllers Abteilung gelungen, den Likungo-Fluss nahe der Einmündung des Lugella an einer Furt zu überqueren. Sie hatte einem portugiesischen Bataillon, das von Süden her zur Deckung herangestürmt war, offenbar eine schwere Niederlage beibringen können. Mehrere Maschinengewehre wurden erbeutet. Das große Depot der Lugella-Kompanie fiel in unsere Hände. Es war möglich, große Mengen an Nahrungsmitteln und Kleidung zu verteilen. Die Gebäude selbst, die für die Verteidigung hergerichtet worden waren, und etwa 300.000 Kilogramm Nahrungsmittel wurden verbrannt.

Da sich kein anderes lukratives Ziel bot, betrachtete Kapitän Müller seine Mission vorerst als erfüllt, zog sich an das Südufer des Likungo zurück und erwartete dort meine Ankunft.

Ich fürchtete, dass unsere wunderbaren Beutezüge der letzten Wochen einige unserer Europäer dazu verleiten könnten, sich ungehörig zu bedienen, und nutzte die Gelegenheit, um auf die Übel eines solchen Verhaltens hinzuweisen. Man darf nicht vergessen, dass Kriegsbeute dem Staat gehört und dass der einzelne Soldat seinen Vorgesetzten melden muss, wenn er einen bestimmten Gegenstand, den er erbeutet hat, haben möchte. Dann wird der Wert des Gegenstandes geschätzt und er muss den Betrag bezahlen. Es war mir wichtig, die *Moral unserer Truppen unbedingt* aufrechtzuerhalten, wenn ich an ihre Ehre appellieren und ihre Ausdauer fordern wollte.

Hier und da wurde eine gewisse Menge Munition erbeutet, und außerdem war uns ein kleines portugiesisches Gewehr in die Hände gefallen, aber die große Patronenausbeute, die wir erhofft und angestrebt hatten, war nicht zustande gekommen. Ich hielt es für äußerst zweifelhaft, ob es in Alto-

Moloque und Ili jemals so große Vorräte gegeben hatte, und vermutete, dass es sich bei der ganzen Sache um eine Übertreibung nach Art der Einheimischen handelte. Das bedeutete nicht, dass die Beteiligten böse Absichten hatten. Im Gegenteil, die Einheimischen waren uns wohlgesinnt. So brachten sie beispielsweise einen unserer gefangenen portugiesischen Offiziere, der entkommen war, von sich aus zurück. Sie brachten uns auch einige schwarze deutsche Jungen, die sich beim Plündern vergnügt hatten und von den Einheimischen gefangen und übel verprügelt worden waren, wobei sie sich damit entschuldigten, sie hätten sie für Portugiesen gehalten!

Selbst für einen Europäer ist es äußerst schwierig, beispielsweise die zahlenmäßige Stärke einer marschierenden Abteilung abzuschätzen. Dem Einheimischen fällt es noch viel schwerer, insbesondere wenn es sich um größere Zahlen handelt. Die von ihm so häufig verwendeten Wörter *mingi* (viel) oder *kama majani* (so dick wie Gras) können genauso gut 50 wie 5.000 bedeuten.

KAPITEL IV
WEITER NACH SÜDEN

ABER, wo auch immer diese großen Munitionsdepots sein mochten, sie waren uns sicher nicht in die Hände gefallen. Wir mussten uns erneut auf die Suche machen. Die gesamte strategische Lage sowie die erbeuteten Dokumente wiesen darauf hin, dass sie sich irgendwo in dieser Gegend befinden *mussten* . Die größeren Vorräte, deren Existenz wir vermuteten, lagen mit hoher Wahrscheinlichkeit weiter südlich, entweder weil sie von Anfang an dort gewesen waren oder weil sie durch unsere Annäherung dorthin verlagert worden waren. Es schien wahrscheinlich, dass sie im Notfall bald an die Küste transportiert und auf Schiffe verladen würden.

Während unseres Marsches hatten beträchtliche Patrouillen das Gebiet im Umkreis eines Tagesmarsches erkundet und einige kleine feindliche Lebensmitteldepots erobert, aber keine Waffen oder Munition. Müllers Abteilung, mit der wir uns am 27. Juni in Mujeba vereinigt hatten, marschierte am selben Tag noch weiter nach Süden. Die Eingeborenen erzählten uns von einer großen *Boma* bei Origa, die sich irgendwo weiter südlich, in Küstennähe, befinden und große Munitionsvorräte enthalten sollte. Müllers Trupp sollte diese *Boma finden* . Unsere Anweisungen waren wie üblich völlig ungenau. Ich war ganz sicher, dass auf dem Marsch unweigerlich andere und widersprüchliche Berichte eintreffen würden. Leider hatten wir nicht viel Zeit, die eingehenden Informationen zu prüfen. Wir konnten nur darauf vertrauen, dass sie zumindest ein Körnchen Wahrheit enthielten.

Wie es die Situation erforderte, wurde Hauptmann Müller die größte Handlungsfreiheit eingeräumt. Wenn sich während seines Marsches ein vielversprechendes Ziel bot, sollte er ohne Zögern entscheiden, was sein bestes Vorgehen war. Ich würde unsere Hauptmacht heranziehen und ihm bedingungslos zur Seite stehen, und in jedem Fall würde ich die Situation akzeptieren, die er geschaffen hatte. Die Hauptsache war, dass er nicht auf besondere Befehle und Anweisungen warten sollte. Ich war mir bewusst, dass ich mit dieser Vorgehensweise die Leitung unserer Operationen in hohem Maße in die Hände eines untergeordneten Kommandanten legte. Dies war nur möglich, weil dieser untergeordnete Kommandant über ein sehr gesundes, taktisches Urteilsvermögen und große Initiative verfügte.

Unsere Führungstruppen mit ihren drei schwachen Kompanien hatten die Doppelfunktion einer weithin zur Aufklärung ausgesandten Kavallerie und einer mit größter Energie geführten Vorhut zu erfüllen. Unter anderen Umständen wäre ich angesichts ihrer wichtigen Aufgabe selbst bei der Vorhut gewesen, um den Verlauf der Operationen sicherer zu kontrollieren.

Die Erfahrung hatte mich jedoch gelehrt, dass angesichts der Entfernung zwischen unseren Kolonnen meine Anwesenheit bei der Haupttruppe unentbehrlich war, sowohl um Hindernisse schnell zu überwinden als auch um angesichts einer unvorhergesehenen Änderung der Lage handlungsfähig zu sein . Man darf nicht vergessen , dass unser gesamter Vormarsch auf Kombination beruhte und dass, wie es tatsächlich oft genug geschah, das unerwartete Auftauchen feindlicher Abteilungen aus einer anderen Richtung die Lage mit einem Schlag veränderte und neue Dispositionen erforderlich machte.

Wir marschierten also auf kleinen Pfaden der Eingeborenen oder im Gänsemarsch mitten durch den Busch. Wegen der großen Länge unserer Kolonnen musste die Spitze bei einem Tagesmarsch von etwa 20 Kilometern im Dunkeln aufbrechen – etwa um 5 Uhr morgens –, wenn die Nachhut das vereinbarte Lager noch am selben Tag erreichen sollte, also spät abends und kurz vor Einbruch der Dunkelheit. Das war unvermeidlich, denn es musste Lagermaterial besorgt, Holz gehackt, Gras gemäht und im Bedarfsfall Unterstände für die Kranken gebaut werden. Aus diesem Grund konnte unsere ganze Truppe nicht konzentriert marschieren. Sie war viel zu ausgedehnt. Müllers Abteilung, die die Vorhut bildete, marschierte einen oder zwei Tagesmärsche voraus. Die Nachhut, Spangenbergs Abteilung, folgte der Haupttruppe in einem Abstand von etwa einem Tagesmarsch. Die Kommunikation wurde durch Läufer aufrechterhalten.

In den Berichten, die uns von den Läufern des Müller-Detachements erreichten, tauchte der Name „Kokosani" nun immer wieder auf. Dort sollten sich beträchtliche feindliche Depots befinden, die von feindlichen Truppen stark geschützt würden, hieß es. Aber wo war dieses Kokosani? Auf unseren Karten war das Wort nicht zu finden. Allmählich stellte sich heraus, dass Kokosani derselbe Ort war, der auf portugiesischen Karten als Namacurra verzeichnet war. Jedenfalls zeigten alle unsere bisherigen Nachrichten sowie ein Blick auf die Lage auf der Karte, dass Kokosani unser aussichtsreichstes Ziel sein musste. Ob es möglich sein würde, diesen wahrscheinlich sehr stark befestigten Ort mit unseren verhältnismäßig beschränkten Mitteln einzunehmen, konnten wir nicht wissen. Erst der Versuch selbst konnte uns darüber Aufschluss geben. Hauptmann Müller war selbständig nach Westen in Richtung des Ortes eingedrungen. Unterwegs stellte sich heraus, dass es sich, wie uns die Eingeborenen erzählt hatten, tatsächlich um eine Furt über den Fluss Likungo handelte.

Ich marschierte nun mit unserem Haupttrupp rasch weiter, um uns zu vereinigen, und gab unserer Nachhut unter Hauptmann Spangenberg den gleichen Befehl. Am Nachmittag des 1. Juli erreichte die Haupttruppe den

Likungo und überquerte ihn sofort. Das Wasser dieses großen, mehr als 400 Meter breiten Flusses stand uns an den tiefsten Stellen der Furt bis zum Hals. Jeder Mann brauchte etwa eine Stunde, um ihn zu überqueren. Als die Truppen erfolgreich das Westufer erreicht hatten, biwakierten wir und setzten am nächsten Morgen unseren Marsch auf den Spuren von Müllers Abteilung fort.

Unterwegs begegneten uns etwa dreißig Eingeborene. Sie hatten in Kokosani gearbeitet und erzählten uns, dass dort eine große Anzahl Portugiesen und Askari lagerten und dass eine Anzahl von Kisten angekommen sei. Wir mussten Dolmetscher einsetzen, um mit diesen Männern zu sprechen, da sie kein Kisuaheli konnten. Mehrere unserer Askari beherrschten die lokale Sprache oder verwandte Dialekte.

Bald darauf erhielten wir eine wichtige Meldung von der Vorhut. Am Vortag hatte Hauptmann Müller den Feind bei Kokosani durch eine Umzingelung völlig überrascht. Am helllichten Tag marschierte er von Norden her durch ein Feld kniehoher Agaven und ohne jede Deckung auf die Fabrikgebäude zu. Es war ihm gelungen, in die portugiesischen Verschanzungen einzudringen und in mehreren Stunden heftigen Nahkampfs die drei portugiesischen Kompanien, die sie hielten, zu besiegen, wobei der Feind sehr schwere Verluste erlitt. Im Laufe des Gefechts wurden eine Anzahl Gewehre sowie zwei Feldgeschütze samt Munition erbeutet.

Ich selbst ging ein Stück vor unserem Haupttrupp weiter und stieß am Morgen auf mehrere ausgedehnte und übersichtliche Pflanzungen. Dann folgte ich der Spur einer Feldbahn, die neben der Hauptstraße mitten durch die Felder verlief und nach kurzer Zeit auf eine Normalspurstrecke stieß. Diese führte, wie sich später herausstellen sollte, vom Fluss Namacurra nordwärts in die Gegend von Lugella. Als Hauptmann Müller am Vortag diese Normalspurstrecke erreichte, hielt er einen Zug auf, der gerade aus Lugella gekommen war. Man kann sich leicht vorstellen, wie erstaunt alle waren, als aus dem Zug mehrere portugiesische Unteroffiziere ausstiegen, die Müller in Lugella gefangen genommen und wieder freigelassen hatte.

Als ich die Fabrikgebäude erreichte, kam Hauptmann Müller ziemlich hinkend auf mich zugehumpelt. Er äußerte sein Erstaunen darüber, dass ich mein Detachment ohne Widerstand direkt über die Hauptstraße nach Kokosani gebracht hatte, denn er dachte, dass sich irgendwo in der Gegend zwei englische Kompanien befinden müssten. Er hatte ihren Aufenthaltsort noch nicht feststellen können, aber Dokumente, die Hauptmann Müller erbeutet hatte, wiesen eindeutig auf ihre Anwesenheit in der Gegend hin. Müller erzählte mir auch, dass er die beträchtliche Menge an Infanteriepatronen noch nicht gefunden hatte. Alle seine Leute waren noch damit beschäftigt, sie und ähnliches aufzuspüren.

Bei näherem Nachdenken schien es mir wahrscheinlicher, dass die Munitionslager, nach denen wir suchten, nicht in der Nähe der Fabrik, sondern irgendwo direkt an der Eisenbahnlinie lagen, und zwar an deren südlicher Endstation. Dort musste ein großes Munitionsdepot sein, denn hier musste das Zeug von den Schiffen auf dem Namacurra auf die Schiene verladen werden. Wir mussten herausfinden, ob diese Vermutungen zutrafen. Ich ging sofort zurück und traf die Führungsreihen unseres Haupttrupps zwischen den Plantagen. Die Führungskompanien waren alles andere als erfreut, den gleichen Weg zurückverfolgen zu müssen, um der Normalspurbahn nach Süden zu folgen. Nach dem langen, ermüdenden Marsch waren ein paar schmeichelhafte Bemerkungen über meine Vorkehrungen durchaus verständlich. Zum Glück hörte ich sie nicht.

Die Männer an der Spitze der Kolonne kamen in ziemlich schlechter Laune in der Nähe des Bahnhofs an. Sie glaubten nicht im Ernst an die Möglichkeit eines Kampfes. Dieser überfiel sie jedoch plötzlich und mehrere Askari wurden aus kürzester Entfernung von feindlichen Kugeln getroffen und fielen. Der Rest unserer Hauptmacht, der in der Nähe war und zum Gefecht bereit stand, wurde herangeführt. Als ich ankam, war die Lage überhaupt nicht klar; der Feind hatte sich offensichtlich verschanzt und war im Gange, genauere Aufklärung zu betreiben. Es entwickelte sich nun ein ergebnisloser Schusswechsel. Es begann zu regnen und war unangenehm kalt, so dass sich alle sehr unwohl fühlten. Ich selbst ging zu Leutnant von Ruckteschells Kompanie, die etwa neunzig Meter von den Wellblechgebäuden des Bahnhofs entfernt lag und jedes Mal, wenn sich etwas zeigte, von einigen hohen Ameisenhaufen aus ein gezieltes Gewehr- und Maschinengewehrfeuer leitete.

Ich war der Ansicht, dass die Situation im Moment für einen Angriff auf die Station ungünstig war. Wir wären gezwungen gewesen, durch das dichte Buschwerk, das von einem äußerst wirksamen feindlichen Feuer beherrscht wurde, auf die feindliche Stellung zuzustürmen. Das bot nur wenig Aussicht auf Erfolg. Einige unserer Männer hätten sich dem Angriff wahrscheinlich überhaupt nicht angeschlossen, und diejenigen, die es taten und sich der feindlichen Festung näherten, wären wahrscheinlich aufgehalten worden und hätten nicht weiterkommen können. Wir würden also nichts erreichen.

Andererseits hatte mich meine Aufklärung auf die Idee gebracht, dass bei zum Teil gut sichtbaren Zielen Artilleriefeuer, vor allem von zwei Seiten, wirksam sein würde. Es würde die Askari des Feindes erschrecken und in die Flucht schlagen. Das wäre ein günstiger Moment für gutes Maschinengewehrfeuer. Aber der Tag war schon zu weit fortgeschritten, unser Geschütz war zertrümmert, so dass für diesen Tag nichts Genaues mehr gewagt werden konnte. Der größte Teil der Truppe zog sich in unser

Lager zurück, und nur drei Kompanien von Hauptmann Poppes Abteilung blieben in unmittelbarer Feindnähe.

Am nächsten Tag, dem 3. Juli, brachten wir unser Geschütz nach großen Anstrengungen wieder in Gang. Wie es der Zufall wollte, war es vom gleichen Typ wie die Geschütze, die Hauptmann Müller erbeutet hatte, und so konnten wir durch Austausch der einzelnen brauchbaren Teile dieser drei Geschütze ein einsatzfähiges Feldgeschütz herstellen. Es bestand also die Aussicht, die zweihundert Schuss, die wir zwei Tage zuvor erbeutet hatten, sinnvoll einzusetzen. Am Nachmittag sollte das Geschütz bis auf wenige hundert Meter an die Station herangebracht und das Feuer darauf eröffnet werden. Ein weiteres kleineres 4-cm-Geschütz stand in der vordersten Infanterielinie – also etwa hundertzwanzig Meter entfernt – bereit, um ein Kreuzfeuer zu eröffnen. Alle unsere Maschinengewehre wurden bereitgehalten. Am Morgen war ich zu einer Besprechung wieder in den Fabrikgebäuden gewesen und hatte dem dortigen Zivilpersonal gesagt, dass es keine Angst haben müsse, wenn es am Nachmittag Schüsse hörte. Die weißen Frauen und Kinder waren durch die Kämpfe sehr verängstigt und einige von ihnen waren in den Busch geflohen.

Ich war äußerst müde in unser Lager zurückgekehrt, als sich plötzlich Kampfgeräusche am Bahnhof vernahmen. Wir erhielten eine telefonische Meldung, dass lautes Geschrei und „Hurra"-Rufe vom Bahnhof her zu hören seien. Nach und nach wurden folgende Tatsachen festgestellt: Der Feind war offenbar des gezielten, konzentrischen Feuers müde, das seit dem Nachmittag auf ihn gerichtet war. Er wurde jetzt von zwei Seiten gleichzeitig unter Artilleriefeuer gesetzt, und sobald sich die geringste Bewegung zeigte, eröffneten Maschinengewehre das Feuer auf ihn. Ihre jungen Truppen konnten das nicht ertragen und waren sehr unruhig. Unsere Kompanien erkannten, dass dies ihr schwacher Moment war, und nutzten ihn sofort aus, indem sie eine großartige Initiative zeigten. Sie sprangen mit lautem Hurra auf und waren im nächsten Moment in der Stellung des Feindes. Der Feind begann zu fliehen. Die Engländer behaupteten, sie seien vom Beispiel der Portugiesen angesteckt worden. Wie dem auch sei, sie rannten davon, und unsere Kompanien verfolgten sie sofort mit aller Kraft. Unsere fliehenden Feinde erreichten den Fluss Namacurra, der unmittelbar hinter ihrer Stellung floss, zogen schnell ihre Stiefel aus und stürzten sich ins Wasser. Hier ertranken die meisten feindlichen Truppen, darunter auch ihr Kommandant Major Gore-Brown.

Zwischen dem 1. und 3. Juli hatte der Feind 5 Europäer und 100 Askari getötet, 4 Europäer und etwa 100 Askari ertränkt, während 421 Askari gefangen genommen wurden. Von den Europäern (5 Engländer und 117 Portugiesen), die ebenfalls in unsere Hände fielen, entkamen 55 Portugiesen und 46 kranke und verwundete Portugiesen blieben im Krankenhaus von

Kokosani zurück. Wir hatten 8 Askari und 1 Maschinengewehrträger getötet, 3 Europäer, 11 Askari und 2 Maschinengewehrträger verwundet. Zunächst war es völlig unmöglich, auch nur annähernd abzuschätzen, wie viel Munition und Lebensmittel wir auf der Station erbeutet hatten. Sieben schwere, drei leichte Maschinengewehre und zwei Gewehre waren in unsere Hände gefallen, aber diese beiden Gewehre waren unbrauchbar geworden.

Immer mehr Kisten mit erbeuteter Munition wurden in unser Lager gebracht. Der Intendant, Leutnant Besch (Marineoffizier im Ruhestand), war verzweifelt, weil er nicht wusste, woher er genügend Träger nehmen sollte, um so große Vorräte abzutransportieren. Darin befanden sich über 300.000 Kilogramm Lebensmittel und die Vorräte der Kokosani-Zuckerfabrik. Die Menge der Beute ermöglichte es allen unseren farbigen Männern, so viel Bekleidungsmaterial zu erhalten, wie sie wollten, und mein Junge Serubili sagte zu mir: „Das ist eine ganz andere Sache als in Tanga; wir bekommen jetzt alle so viel Zucker, wie wir wollen."

Es ist eine Tatsache, dass das ganze Lager mit Zucker übersät war. Jeder der Schwarzen war so wohlhabend, was Nahrung und Kleidung aller Art anging, dass sie wie auf Befehl mit dem Stehlen aufhörten. Jeder weiß, was das für Schwarze bedeutet.

Die Beute umfasste große Mengen europäischer Lebensmittel und Konserven. Jeder Europäer war für die nächsten Monate gut versorgt. Leider war es uns nicht möglich, den gesamten erbeuteten Vorrat an ausgezeichnetem Wein mitzunehmen. Nachdem eine ausreichende Menge als Stärkungsmittel für Kranke beiseite gelegt worden war, musste der Rest größtenteils an Ort und Stelle getrunken werden. Das damit *verbundene Risiko einer pauschalen „Vergnügung"* wurde gerne in Kauf genommen und jeder durfte sich nach seiner langen Abstinenz einmal gehen lassen.

Außerdem lagerte in der Kokosani-Fabrik in zahlreichen Fässern feiner Schnaps. Dieser wurde für die englischen Truppen bereitgehalten. Da es beim besten Willen nicht möglich war, diesen vollständig auszutrinken, mussten wir einen Großteil der Fässer in die Namacurra entleeren.

Eine Kolonne nach der anderen von Trägern traf mit Beute im Lager ein, und der Intendant wurde immer verzweifelter. Die Lage erreichte ihren Höhepunkt, als eine telefonische Nachricht von der Station eintraf, dass ein Flussdampfer eingetroffen sei. Ein englischer Sanitätsoffizier, der nichts von dem ahnte, was in Namacurra geschehen war, ging von Bord, und eine genauere Untersuchung des Bootes ergab die Anwesenheit einer beträchtlichen Ladung Patronen, mehr als dreihundert Kisten.

Insgesamt hatten wir etwa dreihundertfünfzig moderne englische und portugiesische Gewehre erbeutet, eine willkommene Ergänzung unserer

Ressourcen, die unsere Bewaffnung wieder auf den neuesten Stand brachte. Unser Gewehr des Modells 1971 konnten wir fast vollständig entsorgen.

KAPITEL V
ZURÜCK NACH NORDEN ZUM NAMACURRA-FLUSS

Angesichts der von uns erbeuteten feindlichen Befehle musste ich damit rechnen, dass in kurzer Zeit verhältnismäßig starke feindliche Kräfte aus Quelimane kommen würden, um uns anzugreifen. Das Land zwischen Namacurra und Sambesi bot jedoch eine große Anzahl von Flussbarrieren, so dass ein Marsch zum Sambesi für uns mit Schwierigkeiten verbunden sein und unsere Bewegungsfreiheit außerordentlich einschränken würde. Ebenso ungünstig für den Feldzug war aus unserer Sicht das Land südlich und südwestlich unseres derzeitigen Halteplatzes. Im Extremfall würden wir uns am Sambesi eingepfercht wiederfinden und nicht in der Lage sein, eine Überquerung dieses mächtigen Flusses durchzuführen, der von den feindlichen Kanonenbooten beherrscht wurde.

Ich hielt es für besser, unsere bisherige Marschrichtung aufzugeben. Doch angesichts des völligen Ausbleibens von Nachrichten war es sehr schwierig zu sagen, wohin ich mich wenden sollte. Nur eines schien klar zu sein – dass der Feind uns nicht direkt auf den Fersen war. Jedenfalls wurden unsere Nachhut und die Patrouillen, die sie hinter sich ausgesandt hatten, vom Feind überhaupt nicht bedrängt. Es schien wahrscheinlich, dass, wenn uns feindliche Truppen überhaupt folgten, sie versuchten, uns auf einer parallel zu der von uns eingeschlagenen Route einzuholen. Wenn ich mit dieser Ansicht richtig lag – und sie schien durch die Berichte der Eingeborenen bestätigt zu werden –, konnten wir davon ausgehen, dass der Feind nicht ausreichend über unsere Anwesenheit in Namacurra informiert war und dass die portugiesischen Soldaten unter unseren Gefangenen, die wir abgewiesen hatten, ihm keine klaren oder vertrauenswürdigen Informationen geben konnten.

Wir mussten daher all unsere Anstrengungen darauf verwenden, diese Kerle davon zu überzeugen, dass wir die Absicht hatten, Namacurra zu befestigen und entschlossen zu verteidigen, und dass wir darüber hinaus ein Auge auf Quelimane geworfen hatten.

Die unerwartete Katastrophe bei Namacurra musste die Schritte des verfolgenden Feindes beschleunigen. Es war wahrscheinlich, dass seine Kolonnen, die auf einer parallelen Linie zu uns vorrückten, das Ziel verfehlen würden, besonders da sie sich um den wichtigen Hafen von Quelimane sorgen mussten. Ich beschloss daher, bei Namacurra zu warten, bis die verfolgenden feindlichen Kolonnen tatsächlich an mir vorbeigeschossen waren, und dann nach Nordosten umzukehren. Was mich bei dieser Entscheidung hauptsächlich beeinflusste, war, dass ein Marsch in diese Richtung, der auf der Hauptverbindungslinie nach Mosambik führte, dem

Feind Angst machen würde, und sobald er davon Kenntnis erhielte, würde er sofort umkehren, um die Umgebung von Mosambik mit ihren reichen Vorräten zu schützen. Wenn er dies nicht täte, hätten wir in Mosambik freie Hand. Je nachdem, wie sich die Lage dann entwickeln würde, wäre der Feind gezwungen, Märsche zu unternehmen, die seine Truppen erschöpfen würden, während wir Zeit gewannen, unsere Kräfte wiederherzustellen und unseren Kranken und Verwundeten die Genesung zu ermöglichen.

Es war schwierig, den günstigsten Zeitpunkt für unseren Richtungswechsel nach Nordosten zu bestimmen; wir mussten uns zum Teil auf das Kriegsglück verlassen. Selbst wenn ich zu früh vorging und auf eine der feindlichen Kolonnen stieß, bestand immer noch die Chance, sie zu besiegen, wenn sie vom Rest abgeschnitten war. Das erste war jedoch, den Likungo wieder sicher zu überqueren. Die verfügbaren Informationen über die Furten waren sehr unzuverlässig. Um nicht dieselben Furten wie zuvor zu benutzen, marschierte ich mit meiner Haupttruppe am Abend des 4. Juli zu einem Übergang weiter südlich. Leutnant Ott stellte jedoch durch persönliche Erkundung fest, dass an der Stelle, von der wir informiert worden waren, keine Furt vorhanden war. Andererseits ging aus einheimischen Informationen sowie aus entdeckten Spuren hervor, dass am selben Tag eine englische Patrouille in dieser Gegend Halt gemacht hatte. Die Lage konnte heikel werden. Um keine Zeit mit der Untersuchung zu verlieren, marschierte ich am Westufer des Likungo entlang zu unserer vorherigen Furt. Leider hatte ich die bis dahin dort zurückgelassene Deckungstruppe abgezogen und wusste nicht, ob sie frei war. Daher war ich sehr erleichtert, als am 5. Juli der Übergang ohne weitere Störungen gelang. Koehls Abteilung befand sich noch in Namacurra und folgte als Nachhut.

Als wir wieder als einzelne Kolonne durch das Buschwerk marschierten, war die große Länge der Kolonne unhandlich und würde im Falle einer Begegnung mit dem Feind eine Gefahrenquelle darstellen. Wir versuchten daher, die Kolonne zu verkürzen und in zwei und später in mehreren parallelen Kolonnen durch das Buschwerk zu marschieren. Der Nachteil dieser Anordnung bestand darin, dass nicht mehr ein Kolonnenführer einen Weg durch das Buschwerk bahnen musste, sondern dies nun von mehreren erledigt werden musste. Aber die Vorteile der kürzeren Länge überwogen diesen Nachteil.

Aus den Informationen unserer Patrouillen und der Eingeborenen ging hervor, dass der Marsch der feindlichen Kolonnen nach Südwesten nicht so weit vorgerückt war, wie ich erwartet hatte. Sowohl zwischen dem Moniga und dem unteren Likungo als auch bei Mujebain wurden feindliche Truppen gemeldet; in einigen Fällen wurde festgestellt, dass sie nach Südwesten marschierten. Dies führte zu der außergewöhnlichen Situation, dass die feindlichen Truppen in mehreren Kolonnen nach Südwesten marschierten, während wir zwischen diesen Kolonnen in die entgegengesetzte Richtung, nach Nordosten, hindurchmarschierten. Diese Tatsache konnte dem Feind nicht lange verborgen bleiben, insbesondere da die Patrouillen bald in Kontakt kamen und die feindlichen Truppen, die entlang der Telefonverbindungslinie von Mulevalla nach Murubella marschierten, unseren Weg kreuzten. Wir setzten unseren Marsch nach Oriva fort, warfen eine schwache portugiesische Abteilung westlich dieses Ortes zurück und besetzten Oriva selbst am 14. Juli. Leider blieben die reichlichen Vorräte an Vorräten und Munition, die wir an dieser Station erwartet hatten, aus; offenbar hatten die zahlreichen feindlichen Truppen die Ressourcen der Umgebung stark beansprucht, oder die ursprünglich hier zurückgelassenen Vorräte waren bereits entfernt worden. Einer kleinen Patrouille, die unter Sergeant Major Hüttich nach Muatama geschickt wurde, gelang es, eine kleine gemischte Abteilung aus Engländern und Portugiesen zu überraschen. Da es leider unmöglich war, die in dieser Station gefundenen Vorräte wegzubringen, mussten die Vorräte verbrannt werden.

Unsere Versuche, von den Eingeborenen Informationen über den Verbleib der Vorräte zu erhalten, blieben unterdessen erfolglos; es war unmöglich, auf die Berichte anderer Patrouillen zu warten, die auf der Suche nach Vorräten nach Murua geschickt wurden. Verschiedene Patrouillenaktionen zeigten uns, dass der Feind inzwischen die veränderte Lage bemerkt und seine Kolonnen entsprechend umgedreht hatte. Mangelnde Vorräte zwangen uns, unseren Marsch fortzusetzen, und der Angriff einer gemischten portugiesisch-englischen Kolonne auf unsere Nachhut unter Hauptmann Koehl konnte nicht zu einem vollständigen Erfolg entwickelt werden, da unsere Hauptmacht bereits auf dem Marsch war. Wir machten einige Tage Halt in dem einigermaßen fruchtbaren Gebiet zwischen Oriva und Murua. Erbeutete Papiere zeigten uns, dass eine englische Patrouille unsere Bewegungen genau beobachtet hatte.

Es war interessant zu beobachten, dass die englischen Gefangenen, die wir mitnahmen, die Strapazen der langen Märsche, die ständigen Flussüberquerungen und die zahllosen Schwierigkeiten im Zusammenhang mit Versorgung und Transport größtenteils als selbstverständlich hinnahmen; sie erkannten, dass wir Deutschen genau dieselben Strapazen zu ertragen hatten wie sie selbst und zusätzlich mit einer Reihe weiterer Aufgaben wie Patrouillenfahrten, Kämpfen, Versorgungstransport und Wachdienst belastet waren. Sie ertrugen alles mit einem gewissen Humor, und es war für sie offensichtlich interessant, den Krieg aus deutscher Sicht zu sehen. Ganz anders war es bei den portugiesischen Offizieren. Sie befanden sich allerdings in einer wenig beneidenswerten Lage: Sie waren größtenteils mit Syphilis infiziert und wurden von den englischen

Gefangenen sorgfältig gemieden. Außerdem waren sie keine echten Feldherren. Sie hatten einen großzügigen Anteil der Beute aus Namacurra erhalten, hatten aber nicht gelernt, das Beste daraus zu machen. Sie hatten das kostbare Öl sofort mit Reis verzehrt, und es war zu viel verlangt, dass die Deutschen nun ihre eigene magere Ration mit ihnen teilten. Der Marsch war ihnen eine Last, ihre Stiefel wurden in Stücke gerissen – kurz gesagt, ihr Sprecher, der in Namacurra gefangene Generalstabsoffizier, beschwerte sich ständig bei mir über die Unannehmlichkeiten, die ich beim besten Willen nicht ändern konnte. Er bat ständig darum, freigelassen zu werden. Ich hatte nur zu gern zugestimmt, wenn er auf Ehrenwort geantwortet hätte, nicht gegen uns zu kämpfen, aber das wollte er nicht. Man konnte nicht von mir erwarten, Leute ohne Verpflichtung freizulassen und sie so in die Lage zu versetzen, uns sofort wieder anzugreifen.

Versorgungsüberlegungen trieben uns weiter. Nachdem die Gegend um Oriva unsere Erwartungen in dieser Hinsicht nicht erfüllt hatte, plante ich, das Gebiet östlich der Ligonja zu erreichen, das auf der Karte als dicht besiedelt und gut kultiviert eingezeichnet war. Unterwegs nahm die Vorhut unter Hauptmann Müller rasch Boma Tipa ein, wo uns Vorräte für mehrere Tage, vor allem Erdnüsse, in die Hände fielen. Die schwache portugiesische Besatzung leistete nur geringen Widerstand und floh dann sofort; der Anführer, ein portugiesischer Sergeant, wurde als einziger Gefangener gefangen genommen.

Wir hatten einen hohen Grad an Effizienz in der schnellen und systematischen Verteilung der Beute erreicht; die Hauptmacht verlor kaum einen Tagesmarsch und ich sehe noch das zustimmende Lächeln eines der englischen Gefangenen, der völlig vergessen zu haben schien, dass die Portugiesen seine Verbündeten waren. Offenbar amüsierte es sie, mit welcher kleinen Zeremonie wir ihnen nacheinander ihre Depots samt ihren Vorräten abnahmen. Die erbeuteten feindlichen Papiere lieferten uns wiederholt wertvolle Informationen. Zwei Tagesmärsche von Tipa entfernt lag eine weitere *Boma* namens Namirrue, wo die portugiesische Garnison durch eine englische Kompanie verstärkt worden war. Offenbar lagen hier beträchtliche Vorräte. Jedenfalls waren den Informationen zufolge Nachschubkolonnen zur Auffüllung nach Namirrue geschickt worden. Die englischen Truppen dort gehörten wahrscheinlich zu einer feindlichen Streitmacht, die neu aus Richtung Mosambik aufgetaucht war. Es war unmöglich, dass die feindliche Streitmacht, der wir bis dahin gegenübergestanden hatten und die an dem allgemeinen Marsch von Südwest nach Nordost teilgenommen hatte, einen solchen Vorsprung vor uns aufgebaut hatte. Dementsprechend marschierte die Vorhut mit unserem Geschütz sofort nach Namirrue (das kleinere Geschütz war in Namacurra außer Gefecht gesetzt und nach dem Abfeuern der wenigen Patronen zurückgelassen worden). Hauptmann Müller wurde angewiesen, die Stellung in Namirrue zu erkunden und bei Bedarf unabhängig zu handeln. Vorerst blieb die Haupttruppe in Tipa am Ostufer des Moloque. Sie sollte Nachschub beschaffen und den von Südwesten vorrückenden Feind lange genug aufhalten, um Hauptmann Müller die nötige Zeit in Namirrue zu geben. Es dauerte nicht lange, bis kleine feindliche Aufklärungstruppen in Tipa oder am Westufer des Ligonja auftauchten, das an dieser Stelle kein nennenswertes Hindernis darstellt. Auch am Ostufer kam es zu einer Reihe unwichtiger Patrouillengefechte. Die Nachhut unter Hauptmann Koehl führte eine Reihe von Verzögerungsaktionen an Orten entlang der Straße Tipa-Namirrue durch, die größtenteils bereits erwähnt wurden. Da ich mir nicht sicher war, ob die Hauptstreitmacht die beste Gelegenheit zum Angriff in Koehls Stellung oder in Namirrue finden würde, folgte ich zunächst vorsichtig mit ihm Müllers Abteilung. Dann kam die Meldung von Hauptmann Müller, dass eine feindliche Truppe von etwa zwei Kompanien auf den Höhen bei Namirrue verschanzt sei und dass er sie nicht einmal mit seinem Gewehr erreichen könne. Andererseits berichtete er, dass aller Wahrscheinlichkeit nach englische Truppen dem Feind von Norden oder Nordwesten her zu Hilfe kommen würden. Es bot sich uns eine günstige Gelegenheit, diese Truppen im Freien zu besiegen. Ich marschierte daher mit der Hauptstreitmacht nach Namirrue und überquerte am 22. Juli den Namirrue-Fluss, etwa drei Meilen oberhalb des vom Feind besetzten felsigen Hügels. Das Lager wurde am Ostufer aufgeschlagen und es kam sofort zu Patrouillengefechten . Ich selbst machte mit Leutnant Besch einen Umweg über den Hügel, um mich Hauptmann Müller anzuschließen, der unmittelbar südöstlich davon lagerte. Die feindliche Stellung war von Patrouillen und Maschinengewehren umzingelt. Auf den Anhöhen waren mehrere Pferde und hier und da auch Männer zu sehen. Wo immer sich ein Ziel bot, wurde auf den Feind geschossen, um ihn daran zu hindern, Männer zum Wasserholen hinunterzuschicken. Es schien jedoch, dass der Feind in der Lage gewesen sein musste, sich mit Wasser aus einer uns unbekannten Quelle zu versorgen.

Nachdem wir mit Hauptmann Müller eine Tasse Kaffee getrunken hatten, gingen wir weiter um den Hügel herum und trafen auf Leutnant Kempner und andere Patrouillen, die eifrig mit Aufklärungsarbeit beschäftigt waren. Um in Deckung zu bleiben, mussten wir uns teilweise durch das dichte Buschwerk arbeiten und stießen auf große Mengen von Kuhhaut: Der Kontakt mit dieser Pflanze verursacht eine unerträgliche Reizung der Haut. Wir befanden uns gerade mitten in einem Dickicht dieser Pflanze, als wir lebhaftes Feuer aus dem Lager unserer Hauptmacht hörten. Gleichzeitig feuerte der Feind im Hügel mehrere Salven ab, anscheinend als Signal an seine Freunde. Ich war sofort davon überzeugt, dass sich eine nicht sehr starke feindliche Abteilung näherte, die von der Ankunft unserer

Hauptmacht nichts wusste. Ich war von dem Wunsch ergriffen, diese seltene Gelegenheit sofort mit meiner ganzen Kraft auszunutzen. Ich versuchte mit aller Eile, zur Hauptmacht zu gelangen, aber die Kuhhaut behinderte mein Vorankommen und die Reizung machte mich wahnsinnig. Schließlich erreichten wir das Lager vor Einbruch der Dunkelheit. Mein Stellvertreter, Major Kraut, hatte den Angriff mit kleinen Kräften begonnen. Im hellen Mondlicht konnte ich noch hoffen, die hereinbrechende Nacht für eine erfolgreiche Schlacht zu nutzen. Alle verfügbaren Kräfte, mit Ausnahme einer Kompanie, die zum Schutz des Lagers zurückgelassen worden war, wurden sofort zum Gefecht bereit gemacht. Auf dem linken Flügel führte Hauptmann Göring, der eine Umzingelungsbewegung durchführen sollte, seine Truppen in eine Stellung im Rücken des Feindes. Dort hörte er das Bellen eines Hundes, rannte sofort vorwärts und fand den englischen Kommandeur, Oberst Dickinson, mit seinem Adjutanten und einem Sanitätsoffizier, die in einer Schlucht telefonierten, und nahm sie gefangen. Hauptmann Göring griff sofort an und die Abteilungen der Hauptleute Spangenberg und Poppe vorn und auf dem linken Flügel taten dasselbe. In kürzester Zeit war der Feind, der aus einem Bataillon bestand, völlig überwältigt und in die Flucht geschlagen. Alle Abteilungen nahmen eine eilige Verfolgung auf, doch in der Dunkelheit und dem dichten Buschwerk ging der Kontakt zum Feind verloren.

Später stellte sich heraus, dass die parallel zu uns marschierenden feindlichen Truppen zur gleichen Zeit etwas weiter flussaufwärts den Namirrue überquert hatten. Angesichts der sich ständig ändernden Lage, der ständigen Bewegung der Truppen und der undurchdringlichen Buschwand, die eine weite Sicht in jede Richtung unmöglich machte, sowie der großen Zahl seiner Marschkolonnen war es dem Feind trotz der unermüdlichen Arbeit seines Funkdienstes völlig unmöglich, sich ein klares Bild von der Gesamtlage zu machen und seine untergeordneten Führer rechtzeitig über alle Veränderungen der Lage zu informieren. In diesem Fall hatte sich eine Kolonne losgerissen und war nur mit einem Teil ihrer Stärke auf uns zugerannt: Nur ein Bataillon hatte den Fluss überquert. In einer exponierten und sehr gefährlichen Stellung war dieses Bataillon von unserer Hauptmacht schlecht behandelt worden.

Eine zur weiteren Verfolgung des zurückweichenden Feindes abkommandierte Kompanie kehrte am nächsten Tag unverrichteter Dinge zurück; auch hier ließen sich die Unterführer und die Truppe nach einem so günstigen Gefecht nur mit Mühe dazu bewegen, sich bis zum letzten zu verausgaben, um aus dem Erfolg alles nur Mögliche herauszuholen. Leutnant Schrötter, der dann mehrere Tage die Verfolgung der Lage entsprechend fortsetzte, konnte nur einige Patrouillengefechte durchführen. Der Feind hatte inzwischen einen zu großen Vorsprung gewonnen. Außer der überstürzten Flucht des Feindes wurden keine Nachrichten erhalten.

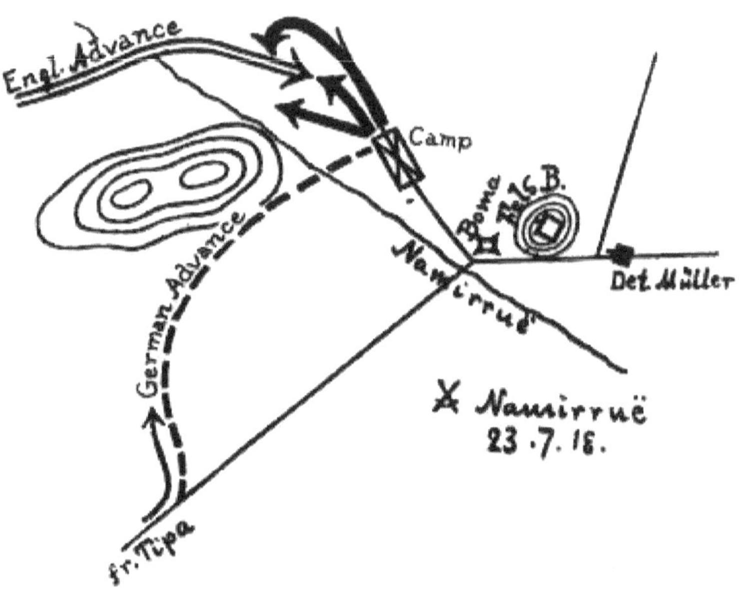

Abb. xix. Die Aktion bei Namirruë, 23. Juli 1918.

Ich hielt mit dem Hauptteil meiner Truppen stand. Der volle Erfolg lag weniger in der Verfolgung des geschlagenen Feindes als vielmehr in den Chancen, die uns die Lage des Feindes auf dem Hügel bot, da die beabsichtigte Hilfe für den Moment nicht verfügbar war.

Zum ersten Mal in diesem Feldzug hatten wir einen Grabenmörser mit Munition erbeutet. Die einzelnen Teile wurden auf dem Schlachtfeld gesammelt und die siebzehn Schuss Munition schussbereit gemacht. Versuche mit Übungsmunition ergaben zufriedenstellende Ergebnisse, und wir konnten für 16 Uhr nachmittags den Beschuss des Feindes zwischen den Felsen veranlassen. Das Kommando über diesen Angriff wurde Hauptmann Müller anvertraut, dessen Abteilung am Vortag nicht an den Kämpfen teilgenommen und nichts davon gewusst hatte. Zu dieser Abteilung kam die des im Lager verbliebenen Leutnants von Ruckteschell hinzu. Der Grabenmörser wurde auf der einen Seite des Hügels in Stellung gebracht, das Geschütz auf der anderen; unsere Maschinengewehre wurden rund um den

Hügel aufgestellt und für den Angriff bereit gemacht. Um 15.45 Uhr verabschiedete sich Leutnant von Ruckteschell von dem ihm unterstellten englischen Oberst Dickinson mit der Mitteilung, er erwarte, in einer Stunde zurück zu sein. Um 4 Uhr explodierte die erste Salve unseres Grabenmörsers mitten in der feindlichen Stellung. Der feindliche Kommandant überlegte gerade, ob er in der Nacht einen Ausfall machen sollte. Im nächsten Moment erwachte der Hügel zum Leben: Überall sah man Männer die Felsen hinauf- und hinunterlaufen. Sie gerieten unter das Feuer unserer Kanonen und Maschinengewehre. Sehr bald zeigte der Feind die weiße Fahne, feuerte aber weiter.

Leutnant von Ruckteschell kehrte, wie versprochen, eine Stunde später zu seinem Gast zurück, leider jedoch mit zerschmettertem Bein. Sein Ordonnanzoffizier, der ihn, als er verwundet war, aus dem Gefecht tragen wollte, wurde unter ihm niedergeschossen. Inzwischen war Hauptmann Müller von der anderen Seite den Hügel hinaufgestiegen und stürmte das Lager. Es war von einer Schwadron berittener Infanterie des Goldküstenregiments besetzt, von der kaum einer lebend herauskam. Sogar die Pferde wurden fast ausnahmslos getötet. Auf unserer Seite wurde der tapfere Leutnant Selke kurz vor dem Sturm auf das Lager von einer feindlichen Kugel getötet. Er wurde auf dem Schlachtfeld begraben. Die erbeutete *Materie* war gering, aber die zweitägigen Kämpfe hatten dem Feind schwere Verluste an Menschen gekostet. Seine Abteilungen, die zahlenmäßig kaum schwächer waren als unsere eigenen, wurden buchstäblich vernichtet. Hier wie in Namacurra zeigte sich, dass die Engländer schwarze Truppen aus Deutsch-Ostafrika in ihre Streitkräfte eingezogen hatten, darunter eine beträchtliche Zahl alter deutscher Askari.

Unsere gründliche Arbeit in Namirrue war durch Koehls Abteilung möglich geworden, die nur aus drei Kompanien bestand und uns vor Störungen bewahrte. Diese Abteilung war allmählich von Tipa auf Namirrue zurückgezogen und lieferte sich täglich Nachhutgefechte mit dem Feind, der mit aller Kraft vorrückte. Sie waren jetzt nur noch einen halben Tagesmarsch von Namirrue entfernt, und ich befahl ihnen, zum Ostufer des Namirrue-Flusses hinüberzugehen. Patrouillen, die zur Aufklärung ausgesandt wurden, hatten inzwischen von den Eingeborenen erfahren, dass es in Pekera ein feindliches Depot mit einer Garnison gab. Dies erschien mir sehr wahrscheinlich, da Pekera in dem dicht besiedelten Gebiet östlich des Ligonja-Flusses liegt, das als fruchtbares Gebiet gelten soll. Unsere Erwartungen erfüllten sich, als wir nach zwei Tagesmärschen in Pekera ankamen. Die dort stationierte berittene Schwadron des Gold Coast Regiments wurde sofort vernichtet und mehrere Kraftfahrzeuge erbeutet. Auf die gleiche Weise nahmen wir schnell die Boma von Chalau und eine Reihe anderer Stationen in Besitz, in denen die Portugiesen große Mengen an Vorräten, insbesondere Erdnüsse, gelagert hatten. Unsere Patrouillen drangen bis nach Angoche vor und in kürzester Zeit beherrschten wir dieses weite und außergewöhnlich fruchtbare Gebiet. Eines Nachts entkamen einige der gefangenen portugiesischen Offiziere und konnten sich den feindlichen Truppen in Angoche anschließen. Offenbar befanden sich unter diesen Herren einige, die das Land aufgrund ihrer Beschäftigungen in Friedenszeiten gut kannten.

Die Ruhepause während unseres Aufenthaltes im Chalau-Gebiet ermöglichte es unseren Kranken und Verwundeten, die wir auf den langen Märschen mitgebracht hatten, sich zu erholen; auch die Gesunden profitierten von der Ruhepause. Alle hatten mehr oder weniger unter dem ununterbrochenen Marschieren und den Strapazen gelitten, die sie gerade durchgemacht hatten. Es war bemerkenswert, wie die jüngsten Erfolge den kriegerischen Geist der Träger zum Vorschein brachten, die zum größten Teil sehr rüstig und zuverlässig waren. Eine große Zahl bot ihre Dienste als Askari an. Sogar mein alter Koch war nicht abgeneigt, zu den Waffen zu greifen.

Am 5. August begannen die Vorräte knapp zu werden und als Hauptnahrungsmittel blieb uns nur noch das immer noch bittere *Muhogo* . Mehrere feindliche Patrouillen, die sich uns von Nordosten her näherten, zeigten mir, dass die feindlichen Kolonnen, die uns von Südwesten her folgten, uns während unseres Halts tatsächlich eingeholt hatten und sich für einen Angriff bei Wamaka, nordöstlich unseres Lagers, sammelten.

KAPITEL VI
ZURÜCK ZUM FLUSS LURIO

Um den Feind in seinem Irrtum über unser Ziel zu bestätigen, marschierte ich am 7. August die Straße nach Wamaka entlang und schlug mein Lager drei Marschstunden nordöstlich von Chalau in einem guten Versorgungsgebiet auf. Mehrere feindliche Patrouillen wurden vertrieben. Von Wamaka aus erschien ein feindlicher Offizier mit einer Waffenstillstandsfahne und verkündete, dass der englische Oberbefehlshaber einen Austausch von Sanitätsgefangenen veranlassen wolle. Er wurde auch beauftragt, mir mitzuteilen, wann und wo uns Ausrüstung für die englischen Gefangenen übergeben werden könne. Diese sehr durchsichtigen Vorschläge zeigten mir, dass der Feind etwas Ernstes aus dem Norden im Schilde führte und sich seine Aufgabe erleichtern wollte, indem er mich in eine Falle lockte. Mehrere feindliche Spione wurden gefangen genommen und bestätigten meine Annahme. Ihre Meldung, dass der Feind in drei Kolonnen angreifen wolle, entsprach dem üblichen Plan solcher Unternehmungen.

Als mehrere Patrouillen- und Vorpostenaktionen am 10. und 11. August darauf hindeuteten, daß eine starke feindliche Kolonne auf der Straße Wamaka-Chalau vorrückte, nahm ich an, daß mindestens eine weitere Kolonne weiter südlich parallel zu dieser marschieren würde; ihr Ziel war offensichtlich Chalau. Ich beschloß, diese südliche feindliche Kolonne allein anzugreifen. Die Aussicht auf Erfolg meines Planes war allerdings nicht groß, da der Feind größtenteils durch das Buschwerk marschierte und die Pfade mied. Für eine solche Entwicklung der Lage hatte ich einen Pfad auskundschaften und markieren lassen. Trotzdem dauerte unser Marsch, der am Abend des 11. August begann, die ganze Nacht hindurch. Erst bei Tagesanbruch erreichten wir östlich von Chalau den von mir ausgewählten Ort. Starke Patrouillen, darunter eine ganze Kompanie unter Hauptmann Koehl, waren noch unterwegs.

Meine allgemeine Idee war ein Marsch nach Westen, um entweder in den Blantyre-Bezirk oder östlich des Nyassa-Sees abbiegen zu können. Ohne jede Behinderung durch den Feind überquerten wir den Ligonja bei Metil und die Straße Tipa-Namirrue. Dort bewies das Grab eines Offiziers des 1. Bataillons 2nd King's African Rifles, dass die feindliche Kolonne, die uns zuerst von Tipa nach Namirrue gefolgt war, uns nach Norden nach Wamaka umgangen hatte: denn dieses 1. Bataillon 2nd King's African Rifles gehörte zu der Truppe, die sich jetzt von Wamaka näherte. Auf dem weiteren Marsch nach Ili passierten wir die Lager der feindlichen Truppen, die aus Südwesten gekommen waren und ihren Marsch in Richtung Alto-Moloque fortgesetzt hatten. Auch sie hatten einen großen Umweg gemacht und entsprechend lange Märsche zurückgelegt. Es war seltsam, dass alle diese feindlichen Kolonnen plötzlich eine so hohe Mobilität zeigten; sie hatten ihr Versorgungssystem geändert und zumindest teilweise ihre Kommunikationslinien verlassen. Den Berichten von Gefangenen zufolge schickten sie Requirierungskommandos voraus, um den Eingeborenen Vorräte zu beschlagnahmen, die dann unter den Truppen verteilt wurden. Diese Beschlagnahmung der Vorräte scheint mit großer Rücksichtslosigkeit durchgeführt worden zu sein. Das Vertrauen, das die Eingeborenen während unseres letzten Aufenthalts im Ili-Distrikt gezeigt hatten, war verschwunden. Sie sahen nun in jedem Askari einen Feind und einzelne Männer, die zurückgelassen wurden, wurden mehrmals von den Eingeborenen angegriffen.

Als wir nach Ili kamen, wurde die dortige englische Telegraphenstation schnell eingenommen. Die dort gefundenen Papiere gaben nützliche Informationen über die Bewegungen der feindlichen Truppen. Demnach gab es in Numarroe und Regone beträchtliche Vorräte; starke Kräfte sollten versuchen, uns von Alto-Moloque und Mukubi aus einzuholen, während eine Kolonne uns direkt folgte. Der Feind, der bis vor kurzem noch im Dunkeln tappte, hatte offenbar einige Tage zuvor zuverlässige Informationen über unsere Bewegungen erhalten. Es war sehr schwierig, den Weg nach Regone zu finden, da keine Führer aufzutreiben waren. Von Ili führte jedoch eine neu errichtete Telefonleitung aus Kupferdraht nach Numarroe. Wenn wir dieser Leitung folgten, würden wir sicher auf etwas Nützliches stoßen. Tatsächlich befanden sich Teile der feindlichen Kolonnen in unserer Nähe, als wir Ili verließen. Die Patrouillen, die wir zurückgelassen hatten, trafen sogar einige Askari, die sie für Freunde hielten: Sie tauschten Zigaretten und Feuer mit ihnen aus und erkannten erst später, dass sie Feinde waren.

In diesen Tagen beschäftigte mich eine innenpolitische Frage sehr. Die Versorgung der europäischen Gefangenen mit Brot wurde angesichts der langen Märsche schwierig. Die Männer waren ungelernt und nicht in der Lage, sich selbst zu helfen. Schließlich gelang es mir, die Schwierigkeit zu überwinden und beträchtliche Mengen Mehl auf andere Weise zubereiten zu lassen. Hauptmann Krüger, der die Kriegsgefangenen betreute und bald darauf starb, war bereits schwer krank und von den Strapazen erschöpft; trotz seiner besten Absichten hatte er nicht immer Mittel und Wege gefunden, den oft sehr anspruchsvollen Wünschen der Gefangenen nachzukommen.

Am Morgen des 24. August überquerten wir den Likungo-Fluss und setzten unseren Marsch in Richtung Numarroe fort. Wir konnten bereits mehrere Meilen weit den Hügel und die Gebäude von Boma Numarroe sehen. Während einer Rast aßen wir in angenehmer Gesellschaft von Leutnant Ott, Sergeant-Major Nordenholz und den anderen Offizieren der Vorhut zu

Mittag. Wir hatten uns seit langem daran gewöhnt, während der Rast ohne Umschweife ein Stück Brot und eine Schachtel Schweineschmalz oder Nilpferdfett herauszubringen. Marineleutnant Freund besaß sogar noch etwas Butter aus Namacurra. Sogar die Askari und Träger, die früher auf ihr Essen warteten, bis das Lager aufgeschlagen war, übernahmen immer mehr die „desturi" (Sitten, Gebräuche) der Europäer. Sobald eine Rast angeordnet wurde, brachte jeder Schwarze sein Mittagessen heraus. Es war sehr lustig, als die ganze Truppe auf diese Weise in bester Stimmung im Wald biwakierte und sich für neue Anstrengungen, neue Märsche und neue Kampfe stärkte.

Wir waren noch zwei Stunden östlich von Numarroe, als die Vorhut beschossen wurde. Eine feindliche Kompanie hatte auf unserer Marschlinie gelagert und zog sich langsam und geschickt vor uns von Hügel zu Hügel in Richtung Numarroe zurück. Leutnant Ott, der einen Brustschuss erlitten hatte, war in einem sehr ernsten Zustand. Mit der Haupttruppe unter Führung von Görings Abteilung machte ich einen Umweg und ging, den Feind im Süden passierend, direkt auf die Boma von Numarroe zu. Vor Einbruch der Dunkelheit wurde unser Geschütz in Stellung gebracht und das Feuer auf die Boma und ihre Verschanzungen eröffnet. Görings Abteilung machte ohne Zeitverlust einen noch größeren Umweg nach Süden, um über eine Schlucht dicht an die Boma heranzukommen. Die Vorhut (Müllers Abteilung), die sich außerhalb des Kampfgeräusches befand, wurde ebenfalls schnell herangeführt. Das feindliche Feuer war nicht schlecht, und trotz der Entfernung kamen die Gewehrkugeln der Infanterie sehr nahe, wenn sich einer von uns in Deckung brachte.

Bald wurde es dunkel; das Feuer nahm zu und ließ wieder nach, bis plötzlich aus Richtung von Görings Abteilung schweres Feuer zu hören war. Dann trat Stille ein. Görings Abteilung hatte den Feind im Rücken überrascht und einige hartnäckig verteidigte Schützengräben gestürmt. Der sich zurückziehende Feind wurde jedoch von einer anderen deutschen Abteilung nicht als Feind erkannt und entkam. Die Nacht war unangenehm kalt; es regnete in Strömen und unser Gepäck war noch nicht hochgekommen. Am folgenden Tag wurden 3 feindliche Europäer und 41 Askari von uns begraben; 1 Europäer und 6 Askari verwundet, 1 Europäer, 7 Askari und 28 weitere unverwundete Schwarze wurden gefangen genommen. Unter den Gefangenen war der feindliche Kommandant, Major Garrod, der hier die Hälfte des 2. Bataillons der 4. King's African Rifles befehligte. Auf unserer Seite wurde Sergeant Major Nordenholz durch den Kopf geschossen; 6 Askari und 1 Maschinengewehrträger wurden getötet; 3 Europäer, 18 Askari und 4 Maschinengewehrträger wurden verwundet; 40.000 Schuss Munition und zwei leichte Maschinengewehre sowie Handgranaten, Medikamente und große Mengen an Vorräten wurden erbeutet. Unter unseren Verwundeten, die in den sauberen, massiv gebauten Häusern zurückblieben, befand sich

Leutnant Ott, fröhlich wie immer. Glücklicherweise war seine Verletzung nicht so schwer wie zunächst befürchtet, aber es war nicht möglich, ihn mitzunehmen.

Am 25. August wollte ich unbedingt das Lager von Regone erreichen. Aus erbeuteten Papieren wusste ich, dass wertvolle Vorräte nach Regone gebracht worden waren, um vor uns sicher zu sein, darunter auch Granatwerfermunition. Regone war im Moment wahrscheinlich noch schwach besetzt. Angesichts der Nähe der feindlichen Kolonnen konnte man jedoch davon ausgehen, dass der 26. August für einen *Handstreich bereits zu spät war* . Der Weg führte durch einen Pass in den steilen Felshängen. Während des Marsches stieß unsere Vorhut bald auf den Feind und griff ihn an, während ich mit der Hauptmacht diesen Feind umging und direkt auf Regone marschierte. Während des Aufstiegs über das Hügelland, wo man nur eine kurze Strecke voraussehen konnte, gerieten zwei deutsche Abteilungen, die sich für den Feind hielten, beinahe in einen Kampf. Die Maschinengewehre waren bereits in Stellung, als der Fehler glücklicherweise entdeckt wurde.

Wir rückten dann weiter über die Hügel vor, während unter uns, schon ziemlich weit hinten, das Maschinengewehrfeuer unserer Vorhut zu hören war. Der Marsch war so beschwerlich, und da wir die Hügel nur im Gänsemarsch überqueren konnten, war unsere Kolonne so lang, dass Regone, mein Tagesziel, bei weitem nicht erreicht wurde. Tatsächlich hatten wir keine genaue Vorstellung, wo Regone lag. Nur die Tatsache, dass wir in der Ferne das Zusammenlaufen mehrerer Pfade sehen konnten, ließ uns schlussfolgern, dass Regone dort liegen musste. Auf halbem Weg nach Regone sahen wir ein großes Zeltlager, das ich für die andere Hälfte des Bataillons hielt, das von Regone zur Unterstützung von Numarroe marschiert war.

Bei strömendem Regen mussten wir unser Lager im Busch aufschlagen. Am nächsten Tag war das von uns beobachtete Lager gestürmt. Die Boma von Regone war in beträchtlicher Stärke gehalten. Ein Angriff auf diesen Ort über die kahlen Hügel bot keine Aussicht auf Erfolg, und wir beschränkten uns auf Gefechte mit Patrouillen und einzelnen Abteilungen. Wie ich aus seinen Papieren ersehen hatte, hatte der Feind befohlen, uns ungehindert auf Regone vorzustoßen und uns dann von den starken Reserven, die draußen lagen, in der Flanke oder im Rücken anzugreifen. Es war daher besondere Vorsicht geboten, und die Heftigkeit, mit der Leutnant Bölls Kompanie trotz all dieser Erwägungen auf die Boma vorrückte, hätte ernste Folgen haben können. Mehrere feindliche Lager und Kolonnen außerhalb der Verschanzungen wurden von unserem Feuer überrascht und einige Vorräte erbeutet. Die erbeuteten Papiere informierten uns über das Herannahen starker feindlicher Kolonnen von Süden und Südosten auf Regone zu. Aber auch im Norden befanden sich Truppen; ob diese sich in der Nähe von Lioma-Malacotera oder bei Malema befanden, ließ sich nicht feststellen. Es war jedoch sicher, dass sie in der Nähe waren und es war wahrscheinlich, dass sie sich Regone näherten, und zwar von Norden her.

Da ein *Handstreich* gegen Regone keine Aussicht auf Erfolg bot und ein längerer Unterfangen angesichts der zu erwartenden Intervention von außen nicht zu erwarten war, entschloss ich mich, den Marsch wieder aufzunehmen. Wegen der Hindernisse, die die Flüsse und Sümpfe südlich des Nyassa-Sees bildeten, erschien mir die von mir früher festgelegte Marschlinie nach Westen ungünstig, zumal der Feind mit Hilfe von Dampfschiffen und Eisenbahnen dort leicht eine Streitmacht konzentrieren und unterhalten konnte. Ein weiterer Marsch nach Norden, den See im Osten passierend, schien mir praktikabler; es schien wahrscheinlich, dass unsere Rückkehr nach Deutsch-Ostafrika für den Feind eine völlige Überraschung sein würde, der unser Ziel in der natürlichen Hauptstadt dieses Bezirks, Tabora, vermuten würde. Unter diesem Eindruck konnte man erwarten, dass er, um seiner Hauptmacht den schwierigen Landmarsch nach Tabora zu ersparen, sich an die portugiesische Küste zurückziehen, von dort ein Schiff nach Daressalam nehmen und mit der Eisenbahn nach Tabora weiterreisen würde. Diese Berechnungen gingen weitgehend auf. Es war natürlich, dass ich, nachdem ich das nördliche Ende des Nyassa-Sees erreicht hatte, meinen Marsch fortsetzen würde, nicht nach Tabora, sondern in eine andere Richtung, wahrscheinlich nach Westen. Auf jeden Fall war das Erste, das nördliche Ende des Sees zu erreichen. Dies konnte nicht in weniger als einem Monat geschehen und in der Zwischenzeit konnte sich die Situation erheblich ändern.

Bei Regone bemerkten wir die Konzentration starker feindlicher Kräfte, die unsere Lager sofort nach unserem Aufbruch untersuchten, uns aber nur langsam folgten. Das Land mit seinen zahlreichen Schluchten und Wasserläufen war für uns besonders günstig. Auf dem Weg nach Lioma wurde ein beträchtliches feindliches Versorgungslager erobert, darunter eine große Menge Tabak. Müllers Abteilung, die nach Lioma vorausgegangen war, meldete bald die feindliche Besetzung dieses Ortes, konnte jedoch keine genauen Angaben über seine Stärke erhalten. Ich erreichte diese Vorausabteilung am 30. August mit der Hauptmacht. Die Lage der feindlichen Verschanzungen im dichten Busch war noch nicht genau lokalisiert. Offenbar war er gerade erst angekommen und hatte seine Arbeiten noch nicht abgeschlossen. Ich griff daher sofort an. Die Abteilungen Müller und Göring marschierten um den Feind herum, um ihn von Norden her zu nehmen. Inzwischen näherte sich die Hauptmacht allmählich entlang mehrerer Schluchten im Wald.

Aufgrund der fehlenden Informationen konnte ich mir kein klares Bild von der Lage machen. Plötzlich war von hinten, wo unsere Trägerkolonnen noch unterwegs waren, lebhaftes Feuer zu hören. Eine starke feindliche Patrouille hatte unerwartet das Feuer auf unsere Träger eröffnet. Ein großer Teil unseres Gepäcks ging verloren. Hauptmann Poppe, der mit zwei Kompanien für den Fall bereitstand, dass ich ihn brauchte, wurde zum Angriff geschickt. Er konnte die Patrouille nicht mehr finden, folgte aber ihrer Rückzugslinie und stieß auf ein verschanztes Lager, das er sofort stürmte. Feldwebel Schaffrath wurde schwer verwundet. Diese Ereignisse wurden mir persönlich von Hauptmann Poppe gemeldet, der mit einer schweren Brustverletzung zurückgebracht wurde. Er berichtete, dass der Feind vollständig geschlagen und große Waffen- und Munitionserbeute gemacht worden sei. Die Kompanien von Poppes Abteilung hatten den fliehenden Feind verfolgt und waren auf ein frisches und größeres Lager gestoßen. Dieses gleiche Lager wurde auch von Görings Abteilung von Norden her angegriffen, so dass der Feind unter wirksames Kreuzfeuer geriet. Unterdessen wurde ein neuer Feind, der aus Nordosten vorrückte, von Müllers Abteilung aufgehalten.

Von diesen verschiedenen Vorgängen bekam ich erst einen annähernd klaren Überblick, als ich die Stellung lange nach Einbruch der Dunkelheit persönlich erkundete. Bei einer dieser Erkundungen durchschlug eine feindliche Gewehrkugel, von der viele abgefeuert wurden, die Hose eines meiner Kameraden (Hauter, Landsturm), traf meinen anderen Kameraden, Leutnant Besch, am Oberschenkel und durchtrennte die Arterie. Glücklicherweise befanden wir uns in der Nähe des Verbandsplatzes. So konnte ich mich von diesem Offizier, der bisher als Quartiermeister gedient und gleichzeitig die Aufgaben eines Ordonnanzoffiziers übernommen hatte, in der Gewissheit verabschieden, dass er sich erholen würde. Seine wenigen Besitztümer übergab er seinen Kameraden zusammen mit seinen Wünschen für die Zukunft. Auch ich wurde mit einer Handvoll Zigaretten geehrt. Es war meine Gewohnheit, während ernsthafter Kämpfe ununterbrochen zu rauchen.

Mitten im Busch traf ich Leutnant von Ruckteschell mit einigen Trägern auf seiner Bahre, die er wegen seiner noch nicht verheilten Beinverletzung vorübergehend benutzen musste; er hatte die Kolonne während des langen Marsches so weit wie möglich zusammengehalten und strahlte nun, das Gewehr in der Hand, vor Freude über die Möglichkeit, an dem Gefecht mit der feindlichen Patrouille teilzunehmen, die an der Flanke und in unserem Rücken auftauchte. Ein Teil unserer Kolonnen hatte sich im dichten Busch verirrt und fand uns erst einige Stunden später. Nach Einbruch der Nacht war der Verbandsplatz in einer Schlucht mit Verwundeten gefüllt. Es wurde gemeldet, dass Leutnant Schrötter und Marineleutnant Freund gefallen

waren. Bei einem weiteren Patrouillenangriff kamen die Feldwebel Bolles
und Hüttig zufällig in die Nähe der feindlichen Stellungen und wurden
plötzlich beschossen; Bolles fiel, Hüttig wurde schwer verwundet gefangen
genommen. Sergeant Major Thurmann war bis auf 4,6 Meter an die
feindlichen Schützengräben herangekommen, und da er ein ausgezeichneter
Schütze war, schoss er aus einem Ameisenhaufen wiederholt jeden Feind im
Lager, der sich ihm näherte, bis auch er eine tödliche Wunde erlitt.

Hauptmann Göring hielt es für aussichtslos, das Lager zu stürmen,
unternahm dies nicht und zog nach Einbruch der Dunkelheit die Truppen
ab, wobei er nur Patrouillen vor dem Feind zurückließ. Die Hauptstreitmacht
war somit in mehreren Gruppen nördlich des feindlichen Lagers versammelt,
und ich beschloss, den Schauplatz des Geschehens am nächsten Tag zu
räumen und weiterzumarschieren.

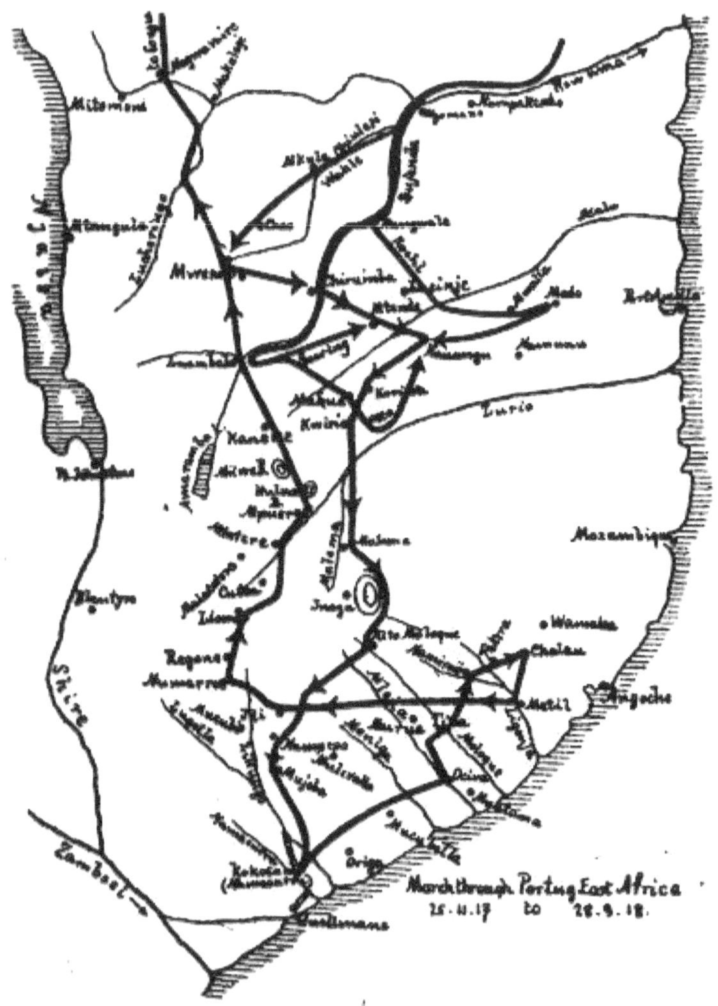

Abb. xx. Durch Portugiesisch-Ostafrika.

Wir mussten einen Teil unserer Kranken und Verwundeten sowie die kranken Gefangenen in der Obhut eines englischen Sanitätsoffiziers zurücklassen und begannen um neun Uhr morgens in mehreren Kolonnen unseren Marsch nach Norden. Wir hatten keine Führer; das Land war uns völlig unbekannt, und ich konnte dem Kommandeur der Vorhut nur allgemeine Anweisungen geben, dass ich beabsichtigte, einen der Hügel zu umgehen, die im Norden vor uns lagen. Bald konnte man Schüsse von der Vorhut hören. Im Busch wurde allmählich klar, dass sich unsere Vorhut gegen einen Feind gewandt hatte, der von links in den Rücken gegriffen hatte. Die Schüsse fielen aus nächster Nähe, und aus dem Hauptquartier, das sich beim Haupttrupp befand, schien eine beträchtliche Streitmacht zu kommen.

Ich schickte einen Askari zurück, der die Spitze des Haupttrupps zu meinem Platz führen sollte. Die Stellung lud geradezu ein, den Feind zwischen unserer Vorhut und unserem Haupttrupp einzuholen und zu überwältigen. Ich wartete, aber unser Haupttrupp traf nicht ein. Endlich lief ich zurück und sah an den Spuren, daß der Haupttrupp falsch gelenkt worden war und weit seitlich an uns vorbeimarschiert war. Dagegen sah ich die Spitze von Stemmermanns Abteilung, zu der der größte Teil unserer Kolonnen und unserer Kranken gehörte, gerade dabei, unabsichtlich geradewegs in den Feind hineinzumarschieren. Es war gerade noch Zeit, diesem Trupp zuvorzukommen. Ich selbst schloß mich nun den Vortrupps Müller und Göring an, die inzwischen ihren Marsch weiter nach Norden fortgesetzt hatten. Sie folgten einer Straße, die den Berg hinaufführte und dann völlig verloren war. Dem Feuer, das ich weiter hinten von Zeit zu Zeit hörte, schenkte ich keine weitere Beachtung. Am späten Nachmittag bemerkte ich mit Erstaunen, dass die übrigen Truppen nicht den Abteilungen Müller und Göring gefolgt waren, sondern rechts von uns das Tal entlangmarschierten. Dass unsere Kolonne inzwischen von einem neuen Feind aus dem Osten erneut beschossen worden war und dass ein großer Teil eines Feldlazaretts in die Hände des Feindes gefallen war, wusste ich nicht.

Um die Truppe zusammenzuführen, versuchte ich, von meinem Hügel hinabzusteigen. Der Abstieg erwies sich jedoch als unmöglich; die Felsen waren steil, fast senkrecht. Wir folgten einem einheimischen Pfad weiter, und es wurde Abend, als Hauptmann Müller meldete, dass auch dieser Pfad abrupt in einem Abgrund endete. Glücklicherweise gab es einen weiteren kleinen Nebenpfad. Diesem folgten wir und schafften es, hinabzusteigen. Auch hier war es stellenweise sehr steil, aber die nackten Füße der Träger gaben ihnen guten Halt, und auch ich schaffte den Abstieg, nachdem ich meine Stiefel ausgezogen hatte. Es war stockfinster, und wir hatten kein Wasser. Schließlich fanden wir jedoch welches, und mir fiel ein Stein vom Herzen, als wir auf den Rest der Truppe stießen, die unter General Wahle versucht hatte, sich uns anzuschließen. Am 30. und 31. August hatten wir 6 Europäer verloren, 23 Askari getötet, 11 Europäer und 16 Askari verwundet, 5 Europäer und 29 Askari vermisst und 5 Askari gefangen genommen; 48.000 Schuss Munition, wichtige medizinische und chirurgische Vorräte, eine beträchtliche Anzahl von Gewehrteilen und der gesamte Transport von Müllers Abteilung waren verloren gegangen. Die Verluste des Feindes waren ebenfalls hoch, wie aus einer später erbeuteten Verlustliste des 1. Bataillons der 1. King's African Rifles hervorgeht. Neben diesem Bataillon waren auch

Teile des 3. Bataillons dieses Regiments und der 2. King's African Rifles an den Kämpfen gegen uns beteiligt.

Unsere Männer kämpften hervorragend; einige der Träger waren allerdings durch das unerwartete Feuer etwas verunsichert und über 200 wurden vermisst. Von Koehls Abteilung gab es keine Neuigkeiten, aber unsere Führer waren so erfahren und geschickt im Buschkrieg, dass ich mir keine Sorgen machen musste. Am nächsten Tag überraschten wir bei der Ankunft in unserem Lager eine englische Versorgungskolonne.

Wir überquerten dann die Straße Cutea-Malema, auf der auch feindliche Truppen auftauchten, und überquerten dann den Fluss Lurio bei Mtetere. Eine englische Requirierungstruppe floh und einige Vorräte wurden erbeutet. Hier schloss sich Koehls Abteilung wieder der Haupttruppe an. Sie waren dem Feind gefolgt, der uns folgte, und hatten festgestellt, dass er mehrere Bataillone stark war. Dann marschierten wir den Lurio hinunter in das fruchtbare Gebiet von Mpuera. Hier ließ Sol (Sergeant-Major) Salim, der während einer früheren Patrouillenexpedition eine Frau geheiratet hatte, die ihm treu gefolgt war, sie angesichts ihrer bevorstehenden Entbindung bei ihrem Vater, dem örtlichen Jumbo, zurück.

Da es in dieser Gegend reichlich Nahrung gab, gönnte ich unseren durch die jüngsten Ereignisse sehr erschöpften Truppen einen Ruhetag. Das war ohnehin im Interesse unserer zahlreichen Invaliden notwendig. Hauptmann Koehl war mit seiner Kompanie ohne Transportmittel zurückgelassen worden, damit er dem Feind möglichst viel Schaden zufügen konnte. Er meldete, dass starke feindliche Truppenverbände in der Nähe und östlich von Mtetere eingetroffen seien. Es war klar, dass der Feind im Augenblick seine ganze Energie darauf verwendete, uns zu verfolgen, und zu diesem Zweck alle seine Kräfte konzentriert hatte. Aus diesem Grund hielt ich den Moment für einen Teilerfolg nicht für günstig, da er nicht ausgenutzt werden konnte und ein Gefecht uns Verwundete gekostet hätte, die wir nicht mitnehmen konnten. Da meine Absicht darin bestand, die Gegend nördlich von Luambala nach Nahrung zu durchforsten, wollte ich den Marsch dorthin nicht länger aufschieben.

Den Ruhetag, den 5. September, nutzten wir dazu, unsere Lebensmittelvorräte aus der fruchtbaren Region von Mpuera aufzufüllen, und am frühen Morgen des 6. setzten wir unseren Marsch in nördlicher Richtung fort. Es war anzunehmen, dass der Feind in mehreren Kolonnen flussabwärts und damit in nordöstlicher Richtung marschieren würde. Unsere Truppen rückten in Staffeln durch das Buschland vor, und ich erwartete jeden Moment, auf die nördlichste der feindlichen Kolonnen zu stoßen, aber wir kreuzten ihren wahrscheinlichen Kurs, ohne ihre Spuren zu entdecken. Gegen Mittag näherten wir uns unserem Ziel, einer Wasserstelle auf dem Berg Hulua. Hier wurde auf unsere Vorhut geschossen, und bald darauf kam es zu einer lebhaften Schlacht. Hauptmann Müller, der die Vorhut befehligte, war auf den Rücken einer feindlichen Kolonne gestoßen, die in nordöstlicher Richtung marschierte und einen spitzen Winkel zu unserer bildete. Er hatte sofort das 2. Bataillon der 2. King's African Rifles angegriffen, das sich am Ende der Kolonne befand, und es in die Flucht geschlagen, wobei er das Feldlazarett und den Maultierzug des Feindes eroberte.

Ich postierte Görings Abteilung rechts von Müllers Abteilung. Diese warf einen Teil der gegnerischen Streitkräfte rasch zurück, rückte jedoch nicht weiter vor, da der Feind größere Truppenteile aufmarschieren ließ - das 1. Bataillon der 2. King's African Rifles und anscheinend auch Teile des 3. Bataillons.

Unser linker Flügel, der bei seinem Vormarsch in hügeliges, offenes Gelände gelangt war und ebenfalls mit frischen feindlichen Truppen zusammengestoßen war, hatte sich einige hundert Meter zurückgezogen und eine kleine Anhöhe eingenommen, die ein Schussfeld von mehreren hundert Metern bot. Ich konnte mir erst ein klares Bild von der Lage machen, als ich vom rechten Flügel, wo ich mich Görings Abteilung angeschlossen hatte, wieder nach links ging.

Die Schlacht war ziemlich heftig und kam schließlich zum Stillstand. Jetzt hörten wir das Geräusch von Grabenmörserfeuer der Nachhut unter Captain Spangenberg, dessen Ankunft ich erwartete. Die Nachhut hatte den Angriff einer weiteren feindlichen Kolonne bei Mpuera abgewehrt und einen Teil davon in ungeordneter Flucht vertrieben. Gemäß ihren Anweisungen war sie der Haupttruppe um sieben Uhr morgens gefolgt. Sie traf gegen fünf Uhr nachmittags auf dem Schlachtfeld ein, und ich überlegte, ob ich nicht alle meine Reserven einsetzen sollte, um der 2. King's African Rifles gleich hier und dann am Mount Hulua eine entscheidende Niederlage zuzufügen. Ich gab den Gedanken jedoch auf. Die Zeit war sehr knapp, denn es war nur noch eine Stunde bis zur Dunkelheit, und ich war völlig sicher, dass am nächsten Morgen sehr früh frische feindliche Kräfte auf der Bildfläche erscheinen würden. Wenn wir einen entscheidenden Sieg erringen würden, würde uns das sicherlich beträchtliche Verluste kosten, und ich war bestrebt, solche Verluste zu vermeiden, angesichts der geringen Zahl – 176 Europäer und 1.487 Askari –, die unsere Truppenstärkenmeldung vom 1. September 1918 ergab. Leutnant Wenig (Marine), der mit seiner Waffe in Görings Abteilung eingesetzt war, teilte mir mit, dass er das Kommando über diese Abteilung übernommen habe, weil alle anderen Offiziere außer Gefecht gesetzt seien. Bald darauf wurden Hauptmann Göring mit einer schweren Wunde an der Brust und Leutnant Böll mit einer Wunde am Kopf zum Verbandsplatz gebracht.

Dementsprechend wollte ich unsere Reserven nicht der Verwirrung und Ungewissheit einer nächtlichen Schlacht im Busch aussetzen und beschloss, mich in nordwestlicher Richtung vom Schlachtfeld zu entfernen. Es war bald ganz dunkel, und wir kamen in dem dichten, hohen Gras nur sehr langsam voran. Nachdem wir drei Meilen zurückgelegt hatten, schlugen wir unser Biwak auf. Unsere Verluste bei der Schlacht vom 6. September betrugen: 5 Askari und 4 getötete Maschinengewehrschützen, 13 Europäer, 49 Askari und 15 weitere Eingeborene wurden verwundet, 3 Europäer, 13 Askari und 12 Träger vermisst und 3 Askari und 3 Träger gefangen genommen. Der Feind hatte offenbar etwa 10 Europäer und 30 Askari getroffen, während 8 Europäer und 45 Askari gefangen genommen wurden; Die kranken und verwundeten Gefangenen sowie unsere eigenen Schwerverletzten wurden unter der Obhut des englischen RAMC auf dem Schlachtfeld zurückgelassen. Später in Mwembe erbeutete Dokumente zeigten, dass „Karturol" (Abkürzung für „Column of the 2nd King's African Rifles") am 6. September schwere Verluste erlitt und für einige Zeit außer Gefecht gesetzt war.

Der Feind behinderte unseren weiteren Vormarsch nicht. Captain Koehl war mit seiner Kompanie westlich von Mpuera zurückgeblieben, um von hinten gegen den Feind und seine Verbindungslinien vorzugehen. Er folgte unserer Spur und hatte bei Milweber leichte Begegnungen mit dem 1. Bataillon der 4. King's African Rifles, das am 8. September von Süden her dort eintraf. Wir zogen in mehreren Kolonnen mitten durch den Busch, eine wildreiche Gegend. Wir erlegten auf dem Marsch sogar mehrere Büffel. Bei Kanene überquerten wir die Straße, die vom Amaramba-See nach Mahua führte. Der Feind hatte die Läden in Kanene niedergebrannt, aber wir fanden im Land selbst reichliche Vorräte, und die materielle Lage der Truppen wäre gut gewesen, wenn die Grippeepidemie nicht so weit fortgeschritten wäre. Ungefähr die Hälfte hatte Bronchialkatarrh, und drei bis sechs Mann jeder Kompanie hatten Lungenentzündung; da es nur möglich war, etwa achtzig Kranke in der gesamten Truppe zu transportieren, mussten zeitweise etwa zwanzig Männer mit leichter Lungenentzündung marschieren. Es gab keine zufriedenstellende Lösung für das Problem des Krankentransports, außer den Feldzug abzubrechen; wir konnten die Kranken nicht einfach im Busch sterben lassen. Diese schwierige Lage war unvermeidlich eine höchst mögliche Belastung für die Nerven von Surgeon-Major Taute, unserem hervorragenden leitenden Sanitätsoffizier. Es war das größte Glück, dass dieser Offizier, der sowohl medizinisch als auch organisatorisch außergewöhnlich begabt war, seiner schweren Verantwortung gewachsen war. Den von ihm ergriffenen Maßnahmen sowie dem durch die Umstände erzwungenen Wechsel des Gebiets und Klimas verdanken wir, dass die Epidemie bald nachließ. Eine Anzahl Askari und anderer Eingeborener, die nicht in der Lage waren, schwere Arbeit zu verrichten, folgten der Truppe langsam; viele von ihnen verloren den Mut, als sie unsere Lagerplätze ständig leer vorfanden. Eine große Anzahl holte uns jedoch ein, insbesondere wenn die Truppe einen ihrer kurzen Märsche durchführte oder (was ziemlich selten vorkam) einen Tag Ruhe einlegen konnte.

KAPITEL VII
NOCHMALS AUF DEUTSCHEM BODEN

ABER wir konnten uns nicht viele Stopps leisten. Die militärische Lage erforderte zwingend, dass wir schnell durch die Gebiete östlich der Mitte des Nyassa-Sees zogen, die nicht fruchtbar waren und in der letzten Kriegsphase größtenteils ausgeplündert worden waren. Schnelligkeit war umso wichtiger, als der Feind Truppen über das Meer an das nördliche Ende des Sees verlegen und uns so zuvorkommen konnte, indem er das dortige Gebiet stark besetzte. Als wir uns dem Fluss Lujenda näherten, wurde das Gelände bergiger und war von vielen Wasserläufen und Schluchten durchzogen. Wir konnten nicht einfach nach dem Kompass marschieren, sondern mussten die Wasserscheide berücksichtigen und auf dem Bergkamm bleiben. Glücklicherweise fand der Anführer der Vorhut, Hauptmann Spangenberg, einige Eingeborene, die als Pfadfinder fungierten und es viel einfacher machten, eine gute Route zu finden. Aber ein gewisses Maß an Verdoppelung war unvermeidlich, und das verzögerte unseren Fortschritt, während der Feind in der Lage war, Truppen und Vorräte schnell von Malacotera auf einer guten Straße nach Luambala zu verlegen.

Ich war etwas besorgt, ob der Wasserstand des Flusses Ludjenda so weit gesunken wäre, dass wir die Furten benutzen konnten. Es wäre zweifellos leicht gewesen, Rindenboote zu bauen, aber der Transport der gesamten Truppe hätte angesichts der Gewalt der Strömung kaum reibungslos verlaufen können. Auf jeden Fall hielt ich es für äußerst wichtig, dass es keinen feindlichen Widerstand gab, und das machte wiederum Eile erforderlich. Glücklicherweise fanden Patrouillen, die wir vorausschickten, unterhalb von Luambala eine Furt, wo das Waten durch den Fluss keine Schwierigkeiten bereitete. Mehrere geschlachtete Nilpferde ermöglichten es uns, wieder etwas Fett zuzubereiten, und in der Nähe von Mwembe, die wir am 17. September erreichten, konnten wir unsere Vorräte wieder auffüllen. An dieser Stelle machten wir unseren ersten Ruhetag für lange Zeit. Hier in Mwembe erreichte die Lungenepidemie ihren Höhepunkt. Seit Mitte August waren 7 Europäer und etwa 200 Eingeborene angegriffen worden, von denen 2 Europäer und 17 Eingeborene starben. Die Vorräte in Mwembe waren von den schwachen feindlichen Posten zerstört worden, aber es gab in dem Bezirk noch reichlich Vorräte. Die Frage der Träger begann Sorgen zu bereiten. Die Männer waren durch das ständige Marschieren, durch die Epidemie und durch den Transport der Kranken auf eine harte Probe gestellt worden; und wir näherten uns ihren Heimatbezirken. Es war wahrscheinlich, dass die Wangoni-Träger desertieren würden, sobald sie ihre Heimat erreichten, die nördlich des Rovuma lag. Im Bezirk Mwembe und den gut kultivierten Tälern des Flusses Luscheringo traf man auf mehrere Patrouillen der feindlichen „Geheimdienstabteilung". Sie konnten zwar leicht vertrieben werden, aber ihre Anwesenheit zeigte, dass der Feind im Großen und Ganzen über unsere Bewegungen informiert war.

Wir schickten Fernpatrouillen nach Mitomoni und Makalogi. Südlich des Rovuma, nach Verlassen des Luscheringo-Tals, war die Steppe, durch die unser Marsch führte, erstaunlich wildreich, ebenso der Rovuma selbst, den wir am 28. September erreichten. Aber das Großwild hatte seine Schattenseiten, denn wieder einmal wurde ein Posten von Löwen getötet. Wir betraten wieder deutschen Boden und blieben zwei Tage in Nagwamira; wir überraschten mehrere feindliche Depots und Kolonnen, die von unserem Auftauchen nichts gehört hatten. Das Land war erstaunlich fruchtbar, und die Truppen konnten sich wieder gründlich erholen. Unsere nach Mitomoni ausgesandten Patrouillen meldeten ein einigermaßen gut gehaltenes Lager und die Ankunft von Verstärkungen aus dem Westen. Auch Ssongea war vom Feind besetzt, aber in welcher Stärke ließ sich nicht feststellen. Verschiedene Meldungen sowie die geographische Lage ließen vermuten, dass auch Verstärkungen vom Nyassa-See nach Ssongea unterwegs waren.

Wir setzten unseren Marsch in Richtung Ssongea fort und gelangten südlich davon in dicht besiedeltes Land. Das feindliche Funkgerät verriet, dass sich feindliche Truppen in Ssongea befanden und eine weitere Kolonne in der Nähe eingetroffen war, aller Wahrscheinlichkeit nach aus Mitomoni. Am 4. Oktober passierte ich Ssongea im Westen und marschierte weiter nach Norden. Als die Vorhut unter Hauptmann Spangenberg die Hauptstraße von Ssongea nach Wiedhafen erreichte, wurde sie von drei feindlichen Kompanien, die von Westen her gekommen waren, mit Grabenmörsern angegriffen. Der Feind wurde etwas zurückgedrängt. Aufgrund des hügeligen und von Schluchten durchzogenen Geländes und der fortgeschrittenen Stunde war es unwahrscheinlich, dass wir an diesem Tag einen wirklich wirksamen Erfolg erzielen konnten. Am nächsten Tag würden jedoch weitere feindliche Truppen vor Ort sein. Ich führte den Angriff daher nicht weiter aus und marschierte westlich des Feindes in ein Lager bei der Missionsstation Peramiho.

Als wir durch das Gebiet der Wangoni zogen, desertierten viele unserer Träger, wie wir es befürchtet hatten. Es wäre schließlich zu viel verlangt gewesen, von diesen Männern, die ihre Leute jahrelang nicht gesehen hatten, zu erwarten, dass sie nun geradewegs durch ihr Heimatgebiet marschieren. Die Heimatliebe der Nigger ist zu stark. Sogar Samarunga, einer meiner eigenen Träger und ein sehr ergebener und vertrauenswürdiger Kerl, bat um Urlaub, um sein nahe gelegenes Dorf zu besuchen. Er kam treu genug zurück und brachte seinen Bruder mit. Die beiden marschierten dann mit uns weiter, und Samarunga blieb, selbst als sein Bruder ging. Um seine Depression wieder zu beleben, gab ich ihm etwas von meiner Fleischration, aber am nächsten Morgen stellte sich heraus, dass er doch verschwunden war, nachdem er zuerst alle meine Sachen in Ordnung gebracht hatte.

Nördlich von Ssongea trafen wir wieder auf einige feindliche Aufklärungstruppen. Tag für Tag zogen wir durch ehemals fruchtbares und gut besiedeltes Gebiet. Tausende von Bauern konnten sich dort in einem gesunden und schönen Klima niederlassen. Am 14. Oktober erreichten wir Pangire (Jacobi), eine angenehm gelegene Missionsstation, in der mich vor dem Krieg der Missionar Gröschel auf meiner letzten Reise beherbergt hatte. Die Familie des Missionars war weggezogen, aber die Eingeborenen, die vom Stamm der Wabena waren, waren geblieben und empfingen uns wie in Friedenszeiten aufs freundlichste. Auch mehrere alte Askari, die aus dem einen oder anderen Grund die Truppe verlassen hatten, meldeten sich nun wieder. Auch hier trafen wir auf einige Patrouillen und vertrieben sie. Im viehreichen Wabena-Land wurden unsere sehr spärlichen Vorräte aufgefüllt und so ein mobiler Nahrungsvorrat angelegt, der uns den Transport sehr erleichterte. Nachdem wir Pangire verlassen hatten, wurde eine Patrouille, die wir dort zurückgelassen hatten, von einer feindlichen Abteilung beschossen. In der Nähe von Ubena wurde unsere Nachhut unter Hauptmann Müller von mehreren feindlichen Kompanien angegriffen, die aus dem Süden kamen. Eine ziemlich starke feindliche Kolonne folgte uns also. Die freien, offenen Steppen von Ubena waren für uns kein günstiges Kampfgebiet, da sie aus großer Entfernung mit Gewehr- und Kanonenfeuer beherrscht wurden. Es gingen auch mehrere Berichte über den Vormarsch starker feindlicher Kräfte aus Mwakete auf Ubena ein; diese Berichte erwiesen sich zum Teil als falsch und führten zu einem kurzen Kampf zwischen zwei deutschen Patrouillen.

Es war sehr wahrscheinlich, und später stellte sich heraus, dass feindliche Truppen auf dem Wasserweg zum nördlichen Ende des Nyassasees gebracht und von dort nach Ubena oder weiter nach Norden marschiert würden. Wenn ich den Marsch nach Tabora aufgeben und stattdessen zwischen den Nyassa- und Rukwa-Seen und später zwischen den Nyassa- und Tanganjika-Seen nach Rhodesien vorrücken wollte, rückte nun die Zeit für die Richtungsänderung näher und es war kein Tag zu verlieren; dies galt umso mehr, als unsere Bewegungsfreiheit durch die steilen Hänge des Mount Livingstone und die Hügel um Mbeja stark eingeschränkt war. Bei der Festlegung unserer Marschroute mussten wir berücksichtigen, dass unsere Vorräte an Lebensmitteln erheblich geschrumpft waren und aufgefüllt werden mussten. Einheimischen zufolge war dies in der Region Kidugala und Sombowano möglich, während in Ussangu und insbesondere in der Gegend von New Utengule eine Hungersnot herrschte.

Am 17. Oktober verließ ich mit dem Haupttrupp Ubena und ließ General Wahle, zwei weitere Europäer und einige Askari krank oder verwundet zurück. An diesem Tag erreichte ich Kidugala. Koehls Abteilung folgte am 18. Oktober. Am selben Tag wurde die Boma Ubena von etwa 100 feindlichen Askari besetzt, während 200 bis 300 nach Norden zur Iringa-Straße vorrückten. Aus erbeuteten Zeitungen erfuhren wir, dass Cambrai am 29. September gefallen war und die Belgier 3 Kilometer westlich von Roubaix vorgerückt waren. Wir lasen auch von der Einstellung der Feindseligkeiten in Bulgarien, vom Rückzug des Grafen Hertling und von der Einnahme von St. Quentin und Armentières. Aber Positionen konnten aus so vielen verschiedenen Gründen aufgegeben werden, dass ich diesen Nachrichten keine entscheidende Bedeutung zuschrieb.

Unser weiterer Marsch an Ngombowano und Brandt vorbei führte uns durch ein mit Vieh gut bestücktes Gebiet. Missionen und Schulen waren verlassen, aber wir waren sehr froh, Gartenfrüchte , vor allem Maulbeeren und Pfirsiche, zu finden. Im Busch fanden wir auch große Mengen wilder Feigen und anderer süßer und schmackhafter Früchte. Kleine Patrouillenbegegnungen deuteten darauf hin, dass feindliche Truppen direkt vom Nyassasee nach Norden in das Gebiet Brandt vorrückten. In Ruiwa fanden wir große englische Depots und mussten ein ganzes Lagerhaus voller Leder zerstören. Wir gingen weiter zur Mission von Old Utengule, die mir auch aus Friedenszeiten gut bekannt war und jetzt verlassen dalag. Dann erreichten wir die Mission Mbozi, wo die Engländer die Männer aus dem Gebiet zusammengezogen, untersucht und nach New Langenburg geschickt hatten, wahrscheinlich um sie dort zu Askari zu machen. In Mbozi gab es ein großes englisches Depot, das unter anderem 75 Ladungen Salz und 47 Ladungen Kaffee enthielt.

Es war schwierig, sich durch das Gebiet zu tasten. Im Großen und Ganzen kannten wir es nur wenig, und der Feind hatte es jahrelang durch den Bau von Lagerhäusern und Transportstraßen verändert. Eine vorherige Erkundung hätte zu viel Zeit und Kraft in Anspruch genommen und uns außerdem den Überraschungsvorteil genommen. Die Einwohner waren den Engländern gegenüber sehr feindlich eingestellt und leisteten uns wertvolle Dienste, aber ihre Informationen waren zu oft sehr vage. Während wir uns einen Tag in Mbozi ausruhten und unsere Vorräte auffüllten, waren unsere Patrouillen weit draußen, eine in Richtung Galula (St. Moritz' Mission), eine andere in Richtung Itaka, eine in Richtung New Langenburg und eine in Richtung Fife. Einige von ihnen würden wochenlang weg sein, und wir konnten nicht auf ihre Berichte warten.

Soviel aber wurde klar, daß eine Hauptverbindungsstraße des Feindes an Mbozi vorbei von Fife über Rwiba nach New Langenburg führte. Auf dieser Straße nahmen wir auf dem Marsch viele Vorräte und mehrere Versorgungskolonnen ein. Die Existenz dieser Straße zeigte, daß in der Nähe von Fife ein großes englisches Depot liegen mußte. Es würde wahrscheinlich möglich sein, dieses durch rasches Eingreifen einzunehmen, bevor stärkere feindliche Kräfte dort eintrafen. Am Morgen des 31. Oktober wurde eine Kampfpatrouille gegen Fife entsandt. Am Abend desselben Tages meldeten Einheimische und Patrouillen den Vormarsch starker feindlicher Kräfte auf der Straße New Langenburg-Rwiba. Am frühen Morgen des 1. November rückte ich mit der gesamten Truppe ab und rückte zunächst in Richtung Mount Rwiba vor. Dort zeigte die Spur, daß eine starke feindliche Kolonne kurz vor uns den Rwiba-Hügel in Richtung Fife passiert hatte. Diese feindliche Kraft war von einer deutschen Kampfpatrouille, die nach Mount Rwiba ausgesandt worden war, nicht bemerkt worden.

KAPITEL VIII
DER VORDRINGEN NACH BRITISCH-RHODESIEN

Die zweite Patrouille, die wir am 31. Oktober nach Fife entsandten, hatte am Mount Rwiba Halt gemacht. Ich musste nun mit der gesamten Truppe nach Fife vorrücken, um vor dem Feind dort anzukommen, oder angreifen, falls unsere erste Patrouille dort ins Gefecht geraten sollte. Der zehnstündige Marsch (tatsächliche Marschzeit) von Mbozi nach Fife war eine enorme Belastung für die Truppe, aber die Berichte unserer Patrouillen, die Spur des Feindes und seine an den Bäumen gefundenen Notizen bewiesen zweifelsfrei, dass der Feind alles Mögliche tat, um Fife am selben Tag, dem 1. November, zu erreichen. Die große Entfernung, die auch sie zurücklegen mussten, berechtigte uns zu der Annahme, dass unsere Patrouille, die meiner Erwartung nach am 31. Oktober oder spätestens am 1. November Fife erreichen würde, in der Lage sein würde, den Feind daran zu hindern, das Depot in Fife am 1. November zu besetzen. Im Laufe des Nachmittags schossen wir auf mehrere Patrouillen, ohne unseren Vormarsch anzuhalten. Am späten Nachmittag wurden schwache feindliche Abteilungen in den Hügeln bei Fife schnell zurückgeworfen. Ich selbst rückte mit Spangenbergs Abteilung, die von der Straße nach rechts abgekommen war, entlang eines Bergkamms bis zu einem Punkt vor, an dem wir Fife vermuteten.

Das Gelände wurde immer offener und war hauptsächlich mit kniehohem Buschwerk und Gras bedeckt, als wir einige hundert Meter vor uns Männer herumlaufen und Zelte dicht beieinander aufgeschlagen sahen. Die Männer bewegten sich so unbekümmert, dass ich sie fast für unsere eigene Patrouille hielt, aber auf 200 Metern wurden wir mit heftigem und zunächst sehr gezielten Gewehr- und Maschinengewehrfeuer empfangen. Es war ein Glück, dass unsere Männer nicht antworteten, denn ich war zufällig vorgerückt und befand mich zwischen den beiden Parteien. Nach einiger Zeit begann der Feind, der anscheinend sehr aufgeregt war, hoch zu feuern. Es begann dunkler zu werden, so dass meine Patrouille zu unserer Linie zurückkehren konnte. Wir hatten jedenfalls Gewissheit erlangt. Wir wussten, dass der Feind mit einer Stärke von mehreren Kompanien in einer verschanzten Stellung mit gutem Schussfeld vor uns lag. Seine Vorhut war zurückgeworfen worden. Seine Depots lagen zum Teil außerhalb der Schützengräben und fielen später in unsere Hände. Ich wollte die Erstürmung der Stellung nicht unternehmen, was kostspielig gewesen wäre, aber die Gelegenheit schien günstig, den Feind, der sich in der Stellung massenhaft aufhielt, mit unserem Grabenmörser und auch aus der Höhe mit unserem Geschütz sowie mit Gewehr- und Maschinengewehrfeuer zu bombardieren, falls er sich zeigen sollte. Unsere Maschinengewehre wurden daher in der Nacht in die Nähe seiner Stellung vorgeschoben und verschanzt.

Die Erkundung einer guten Geschützstellung wurde auf den nächsten Tag verschoben.

Wahrscheinlich würde das Feuer unserer Schützengräben und Kanonen den von New Langenburg vorrückenden Feind zu einem Angriff auf uns verleiten. Ein solcher Angriff auf unsere Höhen wäre sehr schwierig gewesen. Aber trotz des Bombardements vom 2. November, das einige Verluste verursachte, erschien kein neuer Feind. Der endgültige Erfolg, den wir gegen das Lager erhofft hatten, blieb aus, da unsere Schützengräben bei einem der ersten Schüsse durch eine vorzeitig explodierende Granate zerstört wurden. Flachfeuer allein konnte gegen den gut geschützten Feind nichts ausrichten. Am Nachmittag marschierte daher unsere Haupttruppe mit ihren über 400 Rinderherden zwischen Fife und der Mwenzo-Mission in Richtung Rhodesien ab. Als wir das Lager erreicht hatten, sahen wir dicke Rauchsäulen aus den Depots in Fife aufsteigen, die Müllers Abteilung nach unserem Aufbruch in Brand gesteckt hatte. Aus Richtung der Mwenzo-Mission hörten wir mehrmals kurze Feuersalven.

Nach und nach kamen Meldungen aus dieser Richtung. Außer unseren Kampfpatrouillen aus Mbozi waren noch weitere Patrouillen von uns eingetroffen, die mit englischen Patrouillen und auch untereinander gekämpft hatten. In einer Meldung hieß es, eine feindliche Patrouille sei in bisher unbekannter, ganz dunkler Uniform gesichtet worden, es müsse sich um eine neu eingetroffene Truppe handeln. Nach vielen Nachforschungen stellte ich schließlich fest, dass eine unserer eigenen Patrouillen, deren Ausrüstung sicher nicht mehr ganz den Vorschriften entsprach, immer wieder für den Feind gehalten worden war. In der Mwenzo-Mission selbst gab es ein stationäres feindliches Lazarett, aus dem wir unsere Medikamentenvorräte auffüllen konnten. Unsere Chininvorräte wurden auf über 14 Kilo aufgestockt, so dass die Versorgung bis Juni 1919 gesichert war.

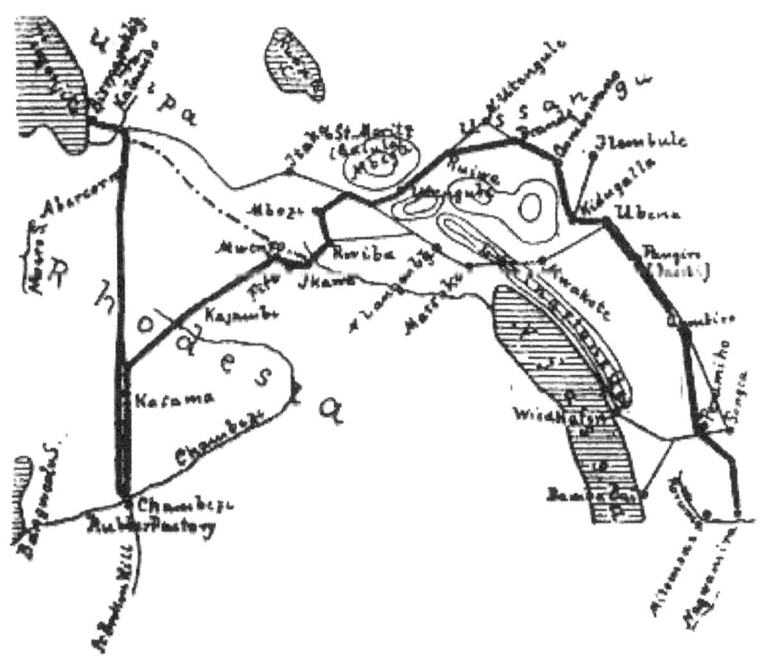

Abb. xxi. Der Marsch nach Rhodesien.

Verschiedene Berichte und Aussagen von Gefangenen zeigten, dass feindliche Transporte mit Autos und Ochsenkarren aus dem Broken Hill-Gebiet nach Kasama und von dort weiter nach Fife zogen. Kasama selbst schien ein großer Ort und ein wichtiger Straßenknotenpunkt zu sein. Auf jeden Fall konnten wir auf dem Weg von Fife nach Kasama mit feindlichen Depots rechnen, und Kasama selbst würde ein wertvolles Ziel sein. Soweit man es der Karte entnehmen konnte, schien die Lage auch so, dass wir uns dort entscheiden könnten, ob wir weiter nach Süden um den Bangweolo-See herumgehen und die Wasserscheide zwischen Sambesi und Kongo erreichen oder weiter nach Westen zwischen den Seen Bangweolo und Moero marschieren wollten. Die Informationen waren allerdings sehr unsicher und stützten sich fast ausschließlich auf mehrere Askari, die als Kinder in Handelskarawanen in der Umgebung des Moero-Sees beschäftigt waren.

Die wichtige Frage nach der Natur der Flüsse, insbesondere des Luapala, der vom Bangweolo-See in den Moero-See mündet, war vorerst völlig ungeklärt. Wir konnten diese Fragen erst klären, als wir einige Karten und Notizen erbeuteten. Diesen zufolge war der Luapala zu dieser Zeit eine gewaltige Barriere; tief und an vielen Stellen sehr breit; er ist von ausgedehnten Sümpfen umgeben. In der gerade bevorstehenden Regenzeit würde jeder

Versuch, den Fluss mit Kanus zu überqueren, auf Schwierigkeiten stoßen, da die Kanus bei unserer Annäherung sicherlich auf das gegenüberliegende Ufer gebracht oder versteckt würden. Ich widmete jede Minute dem Studium von Karten und Reisebeschreibungen und vertiefte mich bei jedem Halt auf dem Marsch in sie. Es bestand große Gefahr, dass wir in dieser Region mit großen Flüssen und Seen in Unkenntnis unserer Position in eine *Sackgasse geraten könnten.*

Als erstes wurde die Verbindungsstraße Fife-Kajambi-Mission-Kasama zügig durchgefegt. Mobile Abteilungen wurden in Eilmärschen vorgeschoben, nahmen mehrere kleine Depots ein, nahmen deren Wachen gefangen und stellten auch einige Ochsenkarrengespanne sicher. Hauptmann Spangenberg folgte sofort mit drei Kompanien und dann die Hauptmacht in einer Entfernung von etwa einem Tagesmarsch.

Die schweren Märsche und die Abweichung nach Südwesten in völlig neues und unbekanntes Gebiet waren für viele Träger zu viel. An einem einzigen Tag desertierten aus dem Stab 20 Wafiri, die in der Gegend von Bismarckburg zu Hause waren, und 13 Träger aus anderen Bezirken.

Am 6. November traf das Haupttrupp in Kajambi ein. Die dortige katholische Missionsstation besteht aus wunderbaren, geräumigen und massiven Gebäuden. Die Missionare waren ganz unnötig geflohen. Im Nonnenhaus lag ein Brief einer katholischen Nonne für mich. Sie war gebürtige Westfalenerin und appellierte als Landsfrau an meine Menschlichkeit. Sie hätte sich gewiß viele Unannehmlichkeiten erspart, wenn sie selbst und die anderen zur Mission gehörigen Leute ruhig auf ihren Posten geblieben wären. Wir hätten ihnen ebenso wenig getan wie zuvor dem alten englischen Missionar in Peramiho bei Ssongea. Der Boden war außerordentlich fruchtbar; im Missionsgarten wuchsen prächtige Erdbeeren. Mittags hörten wir Gewehrfeuer der Nachhut, die zwei Marschstunden nordöstlich von Kajambi lagerte; Hauptmann Koehl war dort zurückgeblieben, um Vorräte zu sammeln, und seine Europäer und Askari waren größtenteils auf getrennte Versorgungspatrouillen verteilt. In dieser Situation wurde er von einer feindlichen Patrouille angegriffen. Kapitän Koehl befreite sich aus dieser unangenehmen Lage und baute am nächsten Tag seine Front mit der Kajambi-Mission auf, und wir hatten die Gelegenheit, die wir mit großem Erfolg nutzten, den Feind überraschend unter unser Feuer zu nehmen. Am 7. November nahm unser Hauptkorps seinen Marsch auf Kasama wieder auf. Es war nicht zu beobachten, dass der Feind uns folgte. Wenn er jedoch hinter uns weiter vordringen sollte, war anzunehmen, dass Versorgungsprobleme ihn daran hindern würden, dies in wirklich großer Stärke zu tun. Wir hatten die Aussicht, Kasama schnell einzunehmen und diesen Ort dann zu unserem Stützpunkt zu machen und unter günstigen Bedingungen zu kämpfen.

Aber das waren Hoffnungen für die Zukunft; zunächst galt es, Kasama selbst schnell einzunehmen; nach unseren Informationen war es nicht stark besetzt, aber gut befestigt. Hauptmann Spangenberg mit der Vorhut vergrößerte durch immer längere Märsche den Abstand zum Haupttrupp. Ich folgte mit dem Haupttrupp; es wurden reichlich Vorräte gefunden, und auch die in verschiedenen Büchern gegebenen Beschreibungen, dass der Wald reich an schmackhaften Buschfrüchten sei, bestätigten sich.

Am 8. November lieferte sich Spangenbergs Abteilung mehrere Patrouillenkämpfe nördlich von Kasama und nahm am 9. Kasama ein, dessen Garnison, die aus einer halben Kompanie bestand, sich nach Süden zurückzog. Es wurde nur wenig Munition erbeutet und im Waffenlager befand sich wenig Wertvolles. Es gab eine große Reparaturwerkstatt für Kraftfahrzeuge und andere Fahrzeuge und es wurden über zwanzig burische Wagen erbeutet. Die Beute war beträchtlich, was die Nahrungsmittelversorgung für Europäer anging. Bemerkenswert war, dass eine englische Kompanie in Kasama – ich glaube, es war die African Lakes Corporation – schriftliche Anweisungen zur Zerstörung ihrer Depots durch die Eingeborenen gegeben hatte. Diese kamen in großer Zahl, um zu plündern, und Spangenbergs Abteilung fand Gebäude und deren Inhalt größtenteils von plündernden Eingeborenen zerstört vor. Seinem Eingreifen ist es zu verdanken, dass unter anderem das Haus des britischen Kommissars, das mit großem Geschmack gebaut und eingerichtet worden war, erhalten blieb.

Während unseres Vormarsches von Fife aus hatte es sich gezeigt, dass die feindlichen Depots umso voller wurden, je weiter wir kamen. Wir hatten den Eindruck, dass wir eine Kommunikationslinie erarbeiteten, die um Broken Hill oder etwas nördlich davon begann und gerade erst aufgebaut wurde. Wir hatten Grund zu der Hoffnung, dass wir, wenn wir schnell vorrückten, noch besser gefüllte Depots vorfinden würden; und die mitgenommenen Dokumente sowie Informationen von Einheimischen schienen dies zu bestätigen. Drei Tagesmärsche weiter entlang der Telefonlinie lagen angeblich große Vorräte an der Chambezi-Fähre, die zum Teil mit dem Boot dorthin gebracht worden waren. Ich selbst radelte am 11. November nach Kasama und traf dort Captain Spangenberg, der seinen Marsch mit zwei Kompanien sofort nach Süden in Richtung der Chambezi-Fähre fortsetzte.

Am 12. November erreichte das Hauptkommando Kasama. Gegen Abend war aus unserer Marschrichtung Gewehr- und Maschinengewehrfeuer zu hören. Unsere Nachhut war in ihrem Lager, zwei Stunden nördlich von Kasama, angegriffen worden. Der Feind, der bei Kajambi gekämpft hatte, war uns nicht direkt gefolgt, sondern hatte einen parallelen Kurs eingeschlagen. Am Abend traf Köhls Abteilung in Kasama ein. Ich war nun der Meinung, dass der Angriff auf das Chambezi-Depot das aussichtsreichere und wichtigere Unterfangen sei, zumal die ganze Lage es wahrscheinlich machte, dass der verfolgende Feind uns weiter folgen und uns so erneut Gelegenheit zum Gefecht geben würde.

Kapitel IX
Der Waffenstillstand und unsere Heimkehr

DEMZUGEHÖRIG blieb nur Koehls Abteilung in Kasama, mit der Anweisung, uns einen Tagesmarsch hinterher zu folgen. Am frühen Morgen des 13. November folgte ich Spangenbergs Abteilung mit unserem Haupttrupp. Ich war mit dem Fahrrad vorausgegangen, hatte den Ort für unser Lager ausgewählt und wartete auf die Truppen, als Captain Müller vor mir erschien, ebenfalls auf seinem Fahrrad, und meldete, dass ein Waffenstillstand abgeschlossen worden sei. Ein englischer Motorradfahrer, der den britischen Truppen die Nachricht überbringen sollte, war offenbar durch Kasama gekommen und dort von Koehls Abteilung gefangen genommen worden. Dank der englischen Telefonleitung, entlang der wir marschierten, konnten wir uns bald verständigen und so erhielten wir die Nachricht vom Waffenstillstand.

Das Telegramm des Motorradfahrers lautete wie folgt:

„12. 11. 18. Wird per MB-Kabel und Kurier weitergeleitet.

„Senden Sie Folgendes unter weißer Flagge an Oberst von Lettow Vorbeck. Der Premierminister von England hat bekannt gegeben, dass am 11. November um 5 Uhr ein Waffenstillstand unterzeichnet wurde und dass die Feindseligkeiten an allen Fronten am 11. November um 11 Uhr enden. Ich befehle meinen Truppen, die Feindseligkeiten unverzüglich einzustellen, sofern sie nicht angegriffen werden, und natürlich gehe ich davon aus, dass Sie dasselbe tun werden. Die Bedingungen des Waffenstillstands werden Ihnen übermittelt, sobald ich sie erhalte. In der Zwischenzeit schlage ich vor, dass Sie in Ihrer gegenwärtigen Nähe bleiben, um die Kommunikation zu erleichtern. – General van Deventer. Da die Nachricht auch an Livingstone gesendet wird, ist es wichtig, dass Karwunfor sie zur selben Zeit wie der Feind erhält. Es muss alles unternommen werden, um ihm noch heute eine Nachricht zukommen zu lassen.“

Unsere Gefühle waren sehr gemischt. Da ich persönlich keine Kenntnis von der tatsächlichen Lage in Deutschland hatte, war ich davon überzeugt, dass der Ausgang der Feindseligkeiten für Deutschland günstig oder zumindest nicht ungünstig gewesen sein musste.

Spangenbergs Abteilung, die voraus war, musste so schnell wie möglich informiert werden, und ich machte mich sofort mit meinem Fahrrad auf den Weg hinter ihr, wobei ich Haouter, einen Landsturmsoldaten, als einzigen Begleiter mitnahm. Ungefähr auf halber Strecke traf mich Reissmanns Radlerpatrouille von Spangenbergs Abteilung und meldete, dass Captain Spangenberg am Chambezi angekommen sei. Obwohl ich an der Richtigkeit der englischen Nachrichten nicht zweifelte, war unsere Lage sehr unbequem. Wir befanden uns in einem Gebiet, in dem es wenig Nahrung gab, und waren daher gezwungen, von Ort zu Ort weiterzuziehen. Dieser Umstand hatte uns bereits gezwungen, die Übergänge des Chambezi zu erkunden und für uns zu sichern. Wenn die Feindseligkeiten wieder aufgenommen würden, mussten wir sicher sein, dass wir sicher überqueren konnten. Dies war eine brennende Frage, da die Regenzeit, die einen großen Anstieg dieses Flusses bedeutete, nahe bevorstand. Wir waren bereits in schwere Stürme geraten. Ich hatte daher viel mit Captain Spangenberg und dem englischen Offizier zu besprechen, der sich vermutlich am anderen Ufer des Flusses befand. Auf jeden Fall mussten wir unsere Kräfte weiterhin dem Einkauf oder der Beschaffung von Lebensmitteln widmen. Voller dieser Vorstellung schickte ich meinen Begleiter zurück und radelte selbst mit Reissmanns Patrouille zu Spangenbergs Abteilung.

Wir kamen gegen acht Uhr an, als es schon ganz dunkel war. Kapitän Spangenberg war auf Erkundungstour, aber Hilfszahlmeister Dohmen und andere Europäer kümmerten sich gut um mich, sobald sie von meiner Ankunft erfuhren. Ich konnte mich davon überzeugen, dass das Versorgungslager von Kasama wirklich existierte. Ich probierte Marmelade und andere Köstlichkeiten, die ich bis dahin nicht kannte.

Als Captain Spangenberg zurückkam, erzählte er mir, dass er bereits durch die Engländer von dem Waffenstillstand erfahren hatte. Nachdem ich mich in seinem Zelt zu Bett gelegt hatte, brachte er mir gegen Mitternacht ein Telegramm von General Deventer, das die Engländer mitgebracht hatten. Es kam aus Salisbury. Darin hieß es, dass Deutschland die bedingungslose Übergabe aller in Ostafrika operierenden Truppen akzeptiert habe. Deventer fügte hinzu, dass er die sofortige Übergabe aller unserer englischen Kriegsgefangenen verlange und dass wir nach Abercorn marschieren sollten. Alle unsere Waffen und Munition sollten in Abercorn abgegeben werden, aber unsere Europäer sollten ihre Waffen behalten dürfen.

Der vollständige Text des Telegramms lautete wie folgt:

„13. 11. 18. Nach Norforce. Karwunfor über Fife.

„Senden Sie Folgendes unter weißer Flagge an Oberst von Lettow Vorbeck: Das Kriegsministerium in London telegraphiert, dass Klausel 17 des von der deutschen Regierung unterzeichneten Waffenstillstands die bedingungslose Kapitulation aller in Ostafrika operierenden deutschen Streitkräfte innerhalb eines Monats ab dem 11. November vorsieht.

„Meine Bedingungen sind: Erstens: Übergeben Sie alle alliierten Gefangenen in Ihrer Hand, Europäer und Einheimische, unverzüglich der nächstgelegenen britischen Truppeneinheit. Zweitens: Bringen Sie Ihre

Truppen unverzüglich nach Abercorn, da Abercorn der nächstgelegene Ort ist, an dem ich Sie mit Lebensmitteln versorgen kann. Drittens: Übergeben Sie alle Waffen und Munition meinem Vertreter in Abercorn. Ich werde Ihnen und Ihren Offizieren und europäischen Soldaten jedoch erlauben, ihre persönlichen Waffen vorerst zu behalten, in Anbetracht Ihres tapferen Kampfes, vorausgesetzt, dass Sie Ihre Truppen unverzüglich nach Abercorn bringen. In Abercorn werden Vorkehrungen getroffen, um alle Deutschen nach Morogoro zu schicken und die deutschen Askari zu repatriieren. Bitte senden Sie bald eine Antwort mit Angabe des voraussichtlichen Ankunftsdatums in Abercorn und der Anzahl der deutschen Offiziere und Männer, Askari und Gefolgsleute."

Wenn sich das bestätigte, war das eine Neuigkeit und zeigte die verzweifelte Lage des Vaterlandes. Anders ließ sich die Kapitulation einer Streitmacht nicht erklären, die sich noch immer stolz und siegreich auf dem Schlachtfeld behauptete.

Da ich nicht in der Lage war, das Gelände im Detail zu untersuchen, musste ich mir sagen, dass die uns auferlegten Bedingungen unvermeidlich waren und loyal durchgeführt werden mussten. Am 14. traf ich den britischen Kommissar, der aus Kasama zur Chambezi-Gummifabrik gekommen war, am Fluss um acht Uhr morgens. Dort überreichte ich ihm ein Telegramm an Seine Majestät, in dem ich berichtete, was geschehen war, und hinzufügte, dass ich entsprechend handeln würde. Der Kommissar teilte mir mit, dass die deutsche Flotte revoltiert hatte und dass auch in Deutschland eine Revolution ausgebrochen war; außerdem hatte der Kaiser am 10. November abgedankt, wenn er einen offiziellen, aber noch nicht bestätigten Bericht akzeptieren sollte. All diese Nachrichten schienen mir sehr unwahrscheinlich, und ich glaubte sie nicht, bis sie Monate später auf meinem Heimweg bestätigt wurden.

Alle unsere Truppen, Einheimische wie Europäer, waren immer der Überzeugung gewesen, dass Deutschland in diesem Krieg nicht zu schlagen sei, und waren entschlossen, bis zum Ende weiterzukämpfen. Natürlich war es fraglich, ob unsere Ressourcen reichen würden, wenn der Krieg noch mehrere Jahre andauerte, aber wir sahen allen Möglichkeiten zumindest ein weiteres Jahr lang gelassen entgegen. Die Männer waren gut bewaffnet, ausgerüstet und verpflegt, und die strategische Lage war im Moment günstiger als seit langem. Die Askari sahen zwar, dass unsere Zahl schwand – wir waren immer noch 155 Europäer, darunter 30 Offiziere, Sanitätsoffiziere und höhere Beamte, 1.168 Askari und etwa 3.000 andere Einheimische –, aber wann immer ich dieses Thema mit einem meiner Ordonnanzen besprach, versicherte er mir immer: „Ich werde immer zu euch halten und weiterkämpfen, bis ich falle." Viele andere sprachen in die gleiche

Richtung, und ich bin überzeugt, dass es sich nicht nur um leere Worte handelte.

Am Nachmittag des 14. November radelte ich zu unserer Haupttruppe zurück und erzählte den Europäern, was ich am Chambezi erfahren hatte und dass es meine Absicht sei, die Bedingungen umzusetzen, die mir offiziell mitgeteilt worden waren und an deren Richtigkeit ich nicht zweifelte.

Bevor die Gefangenen freigelassen wurden, kam Oberst Dickinson, der Älteste von ihnen, zu mir, um sich zu verabschieden. Er sagte, seine Gefangenschaftszeit (sie hatte mehr als drei Monate gedauert) habe ihm interessante Einblicke in unser Lagerleben, unsere Marschmethoden und die Art und Weise gegeben, wie wir unsere Aktionen durchführten. Er lobte in höchsten Tönen die Einfachheit unserer Abläufe und die Reibungslosigkeit, die unsere Operationen auszeichnete. Zweifellos hatte er seine Augen benutzt.

Unsere Askari wurden nun über die Wendung der Dinge informiert. Es war zu erwarten, dass es Schwierigkeiten geben würde, ihnen ihren seit Jahren überfälligen Sold auszuzahlen, und dasselbe galt für die Fuhrleute. Dennoch war es für uns eine Ehrensache, dafür zu sorgen, dass diese Leute, die mit so viel Hingabe für uns gekämpft und gearbeitet hatten , ihr Recht bekamen. Die Summe, um die es ging – etwa anderthalb Millionen Rupien – war relativ gering, und so wurde Leutnant Kempner auf einem Fahrrad losgeschickt, um diese Summe von den Engländern zu bekommen oder sie zu veranlassen, sie so schnell wie möglich zu beschaffen. Unsere wiederholten Bemühungen blieben erfolglos. Zu verschiedenen Zeiten und an verschiedenen Orten wurde uns gesagt, dass die Angelegenheit vom Kriegsministerium „unter Prüfung" sei, und dabei blieb es. Ich erhielt nicht einmal eine Antwort auf mein Telegramm an die deutsche Regierung in Berlin. Es blieb uns nichts anderes übrig, als Listen aller ausstehenden Soldrückstände zu erstellen und den einzelnen Fuhrleuten und Askari Bescheinigungen darüber auszustellen.

Wir marschierten dann in kurzen Etappen durch Kasama nach Abercorn. Die Briten gaben uns weitere Einzelheiten über die Waffenstillstandsbedingungen. Es stellte sich heraus, dass nicht „bedingungslose Kapitulation" (wie General van Deventer ursprünglich gesagt hatte), sondern „bedingungslose Evakuierung" erforderlich war. Ich protestierte mehrfach gegen die Auslegung des britischen Kriegsministeriums, wonach das Wort „Evakuierung" Kapitulation und Entwaffnung einschließt, erhielt jedoch weder von den Regierungen der alliierten Länder und der Vereinigten Staaten noch von der deutschen Regierung eine Antwort. Angesichts der zweifelhaften Auslegung des Wortes „Evakuierung" überlegte ich, ob ich die Verhandlungen nicht abbrechen und zu den Belgiern oder woanders hin marschieren sollte. Aber im Vergleich zu der ganzen Reihe von Friedensbedingungen, die die Schutztruppe betrafen, schien dies ein kleiner Punkt zu sein, und am Ende beschloss ich, nach Daressalam zu gehen, wie General van Deventer es verlangte, allerdings in der Erwartung, dass die Engländer uns gemäß den Bedingungen sofort von dort nach Deutschland zurückschicken würden. Wie sich später herausstellen wird, erfüllte sich diese Erwartung nicht.

Nicht weit nördlich von Kasama trafen wir auf den Feind, mit dem wir unser letztes Gefecht ausgefochten hatten. Es war das 1. Bataillon der 4. King's African Rifles. Ich musste die Einladung von Colonel Hawkins (ihrem ehrenwerten Kommandeur, der kaum dreißig Jahre alt war), die mir auf dem Marsch von Colonel Dickinson übermittelt worden war, alle deutschen Offiziere zum Mittagessen einzuladen, ablehnen, obwohl ich einen solchen Ausdruck der Ritterlichkeit sehr schätzte. Doch Colonel Dickinson versäumte es nicht, mir seinen versprochenen Besuch an einem der folgenden Tage abzustatten, und wir verbrachten eine sehr angenehme Stunde bei einer Tasse Kaffee. Ich muss festhalten, dass sich die Offiziere dieses Bataillons selbst unter den etwas schwierigen Umständen, in denen sie eingesetzt waren, mit großem Taktgefühl und jener Rücksicht verhielten, die einem ehrenhaften Feind gebührt. Hawkins sagte mir, dass er uns aus Versorgungsgründen nicht weiter hätte folgen können, und tatsächlich mussten wir ihm mit Vieh aushelfen, wovon wir einen reichlichen Vorrat hatten.

Leutnant Kempner war mit dem Fahrrad nach Abercorn weitergefahren. Als er zurückkam, fuhr ich selbst in einem Wagen dorthin, den mir General Edwards geschickt hatte. Ich wurde von General Edwards und seinem Stab sehr freundlich empfangen. Ich legte General Edwards gegenüber meinen Standpunkt dar, dass ich keine Pflicht zur Übergabe unserer Waffen anerkenne, aber dazu bereit sei, wenn ich dadurch einen Vorteil verschaffe, nicht uns persönlich, sondern der deutschen Regierung. Ich wurde dann darüber informiert, dass die von uns abgegebenen Waffen Teil der Menge sein würden, die Deutschland gemäß den Bedingungen des Waffenstillstands an die alliierten Regierungen übergeben musste. Darüber hinaus sollte die Übergabe unserer Waffen nicht den Charakter einer Waffenniederlegung haben.

Was die Askari und die Träger betrifft, so wurde mir mitgeteilt, dass die Engländer sie in ein Internierungslager in Tabora bringen würden, bis die Frage ihres Solds geklärt und ihre Rückführung arrangiert sei. Die Europäer sollten in Daressalam interniert werden, bis ihr Schiff abfuhr, also vermutlich für ein paar Tage. Nicht nur die Askari, sondern auch die Europäer in Daressalam wurden anderthalb Monate und länger hinter Stacheldraht festgehalten.

Die Truppen trafen am 25. November in Abercorn ein. Auf dem Exerzierplatz, auf dem die Waffenübergabe stattfand, wehte die englische Flagge, was zeigt, dass der Charakter einer Waffenübergabe nicht ganz vermieden werden konnte. Was wir übergaben, war Folgendes:

1 portugiesisches Geschütz, 37 Maschinengewehre (7 deutsche, 16 schwere und 14 leichte englische), 1.071 englische und portugiesische Gewehre, 208.000 Schuss, 40 Schuss Artilleriemunition. Die Engländer schafften das übergebene Material mächtig schnell weg. Darunter befand sich kein einziges modernes deutsches Gewehr! Die Stärke unserer Truppen betrug: der Gouverneur, 20 Offiziere, 5 Sanitätsoffiziere, ein Arzt der Freiwilligen Sanitätsabteilung, ein leitender Veterinäroffizier, ein leitender Chemiker, ein Feldtelegrafenoffizier, 125 europäische Dienstgrade, 1.156 Askari und 1.598 Träger. Die Ankunft einzelner Abteilungen verzögerte sich durch starken Regen um Stunden.

Das Lager für die Askari war von einer dichten Dornenhecke umgeben und viel zu klein. Dies führte zu einer Menge Unmut unter unseren Askari, der sich in häufigen Demonstrationen gegen die englischen Askari ausdrückte. Aber schließlich ergaben sich unsere Leute in die unbequemen Bedingungen, und selbst General Edwards erkannte, dass die Behandlung Gelegenheit zu unnötigen Reibereien bot. Wir waren keine gewöhnlichen Kriegsgefangenen, deren Flucht er fürchten musste, sondern hatten uns freiwillig in seine Hände gegeben, um eine unangenehme Aufgabe zu erfüllen. Er traf Vorkehrungen gegen ähnliche Vorkommnisse während unseres Marsches nach Bismarckburg, und wir erreichten es mit Hawkins' Bataillon und ohne die geringsten Reibereien. Am 28. November biwakierten wir am mächtigen Wasserfall des Flusses Kalambo, drei Stunden Fußmarsch von Bismarckburg entfernt. Hier blieben wir mehrere Tage, da sich die Abfahrt des Dampfers von dort immer wieder verzögerte. Viele meiner Offiziere bedrängten mich ständig, ob wir nicht weiterkämpfen könnten. Diese Vorschläge waren alles andere als angenehm, da ich bereits genug damit zu tun hatte, zu überlegen, wie wir aus einer so unangenehmen Situation herauskommen sollten. Aber wenn ich die damit verbundenen Schwierigkeiten beiseite ließ, konnte ich nur froh und stolz sein über diese Offenbarung wahren Soldatengeistes, eines Geistes, der selbst nach der Abgabe aller unserer Waffen nicht davor zurückschreckte, ein feindliches Lager zu stürmen und uns erneut die Mittel zu verschaffen, den Krieg fortzusetzen.

Am 3. Dezember erhielt ich ein Telegramm vom 2. Dezember von General van Deventer. Es lautete wie folgt:

„Ich bestätige den Eingang Ihres Telegramms, in dem Sie Ihren formellen Protest gegen die Behandlung Ihrer Truppen als Kriegsgefangene zum Ausdruck bringen. Dieses wird ordnungsgemäß an das Kriegsministerium weitergeleitet. In der Zwischenzeit werden Sie sicher anerkennen, dass ich, bis ich vom Kriegsministerium eine Mitteilung zum Thema der deutschen Regierung erhalten habe, keine andere Wahl hatte, als gemäß den Anweisungen des Kriegsministeriums zu handeln und Ihre Truppen als Kriegsgefangene zu behandeln."

Am selben Tag gingen die ersten Truppen zum Transport an Bord von vier Schiffen. Eines davon, die *St. George* , hatte außer seiner Besatzung aus englischen Blaujacken und einem Begleitoffizier nur den Gouverneur und die Offiziere unserer Truppe mit ihren schwarzen Dienern an Bord. Zur Verpflegung gaben uns die Engländer Corned Beef, Datteln und Kekse, und Dr. Huber, der Veterinäroffizier, sorgte hier an Bord ebenso sorgfältig für unser leibliches Wohl, wie er es in all den Jahren im Busch getan hatte. Der britische Kommandant, der Begleitoffizier und die ganze Besatzung waren außerordentlich freundlich. Nach einem kurzen Aufenthalt am Abend des 3. auf der belgischen Station Vua kam in der Nacht ein heftiger Sturm auf. Er riss das Sonnensegel weg und riss unter anderem Dr. Hubers Mantel davon. Die englischen Matrosen taten ihr Möglichstes für die völlig durchnässten Deutschen.

Am 5. Dezember erreichten wir Kigoma. Der Ort stand unter belgischer Kontrolle, und die Belgier empfingen uns mit einer Gastfreundschaft, die wir nicht erwartet hatten. Sie zeigten uns gegenüber eine taktvolle Zurückhaltung, die sie nie zuvor gezeigt hatten. Für alle Europäer waren mit Tüchern bedeckte Tische aufgestellt worden, ein Anblick, den wir seit Jahren nicht mehr gesehen hatten. Es wurde Rotwein ausgeschenkt. Der belgische Gouverneur hatte seinen Ordonnanzoffizier, der fließend Deutsch sprach, geschickt, um uns offiziell zu empfangen, und ich nutzte die Gelegenheit, bevor wir unsere Bahnreise antraten, um dem belgischen Kommandanten für die uns entgegengebrachte *Kameradschaft zu danken, eine Kameradschaft* , die unter Soldaten immer herrscht, selbst zwischen Feinden, wenn sie gegenseitige Rücksichtnahme zeigen.

Auch unter den Engländern waren Unhöflichkeiten einzelner Offiziere, die offenbar nicht im Süden aufgewachsen waren, absolute Ausnahmen. Die älteren Männer verhielten sich sofort taktvoll, während ein oder zwei jüngere Männer anders reagierten – sie waren zum Beispiel so rücksichtslos, einen deutschen Invaliden aus dem Abteil fernhalten zu wollen. Wir Europäer wurden im Zug sehr gut versorgt, und es war wie in Friedenszeiten, wenn man die Kojen herunterließ und ein Lederkissen benutzte, um eine gute Nachtruhe zu bekommen.

Auf der Station in Tabora waren viele Deutsche. Sie beklagten sich über zahlreiche Diebstähle seitens der Belgier und Engländer. Es ist zweifellos wahr, dass solche Übergriffe stattgefunden hatten. Wir machten in Dodoma

Halt für die Nacht und hatten am nächsten Morgen Gelegenheit, Wasser zu holen und zu baden.

Die Nachricht von der Ankunft unseres Zuges hatte Morogoro erreicht, und als wir dort am Nachmittag ankamen, trafen wir wieder die deutschen Frauen, die wir vor zwei Jahren in und um Morogoro zurückgelassen hatten. Sie hatten Tee und Kaffee für uns bereitgehalten. Sie hatten Tische gedeckt und reichlich Brötchen und Kuchen gebacken. Außerdem hatten sie das feinste Obst für uns besorgt. Die Engländer waren fast ebenso interessiert wie die Deutschen. Außer einem sehr liebenswürdigen älteren Sanitätsoffizier habe ich eine besonders lebhafte Erinnerung an einen großen, schlaksigen Korporal, der offenbar vor der Ankunft unseres Zuges eine ganze Reihe Gläser auf unsere Gesundheit getrunken hatte. Ich konnte mich schließlich von ihm losreißen.

Am 8. Dezember erreichten wir Daressalam um sieben Uhr morgens. Die Europäer waren in einem Lager innerhalb eines Stacheldrahtzauns gut in Zelten untergebracht. Das Essen war gut und reichlich, und wir konnten in der englischen Kantine alle Arten des täglichen Bedarfs billig kaufen. Gouverneur Schnee und ich wurden vom Stabschef des britischen Kommandanten, General Sheppard, empfangen und in unser sehr hübsches Haus außerhalb des Lagers geführt. General van Deventer hatte uns freundlicherweise ein Mittagessen als Willkommensgruß dorthin geschickt. Major Kraut, Captain Spangenberg und Dr. Huber waren alle hier einquartiert. Wir fanden General Wahle, der krank in Ubene zurückgelassen worden war und vor einigen Monaten in die Hände des Feindes gefallen war. Er hatte sich vollständig erholt. Wir hatten eine gemeinsame Kantine und unsere Bewegungsfreiheit außerhalb des Hauses war nur insoweit eingeschränkt, als wir immer von einem britischen Offizier als Eskorte begleitet werden mussten. Anfangs waren diese Herren sehr unpünktlich, doch allmählich knüpften sich ganz erträgliche Beziehungen zwischen uns und ich hatte Gelegenheit, Bekannte in Daressalam zu besuchen und meine persönlichen Angelegenheiten zu regeln. Auch ein Wagen stand mir meist zur Verfügung. Major Hosken, der Kommandant des Gefangenenlagers, der sich schon früher in Tanga gegenüber den gefangenen deutschen Frauen und Kindern äußerst rücksichtsvoll gezeigt hatte, widmete sich nun wieder der Aufgabe, uns vor unnötigen Belästigungen zu bewahren.

Schon auf unserer Bahnreise waren wir überrascht, an jedem Bahnhof fast mehr englischstämmige Europäer anzutreffen als in der gesamten Schutztruppe. Daressalam selbst wimmelte buchstäblich von weißen Soldaten. Ich schätzte ihre Zahl auf nicht weniger als fünftausend, und Hunderte und Hunderte von Lastwagen und Autos warteten im Wagenpark auf ihre Reparatur.

Diese Menschenansammlung offenbarte ihre Gefahren, als die Spanische Grippe auftrat. Begleitoffiziere erzählten mir, dass in Daressalam oft fünf oder sieben englische Offiziere an dieser Krankheit gestorben waren. Wir entdeckten bald ihre Spuren unter uns. Die Ansteckung hatte wahrscheinlich auf dem Schiff auf dem Tanganjikasee und später im Zug stattgefunden. In den Konzentrationslagern in Daressalam verbreitete sie sich von Mensch zu Mensch. Kapitän Spangenberg war kurz nach seiner Ankunft in Daressalam mit mir in der Stadt unterwegs. Dann wurde er krank, und obwohl seine eiserne Konstitution alle Strapazen des Feldzuges erfolgreich überstanden hatte, starb er am 18. Dezember im Krankenhaus an Grippe und Lungenentzündung.

Fast alle Europäer in unserem Lager wurden von ihnen angegriffen, und es war sehr traurig, dass neben Hauptmann Spangenberg neun weitere Europäer, also insgesamt zehn Prozent unserer Stärke, den Angriffen erlagen. Auch zahlreiche unserer in Tabora internierten Askari kamen ums Leben.

Auf meinen Wegen kam ich oft zum Verwaltungsstab (der mehr oder weniger unserem Kommandanten der Kommunikationslinien entsprach). Nach langem Fragen fand ich ihn in meinem alten Haus, das ich vor dem Krieg bewohnt hatte. Unter intelligenten Engländern war die Ansicht vorherrschend, dass Deutschland aus wirtschaftlichen Gründen und wegen seiner Überbevölkerung Kolonien haben müsse. Man war der Meinung, dass England zu viele Kolonien habe. Jedenfalls verfügte es vorläufig nicht über genügend geeignetes Personal, um diese zu verwalten.

Als die Engländer uns vom Waffenstillstand in Kenntnis setzten, bestanden sie darauf, dass wir sofort nach Daressalam kommen sollten, damit wir pünktlich, das heißt bis zum 12. Dezember, abtransportiert werden könnten. Doch zeigten sie ihrerseits keine Eile, die Bedingungen des Waffenstillstands zu erfüllen. Unsere Einschiffung wurde immer wieder verschoben und fand schließlich erst am 17. Januar 1919 statt, auf den Tag genau fünf Jahre nach meiner Landung in Daressalam.

Meine Heimkehr im Detail zu beschreiben würde Stoff für ein ganzes Buch liefern und wäre an tragikomischen Ereignissen kaum zu überbieten. Neben 114 deutschen Soldaten hatten wir 107 Frauen und 87 Kinder an Bord sowie eine Eskorte von 200 britischen Soldaten.

Über Kapstadt erreichten wir Ende Februar Rotterdam. Die große Menge Deutscher, die uns am Kai begrüßte, zeigte mir zu meiner Überraschung, dass unser ostafrikanischer Krieg in der Heimat sehr aufmerksam beobachtet wurde. Auch viele Holländer schenkten uns Zeichen ihres guten Willens.

Die nackte Wahrheit war, dass unsere kleine Truppe, die höchstens aus 300 Europäern und etwa 11.000 Askari bestand, während des gesamten Krieges eine weit überlegene feindliche Streitmacht besetzt hatte. Nach Aussagen englischer Offiziere waren 137 Generäle im Einsatz und insgesamt etwa 300.000 Mann gegen uns eingesetzt worden. Die Verluste des Feindes an Toten sind mit 60.000 nicht zu hoch anzusetzen, denn eine englische Pressemeldung gab an, dass allein etwa 20.000 Europäer und Indianer gestorben oder getötet worden waren, und dazu muss noch die große Zahl der gefallenen schwarzen Soldaten hinzugerechnet werden. Der Feind hatte 140.000 Pferde und Maultiere im Kampfgebiet zurückgelassen. Doch trotz der enormen Überzahl des Feindes war unsere kleine Truppe, deren Gewehrstärke zum Zeitpunkt des Waffenstillstands nur etwa 1.400 betrug, stets einsatzbereit und mit höchster Entschlossenheit im Feld geblieben.

Ich glaube, dass es die Transparenz unserer Ziele, die Liebe zu unserem Vaterland, das starke Pflichtbewusstsein und der Geist der Selbstaufopferung waren, die jeden unserer wenigen Europäer beseelten und sich bewusst oder unbewusst auf unsere tapferen schwarzen Soldaten übertrugen, die unseren Operationen den Schwung verliehen, den sie bis zum Ende besaßen. Darüber hinaus gab es einen soldatischen Stolz, ein Gefühl fester gegenseitiger Zusammenarbeit und einen Unternehmergeist, ohne den militärischer Erfolg auf lange Sicht unmöglich ist. Wir Ostafrikaner wissen nur zu gut, dass unsere Erfolge nicht mit den militärischen Taten und der Hingabe der Menschen im Heimatland verglichen werden können. Kein Volk in der Geschichte hat jemals mehr geleistet.

Wenn wir Ostafrikaner in der Heimat so freundlich aufgenommen wurden, dann deshalb, weil offenbar alle der Meinung waren, wir hätten einen Teil der deutschen Soldatentradition bewahrt, seien unbefleckt nach Hause zurückgekehrt und das uns Deutschen eigene teutonische Loyalitätsgefühl habe selbst unter den Bedingungen des Krieges in den Tropen hochgehalten.

Es ist wahr, dass dieses Gefühl unter dem Eindruck der gegenwärtigen Bedrängnisse unseres Vaterlandes bei vielen aus unserem Volke erloschen ist. Aber es ist uns allen in Fleisch und Blut, und gerade der begeisterte Empfang, den uns Hunderttausende unserer Landsleute bereitet haben, bestärkt uns in der Überzeugung, dass trotz der momentanen Zerstreuungen und Ratlosigkeiten der gesunde Geist unseres deutschen Volkes wieder die Oberhand gewinnen und erneut den Weg nach oben beschreiten wird.

FUßNOTEN:

[1] M. Merker, „Die Masai", Berlin, 1904 (2. Auflage, 1910).

[2] Askari sind „Soldaten" und kein eigenständiger Stamm.

[3] Seitenschlag.

[4] Wir haben keinen entsprechenden Dienstgrad. Er ist ein Reservist, der als „Einjährig-Freiwilliger" gedient hat, aber noch nicht genug Reserveausbildung absolviert hat, um sich als Offizier in der Reserve zu qualifizieren.

[5] Die englische Regierung stellte uns Lebensmittel für die englischen Gefangenen zur Verfügung, die wir uns selbst nicht beschaffen konnten.

www.ingramcontent.com/pod-product-compliance
Lightning Source LLC
Chambersburg PA
CBHW021342150726
47989CB00005B/2065